犹太人：历史和文化

吴德玉 · 著

走进犹太人的信仰与生活

时事出版社

图书在版编目（CIP）数据

犹太人：历史和文化/吴德玉著．—北京：时事出版社，2015.7

ISBN 978-7-80232-825-9

Ⅰ.①犹…　Ⅱ.①吴…　Ⅲ.①犹太人—民族历史—研究②犹太人—民族文化—研究　Ⅳ.①K18

中国版本图书馆 CIP 数据核字（2015）第 038074 号

出 版 发 行：时事出版社
地　　　址：北京市海淀区万寿寺甲 2 号
邮　　　编：100081
发 行 热 线：（010）88547590　88547591
读者服务部：（010）88547595
传　　　真：（010）88547592
电 子 邮 箱：shishichubanshe@sina.com
网　　　址：www.shishishe.com
印　　　刷：北京市昌平百善印刷厂

开本：787×1092　1/16　印张：21　字数：332 千字
2015 年 7 月第 1 版　2015 年 7 月第 1 次印刷
定价：68.00 元

前 言

在人类社会的大家庭中，犹太人是一个独特的民族，人们对他们有不同的评价。有人认为犹太人聪慧好学、注重家庭生活、善于经商理财；也有人指责他们自私胆小、投机取巧，血缘混杂。为什么对犹太人有如此极端的两种态度？为什么犹太人作为一个古老民族，却长期漂泊于世界的各个地方？为什么二战时德国法西斯要屠杀犹太人？为什么巴以战争竟能持续60年之久，至今仍无和平的迹象？……这一连串的问号串连起一个民族的辛酸血泪史，这就是犹太人的历史。

尽管犹太人与我们相距遥远，历史、文化也存在着巨大的差异性，但我们都是这个小小地球村上的居民。笔者相信，人类社会的不同文明、各个民族的不同文化之间并非孤立地存在，而是相互联系、融会贯通的，它们共同铸就了人类的历史。在现今这个多元化的社会里，我们只有更多地了解他人，才能更深刻地认识自己，才能以更加博大的胸怀融入世界大家庭之中。现在，就让我们沿着时间的脉络，在历史的长河中探觅犹太人的踪迹，追寻犹太人的前世今生。

现在我们知道，犹太人属于闪米特族，他们的祖先曾经在巴勒斯坦生活过近两千年的时间。公元70年，罗马人在向地中海东岸扩张之时，摧毁了犹太人的圣殿，将巴勒斯坦地区并入帝国的版图。至此，犹太人便丧失了对这片土地的控制权。132年，犹太地区爆发了反罗马人统治的大起义。135年，起义被残酷镇压。随后，罗马军荡平耶路撒冷城，将犹太人赶出了家园。从此，犹太人成为一个流亡的民族。然而，这个流散于世界各地的弱小民族，却能够在长达1800年的漂泊生涯中，依然保持其独有的民族特性，并在20世纪成功在故土建立起新的国家。可以说，犹太人创造了人类民族史上的一个奇迹。

追本溯源，犹太人能够兴盛不息，与他们的宗教有密不可分的关系，犹太教也因此引起人们极大的关注和兴趣。从严格意义上讲，犹太教并不属于世界宗教的范畴，基本上仍是一个民族的宗教信仰，尽管它的信徒早已遍及全世界。

犹太人的一神信仰，大约诞生于公元前1900年，遥遥领先于世界其他民族。在犹太人的圣典《希伯来圣经》中，将亚伯拉罕奉为先祖，相信他是第一个信奉一神、并与神订立盟约的人。然而，亚伯拉罕并不是犹太教的创始人。与大多数宗教有所不同，犹太教没有创始人，在神学上也没有具有决策作用的组织或领袖人物。它似乎只是与犹太人的生活息息相关的一种多样化的传统，正如20世纪著名的犹太思想家莫迪凯—卡普兰所说，犹太教是“一种不断演进的宗教文明”。除了悠远的历史外，作为一个具有原创性质和繁衍作用的古老传统信仰体系，犹太教在世界宗教史中占有极为重要的地位。犹太教独特的宗教伦理观，不仅塑造了犹太人的心灵，也对基督教和伊斯兰教产生了深远的影响。

至今，犹太人的故乡巴勒斯坦还是一个冲突不断的战场。犹太人和阿拉伯人对这块土地的争夺，牵扯出一段久远的历史，这既是犹太人的历史，也是与犹太人有着不解之缘的犹太教的历史。

因此，我们在认识犹太人的历史和文化之前，有必要对他们的故乡——巴勒斯坦以及整个西亚地区有一个大致的了解，因为这里的人民和文化对犹太人产生过持久而悠远的影响。

最后需要说明的是，本书中的《圣经》均指《希伯来圣经》，即基督教《旧约全书》。《圣经》的中文译文均源自中国基督教联合会发行的版本。本书中人名、地名及专用名词尽量采用约定俗成的或现在通行的译名。

目　录

第一章　古代西亚文明

西亚指亚洲大陆的西部，又称西南亚。这里土地辽阔，包括伊朗高原、小亚细亚、两河流域、地中海东岸以及阿拉伯半岛等地区。古代西亚是人类文明的发源地。现代历史学家认为，两河流域是人类最早进入奴隶制社会的地区。

一、古代两河流域的民族与国家

两河是指幼发拉底河和底格里斯河，它们均发源于今土耳其亚美尼亚高原的托鲁斯山脉，自西北向东南流贯现今的伊拉克全境，合流后注入波斯湾。自古以来，两河流域的北部、中部和南部就生活着说不同语言的各种民族，从而使这些地区有了不同的称谓。两河流域的下游地势平坦，海拔不足 100 米，古希腊人称之为美索不达米亚（意“两河之间的地区”），《圣经》中称为“两河的阿兰”。该流域的北部以摩苏尔为中心，古称亚述；南部从巴格达到波斯湾，称巴比伦尼亚，巴比伦尼亚的北部称阿卡德，南部则称苏美尔。

从巴勒斯坦、叙利亚到两河流域的广阔地带，是著名的“新月形沃地”。现代考古发现：在冰河时期的末期，这里生长着野生的小麦、大麦、燕麦、裸麦、蚕豆、豌豆、大蒜、韭菜等各种植物，以及椰枣、石榴、无花果、苹果等果树，这里也是野生的绵羊、山羊、牛、驴和猪等动物的原产地。考古学家认为，早在旧石器时代，两河流域的北部就已经有人类居住了。到1万年前，一种杂交物种小麦在中东出现，自然和人类事件幸运的结合产生了农业。大约在公元前7000年左右，在今伊拉克北部的伊尔库斯坦山地的边缘地带，出现了原始的农业和畜牧业，并有了定居的村落。到公元前5000—前4000年间的苏美尔时期，南方生产力的发展逐渐超过北方，在此基础上，诞生了最早的苏美尔文明，由此开创了灿烂的西亚文明。有学者指出，西亚文明比埃及文明的历史更为悠久，是人类最早的文明形态。后来，众多的民族相继进入这里，建立起各自的国家。虽然两河文明缺乏古埃及文明的历史一致性和连续性，但多样性成为两河文明的特点之一。

1. 苏美尔人

苏美尔位于两河流域的下游，由若干荒芜的小平原构成，其中不乏泥泞的沼泽和积水的洼地。苏美尔人在这里开创了人类最早的文明。现代考古证明，苏美尔人并非两河流域的原住民，至于他们来自何处，学术界一直有种种推论，有伊朗高原西部说、小亚细亚说、里海之说等，虽然每种推论似乎都有其合理性，但又都缺乏令人信服的足够证据加以证实，因此至今没有统一的认识。唯一可以确定的是苏美尔人长着黑色的头发，说一种极为原始的、尚未分化的语言。

（1）苏美尔城邦文明

大约在公元前5000年，两河流域南部进入铜石并用时代，原始的氏族公社开始解体。人们使用陶制的镰刀和斧头，有了农业和畜牧业，而且宗教观念盛行。这里兴建起最早的塔庙，出现了最早的祭司，诞生了最早的城市。考古发现当时居民的住房分为两类，一种是泥砖建造的房屋，一种则为芦苇搭建的草棚，社会显然有了贫富的差距。从出土的手持棍棒的男性陶像可以看出，此时的苏美尔人已经有了军事首领，社会步入军事民主制阶段。

到乌鲁克文化时期（前3700—前3100年），社会生产力进一步提高，有了祭司和贵族、自由民和奴隶的区分，苏美尔人开始进入阶级社会。随着神庙的广泛分布，人口的不断集中，城市得到了迅速发展，并逐渐形成由几个村庄、小镇围绕着一个城市组成的城邦模式。在整个苏美尔时期，巴比伦尼亚曾先后出现过数十个城邦，这些城邦大小不一，人口数量各异。在乌鲁克文化后期，乌鲁克城的面积达到100公顷，而大多数城邦不过几十公顷，有的仅十几公顷而已。在所有城邦里，高大的神庙无疑是整座城市的中心。此时，城市人口已经达到总人口的一半以上，因此苏美尔文明是典型的城邦文明。

苏美尔城邦的统治者称“帕达西”（patesi）或“恩西”（ensi），该词原指神庙的祭司，后来才有“首领”的意思。由此可知，祭司是最早的城邦首领，他们在和平时期是最高行政长官和祭司，战时则成为军事领袖。此时的苏美尔城邦还带有军事民主制的残余，保留着长老会和民众会的机构。

随着社会的发展，城市功能逐渐增多，不仅要应付内部的骚乱，还要抵御外敌的骚扰，仅靠祭司显然无法完成领兵打仗、保家卫国这样的艰巨任务，建立一支强大的军队势在必行。于是，军事首领应运而生。与寺庙里的祭司不同，这些军事首领在远离神庙的地方建起高大的私人宅邸，并逐渐将政治、经济、军事和宗教大权集于一身，人们称他们为“王”。后来，王在城邦中的地位日益重要起来，引起祭司们的不满。因此，祭司与国王的斗争成为苏美尔城邦的重要特征之一。

到乌鲁克时期，城市里不仅有从事商品交易的商人，还有石匠、木匠、铁匠以及制陶、宝石镶嵌等各种手工艺人。苏美尔人使用两轮车和四轮车作为交通工具，并制造木船在河上航行，与周边的叙利亚、伊朗、埃及、阿拉伯半岛以及印度河流域均有密切的贸易往来。

苏美尔人不仅建立起世界上最早的城市，而且在科学技术、文学领域为人类做出了巨大贡献，其中最重要的是文字的发明。苏美尔人创造的楔形文字是迄今所知人类最古老的文字。

（2）楔形文字

尽管人类生死相续，已经在地球上繁衍生息了100多万年的时间，但人类有文字记录的历史还不到6000年。有学者指出，“文字不是一种深思熟虑后的发明物，而是伴随对私有财产的强烈意识而产生的一种副产品。”① 这是对苏美尔文字诞生的真实写照。

在社会发展的进程中，随着私有财产的增多和频繁的商品交换，为了记下详细的账目，苏美尔人开始用一些简单的线条作为辅助记忆的工具，由此产生了最初的文字。早期的文字是图画式的象形符号，每个图形符号代表一个特定的物体，如用牛头的形状表示牛。为了便于书写和阅读，这些符号逐渐被统一为固定的格式。后来为了表达复杂、抽象的概念，又将几个图形结合在一起，如将太阳和眼睛的图形加在一起，表示“光明”，将眼睛和水加在一起表示“眼泪”等，逐渐形成表意文字。

最初的文字是刻在石头上的，由于这里地势低洼，石头很少，于是苏美尔人就地取材，将粘土制成半干的泥板作为书写材料，把芦苇杆、木棒或骨棒削成三角形的尖头作笔。人们用这样的笔在软泥板上压出由横、竖和斜线组成的各种符号。由于这些压出的符号形状如同木楔，后人便形象地称之为楔形文字。楔形文字是迄今所知最古老的文字。文字的发明是苏美尔人对人类历史最伟大的贡献，也是两河文明最杰出的成果之一。

楔形文字在公元前3000年已经成型。现在已知的最古老的文字实物，是在苏美尔城市乌鲁克出土的泥版铭文，其中有记载谷物和牲畜数量的账册，也有学习词汇用的课本。刻有文字的泥板，每块大约重1公斤，将它们按照顺序编号后，一块块放在木架上，便成了一部泥板书。泥板书十分坚硬，可以长久保存。

到公元前2900年，为了适应社会发展的需要，苏美尔人对图形文字加以改进，早期的2000多个符号被精简到600多个。此后，楔形文字在西亚得到广泛传播。楔形文字的重要意义在于，它不仅可以书写古苏美尔语，还可以书写阿卡德人、亚述人、迦南人、乌拉尔图人以及其他闪米特人的语言。甚至属于印欧语系的埃兰人、赫梯人、米底人和波斯人，也都是在楔形文字的基础上，创制出适合书写本民族语言的文字。楔形文字在西亚通行2000多年，直到纪元以后，它才逐渐退出人们的视线，被历史

① ［美］斯塔夫里阿诺斯著，吴象婴等译：《全球通史：从史前史到21世纪》，北京大学出版社2006年版，第59页。

所遗忘。

19 世纪中期，考古学家开始在两河流域进行考古发掘，很快有了重大发现。首先在北方的亚述发现了萨尔贡二世（前 721—前 705 年）的王宫遗址。随后，在尼尼微城的遗址中找到亚述巴尼拔（前 668—前 627 年）的王宫图书馆。在此挖掘出大约 2 万块泥板，其中有涉及条约、法律、命令等的行政文书，也有宗教、文学、科学、经济等方面的著作。此后，楔形文字泥板在西亚不断被发现，至今已达 75 万块之多。大量泥板的出土，为研究古代西亚和两河流域文明提供了珍贵的文字史料。

19 世纪后期，楔形文字被西方学者成功破译，西亚尘封了数千年的灿烂文明才渐为世人所知。这些刻在泥板上的文字，向今天的人们讲述着 5000 年前人类先祖的生活和故事。这些文字告诉人们，公元前 3000 年左右，苏美尔地区已经有 12 个独立的城邦国家，这些城邦为了争夺土地、水源和商道相互征战。考古学家在拉格什发现了一块刻有鹫形的石碑，这块公元前 2460 年刻下的石碑，记述了苏美尔城邦之间发生的一场征战。如今，这块高 1.8 米、宽 1.3 米的鹫形碑的残部，保存在巴黎的卢浮宫博物馆内。

就在苏美尔人互相争斗之时，一些新的游牧民陆续进入两河地区，他们是从阿拉伯半岛来的闪米特人。闪米特人的到来对苏美尔人构成了严重威胁，很快他们便取代苏美尔人，成为两河流域的新主人。

2. 闪米特人

现代人类学家将非洲北部和地中海东岸的民族如阿拉伯人、犹太人、叙利亚人都归类为闪米特族，简称闪族。他们属于欧罗巴人种的南支，即暗白皮肤的地中海种族。古代的西亚是闪米特人最为活跃的地区，他们中的阿卡德人、阿摩利人、亚述人、阿拉米人、腓尼基人、希伯来人、迦勒底人……都是这里匆匆的过客，在漫长的历史画卷中留下了他们短暂而不可磨灭的印迹。

（1）阿卡德王国

公元前 2371 年，萨尔贡（前 2371—前 2316 年）带领一支闪米特部落，征服了阿卡德地区，建立阿卡德王国，后世称他们为阿卡德人。

萨尔贡一世以阿卡德为中心，开始对外扩张。首先他向南出兵，攻占了乌鲁克、乌尔、拉加什、乌玛等苏美尔城市。随后，远征胡齐斯坦地区（今伊朗境内），征服西亚古国埃兰。接着北上，将战火燃烧到小亚、叙利亚直至阿拉伯半岛南部。依靠武力，萨尔贡建立起一个南达波斯湾，西到地中海的庞大帝国。

萨尔贡是历史上第一位统一两河流域的人。除了扩张领土，他还采取多项措施来巩固王权。他建立了世界上第一支常备军队，在国内统一度量衡、历法，扩大水利浇灌网，稳定农业生产。但长年的征战，沉重的劳役税赋使人们不堪重负，导致国内频频爆发大规模的农民起义。萨尔贡一世死后，王国开始衰落。公元前2230年，东北部山区的库提人侵入两河流域地区，灭阿卡德王国。

库提人统治时期，苏美尔城邦趁机积蓄力量以图复兴。公元前2150年，乌鲁克人终于赶走库提人，但没过多久，乌尔人又推翻乌鲁克人的统治，再次统一了苏美尔地区，建立乌尔（Ur）第三王朝。乌尔在《圣经》中具有重要的地位，因为犹太人的先祖就是在此时进入两河流域的。后来，其中的一支离开乌尔，向地中海东岸迁徙，最后到达迦南地。乌尔王朝传位五代，于公元前2006年为埃兰人和阿摩利人所灭。从此，活跃了2000多年的苏美尔人湮没在历史的长河中。

（2）汉谟拉比法典

苏美尔人之后，两河流域以及巴勒斯坦地区成为闪米特人的天下。闪米特族的各支在这里建立了多个国家，互相争霸，混战不已。公元前1894年，阿摩利人占据巴比伦城，建立巴比伦第一王朝（前1894—前1595年），即古巴比伦王朝。此时，底格里斯河中游的另一支闪米特人，在亚述建立城邦国家，并逐渐向外扩张，对王朝构成严重威胁。此时，埃兰人也趁机占领了巴比伦尼亚的一些城邦。巴比伦王朝第六代国王汉谟拉比（前1792—前1750年）在位时，用武力赶走埃兰人，收复被占领的城邦，再次将整个巴比伦尼亚地区统一起来。

汉谟拉比在位42年，建立起强大的中央集权制国家，他自称是天神的后裔，将全国的军事、政治、司法、宗教大权集于一身。汉谟拉比下令开凿河渠、兴修水利，发展农业，并建立一支可随时征召的常备军，而他最大的贡献是借鉴苏美尔人的法典，结合阿摩利人的习惯法，重新制定了一部新的法典，这就是著名的《汉谟拉比法典》。公元前1762年，汉谟拉比在他即位30年之际，下令将整部法典刻在一根巨大的黑色玄武岩石柱上，昭示天下。

刻有汉谟拉比法典的石柱高约2.25米，底部圆周约为1.9米，顶部稍小。石碑的上方为一幅精致的浮雕，太阳神沙玛什端坐在宝座上，正将象征王权的权标授予站在他面前的汉谟拉比。浮雕以下的部分是用楔形文字镌刻的法典正文。浮雕寓意了法典所具有的神圣性，警示人们如果违背法典的条文，就是违背了王的意志，亵渎了神灵。

历经数千年的风雨剥蚀，石碑上的大部分条文早已磨损，无法辨识了。幸而其他地方有法典的残留泥版存世，在亚述的图书馆里也发现了一些手抄本的残篇。学者们在经过长期的研究后，终于使这部法典完整地展现在世人的面前。如今，刻有汉谟拉比法典的石碑，保存在巴黎的卢浮宫博物馆中。

汉谟拉比法典结构规范，包括序文、正文和结束语三个部分。序文中，汉谟拉比自称受神之托，负有“发扬正义于世，灭除不法邪恶之人”的职责，并自述所建立的丰功伟绩，如开垦荒地、修渠治水、兴建神庙……来向神表功。正文部分共有282项条款，可分为10大类，涵盖了诉讼程序、财产继承、商业债务、偷盗伤害、家庭婚姻、军人份地等社会生活的各个方面，对人们的种种行为做出明确的规定。虽然只是一部法典，却向今天的人们展示出古巴比伦社会生活的全景画图。[①]

该法典中充分显示了“以牙还牙”、“以眼还眼”的同态复仇原则，这是巴比伦法典的基本特征之一，也是古代许多民族处理各种伤害事件遵行的基本原则。如：

一个庄园主毁一个贵族之目……毁其目。

① 崔连仲主编：《世界史　古代史》，人民出版社1983年版，第107—108页。

一个庄园主断他人之骨……断其骨。

有些条款显示了阶级社会的等级差异，以及对奴隶主利益的维护，如：

如果一个庄园主毁一个平民之目，或折断其骨，庄园主应付一个迈纳的银子。

其余的如：①

偷盗神庙和国家财产者，当处死。接受赃物者，也应处死。

如果一个庄园主控告另一个庄园主犯有谋杀罪，而查无实据时，原告当处以死罪。

任何人不得将国家分给的土地、果园、房屋划归其妻和女儿，也不可用来抵押债务。

……

现代学者们对《汉谟拉比法典》给予了极高的评价，认为它是迄今所知人类历史上第一部较为完备的成文法典。该法典对中亚地区产生了广泛而深远的影响，其中许多条款的内容在《圣经》的前5卷中多次出现，成为神颁布的戒律，也是犹太人必须遵守的行为规范。

然而，有些现代学者对这部法典的性质和作用提出了质疑，他们认为从表达的形式以及涉及的内容上看，法典并非具有普遍意义的法律依据，更像是一部司法裁决的汇编，其中许多地方体现了国王的意志。但也有学者指出，这种判例法是古代西亚地区普遍存在的法律形式，它以“如果……那么……”的句式出现，时常伴有几个条件限定句，具体而又复杂。尽管有不同意见，《汉谟拉比法典》极其重要的历史意义却是毋容置疑的，而汉谟拉比也因此而名垂青史。

① ［荷兰］彼得·李伯庚著，赵复三译：《欧洲文化史》，上海社会科学院出版社2004年版，第16—17页。

3. 王权与神权的斗争

公元前5000年之前，两河流域的先人已经有了神灵崇拜，他们崇拜日神、月神、风神、雷神……并为自己崇拜的神灵修建高大的神庙。到阿卡德时期，不同的神逐渐演化为各个城邦的守护神，如乌鲁克城的守护神是天气神安努，巴比伦城为战神马杜克……这些半人半兽、形象怪异的男女神灵随之成为各个城市的象征。当某座城被攻占后，战胜者通常会将战败城市的神像移到自己的主神庙里，作为附属的神灵，以彰显胜利者的力量。一些强大城邦的守护神，也会受到周边地区人们的崇拜。

公元前2000年，当汉谟拉比再次统一两河流域后，巴比伦的马杜克神成为最高的神灵，也成了最高权力的象征。在此时期，无论是巴比伦王朝还是亚述帝国，所有的国王都相信，只有被神庙的祭司收养，成为神的儿子后，他们的政权才能巩固。汉谟拉比法典石碑上的浮雕，充分显示了君权神授的思想。而在亚述时期，君主和祭司之间、王权与神权之间的斗争表现得尤为激烈。

（1）亚述帝国

公元前3000年，当阿卡德人来到两河流域中游之时，另一支闪族部落也进入两河流域的北部，他们与当地人相互融合，逐渐形成亚述人。公元前2000年初，亚述人以底格里斯河西岸的亚述城为中心建立起城邦国家。亚述人崇拜的神灵亚苏尔，成为亚述城的保护神。在此后1000多年的时间里，亚述几经沉浮，历经古亚述（前2000—前1400年）、中亚述（前1400—前1070年）和新亚述（前934—前605年）3个不同的时期。

公元前9世纪中期，亚述再次崛起，其势力逐渐波及北非、西亚在内的广大地区，成为疆域辽阔的新亚述帝国。在帝国时期，亚述内部逐渐形成两大利益集团，相互展开了激烈的争斗。一方是依赖军事征服起家的军事贵族集团，他们试图通过不断发动对外的侵略战争，来扩大国家的实力，并主张建立中央集权制的政府。为了保证国家有足够的兵源和资金，他们要求取消神庙和城市的自治权。另一方则由祭司和高利贷贵族组成，他们反对频繁的战争，主张发展经济，给神庙和城市更多的自主权。两大集团的两种观点尖锐对立，亚述的统治者为了平衡双方的力量，经常以妥协的姿态，与祭司集团和平相处。

公元前8世纪后期，提格拉·比利萨三世（前746—前727年）成为亚述王，《圣经》称其为“提革拉·毗列色”。此时，铁制工具和武器逐渐取代了青铜器，在生产中得到普遍使用。提格拉·比利萨在加强中央集权制的同时，对军队进行了重大的改革。首先实行募兵制，建立起一支常备军。为了提高作战能力，他将军队划分为不同的兵种，如战车兵、骑兵、重装步兵、轻装步兵以及工兵、攻城兵、辎重兵等。此外，骑兵和步兵也由原来的自带战马兵器，改为由国家统一提供武器，从而保证了装备的质量，极大地提高了军队的战斗力。凭借着一支训练有素、装备精良的军队，提格拉—比利萨先后征服了巴比伦、小亚细亚东部、叙利亚、巴勒斯坦等地。由此，亚述人崇拜的战神亚苏尔也取代了巴比伦的马杜克神，成为最高的神。提格拉·比利萨死后，其子沙尔曼赛尔四世（前727—前721年）继位，《圣经》中称其为“撒缦以色”。几年后，他在围攻以色列王国首都撒马利亚时，不幸阵亡。

公元前721年，萨尔贡二世（前721—前705年）夺得王位，《圣经》中称之为“撒尔根”。他开始用铁制武器装备军队，并继续攻打撒马利亚城。在亚述军围攻3年之后，以色列人的抵抗被彻底摧垮，撒马利亚城终于沦陷。随后，萨尔贡将城中2.7万多户人家、约10万人口和无数的财产掳往亚述，使之与其他民族混居，从此以色列的10个部族消失了，成为以色列历史上“失散的10个部族”。

萨尔贡的儿子辛那赫里布（前704—前681年）继位后，庞大的帝国到处发生反叛，他与巴比伦祭司的关系也极为紧张，双方发生了激烈的争吵。公元前691年，辛那赫里布出兵镇压巴比伦叛乱，他摧毁了巴比伦的神庙，将马杜克神像带回亚述国的新都尼尼微，同时掠走的还有20.8万居民和无数的财宝。后来，辛那赫里布率领军队向埃及进军，在抵达埃及边境时，遭遇瘟疫，只得无功而返。《圣经》称亚述王辛那赫里布为“西拿基立”，《列王纪（下）》中对他有所描述。辛那赫里布最终被他的两个儿子所杀。

辛氏死后，他的另一个儿子埃沙尔哈顿继位，他采取与祭司友好的态度，不仅归还了马杜克神像，还为马杜克重建了新的神庙，以此向神示好。为了与巴比伦保持友好的关系，他让儿子亚述巴尼拔到巴比伦接受教育。在与祭司集团和好之后，埃沙王继续向埃及进攻，于公元前 671 年占领孟菲斯城。公元前 672 年，亚述巴尼拔被立为太子。其父去世后，他顺利继位，成为亚述帝国最后一位有作为的君主。

亚述巴尼拔（前 668—前 627 年）是一位热忱的宗教信徒，在位期间重建了许多神庙。他也是一位学养深厚的泥版收藏家，在尼尼微建立起古代西亚第一座规模宏大的图书馆。他更是一位杰出的军事家，曾 9 次御驾亲征，镇压各地的反叛和暴乱。在对外关系上，亚述巴尼拔也不示弱，他继续与埃塞俄比亚君主争夺埃及，一度占领埃及首都底比斯。后来，亚述和埃及恢复了友好关系，亚述巴尼拔只得放弃占领埃及的企图。公元前 664 年，埃及恢复独立，进入第二十六王朝。

亚述巴尼拔当政期间，亚述帝国的政权已经开始动荡，其弟与巴比伦贵族联合，反抗亚述人的统治，得到了各地的响应。亚述巴尼拔死后，迦勒底贵族建立新巴比伦王朝。不久，亚述灭亡。

（2）新巴比伦王国

迦勒底人也属于闪米特族，他们于公元前 1000 年左右进入两河流域南部地区。公元前 7 世纪时，逐渐强大起来。公元前 627 年，迦勒底贵族那波帕拉萨尔被亚述王任命为巴比伦尼亚首领。第二年，他举兵反叛，攻占巴比伦，建立新巴比伦王国（前 626—前 538 年），亦称“迦勒底王国”。

亚述帝国后期，伊朗高原西部的米底人开始崛起。米底人属于欧罗巴人种的北方分支，他们是雅利安人，其语言属于印欧语系。米底人的出现，是雅利安人在历史舞台上的首次亮相。

公元前 612 年米底人和迦勒底人联手，围攻亚述首都尼尼微。尼尼微城防坚固，久攻不克，联军决开底格里斯河的河堤，放水淹城，最终攻入城中。首都陷落后，残余的亚述军另立新王，在埃及的支持下，继续坚持战斗。公元前 605 年，时为王子的尼布甲尼撒率军与亚述—埃及联军决战，一举击溃联军，亚述亡。从此，在西亚活跃了1500年的亚述人退出历史舞台，再也没有建立起独立的国家。亚述帝国灭亡后，米底人占领了亚述北部和东北部的领土，与新巴比伦王国一起称霸西亚。

击溃亚述后不久，那波帕拉萨尔便辞世了，其子继位，即著名的尼布甲尼撒二世（前605—前562年）。尼布甲尼撒在位43年，他在巩固政权的同时，继续向西扩张，与埃及争夺叙利亚、巴勒斯坦和腓尼基。在他统治期间，巴比伦恢复了昔日的辉煌，再次成为西亚的政治和商贸中心。尼布甲尼撒后来被尊称为大帝，他是短暂的新巴比伦王国中最为强势的国王。

公元前586年，尼布甲尼撒出兵巴勒斯坦，攻陷耶路撒冷城，维持了近400年的犹大国，终于灭亡。犹大王西底家被俘，与数万名犹太人一起被掳往巴比伦，这就是著名的“巴比伦之囚”事件，也是犹太历史上具有划时代意义的分水岭。从此，犹太人的经历不再是《圣经》中的传说和故事，而成为有文字记载的真实历史。

尼布甲尼撒执政时期，一直与祭司阶层保持着良好的关系。祭司们享有各种特权，神庙拥有大片田地和众多的奴隶，从事各种商业贸易活动。祭司不仅拥有宗教权，而且把持着各大城市的长老会议，在政治上也发挥着重要作用。祭司地位的不断提升，引起国王和贵族的不满，王权与神权的斗争再次激化起来。

公元前562年，尼布甲尼撒去世。随后，王室内部争位，国家陷入动乱之中。6年中他的2个儿子和2个女婿相继为王，不久又都倒台，其中2个死于非命。公元前556年，有着阿拉米人血统的官员那波尼度（前556—前539年）登上王位。那波里度是一位知识型的国王，对古代宗教有浓厚的兴趣。为了使自己的统治更具合法性，他将女儿送到月神辛的神庙里做女祭司。同时，他也认识到国家的分裂和混乱，与众多的地方神灵崇拜以及祭司们各霸一方有直接的关系。于是，他下令将一些地方神的神像送到巴比伦来，集中供奉在马杜克神庙里。这种做法，引起祭司们的强烈反感和不满。

此时，连年的对外战争和大兴土木，早已使王朝的国库空虚。为了弥补巨额的财政亏损，那波里度向一些大城市派出监察官，对神庙的商贸交易进行监督，以确保国家的税收政策得以执行。这显然触犯了神庙巨大的经济利益，此举一出立即惹怒了祭司们，两者之间的矛盾愈发尖锐起来。不久，波斯人大兵压境，在危难时刻，祭司们冷眼旁观，致使那波里度无所依靠，最终成了亡国之君。

4. 两河古代文明的终结

波斯人与米底人是近亲，他们同族同源，其祖先于公元前 2000 年来到伊朗高原北部地区。公元前 9 世纪后，米底人臣属于亚述帝国。公元前 8 世纪，米底人征服伊朗西南部的波斯人，逐渐强盛起来。公元前 7 世纪初，米底人与迦勒底人联合，攻占亚述首都尼尼徽，击溃亚述军，亚述帝国遂亡。

在米底王国内部，波斯人共有 10 个部落，其中 6 个是定居的农业部落，4 个为游牧部落。在这些部落中，以阿契美尼德氏族最为强盛。公元前 553 年，米底人与巴比伦人发生冲突，波斯人在该氏族首领居鲁士（前 558—前 529 年）领导下，乘机起兵反抗米底人。公元前 550 年，居鲁士灭米底王国，建立波斯王国。从此以后，波斯人便一直雄踞伊朗高原，成为这里真正的主人。

米底王国灭后，居鲁士并没有将矛头直指城防坚固的巴比伦，而是采取迂回包抄的战术，将巴比伦城孤立起来。他率军东征西讨，先占领伊朗西南部的埃兰，然后挥师北上，占领小亚细亚的亚美尼亚，灭吕底亚，随之西进，将势力扩张到地中海东岸地区。公元前 539 年，居鲁士率大军进攻巴比伦城，凭借着坚固的城防工事，巴比伦人关闭所有城门，踞城死守。最后，波斯人在巴比伦城外的大河旁边，挖了一道壕沟，将河水疏导到附近的一片沼泽中去，当河水下落到人可以涉水而过之时，居鲁士下令部队顺着河道，攻入城中。于是，波斯人兵不血刃，利用穿城而过的幼发拉底河，占领了巴比伦城。第二年，居鲁士亲率大军攻入尼尼微城，居鲁士善待了沦为阶下囚的那波里度。维持了 88 年统治的新巴比伦王国，至此结束。

新巴比伦王国的灭亡，标志着两河流域苏美尔—巴比伦文明的终结。从此以后，两河流域便成为相继称霸西亚的众多帝国的一部分，一直没有建立起独立的国家。直到20世纪50年代，古老的两河流域才再次建立起新的主权国家——伊拉克共和国。

二、古代两河流域的文化与科学

两河流域文明是由苏美尔人、阿卡德人、巴比伦人、亚述人和迦勒底人共同创造的。这里的先民们不仅创造了最早的文字，而且在文学、建筑、天文、数学、医学等众多领域为人类做出了巨大的贡献。巴比伦神话《埃努玛·埃利什》和英雄史诗《吉尔伽美什》就是世界文学领域中艳丽的奇葩。

1. 创世神话

《埃努玛·埃利什》（Enuma Elish）又称《太古历史》为巴比伦最古老的创世神话，大约形成于公元前2000年，全诗共1000多行，刻在10块泥板上。巴比伦的创世神话，反映了古代两河先民对世界的认识以及对人和自然的思考，并鲜明地带有两河地区独有的文化色彩。[①]

两河下游的美索不达米亚平原，是一片泥泞不堪的沼泽，这里的先民相信，人们生存的世界并非永恒的存在，而是由神创造出来的，同时认为神并非从虚无中创世。在天地出现之前，最初的3个神从原初的荒原浮现出来。他们是原始的淡水神阿普苏，他与男性神道有关，是原始之父；与女性神道有关的咸水海洋神蒂亚马特，她是万物之母；还有混沌的姆姆神。他们是原初的无形质，尚未发展出清晰可辨识的形貌来。后来淡水和咸水两股水流交汇，男女神道的交合，产生了恶魔、怪兽，最终诞生了神灵。接着，新的神祇一对对不断从老神的身上浮现出来，他们中有水神和

---

① 参考资料：［英］凯伦·阿姆斯特朗著，蔡昌雄译：《神的历史》，海南出版社2001年版，第17—19页；孟昭毅、黎跃进主编：《外国神话史诗民间故事鉴赏辞典》，上海辞书出版社2010年版，第165—180页；克里斯汀·海耶斯教授：耶鲁大学公开课《旧约全书导论》第三讲（影像资料），耶鲁大学出版社2010年版。

泥土神，两人是一对儿，代表着淤泥。又有天空之神与海洋之神浮现出来，当天神亚奴和地神埃阿出现后，神的流出过程便告结束。在神的世界里，神祇之间的争斗也随之开始了。

后来浮现的神祇，有了更加确切的形状，他们充满青春的活力，经常成群结队，跑来跑去，无拘无束地享受着天堂的快乐。然而，喧嚣嘈杂的声音令阿普苏不胜烦恼，他无法再过安宁平静的生活了。有一天，阿普苏对妻子说："他们的做法我感到厌烦，白天不得安宁，夜里不能成眠，我一定要铲除他们。"蒂亚马特听了，大声喊叫："我们自己命名的东西为什么要毁灭？"而此时，姆姆神乘机怂恿阿普苏："伟大的父亲，你杀了他们，就可以过安宁的生活了。"听了姆姆神的话，阿普苏便下定决心，要灭杀众神。

阿普苏要诛灭众神的想法，遭到地神埃阿的反对和阻挠，在交战中，埃阿用巫术除去阿普苏的铠甲，杀死了阿普苏，在他的身上建起自己的新家，马杜克从阿普苏的身上浮出。蒂亚马特听到阿普苏被杀的消息后，怒不可遏，她决心要为夫君报仇雪恨。于是蒂亚马特又造出许多新的怪物，集结成军队，她任命其新配偶钦古为作战司令，率军与众神决战。众神见状，惊恐万分，地神埃阿虽然杀死阿普苏，但却不敌力量更大的咸海之神蒂亚马特。于是，他召集大家商讨对策，决定选派一个人来带领大家打败蒂亚马特。埃阿的儿子马杜克是太阳神，是神界中的佼佼者。在众神大会上，大家一致请马杜克出来做统帅。马杜克答应了，但他提出一个条件，在打败蒂亚马特后，他要当神界的首领，众神同意了他的要求，为此双方还签订了协约。随后，马杜克便率领众神与蒂亚马特的军队作战。在一次激烈的交战后，蒂亚马特终于被打败了。

战败的蒂亚马特满腔愤怒，她大声喊叫，双腿止不住地颤抖。马杜克见状，便撒出一张网将她套了起来，使她动弹不得。蒂亚马特张开大口试图吞噬时，恰巧一股邪风吹来，马杜克迅速控制住风向，让风不断吹进蒂亚马特张开的口中。风吹得蒂亚马特合不上嘴，她的肚子胀得很大。见此情景，马杜克立刻搭弓射箭，刺穿蒂亚马特的心脏，结果了她的性命。蒂亚马特死后，马杜克将她巨大的身躯一劈两半，他提起上半部创造了苍穹，将下半部踩在脚下成为大地，然后在她的身旁安上闸门，防止体内的水流出来。最后，用她的肌肉筋骨，创造出天地之间的各种物质和生命。马杜克创造的苍穹，如同一个倒扣的碗，上面有窗，天外的水可以流进来，这就是雨。蒂亚马特体内的水汇集起来，成了地上的江河湖海。而天地之间的广阔地带，便成为万物生息和繁衍的空间。

开创天地之后，马杜克又为伟大的神灵们建造住所，这就是星座。他按照星座所在的位置，划分出 12 个区域，安排众神轮流值班，月亮必须在晚上出来，照亮大地，太阳则在白天越过天际。休闲惯了的众神不愿担当如此辛苦的劳作，他们更愿意自由地玩乐。于是，众神向马杜克提出要求，马杜克答应神灵们，以后不再烦劳他们了。

马杜克将战败的将军钦古捆绑起来，送到埃阿神那里。他告诉埃阿“捏一种蒙昧之物，它们的名字叫人”，由他们来代替众神劳作。于是，埃阿将钦古的血与地上的尘土混合，捏出一个人，人就此诞生了。众神看到埃阿至高无上的权威，便在新的世界中心巴比伦（意“神之城”）聚会，并在此建造了宝塔式的神庙。在神庙建成之时，众神设宴欢庆，埃阿之子马杜克高坐在神殿正中央的宝座之上，成为众神之王。

在世界许多民族的创世神话中，人都是用土和水捏成的，中国的女娲造人亦如此。但在两河先民的心目中，人并非一个独立的存在，在他的身上有着某种神的成分，尽管这是个邪恶的、战败的神。从这个造人的神话中，人们似乎可以推测出两层寓意。首先，人从诞生之时起，就与神有着某种天然的联系，人性与神性之间，具有某些相通之处。其次，人是由邪恶的神灵衍生出来的，因此他们永远比不上神。也有学者认为将人的创造与有罪之神联系起来，证明早期的先民似乎已经有了最初的“原罪”意识。

两河流域的创世神话，对古代西亚产生了长久的影响。《圣经》中的《创世纪》显然有这些神话的影子，但它绝非这些故事的简单重复，而是赋予其新的思想、新的理念和新的价值观，从而具有恒久的魅力。

2. 英雄史诗

两河流域的上古先民，不仅留下众多的神话故事，还创作出多种体裁的文学作品，如叙事史诗、歌谣、谚语、赞歌、箴言以及宗教祷文等，其中的《吉尔伽美什》（Gilgamesh）是迄今发现的最早的一部英雄史诗，在世界文学史上占有重要的地位。①

《吉尔伽美什》产生于苏美尔人时期，在民间世代口耳相传，长达千年之久，直到古巴比伦时期才最后定型，并用文字记录下来。19 世纪后期，在发掘亚述巴尼拔的王宫图书馆时，考古学家意外地发现了这一世界文学殿堂的珍品。这是一部亚述时期用阿卡德语写的抄本，它由 12 块残缺的泥板组成，上面用楔形文字刻着 3000 余行诗句，是迄今发现保存最完整的文本。后来在两河流域和小亚细亚的其他地方相继出土了该诗的残片，经过学者们长期的努力，这部歌颂乌鲁克国王吉尔伽美什的史诗，终于在沉寂数千年之后，重新焕发出炫目的光彩。

《吉尔伽美什》内容丰富，情节离奇，显示了古代先民极其丰富的想象力。先民眼中的乌鲁克国王吉尔伽美什，是一个半人半神的人物，他知识渊博、勇于征战、精通土木建筑，但也是个凶狠残暴、贪婪好色的暴君，他对女色的追逐，引起众怒，人们纷纷向天神控诉他的行径。于是，天神派女神阿奴奴去对付他。阿奴奴扔出一团泥，变幻出一个半人半兽的恩奇杜，作为抗衡吉尔伽美什的对手。恩奇杜是个尚未开化的野人，他头披长发，赤身露体，与动物一起在草地上吃草，在河边饮水。显然，一个未经驯化的野人是无法与乌鲁克王沟通的。于是，神又派一个神妓来到恩奇杜的身边，用性使他变得驯服。

7 天 7 夜后恩奇杜的身心发生了巨大的变化。首先，他的身体变得僵硬，行动变得迟缓，不能再与羚羊一起奔跑，草原上的动物看见他就跑了。但是，恩奇杜的心智从此开化，他有了智力，不再是个野人了。有一天，他回到神妓身边，告诉她发生的变化。神妓对他说，“一个有智慧的人怎么能和野兽一样奔跑呢？我要带你到城市去，和吉尔伽美什为伴。”恩奇杜听了这话十分高兴，他穿上衣服，在神妓的带领下，来到乌鲁克城。恩奇杜很快见到了吉尔伽美什，并得到国王的信任和喜爱。

---

① 崔连仲主编：《世界史　古代史》，人民出版社 1983 年版，第 128—129 页；孟昭毅、黎跃进主编：《外国神话史诗民间故事鉴赏辞典》，上海辞书出版社 2010 年版，第 146—164 页。

从此，吉尔伽美什与恩奇杜形影不离。为了造福于人，为民除害，他们打死了沙漠中害人的狮子，赶走怪兽芬巴巴，救出被幽禁的女神伊什塔尔。随后，他们杀死了前来复仇的天牛，因此得罪了天神，天神决定夺走恩奇杜的生命来惩罚吉尔伽美什。就在他们为胜利庆功的时刻，恩奇杜突然死去，这使吉尔伽美什受到巨大的打击。吉尔伽美什悲痛不已，他决心找到祖先乌特纳皮什提，寻求人获得永生的秘诀。

吉尔伽美什离开王宫，独自一人踏上探寻之路。在历尽难险之后，他终于找到祖先所在的海岛，见到乌特纳皮什提，他是人类中唯一获得永生的人。祖先热情地接待了这个年轻人，但却告诉他人是不可能永生的。接着，祖先向吉尔伽美什详细讲述了大洪水的故事。祖先告诉他，由于人的吵闹，使神无法再过安宁的生活，于是神决定用大洪水毁灭人类，只有他得到神的启示，提前建造了一只大船，在大洪水到来之时才幸免于难。为此，作为奖励，神赐他永生不死。大洪水的故事，在西亚地区曾广泛流传，犹太人深受该传说的影响，《圣经》中挪亚方舟的故事，显然是其绝妙的翻版。

当老人讲述大洪水的故事时，疲惫不堪的吉尔伽美什听着听着竟然睡着了。看着熟睡的年轻人，乌特纳皮什提不由得心生恻隐。于是，他告诉吉尔伽美什有一种仙草，虽然不能使人永生不死，但却有返老还童之功效，并指出仙草所在之地，让他自己去寻找。得到祖先的指引后，吉尔伽美什便告别了老人，再次上路，去寻找长生不老的仙草。

吉尔伽美什几经磨难，终于来到生长着仙草的海边，他潜入海底，小心翼翼地将它采摘下来。得到了仙草，吉尔伽美什高兴地踏上了回家的路。一天，他来到一条小河边，看见清凉的河水，心中十分爽快，便将仙草放在岸边，跳入水中。可他上岸后，却发现仙草不见了，吉尔伽美什慌忙四下找寻。突然，他看见一条蛇正在吞吃仙草，便立刻跑过去，可蛇一溜烟就不见了，只留下一堆蜕下的皮。吉尔伽美什悲恸地坐在地上，嚎啕大哭起来。从此，蛇通过每年的蜕皮保持年轻，而人却永远失去了这个机会。万般无奈的吉尔伽美什，只得两手空空地返回了家园。

史诗的最后一节告诉人们，在诸神的安排下，吉尔伽美什与恩奇杜的幽灵有过一次对话。恩奇杜的幽灵告诉吉尔伽美什，人生在世终不免一死。为了不让他失望，幽灵又说人虽不能永生，但只要信奉神灵，就可以减轻死亡时的痛苦。这一节，据说是后来的祭司们加进去的。

《吉尔伽美什》是一部英雄的史诗，它反映了人与自然的斗争，以及古代先民对人生意义的思考，对人生奥秘的探求。对生与死的思考和探求，一直是人类文学、哲学和宗教孜孜以求、不断求索的永恒主题。即便在科学高度发达的现代社会，依然如此。

3. 城市建筑

两河流域文明属于城邦文明。早在公元前5000年，苏美尔已经由村落向城邦发展。早期的城市不过是围绕着神庙的一群土屋而已。到公元前2500年时，此时的城市规模变得宏大，除了高大的神庙外，还兴建了巍峨的王宫。到新巴比伦时期，为了恢复古巴比伦昔日的荣耀与辉煌，尼布甲尼撒大兴土木，进行大规模的城市建设，许多古老的城市得以重建，其中以新巴比伦城最为突出。

（1）新巴比伦城

新巴比伦城位于今巴格达南部约88公里处，是当时两河流域最繁华的城市。

希罗多德（Herodotus，前484—前430年）在《历史》中向人们描述了新巴比伦城的壮丽与恢宏。他说巴比伦城位于大平原之上，形状为正方形，每一边长120斯塔迪昂（1斯约合185米），算起来周长大约近90公里，占地面积近500平方公里。城市四周环绕着一条既宽且深的护城河，河里满是水。在护城河的后面则是一道5.5米厚，高约9米的城墙。护城河的堤岸和城墙都用烧制的砖块砌成。此外工匠们“将烧热的沥青当混凝土使用，并在每隔30层砖的地方加上一层用芦苇编成的席子……工程中所用的沥青是从离巴比伦有8天路程的伊斯城运来的”。[①]

近代考古学家从该城遗址得知，巴比伦城的城墙上有300多座塔楼，塔楼之间的通道如希罗多德所说，“可以跑得开一辆4匹马的战车”。整

① ［古希腊］希罗多德：《历史》，商务印书馆1997年版，第90页。

个城墙共有8座城门，每座城门均以神的名字命名，城门上还嵌有蓝青色琉璃砖制成的兽形装饰。如今，虽然历经2500多年的风雨剥蚀，西北面的伊什塔尔门仍然完好地保存了下来。此外，希罗多德还告诉人们，穿城而过的幼发拉底河，将整个城市分为两部分。城内多是三层或四层的房屋，笔直的、用石板铺成的宽阔大道，将城市的各个街区连在一起。在城里，除了民居和要塞外，还有高大围墙环绕的王宫，以及马杜克神的圣域——神庙，神庙中最为壮观的当属七级大塔庙。

（2）七级大塔庙

希罗多德告诉人们，巴比伦的神庙是一个有铜门的，2斯塔迪昂（约370米）正方形的禁地，该庙在公元前5世纪时还存在。在神庙的中央"有一个造得非常坚固、长宽各1斯塔迪昂的塔，底层塔上有第二个塔，第二个塔上又有第三个塔，这样一直到第八个塔"。[①]

这是一座祭祀星神的高塔，每层塔身上均镶嵌有琉璃瓦，颜色各不相同，最高层为天青色，上面还有一个小神庙。七层塔自上而下依次象征着七位星神，即日神、月神、火星神、水星神、木星神、金星神和土星神，这就是著名的七级大塔庙。

与巴比伦的其他神庙一样，七级大塔庙也是用砖砌成的，人们通过螺旋式上升的扶梯，可以到达塔顶，一览巴比伦城的美景。每层塔上都设有座位，供登塔的人们歇息。《圣经》学者们认为这座状如金字塔的高塔，就是《圣经》中的通天塔——巴别塔的原型。在神庙的一座大殿里，供奉着马杜克神巨大的黄金神像，它的宝座及宝座底下的足凳也是黄金的。在新年举行的隆重仪式上，国王就是在这座黄金神像面前，从祭司手中接过象征君权的器物，企盼在神的佑护下国泰民安、江山永固。

如今，巴比伦城早已是芳草萋萋的一片废墟了，它静静地忍受了2500多年的战火硝烟，无声地诉说着巴比伦昔日的辉煌和苦难，它也将继续默默地注视未来，见证着人类新的历史。

---

① ［古希腊］希罗多德：《历史》，商务印书馆1997年版，第90页。

4. 科学技术

两河的先民，不仅发展了早期的农业和商业，而且在数学、天文学、医学及化学等方面也为人类文明做出了巨大的贡献，其中以与农业生产和占星术有关的数学、天文学的成就最大。

（1）数学

从考古发现的泥板中得知，两河的先民很早就有丰富的数学知识。早在公元前 2400 年左右，已经有了位制的概念，他们使用十进位和六十进位两种计数法，将圆分为 360 度。后来，六十进位制被用于天文学研究以及时间的计算，一直通用到今天。

考古发现的一块公元前 1900 年时的“楔形数学字板”，显示出古巴比伦人已经掌握了算术四则运算、分数计算、会求平方根和立方根、有了乘法表和乘方表（平方表和立方表）。但他们还没有负数和零的概念，因此计数系统并不完善。此外，已经具有代数知识，能够解一元二次方程，直至三元以上的方程组。

在几何学上，古巴比伦人也取得不俗的成就，已经掌握勾股定理，能够在丈量土地时，将不规则的土地划分成长方形、三角形和梯形进行计算，知道截面积的计算方法，可以求一些简单立方体的体积。但在计算这些几何问题时，时常将其转化为代数问题来解决，如在求圆面积时，用 3 代替 π 进行计算。他们测定的圆周率约为 3. 125。现代学者指出，虽然巴比伦人在数学和几何学上取得了一些成就，但他们主要是依靠经验获得的。从一般前提演绎出来的数学推理，以及几何命题的证明，是由后来的希腊人完成的。

（2）天文学

两河的先民们很早就仰望浩渺的星空，开始了天文学观测。公元前 3000 年左右，苏美尔人已经能区分行星和恒星，准确地观测恒星和太阳的方位，并以准确的方向来建筑神庙和宫殿。

古巴比伦时期，人们已经知道围绕太阳的五大行星——金星、水星、木星、火星以及土星，能准确观测其运行轨道。巴比伦人首创了星座的概念，他们将肉眼能看见的星辰划分为星座。公元前12世纪时，已经出现以动物名称命名的星座，如金牛座、狮子座、天蝎座等，金牛座象征春天，春分点就在此时间段中。在两河文明后期，巴比伦人有了黄道的概念，在地球围绕太阳运行的轨道上，将天空依次出现的星座，命名为黄道12宫。黄道12宫依次为宝瓶座、双鱼座、白羊座、金牛座、双子座、巨蟹座、狮子座、室女座、天秤座、天蝎座、人马座和摩羯座，每一个星座代表一个月。黄道12宫的时间与现行的公历有很大的差距。尽管有差异，但黄道12宫的名称一直为欧洲天文学界所沿用，一直至今天。

公元前6世纪，两河先民已能准确地测定太阴月的时间，在此基础上制定出太阴历，并将其与阳历的时差用闰月来补足。此时，还根据月相周期的变化，将一个月分为四周，每周7天即7曜日。巴比伦人用7个神的名字来命名每周的7天：太阳神沙玛什主管星期天，称日曜日；月神辛主管星期一，称月曜日……一月分四周，一周为七天的做法一直延续到今天，为世界绝大多数民族所接受。

两河的天文学是随着占星术而发展起来的，因为人们相信，世界的一切是有预兆的，因此人们可以通过各种占卜术来洞察国运的兴衰、世间的吉凶。到公元前5世纪时，巴比伦出现了根据人出生时的天象，即利用星座来预测人性格命运的占星术。随后，占星术在西亚盛行，并得到广泛的传播。

三、古代迦南的居民

《圣经》中所说的迦南是指约旦河两岸的地中海东岸地区，即北接叙利亚、南抵埃及的狭长地带，这里自古就是通达亚、非、欧三大洲的交通要道。《圣经》描述这里是“流着蜜和奶的地”，而现实中的迦南自然环境却极为恶劣。以加沙和贝尔谢巴一线为界，在加沙的西南部是一片风沙堆积而成的干旱平原，贝尔谢巴以南则是一片真正的不毛之地，即现在的内盖夫沙漠。由此向北的中部地区，自西向东分布着狭长的沿海平原、石灰岩山地和多岩石难以耕种的犹大山地。在犹大山地和死海之间是孤寂的荒漠。只有约旦河流经的北部，才分布着宜于耕种的谷地和适合畜牧的丘陵。

与西亚其他地方一样，迦南自古就有人类居住。考古发现，在公元前10万—前4万年的旧石器时代，迦南已经生活着原始的卡迈尔人。在杰里科发现了公元前6000年修建的城堡，专家们推测这里“已经是一个很大的农业定居区了……估计里面层住有3000人，墙体里有约8到10公顷的土地。妇女用很重的石头工具打磨小麦……男子制造泥胚供制作砖块用”。[①] 到公元前4000年左右，迦南进入铜石并用的时代，人们掌握了制作铜器的技术，出现了繁荣的农业和畜牧业。在以后的年代里，不同民族的人们陆续来到这里，在这块狭长的地带留下了他们的足迹。其中最为重要的是迦南人、腓尼基人、非利士人和希伯来人。

1. **迦南人**

公元前3000—前2500年间，当游牧的闪米特人离开阿拉伯半岛，向北方迁徙时，有一些部族来到迦南，在这里定居下来，逐渐与当地人融合，这些人被统称为迦南人。从《圣经》得知，此时的迦南人已经进入氏族公社解体阶段，他们分为许多部落，每个部落有各自的地盘，由各自的首领统辖，并为了各自的利益互相争斗不已。与两河的先民一样，迦南人也信奉众多的神灵，他们有自己崇拜的神祇，也有了关于神的传说和故事。[②]

迦南人最初尊崇的神是伊勒，他是众神之王，也是天空之神。他的妻子阿希拉是众神之母，女儿阿娜特为爱神及战神，儿子巴力是风暴之神及主管土壤肥沃的神，此外，还有海洋神亚姆、死神莫特等。迦南的神与巴比伦史诗中的神家族极其相似。与古代的众多神灵一样，巴力神也是个半人半兽的怪物。在公元前1400年前刻的一块石碑上，记载了巴力神与海洋神亚姆之间的一场战争，这个故事在民间曾广为流传：巴力神与亚姆

---

① ［美］雅·布伦诺斯基著，李斯译：《科学进化史》，海南出版社2005年版，第57页。

② ［英］凯伦·阿姆斯特朗著，蔡昌雄译：《神的历史》，海南出版社2001年版，第20—21页。

神都与天空之神、最高神伊勒住在一起。有一天，在伊勒召开的大会上，巴力和亚姆发生争执，互相打了起来。最后，巴力神凭借两件神奇的武器，将亚姆打败。就在他要杀死亚姆的时候，伊勒的妻子、众神之母阿希拉出面替亚姆求情，巴力这才放过了亚姆。关于巴力神的传说远不止这一个。还有个故事告诉人们，为了防止世界退回到原初的混沌中去，巴力神斩杀了七头龙——罗腾。为了感谢巴力，众神为他修建了一座宫殿，作为对他拯救世界的感谢。

迦南人的神和人一样，也会死亡。巴力神死后，从天上降下来，在死神莫特的世界里受尽折磨。天空之神伊勒听到儿子受难的消息后，从宝座上跌了下来。他穿上粗麻布的衣裳，不断地砍割自己的脸颊，痛心不已，但他救不了自己的儿子。阿娜特女神是巴力的妹妹，也是他的妻子，她得知此事后，便离开神界，去寻找巴力。经过几番周折，阿娜特终于找到巴力的尸体，为他举行了安葬仪式，并用刀劈死了死神莫特，但这还不能解除她的心头之恨。于是，阿娜特又将莫特的尸体用火烧成灰烬，将骨灰撒在大地上，然后才重返神界。这一情节，后来不断出现在迦南其他女神的故事里，她们都曾经寻找死去的神灵，并以同样的方式为大地注入新的生命。此后，人们在每年的祭神仪式中都不断重现阿娜特女神的故事。后来，巴力神又恢复了生命，重回阿娜特的怀抱。现在人们知道，古迦南人的这种通过两性结合来象征和谐的神性崇拜，是通过仪式中进行性交的方式来表达的。这种崇拜仪式在古罗马，乃至欧洲一些古老的宗教中一直秘密存在，被视为一种潜在的、淫秽的、流传于低层民众中的信仰。

在迦南人的神话中，后来巴力神打败伊勒，成为众神之王。虽然《圣经》中多次提到巴力神，耶和华严令禁止以色列人崇拜巴力神，崇拜他神是违背耶和华意志的表现，是奉行多神崇拜的罪证，受到犹太先知们不断的严厉批驳；然而，有国外学者发现，古代迦南许多歌颂巴力神的诗歌，被《圣经》作者巧妙地用在耶和华的身上，成为耶和华的赞歌，即如同巴力神战胜伊勒一样，以色列人最终以耶和华神取代巴力神，在《圣经》中确立了耶和华的最高权威。

犹太人的一神崇拜是在与多神崇拜的不断斗争中逐步建立起来的，

《圣经》向我们展示了这一过程。

2. 腓尼基人

公元前3000年之际，同属于闪米特族的一支来到迦南的北部，他们与当地人融合，形成腓尼基人。到公元前3000年末期，他们居住在今以色列北部以及黎巴嫩南部的沿海平原，并以沿海港口推罗、西顿和乌伽里特为中心，建起一些城市国家。这些小国都已进入阶级社会，大多设有国王，但国王要受制于由奴隶主把持的长老会，实行贵族统治。腓尼基人在政治上从未统一过，但他们说同一种语言，各城邦的政治结构大体相同，并且崇拜同一个神灵。腓尼基人自称"肯纳尼人"（Kennani），阿卡德语称之为"肯纳纳人"（kinahna），他们也在广义的迦南人的范畴之内。腓尼基人在历史上具有重要的地位，特别是他们发明的字母体系，极大地推动了人类社会发展的进程，也对希伯来人产生了重要的影响。[①]

（1）腓尼基人的城邦国家

公元前1500年后，腓尼基各城邦一直处于埃及人或赫梯人的统治下，直到公元前1000年才重获独立。腓尼基各个城邦出产粮食和葡萄，城镇居民主要从事手工业和商业，在希伯来语中，"肯纳尼"一词还有"商人"的意思，显示出他们的职业特点。此外，腓尼基人能制作精美的玻璃制品，并以生产紫色染料闻名于世，故希腊人称其为"腓尼基人"，意思是"紫色的国度"。

腓尼基人有极为发达的商业，他们利用濒临地中海的优势，不仅将本国生产的葡萄酒、木材和手工制品运往各地，而且做转口贸易，从中牟取巨额利润。贩卖奴隶也是他们的业务之一。在当时，使用奴隶十分普遍，不仅农业和手工作坊需要奴隶，就连码头搬运工和水手也都使用奴隶。腓尼基人是航海专家，早在公元前3000年末期，他们已经在地中海东部和爱琴海上航行了。公元前6世纪，埃及第二十六王朝的法老尼科（Nicho，前611—前695年）建立起强大的海军。据说，他曾派遣红海舰

---

① ［德］马克斯·韦伯著，康乐、简惠美译：《古犹太教》，广西师范大学出版社2007年版，第19—20页。

队对非洲海岸进行考察。考察船队雇佣了一些腓尼基水手，历时3年，首次通过了直布罗陀海峡，进入大西洋的水域。

公元前2000年时，腓尼基人开始向地中海周边地区移民。在小亚细亚、塞浦路斯、爱琴海诸岛、黑海沿岸都建立起殖民据点。到公元前1000年左右，希腊人也向地中海东部移民，于是腓尼基向更远的地中海西海岸移民，其中一个重要的据点便是迦太基（Ghathage）。迦太基城位于今突尼斯首都附近。

公元前8世纪中叶，腓尼基被亚述人征服，从此不见于历史。但迦太基却保留了下来，并逐渐成为地中海西部的强大帝国——迦太基帝国（前814—前146年）。公元前3世纪时，为了与迦太基争夺西地中海地区的霸权，正在扩张的罗马帝国与迦太基进行了3次大规模战争。因拉丁语称迦太基为“布匿克斯”，故这些战争被称为“布匿战争”（前264—前146年）。

公元前146年，在浴血坚守3年后，迦太基城终于被罗马人攻陷，迦太基被并入罗马帝国。随后，罗马人在此设立“阿非利加省”（Africa），这就是今天“非洲”一词的来源。如今，2000年的沧桑岁月恍然而逝，当年迦太基行省总督官邸的遗址却依然留存，成为迦太基曾经的辉煌和悲壮历史的见证。

（2）腓尼基文字

腓尼基人对人类历史所做的最大贡献，是创造了世界上第一套拼音文字。

公元前1400年，在腓尼基北方的城邦乌伽里特（Ugarit），楔形文字的数百个记事符号被简化为29个。这些符号全部为辅音，没有元音。到公元前1000年时，南部腓尼基人利用古埃及象形文字中的音符符号，创造了人类历史上第一套拼音文字。这套文字属于线形字母，共有22个，全部为辅音字母。后来，腓尼基人逐渐放弃了楔形文字，统一用线性字母作为文字符号。

腓尼基字母体系的诞生，在人类历史上具有划时代的重要意义，为后来多种文字体系的出现开辟了道路。公元前800年左右，在今叙利亚的阿拉米（Aram）地区，出现阿拉米字母，该字母体系派生于腓尼基字母，也没有元音。阿拉米字母的出现，取代了在西亚使用2000年之久的阿卡德语，至此楔形文字退出了历史舞台。波斯帝国建立后，为了便于各地的交流，采用阿拉米语作为庞大帝国的通用语言。从此，阿拉米语长期通行于西亚和中亚地区，对整个地区产生了长久的影响。《圣经》中的一些篇章最初就是用阿拉米文字书写的，甚至基督教《新约》中的一些内容也是用阿拉米文写成的。此外，希伯来字母、阿拉伯字母也都脱胎于腓尼基字母体系，均属于没有元音的文字体系。

公元前9世纪，希腊城邦开始向外移民。在建立殖民地的过程中，他们接触到了腓尼基字母。学者们认为，大约在荷马时代（前8世纪中期），雅典人从腓尼基人那里学会了由“字母”组成的书写体系。但希腊语与闪米特语有很大不同，为适应希腊语的需要，希腊人对腓尼基字母体系进行了改造。首先，他们对腓尼基字母进行甄别，将一些希腊语中并不存在的辅音字母取出来，改为元音。有了元音和辅音的区分，不仅发音更为清晰，词义的表达也愈加准确。除此，希腊人还将腓尼基字母自右向左的书写顺序改为自左向右，使书写更为便捷。就这样，古希腊人在腓尼基字母的基础上，创造出第一套音位字母体系。后来由希腊字母体系派生出来的拉丁语、斯拉夫语以及印度婆罗米语的书写体系都属于音位文字。从这个意义上来讲，腓尼基字母体系是所有拼音文字当之无愧的鼻祖。

尽管腓尼基人为人类做出了巨大的贡献，但他们最终还是消失在历史的长河中。而在西亚早期文明中默默无闻的希伯来人，却凭借着一部《圣经》、对一神的信仰以及子孙世代的传承，一直延续到今天。

3. 希伯来人

公元前2000年时，一个闪米特部落从两河流域继续向西方行进，到达叙利亚沙漠一带。他们经常侵袭地中海东岸地区，其中有一支进入巴勒斯坦，这就是犹太人的祖先——希伯来人（Hebrew）。

对于犹太人的祖先为何被称为希伯来人，有两种不同的说法。一种说法的依据是《圣经》中的一句话，即“闪是希伯子孙之祖”。根据《圣经》的家谱可以推出希伯是闪的曾孙，因此有人认为“希伯来人”就是指“希伯的子孙”。还有一种说法是当这支游牧部族经幼发拉底河上游进入迦南时，当地的迦南人称他们为“希伯来人”，意思是“从大河那边来的人”，“大河”指幼发拉底河。

19 世纪末期，考古学家在古巴比伦发现了一块楔形文字泥板，是约公元前 1900 年时闪族孩子的学习教具。据《圣经》记载，当时犹太人的先祖亚伯拉罕一家正居住在离巴比伦不远的乌尔，乌尔是苏美尔人重要的城邦之一。因此学者们推测，大约在此时，希伯来人已经有了文字的概念。

学者们认为，大约在公元前 1000—前 700 年间，希伯来人形成了自己的文字体系，并写下《圣经》中最早的篇章。希伯来字母体系显然是由腓尼基字母脱胎而来的，也是 22 个字母，且全部为辅音。由于没有元音，因此在拼读时需要在字母上方标注出一定的符号，才能发出清晰的音来。据说，希伯来语的发音较为简单，只要记住一些规律，很容易拼读。然而，由于没有元音，希伯来语的书面语句子结构很不规范，完成时态和非完成时态之间没有明显的区分，同一个动词可以表示已经发生的事情，也可以表示即将发生的事情。因此，这种文字很适合表达意境朦胧的诗歌，却难以准确地讲述真实的历史事件。

阿拉米字母体系出现后，很快通行整个西亚地区。到流亡巴比伦时期，通俗简洁的阿拉米语已经取代希伯来语，成为犹太人的日常生活用语。尽管《圣经》中有的篇章是用阿拉米语写的，但其主要的部分仍是用希伯来语写成的。

公元 70 年，罗马人占领耶路撒冷后，犹太人开始了流亡世界的生涯。从此，希伯来人的语言和文字渐渐淡出人们的生活。作为一种语言，希伯来语逐渐失去了实用性，仅作为一种宗教用语保留下来，数千年来一直没有什么变化。直到 19 世纪末期，希伯来语才重新焕发出新的生机和活力。

希伯来文字体系的形成，对《希伯来圣经》的形成具有极为重要的意义。从此，犹太人不再依靠口耳相传的方式来传播思想了。流亡巴比伦时期，犹太人中长期流传的神话、故事、传奇、家谱的大部分内容，已经用文字记录下来，为以后《圣经》正典的形成奠定了基础。此外，古老而久远，但又含混不清的宗教崇拜仪式，也因为有了文字，变得正式规范起来。后来的祭司不断对这些宗教戒律和民事法规加以增补、整理和编辑，终于形成了庞大恢宏的犹太教成文法典。

四、古犹太人的世界观

《希伯来圣经》是犹太教的圣典，也是反映犹太人历史、思想、社会和生活形态的百科全书。在《创世纪》中，集中反映了犹太人对世界的认识、对人生的思考，是犹太人世界观的写照。

《圣经》是从神创世的故事开始的。

1. 六天创世

《圣经》在开篇《创世纪》中，以独特的视角、诗歌般的语言，讲述了神用六天创造世间万物，第七天休息的故事。首次向世人宣告，世界不是出自众多的神灵，而是由一个至高无上的、独一的神创造的，由此奠定了犹太教一神论信仰的基础。

《创世纪》告诉人们，神创造天地是从“空虚混沌，渊面黑暗”开始的。与巴比伦人一样，古犹太人也认为神并非从虚无中创世，从无中生有，此时的宇宙已有滔滔的洪水。“神的灵运行水面”，神说“要有光”，黑暗中出现了第一道光，神称这光为“昼”。不久光明隐去，一切归于黑暗，神称这黑暗为“夜”。于是光和暗分开了，有了昼和夜。创世的第一天就这样过去了。

神学家认为，神第一天创造的光，绝非太阳光，因为神在第四天才创造出日月星辰，那么这“光”是什么呢？对此，人们有不同的理解和说法：有人说这是神的永恒之光，有人认为这是知识之光，也有人说这光代表了圣城，是上帝之城的光，还有人说这是善之光……但各种解释都给人牵强附会之感，无法使人信服。至于这“光”究竟是什么，只能各自体会了。

在《圣经·创世纪》中：

神在创世的第一天，首先创造了光，光和暗有了分别。

神说："诸水之间要有空气，将水分为上下。"于是神造出空气，让空气以下的水和空气以上的水分开，神称空气为"天"。从此，水面上延展出广阔的苍穹，轻纱般的白云在空中漂游，微风拂过辽阔的海面。水分上下，日夜交替，神结束第二天的工作。

神说："天下的水要聚在一起，使旱地露出来。"于是陡峭的高山露出水面，山下是广袤的平原和起伏的谷地，神称干旱的地方为"地"，称水聚集的地方为"海"。神还说："地要生青草和结种子的菜蔬，并结果子的树木。"从此，大地绿草如茵，林木繁茂。随着黄昏的到来，第三天结束了。

神说："天上要有光体，可以分画夜，作记号，定节令、日子、岁月，并要发光在天空，普照在地上。"随后，神造出大小两个光——日和月，白天阳光普照，夜晚月色朦胧，日月滋养着大地万物。神又造出众多的星辰，让它们排列在天空。从此，苍茫的夜空繁星点点，人们仰望星空，有了年月的流转，四季的交替。这是创世的第四天。

神说："水要多多滋养有生命的物，要有雀鸟飞在地面以上，天空之中。"于是各种鱼儿在水中游弋，蓝天上鸟儿自由飞翔。神又说："地要生出活物来，各从其类，牲畜、昆虫、野兽，各从其类。"随之各种动物、昆虫遍布大地。第五天结束了。

到了第六天，神说："我们要照着我们的形像，按着我们的样式造人。"于是，神就"照着自己的形像造人"。在《圣经》中，对于造人，虽然只有简短的两句话，却给人留下无尽的思考空间。首先，神在第一句话中用的是复数，那么神在和谁说话呢？这就成了一个谜。其次，神"按照自己的形像造人"，表明人与神有一种特殊的关系。在整个创世过程中，人的创造是最具神性的行为，人是具有某种神性的生物。人不仅有语言表达的能力、有丰富的情感、有智慧、会思考，而且具备选择和自控的能力。因此，神对人寄予许多的嘱托和希望，神不仅赐福人要繁衍不息，而且将治理大权也授予人类，他对人说："要生养众多，遍满地面，治理这地，也要管理海里的鱼，空中的鸟，和地上各种行动的活物。”神还说：“我将遍地上一切结种子的菜蔬和一切树上所结有核的果子全赐给你们做食物。”对于地上的走兽和空中的飞鸟，以及各种爬行动物，神只是将青草赐给它们。这样的安排似乎也有着深刻的含意，从此人和其他动物各有所食，没有食物的竞争，彼此能够相安无事，世界便可以永葆太平。神叮嘱完了，第六天结束了。

就这样，在《圣经》中，神用六天的时间依次造出世间万物，有了昼夜天地、日月星辰，飞禽走兽、水里的游鱼，应有尽有。从此，清冷孤寂的世界呈现出一派生机盎然的景象。《圣经》上说到第七日，神造物的工作已经完毕，就“在第七日歇了他一切的工，安息了。神赐福给第七日，定为圣日”。

创世结束了。但神学家告诉我们，神创世绝非我们想象的那样辛苦劳作，而是“一吩咐便都建成……凭的是瞬间发出的、听不见的，但又是理智的、永恒的话语”。因为，《诗篇》中说“他说有，就有，命立，就立”。

《圣经》用极为简洁的语言勾画出神开天辟地、创造万物的惊天之举。神按照自己的形像造人，是整个《创世纪》的高潮部分。在巴比伦史诗中，大地之神埃阿造人是为了解决劳动力的问题，虽然人的体内有神的血，但人是神的奴隶，只能从事神不愿意干的活儿。而在《创世纪》中，人是“按照神的形象”造就的，因此人是神圣的、有尊严的生物，被赋予管理世界的职责和权力。并且人的生命是宝贵的，如在《圣经》中，杀人是绝对禁止的，“凡流人血的，他的血也必被人所流”。

在《圣经》所有的描述中，神都是一个超越宇宙、没有起源、没有性别、也不具任何形式的造物主，是与创造的生物完全不同的一种生命形式。由于希伯来语中没有中性词汇，因此在表述神的时候，时常使用单数的阴性词来指代神。“神创造了世界”这就是犹太人对世界最根本的看法。

2. 伊甸乐园

除了神“按照自己的形像”造人外，在《创世纪》里还讲述了另一个造人的传说，有学者认为这个故事产生的时间可能更早，它源自“耶和华底本作者”，原文用“耶和华”（Jehovah）一词来指代至高无上的男性神灵。“耶和华”并不是神的名字，而是犹太人对神最神圣的称呼。《圣经》说神造出天地之后，大地还是一片荒蛮。“野地还没有草木，田间的菜蔬还没有长出来；因为耶和华神还没有降雨在地上，也没有人耕地。但有雾气从地上腾，滋润遍地。”

《圣经》中记载，于是耶和华“用地上的尘土造人，将生气吹在他鼻孔里，他就成了有灵的活人”。神称这个人为亚当，亚当并不是人的名字，而是“地球生物”或“地球人”的意思。随后，神在东方的伊甸立了一个园子，将新造的人安置在那里，让他看管和修理园子。亚当一个人住在偌大的园子里，有许多美丽的花草、可爱的动物与他作伴。耶和华很关心他造的这个人，为了不让亚当寂寞，他将那些用泥土造的牲畜，包括空中的飞鸟和地上的走兽都带到亚当面前。亚当没事的时候，便给每一种动物都取了名字。但一个人终究形只影单，怎么才能让亚当不孤独呢？神想出一个办法：我要为他造一个配偶帮助他。一天，趁亚当睡着了，耶和华轻轻地从他身上取下一根肋骨，用它造了一个女人。他将女人带到亚当面前，亚当看见女人后，便说：“这是我骨中的骨，肉中的肉。可以称她为‘女人’，因为她是从‘男人’身上取出来的。”于是，神造的这个女人成了亚当的伴侣，亚当叫这个女人为夏娃，她是众生之母。《圣经》说：“因此，人要离开父母，与妻子连合，二人成为一体。”犹太人相信亚当和夏娃是人类的始祖。

在第一个创世故事里，神“照着他的形像造男造女”，可以理解为男人和女人是同时造出来的，他们各自是独立的。在这个传说中，夏娃被表述为是用亚当的一根肋骨造成的，也就是说，女人是男人身体的一部分，将终身陪伴他。后来的神学家由此引申出女人从属于男人的说法，有些人还以此为依据指责女人是“祸水”。但《圣经》在讲述这个故事的时候，似乎并无此层意思。

神造出第一个人后，便将人安置在伊甸园里。伊甸园中有各种各样的树长出来，可以悦人眼目，树上的果实可以充饥，其中有生命树和分别善恶的树，还有 4 条河从伊甸园流出来。这里是富足安乐的人间乐园。在《圣经》中神让亚当看守伊甸园，嘱咐他说：“园中各样树上的果子，你可以随意吃，只是分别善恶树上的果子，你不可吃，因为你吃的日子必定死！”

《圣经》说在耶和华所造的一切生物中，唯有蛇最为狡猾。有一天，蛇告诉女人夏娃，长在园子中间的树是分别善恶树，吃了它的果实不但不会死，而且能像神那样分辨善与恶。听了蛇的话，女人和蛇便来到园子中央，看见树上挂着鲜艳的果实，女人夏娃禁不住诱惑，就摘了树上的果子吃，还把果子给亚当吃了。亚当和夏娃偷吃禁果后，两人的眼睛明亮了，才知道自己是赤身露体的，因而感到了羞耻，便用无花果树的叶子编织裙子，遮挡羞部。

一大，耶和华乘着凉风来到伊甸园，在园中行走。亚当和夏娃急忙躲进树丛里。神没有看见他们，便高声召唤亚当，亚当不敢出来见耶和华，只是说：“我在园中听见你的声音，我就害怕。因为我赤身露体，我便藏了。”

耶和华听了，觉得不对劲，于是追问亚当：“谁告诉你赤身露体？莫非你吃了我吩咐你不可吃的那颗树上的果子吗？”

亚当知道瞒不过去，只好如实地交代一切。这样，他们就违背了神意，惹怒了神。耶和华气愤地质问夏娃：“你做的是甚么事呢？”女人说：“那蛇引诱我，我就吃了。”

于是，耶和华诅咒了蛇和女人。耶和华对蛇说：“你既做了这事，就必受咒诅，比一切的畜牲野兽更甚；你必用肚子行走，终生吃土。我又要叫你和女人彼此为仇，你的后裔和女人的后裔也彼此为仇。女人的后裔要伤你的头，你要伤他的脚跟。”从此，蛇在地面上滑行，用肚子代腿行走。在后来的犹太教和基督教里，蛇成为魔鬼撒旦的代名词，是邪恶的象征。但在《圣经》中，还没有邪恶的概念，此时的蛇只是一个会说话的动物而已。神诅咒女人："我必多多加增你怀胎的苦楚，你生产儿女必多受苦楚。你必恋慕你丈夫，你丈夫必管辖你。"

最后，神对亚当说："你必终身劳苦才能从地里得吃的，地必给你长出荆棘和蒺藜来；你也要吃田间的菜蔬。你必汗流满面才得糊口，直到你归了土。因为你是从土而出的，你本是尘土，仍要归于尘土。"

从此，神再也不相信自己造的人了。神派出凶猛的天使守护生命之树，不让人靠近，因为吃了生命之树的果子，人就可以和神一样长生不死。神对人还是不放心，最终将亚当和夏娃逐出伊甸园。伊甸园的故事到此结束了，留给后人的却是无尽的遐想。

一千多年来，神学家不断对伊甸园的故事做出种种解读。神派天使把守生命之树，由此人不能再靠近它，从而决定了人不可能像神那样长生不死。此外，亚当和夏娃的被逐，并非出自神的本意，而是人挑衅神的意志，违背神的意愿的结果。亚当和夏娃的被逐，是神对人类的第一次惩罚。从此，只要违背与神订立的誓约，就必然受到神的严厉惩罚，这便成为犹太人信仰的一个重要基点。

此外，与巴比伦史诗中吉尔伽美什追求永生不同，伊甸园的故事强调人对智慧的追求，而不是永生。由此，体现了《圣经》作者的价值观：人应当追求有智慧的生活，而不在于生命时间的长短。然而，当人选择了智慧，知道了善恶，能够分辨善与恶之后，人也就有了无穷的烦恼，再也不能过无忧无虑的生活了。选择了智慧，人也不能永远活在人世间了，而且子孙后代都要为人类的"原罪"付出沉痛的代价。

伊甸园的故事具有多层次的寓意，它反映了犹太人对于生命、对于智慧、对于善与恶、对于男人和女人，特别是对于人神关系等问题的深刻思考和认识。后来，基督教神学家将亚当和夏娃偷吃禁果的故事发展为基督教的"原罪论"，成为基督教神学体系中的一个重要内容。

3. 挪亚方舟

挪亚方舟记载了上古时代大洪水的故事。大洪水的故事在古代西亚各族曾广泛流传，苏美尔人的史诗《朱苏德拉》（Zusdra）及《吉尔伽美什》中，都记述了大洪水和方舟的传说。挪亚方舟的故事，显然受到这些传说的影响，许多细节的描述极其相似，但《圣经》作者并没有简单地重复过去的故事，而是赋予其新的内涵和深刻的宗教意义，从而成为《圣经》中不朽的篇章。

《创世纪》说，亚当和夏娃的子孙不断繁衍生息，已经遍布四方。但是人心不古，他们虽然有一个共同的祖先，却经常不顾骨肉亲情，为了一点儿私利，互相争斗，甚至相互残杀。在苏美尔人的史诗中，人类的喧嚣吵闹让神不得安宁，因此决定用大洪水灭绝人类。但《圣经》告诉我们，神要毁灭人类，不是出于自己的私利与好恶，而是因为人“终日所思想的尽是恶”。神对人类的堕落感到绝望，后悔当初创造了他们，于是决定用一场大洪水“将所造的人和走兽，并昆虫，以及空中的飞鸟，都从地上除灭”。在这里，神首次被赋予道德的色彩，这就为以后神在世界上确立普遍的道德准则奠定了基础。

当时，只有挪亚在神的眼前蒙恩，神认为他是个义人，在那个时代的人中算得上是个完人，神不想灭他一家人。于是，神将自己的打算告诉挪亚，并指导他用歌斐木建造一个方舟，这个方舟在洪水到来时，可以拯救他全家人的性命。于是，挪亚按照神的意见，开始带领全家老少，制造方舟。

挪亚一家人日夜劳作，很快方舟造好了。为了防水，还在方舟内外涂上松香。根据《圣经》的描述，整个方舟大约长 137 米、宽 23 米、高 13 米，分为上、中、下三层。巨大的船舱分隔成很多小房间，有窗户可以采光，在船舱的侧面还开了一个门。但《圣经》没有提到方舟上有船浆和风帆之类等木船必备的物品，由此可见方舟极可能只是一座三层楼的木房子，而不是一条真正意义上的船。当洪水到来的时候，方舟只能漂浮在水面上，随风而动，顺水而漂。

耶和华本想灭绝地上的一切活物，可后来还是改变了主意。他叮嘱挪亚“将世上凡有血肉的活物，每样两个，一公一母，你要带进方舟。好在你那里保全生命”。并叫诺亚“将各样食物积蓄起来，好做你和它们的食物”。

挪亚不敢懈怠，照神的吩咐去办。当约定的时间一到，挪亚便带领全家老小和各种动物进入方舟。7天后，大雨开始了。40昼夜的滂沱大雨倾泻于地，洪水淹没了高山。地上的各类活物，连人带牲畜、昆虫以及空中的飞鸟，都从地上灭除了。大水泛滥了整整150天。又过了150天，水才渐渐地退去。

挪亚把方舟停在亚拉腊山口（在今亚美尼亚境内）上，等到山顶露出来了，挪亚打开一扇窗户，试着放出了一只乌鸦。乌鸦飞过来，飞过去，找不到落脚的地方，便飞了回来。过了几天，看着地上的水渐渐干了，他又放出一只鸽子，很快鸽子也飞回来了。7天后，挪亚再次将鸽子放出去。晚上，鸽子回来时，嘴上衔着橄榄树的新枝叶。看到新的枝叶，挪亚知道地上的水已经全退了。又过了7天，挪亚又放出一只鸽子，这一次，鸽子再也没有飞回来。后来，嘴里衔着橄榄树绿枝的鸽子形象，便成为和平的象征。

一年以后，地都干了，挪亚遵从神的吩咐，领着全家人和所有动物走出方舟。我们可以想象大洪水过后，大地上一片狼藉的凄凉景象。《圣经》说，挪亚上岸后，立刻设坛向耶和华献祭。于是，神与挪亚及其后代立约。这是《圣经》中神与人的第一次立约，神作为绝对的、永恒的、最高的存在，与地球上所有生物订立誓约。神承诺以后“不再灭各种活物了”，要让它们世世代代繁衍生息。而且，神下决心再也不干预已建立的大自然的秩序。日月星辰的运行，一年四季的轮回，一切都会顺其自然。神还对挪亚说：“你们要生养众多，遍满了地。凡地上的走兽和天上的飞鸟都必惊恐、惧怕你们。连地上一切的昆虫并海里一切的鱼都交付你们的手。”

此时，神再次赋于人类征服自然、改造自然的权力。在以后的岁月中，随着人类的不断发展，科学技术的不断进步，人终于成为地球上唯一的主宰。

在伊甸园的故事里，神只是将树上的果子赐给人作食物，因此早期的人类只吃果蔬，是素食者。而在大洪水过后，耶和华神对挪亚说：“凡活着的动物都可以作你们的食物，这一切我都赐给你们，如同菜蔬一样。惟独肉带着血，那就是它的生命，你们不可吃。”从此，人类开始吃动物的肉了。但遵照神的旨意，血是生命，只归于神。因此，犹太人不吃任何带血的肉，也不吃任何动物的血。

此时，天边出现了一道巨大的彩虹，这是神和地上所有动物立约的标志。这表明，在神的承诺下，人类和地上的所有生物又将繁衍生息，代代不休了。大洪水以后，挪亚和他的 3 个儿子闪、含和雅弗及其家人重新过着平静的生活。从此，人类社会进入一个新的纪元。

《圣经》详细列出挪亚 3 个儿子后系子孙的家谱，并说：“挪亚 3 个儿子的宗族，各随他们的支派立国。洪水过后，他们在地上立为邦国。”除此之外，没有更详细的交代。

18 世纪时，欧洲出现了一种说法，认为闪是亚洲人的祖先，含是非洲人的祖先，而雅弗则是欧洲人的祖先。这种说法虽然没有什么根据，却为西方世界的许多人所认同。

近代的考古发现，不断为《圣经》故事的真实性提供了新的证据。据报道，考古工作者在发掘古苏美尔人的王陵时，发现在它的下面还有另外一种文明的存在，即新石器时期文明。在两个文明之间的地层中间，是深达 3 米的泥浆层。这表明在先民时期，这里的确发生过特大的洪水，而且，洪水泛滥的时间很长。毫无疑问，大洪水给幸免于难的上古先民留下了极其深刻而恐怖的印象，它长久地保存在人们的记忆中，并世代相传，成为西亚众多民族中广为流传的故事。

至于方舟是否真的存在过，一直备受人们的关注，然而至今一直没有找到确凿的证据。进入 20 世纪后，仍不断有人宣称在亚美尼亚的群山中发现方舟的遗迹，为此组织了几次考古探险前去寻访，但最终都一无所获，没有找到它的任何踪迹。挪亚方舟是否真的存在过，似乎又将是一个永远的谜。

挪亚方舟的故事在《圣经》中具有极为重要的作用，神因为人类的邪恶要毁灭一切，因此建立普遍的道德准则是维持这个世界存在的必要条件和基础。《圣经》的作者通过这个故事再次告诫人们，“违背了神的意志，就要受到神的惩罚”，这是犹太教的基本信条，也是贯穿整部《圣经》的中心思想。

第二章　犹太人的早期历史

犹太人的早期历史，除了《圣经》中的描述外，无处寻觅它的踪迹。但《圣经》是犹太人自己编纂的，因此人们对它的真实性一直存在怀疑。尽管近代的考古发现和研究已经为《圣经》中的一些传说提供了某些线索，如伊甸园的大体位置、大洪水的发生等，认为它具有相当的可信度。但《圣经》中有关犹太人早期历史的叙述，学者们依然无法确定其真实性，因为书中提到的一些人物、事件、家谱至今没有被考古发现所证实。在西亚地区的历史文献中，也没有留下任何有关古犹太人的资料可供参考。

希罗多德在其巨著《历史》中，记述了公元前6—前5世纪波斯与希腊之间的一场持久战争，书中用大量篇幅记述了众多西亚民族和埃及的风土人情、奇闻轶事。在这些他亲自调查得来的材料中，从未出现“犹太人”或“以色列人”的字样，仅提及“巴勒斯坦的叙利亚人”，说他们的割礼仪式是从非洲人那里学来的。有学者认为，由于犹太人数量太少且分散的缘故，加之西亚地区一直战乱不断，人口流动频繁，以致被周边的人们所忽视，也在情理之中。于是，《圣经》便成为了解古犹太人唯一的文字材料。需要强调的是：本书叙述的犹太人的早期历史是以《圣经》的记述为依据的。

一、先祖亚伯拉罕

犹太人自认是先祖亚伯拉罕的后代。据《圣经》家谱记载，亚伯拉罕是挪亚之子闪的第10代后裔。他生活在公元前1900年左右，出生于中亚城市乌尔，这里曾是苏美尔人最古老的城邦之一。据估计，亚伯拉罕当时的地位相当于族长。

1. 西迁迦南

《创世纪》说亚伯拉罕原名亚伯兰，其父他拉有三子，即亚伯兰、拿鹤和哈兰。儿子都已成家，但哈兰生了儿子罗得后便死了。后来，他拉决定离开乌尔，带领全家人寻找新的家园。他们沿美索不达米亚平原向北走，来到幼发拉底河上游的哈兰（今土耳其境内），便在这里住下来。不久，父亲死了。亚伯兰接替父亲的位置，带领一家人，继续过着游牧的生活。75岁那一年，亚伯兰平静的生活被打乱了。

有一天，亚伯兰突然听到耶和华的召唤："你要离开本地、本族、父家，往我所要指示你的地去。"

神所示的地方就是迦南，神称这里是"到处流着奶和蜜的地方"，他要将这块富庶之地许诺给亚伯兰。神说："我必叫你成为大国，我必赐福给你，叫你的名为大，你也要叫别人得福。"

此时的亚伯兰已经年老，但他还是决定听从神的吩咐，放弃熟悉的环境，到遥远而陌生的迦南去。亚伯兰让家人收拾好行囊后，便赶着成群的牛羊，一起向着日落的方向行进。经过长时间的艰辛跋涉，一家人终于来到迦南地。

古代的迦南，早已有人在那里生活。亚伯兰一家来到迦南后不久，遇到这里闹饥荒，他便与妻子撒拉逃到埃及避荒，在那里待了一阵子才回来。亚伯兰回到迦南后，因为牛羊众多，为争夺牧场与侄子罗得产生了矛盾。亚伯兰毕竟是长辈，便让罗得先挑选地方。罗得放眼看去，相中了约旦河谷一带，于是赶着自己的羊群走了，而亚伯兰依旧留在希伯伦附近的幔利。

平静的日子没过多久。有一天，耶和华又在他面前显现，祝福他"必将成为大国的父"。对于神的许诺，亚伯兰却高兴不起来，他自有难言之隐。原来，亚伯兰的年龄已经很大了，妻子撒拉却一直没有生育，这让他有点烦恼和忧郁。放牧的生活虽然辛苦，但亚伯兰的家境还算殷实，他有着成群的牛羊和忠实的仆人。为了有个后代继承家业，撒拉也很着急，眼看着自己不能生育了，怎么办呢？于是她依照当地的习俗，让亚伯兰娶自己的使女夏甲为妾。夏甲是埃及人，在撒拉的怂恿下，便和亚伯兰同了房。不久，夏甲生了一个儿子，取名以实玛利，这一年亚伯兰 86 岁。有了自己的儿子，亚伯兰十分高兴，但神却告诉他，以实玛利不是神许诺的继承人。对于神说的话，亚伯兰也没太放在心上，日子就这么一天天过下去。一晃儿，十几年又过去了。

2. 与神立约

《创世纪》说：亚伯兰 99 岁那一年，耶和华再次向亚伯兰显现，告诉他："我是全能的神，你当在我面前做完全人。我就与你立约，使你的后裔极其繁多。"神还说："我与你立约，你要做多国的父。从此以后，你的名字不要再叫亚伯兰，要叫亚伯拉罕，因为我已立你做多国的父。"这是《圣经》中神与人之间的第二次立约，此次是神与亚伯拉罕家族之间的一个私人约定。

现代考古发现证实，立约是古代西亚普遍存在的一种契约关系，一般有宗主约和平等约两种形式。宗主约反映的是主从之间的关系，一般为政治上的约定，是为宗主的利益服务的。平等约则明确规定立约双方各自的权利和义务，是个人之间的私人约定。在西亚的传统中，约定要通过古老的仪式才能生效，即立约的双方要跨过劈成两半的牺牲，以此表明如果一方毁约，就会受到如同牺牲一样的命运。

听了神的话，亚伯拉罕将信将疑，于是问道："我怎样知道这地必赐给我呢？"神告诉他要准备好牺牲。按照神的吩咐，亚伯拉罕将一只 3 年的母牛，一只 3 年的母山羊，一只 3 年的公绵羊，以及一只斑鸠和一只雏鸽宰杀了，然后将母牛和两只羊分别从中劈开，分成两半，一半对一半地摊在地上，两只鸟儿也对面放着。到了傍晚，日头正落时，亚伯拉罕昏昏欲睡，突然"有惊人的大黑暗"落在他身上。耶和华再次降临，重申了与亚伯拉罕的约定，随后有冒烟的炉和烧着的火把从那些肉块中间经过。

与神的约定，由此生效。

于是，在神和先祖之间建立起一种盟约的关系。神承诺将保护和维系亚伯拉罕的家族，让他的后代繁衍得“像天上的星星一样多”，而作为回报，亚伯拉罕的子孙后代就必须无条件地服从神的各种诫命。耶和华接着叮嘱亚伯拉罕：“你们所有的男子都要受割礼……这是我和你们立约的证据，你们世世代代的男子，……生下来第八天，都要受割礼……但不受割礼的男子必从民中剪除，因他背了我的约。”

从此，作为立约的标志，犹太人开始实行割礼制度。近代学者指出，割礼在古代的西亚很流行，是表示男子已经成年、达到结婚年龄的青春仪式，而《圣经》将其改为婴儿的仪式，从而赋予割礼以新的意义，使之成为与神永恒约定的标志。

亚伯拉罕虽然已经老迈，但他仍然毫不犹豫地按照神的旨意，施行了割礼。除自己外，他还让儿子以实玛利及家里所有的男人，无论是家养的还是用钱买来的奴仆，都行了割礼。从此，割礼不仅成为犹太教的入教仪式，也是犹太教信仰中一个最基本的内容。

3. 夏甲被逐

不久，耶和华又向亚伯拉罕显现，告诉他“撒拉要给你生一个儿子”，亚伯拉罕听了，伏地而笑，心想“这怎么可能呢”。随后，神祝福撒拉“要做多国的母，必有百姓的君王自你而出”。

此时的撒拉 90 岁了，亚伯拉罕已经是百岁老人了。凡听说此事的，没有一个人相信这会是真的。然而，十月怀胎，年迈的撒拉真的生了一个儿子。亚伯拉罕赶忙给孩子取名“以撒”，意思是“笑”。

《圣经》说，撒拉有了自己的孩子后，便讨厌夏甲和以实玛利，担心日后夏甲母子会分他们的财产。于是，撒拉在亚伯拉罕的面前念叨，要将两人赶走。起初，亚伯拉罕不肯答应，以实玛利毕竟也是自己的骨肉呀，他怎么能忍心将亲生的儿子赶走呢？就在亚伯拉罕为难之际，耶和华再次向他显现。出乎意外的是神支持撒拉的要求，赞成将夏甲母子赶出家门。神还向亚伯拉罕许诺“你必将成为两个国的父”。没办法，亚伯拉罕只得听从神的安排。第二天，亚伯拉罕将干粮袋和装着水的皮囊给夏甲背在肩上，狠心地将他们打发走了。

夏甲离开丈夫，领着儿子打算回埃及老家去。埃及路途遥远，母子俩走了没几天，就在茫茫荒野中迷了路，更可怕的是，皮囊里的水喝完了，怎么办呢？身单力薄的夏甲看着幼小的儿子，感到了绝望。于是，她将儿子扔在一棵小树下，自己在一旁放声大哭。此时，突然天上有声音在响，夏甲仔细一听，原来是天使在喊她的名字。天使叫着“夏甲，不要害怕，把孩子抱在怀中”。天使话音刚落，夏甲突然觉得眼睛明亮了，她看见前面不远处有一口水井。夏甲高兴极了，赶紧跑过去将皮囊灌满水，送给孩子喝。在天使的帮助下，母子俩终于走出荒野，找了个地方住下来。后来，夏甲艰难地将儿子抚养成人，并从埃及给以实玛利娶了一个妻子。

《圣经》说，亚伯拉罕活了175岁死了，以撒和以实玛利一起，将他安葬在幔利的麦比拉山洞，与撒拉的墓为邻。后来，人们将以实玛利奉为阿拉伯人的祖先，而以撒则是以色列人的祖先，神的话得到了应验。亚伯拉罕果然如神所说，成为以色列人和阿拉伯人共同的祖先。

4. 杀子献祭

在亚伯拉罕漫长的一生中，经历的大小事情无法计数，但他对耶和华神始终忠心耿耿，唯命是从。尽管这样，耶和华对他还是不太放心，对他的忠诚仍然有所怀疑，于是神决定再考验他一次。

有一天，亚伯拉罕突然听到神的召唤，神对他说：“你带着你的儿子，就是你独生的儿子，你所爱的以撒，往摩利亚地去，在我所要指示你的山上，把他献为燔祭。”

对于这样一种毫无人性的蛮横要求，任何人听了都会感到震惊和愤怒。可亚伯拉罕听完神的话后，一声没吭，独自一人回家了。回到家里，亚伯拉罕还是一句话没有，只是默默收拾东西。当一切都准备好了，他才跟儿子说要出去一趟。

第二天一大早，亚伯拉罕就起床了。他让两个仆人背着劈好的木柴，带着儿子一起离开家，朝摩利亚山的方向走去。一路上，他也没跟儿子说什么。第三天，他们来到摩利亚山脚下。亚伯拉罕嘱咐仆人在山下等着，叫儿子背上木柴，自己拿着刀和火，父子俩一同上山去了。在上山的路上，以撒似乎觉得与以前的献祭有一点儿不同，于是问父亲："火和柴都有了，但燔祭的羊羔在哪里呢?"亚伯拉罕说："儿啊，神必定是自己预备了燔祭的羊羔了。"听父亲这样说，以撒虽然还是觉得奇怪，但也没再说什么了。两人默默地往山上走，走了好一会儿才到达山顶。

在山顶上，亚伯拉罕很快找了个合适的地方筑起祭坛。他把木柴堆成一堆后，便回过头来，把儿子捆绑起来。这个孩子也很奇怪，他一声不吭，任凭父亲摆弄。突然，亚伯拉罕猛地将儿子的头按在石台上，举刀就要砍下去。此时，天使出现在空中，大声呼喊亚伯拉罕的名字，让他刀下留人。亚伯拉罕一惊，抬起头来，刀从手中滑落下来。此时，神才满意地说："现在我知道你是敬畏神的。"希伯来语"敬畏"一词，也有"敬畏神的伟大"的意思，或者说"敬畏"就是"在至高无上的神面前颤抖"。

于是，以撒得救了，一场人间悲剧避免了。此时，正巧有一只公羊的两个角卡在茂密的树丛中，亚伯拉罕顺手用那只公羊做了祭品。

亚伯拉罕用杀子献祭的行动，经受住神对他的考验，证实了他对独一的耶和华神的无比虔诚。后来摩利亚山成为犹太教的圣地，耶路撒冷圣殿就建在这里。

《圣经》以精练的语言，讲述了杀子献祭的故事。其中人物的设置和对话都极为简单，没有铺垫和细节，却给人留下充分想象和多种解读的空间，从而成为《圣经》中最具吸引力的篇章，不仅是世界文学宝库中的精品，也是许多西方经典绘画的主题。《圣经》用这个故事告诉人们，对神的信仰不在于对神学的研究和思考有多么深刻，对神的忠心和虔敬才是最重要的。"要爱神，对神虔诚和服从"，这是犹太教的根本信条之一。

二、族长雅各

从《圣经》家谱来看，以色列人是亚伯拉罕之孙雅各的直系后代。《圣经》用很长的篇幅，向后人讲述了雅各传奇的一生。雅各是个性格极其复杂的人，他曾骗取哥哥以扫的长子继承权，又骗取父亲的祝福。然而，就是这样一个人后来成为以色列人的祖先。

1. 雅各和以扫

《圣经》说，亚伯拉罕的儿子以撒，快40岁时娶利百加为妻。利百加一直不生育，直到以撒60岁那年，她才生了一对双胞胎儿子。大儿子生下来身体发红，浑身有毛，取名“以扫”（意思是“身上有毛”）；小儿子是手抓着哥哥的脚后跟出来的，便叫他“雅各”（意思是“抓住”）。两个儿子身体都很健康，性格却大不相同。哥哥以扫举止粗野，善于打猎，常在田野里奔跑，追赶猎物。而弟弟就斯文多了，基本就待在帐篷里，很少像哥哥那样到外边去疯跑。

一天，以扫从田野里回来，又饿又累，他看见弟弟正在煮汤，便叫雅各端一碗红豆汤来给他喝。雅各听见以扫的话，突然灵机一动，心里飞快地打起了算盘。他答应给以扫端红豆汤，但提出一个条件“你今日将长子的名分卖给我吧”。这时候，以扫饿得快晕了，想也没想，顺嘴便说：“我将要死，这长子的名分于我有什么益处呢?”雅各却不忙给他端汤，而是要以扫起誓，在雅各的坚持下，以扫稀里糊涂地起了誓。就这样，雅各用一碗红豆汤，轻而易举地把哥哥的长子名分弄到了手。随后，雅各把红豆汤和饼端给以扫，以扫狼吞虎咽地吃完，又出去了。

以扫虽然生性粗野，但十分孝顺，经常将打来的野味做成美味，送给父亲吃。因此，以撒很喜爱以扫。孩子们长大了，以撒也慢慢老了，他的眼睛昏花，看不清东西了。有一天，他叫以扫来，对他说：“我如今老了，不知道哪一天死。现在拿你的器械，就是箭囊和弓，往田野去为我打猎，照我所爱的做成美味，拿来给我吃，使我在未死之先给你祝福。”以扫听了父亲的话，就到外边忙着打猎去了。而以撒对以扫说的话，被站在旁边的利百加听见了。

利百加偏爱小儿子雅各，听见以撒说要给以扫祝福，便想让雅各冒充以扫，骗得祝福。当时的人很看重老人的祝福，认为这会给他们带来好运和幸福。开始雅各还有点害怕，怕父亲发现真相，但有了妈妈的支持，胆子也就大了起来。利百加还真有办法，她将以扫平日里最好的一件衣服拿出来，给雅各穿上；怕以撒要抚摸以扫长毛的身体，她便用山羊羔皮包在雅各的手上和脖颈上，手一摸如同长毛一样。然后，利百加又赶忙让仆人杀了两头肥山羊，做成美味，让雅各端到父亲面前。

以撒以为是以扫，便叫他的名字，雅各冒充以扫答应了。以撒还是不放心，用手摸儿子的手臂和脖子，觉得身上长着毛，就相信是以扫了，于是放心地说了许多祝福的话。这样，雅各用欺骗的手法得到了父亲的祝福。雅各得到父亲的祝福后，从帐篷里走出来，正巧碰上打猎回来的以扫。以扫像往常一样，把打来的猎物做成父亲爱吃的美味，端给父亲吃。

以撒很奇怪，不是才吃过吗，怎么又有人送吃的？他就问：“你是谁？”以扫回答：“我是你的长子以扫。”父亲便问：“你未来之先，是谁得了野味拿来给我呢？我已经吃了，为他祝福。他将来也必蒙福。”以扫听了，放声大哭，请求父亲也为他祝福，但已经晚了。父亲告诉以扫：“你兄弟已经用诡计来将你的福分夺去了。”以扫知道雅各又一次欺骗了他，为此心里怨恨雅各，但念在父亲老了，也就没再说什么，但他暗下决心，以后有机会“一定要杀了雅各”。以扫的气话传到利百加的耳中，她感到问题严重了，便急忙叫雅各到哈兰的舅舅家里去避避风头，等以扫气消后再回来。此时的雅各也没有别的法子，只好辞别双亲，到舅舅拉班那里去了。

2. 雅各之梦

舅舅所在的哈兰，路途遥远。有一天，天色已晚，雅各来到一个叫作路斯的地方，这里前不着村，后不着店，无处投宿。雅各便捡了块石头当枕头，在野地里倒头睡着了。夜里，他梦见一个梯子从地面直通天上。天梯上有许多天使上下往来，神在天梯的上面，对雅各说：“我是耶和华——你祖亚伯拉罕的神，也是以撒的神。我要将你现在躺卧之地赐给你和你的后裔。你的后裔必像地上的尘沙一样多，必向东西南北开展……我必保佑你，领你归回这地。总不离弃你，直到我成全了向你所应许的。”

雅各醒了，回想起梦里的情景，便将他枕的石头竖立起来，将油浇在上面。他称此地为“伯特利”，意为“神的殿”。但此时的雅各并没有像亚伯拉罕那样无条件地服从神，而是提出了条件。他对神说：“神若与我同在，在所行的路上保佑我，又给我食物吃，衣服穿，使我平平安安地回到我父亲的家，我就必以耶和华为我的神，我所立为柱子的石头也必作神的殿。凡你所赐给我的，我必将十分之一献给你。”

《圣经》学者指出，雅各的这个梦意义非同一般。首先在这个梦里，神再次重申与亚伯拉罕的立约，并再次强调他就是雅各祖先的神，这似乎表明，雅各当时所信的神，并不一定就是耶和华。此外，在此次约定中，雅各的服从是有条件的，那就是“使我平平安安地回到我父亲的家”。他立起一根石柱，将油倒在上面，这是古代迦南普遍的祭祀方式，后来在神的戒律中严格禁止这种异教的祭神方式，而要求在神选定的圣殿中举行祭祀仪式。雅各最后的承诺，也成为犹太教“什一税”的依据和起源。后来，位于耶路撒冷之北的伯特利，成为仅次于耶路撒冷的犹太教圣地。

3. 返回家乡

拉班是当地的一个大户人家，牛羊成群，家财丰厚。雅各来到舅舅家，拉班很高兴，便让雅各给他干活儿，他正缺少人手呢。拉班有两个女儿，都还没有出嫁，大的叫利亚，小的叫拉结。不久，雅各看上了容貌俊秀的表妹拉结。一天，雅各对舅舅说他想娶拉结为妻。拉班听了，爽快地答应了。但他提出一个条件，就是要雅各先给他干7年活儿，然后才能将拉结嫁给他。为了娶到拉结，雅各答应了这个苛刻的条件。

一晃儿，7年的期限满了，拉班同意将女儿嫁给雅各，于是大摆宴席，请很多人来参加婚礼。等进了洞房，雅各才发现自己被骗了，他娶的不是拉结，而是相貌平平、毫无姿色的利亚。雅各生气地去质问拉班，拉班却说："大女儿没出嫁，便把小女儿先给人，我们这里没这个规矩。"说完，他又笑脸安抚雅各，劝他暂且忍一忍，7 天后就将拉结嫁给他。但还是有个条件，雅各要再给他干 7 年活儿。没办法，雅各只好又答应了。于是，雅各在舅舅家里以打工为代价，在哈兰娶了两个表妹。

拉结和利亚虽是亲姐妹，但婚后两人却互相嫉妒，暗中斗气。雅各疼爱拉结，可拉结一直不生育，而利亚却一连生了 4 个儿子。拉结心中不爽，便让雅各纳自己的使女为妾，生的儿子算在自己的名下。中间有几年时间，利亚也没有生育，看见拉结的使女生了 2 个儿子，利亚便让雅各与自己的使女同房，也生了 2 个儿子。后来，拉结自己终于生了个儿子，取名"约瑟"。以后几年中，利亚又生了 2 个儿子。就这样，在哈兰的 20 年里，雅各的 2 妻 2 妾共给他生了 11 个儿子，其中有 6 个儿子是利亚生的。

在给岳夫拉班干活儿期间，精明强干的雅各也为自己挣下了一大份家业。这让拉班的儿子们心生嫉妒，拉班的脸色也没以前那么好看了，雅各明白自己该走了。离家已经 20 年了，雅各很想念年迈的父母亲，他打算带着全家人回迦南老家去。当雅各将想法告诉拉班时，拉班却说什么也不让他们走，要他们继续留在哈兰。可以肯定，他是舍不得女儿和众多的外孙！

此时，雅各的决心已定。一天，趁着拉班外出，雅各带领全家人和众多仆婢，赶着成群的牲畜离开拉班的家，往迦南的方向去了。拉班听到消息后，立刻追上去，当他看到眼前的场景时，知道一切已经无法挽回，只好让他们走了。于是拉班含着眼泪与女儿和外孙们亲吻告别后，一个人回去了。

4. 改称以色列

从哈兰到迦南父亲的家，路途遥远，只能边放牧边往家里走。在途中，雅各得知以扫早已离开父亲，住在南方的以东。为了 20 年前的那场纠纷，雅各远走他乡，如今他很想得到以扫的宽恕，弟兄俩能重新和好。于是，雅各决定先到以东和哥哥以扫见面，然后再回家去。快到以东时，雅各先打发人向以扫报信，说雅各陪罪来了，并送去许多礼物。以扫是个性情豪放的人，对弟弟年轻时干的错事早就原谅了。此时，他知道雅各来了，十分高兴，便领着400人前来看望弟弟一家。雅各听说以扫带了很多人来，心里头就开始打鼓，不知是福是祸，不知道哥哥会不会原谅他。

以扫毕竟是亲兄长，他一见雅各，立刻热情地拥抱了弟弟，还搂着他的脖子亲吻他，两人都哭了。这时，雅各一颗悬着的心才放了下来，与哥哥聊起了家常。对于雅各送来的厚礼，以扫开始坚决不受，在雅各的恳求下，以扫才收了。兄弟两人终于冰释前嫌，和好如初。见面以后，以扫带着他的人又回以东去了，雅各则继续赶路回家。以扫的后代在以东地繁衍生息，成为子孙众多的部落，他们就是后来的以东人。

雅各带着一大家人继续行进，在离家不远的伯利恒，拉结要生第二个孩子了。孩子平安降生，但拉结却难产死了。这让雅各痛心万分。生下来的孩子取名便雅悯，他是雅各最小的儿子，与约瑟是亲兄弟。雅各的12个儿子，后来成为以色列12个部族的祖先，统称以色列人。

至于为什么称“以色列人”，源自《圣经》中另一个有关雅各的传说，就是与神的使者摔跤的故事。一天，雅各来到一个渡口，他让家人和牲畜都过了河。此时，天色已经晚了，他一个人留在岸边。大家都睡觉了，可他却一夜没合眼。他说，他整夜都在和一个人摔跤，那人摔不过他，就用手捏了一下他的大腿窝，后来在摔跤时他的腿就扭了。天亮时，那人要走，雅各拉住他，不让他离去。雅各说：“你不给我祝福，我就不让你走。”那人问雅各叫什么名字？雅各说：“我叫雅各。”那人告诉他：“你的名不要再叫雅各了，要叫‘以色列’，因为你与神的人较力，都得了胜。”那人对雅各祝福后，转眼不见了，雅各这才知道那人是天使。据学者们考证，这是对一个更古老故事的改编。在迦南的古老传说中，过河之前如果打败一个人，就可以顺利过河。天亮后，雅各过了河，但是他的腿从此瘸了。犹太人至今不吃动物大腿窝的筋，原因出自于此。

雅各回到迦南的家后，耶和华让他改叫“以色列”，雅各听从神的话，就改了名。“以色列”的意思是“与神摔跤的人”。古迦南人认为名字具有神奇的控制力量，名字的改变寓意了雅各性格上的变化，从此他与以扫友好相处，从性格上有缺陷的人变成一个新人。同时，通过雅各与神的使者的拼搏，也使雅各在一个更高的层次上获得了新生。因此，这个故事一直被用来隐喻以色列人奋斗不息的精神历程。

从此以后，雅各的新名字“以色列”成为一个以民族信仰为纽带的部落联合体的名称。由其直系后裔组成的部族，即其直系后代统称为以色列人。在以后的历史中，“以色列”一词又逐渐演变成为民族和国家的名称。如今，“犹太人”主要是一个与民族有关的概念，故其宗教被称为犹太教。而“以色列”则更多地与国家的概念有关系，犹太人建立的民族国家通常称为以色列，现代的以色列国也是如此。对于早期的犹太人，人们习惯称他们为希伯来人。

三、移居埃及

雅各带着全家人回到迦南的老家，和父亲团聚，此时母亲利百加早已去世了。以撒活到180岁时气绝，以扫和雅各将他安葬在希伯伦的幔利祖坟，亚伯拉罕也葬在这里。

1. 约瑟被卖

雅各（以色列）和他的2妻2妾共生养12个儿子，其中有一个名叫约瑟，是拉结所生。约瑟年龄虽小，但聪明机灵，生性乖巧，深受父亲的宠爱。有一天，父亲特地给约瑟做了一件新衣裳，约瑟在弟兄们面前显摆他的彩衣，其他兄弟看见弟弟有了新衣而自己没有，心里自然不快。年幼的约瑟不通人情世故，说话也不知深浅，甚至连自己做的梦也口无遮掩地告诉大家，这就为自己招来了麻烦。

有一天，约瑟对兄弟们说他做了一个梦，梦见大家在田里捆扎禾稼，“我的捆起来站着，你们的捆来围着我的捆下拜”。又有一次，他告诉兄弟们，他梦见日月和11颗星星向他下拜。这样的话说出来，不是太狂妄自大了吗？因此，约瑟招致了其他兄弟的嫉恨。父亲听说此事后，把他叫过来狠狠地训了一顿，但将他说的话悄悄地记在心里。

放牧的季节到了，雅各打发儿子们到示剑放羊去，唯有约瑟留在家里和老父亲作伴。孩子们出去好些天了，也没有消息捎回来，父亲有点放心不下，就让约瑟去看望兄弟们。遵照父亲的吩咐，约瑟动身往牧场去了。还没走近，兄弟们远远地看见了他。有人说："看哪，那个穿彩衣的人来了，我们杀了他。"其他人随声附和，但大哥吕便不同意，他说："我们不可以害他的性命。"

约瑟见到兄弟们后，他们便七手八脚将约瑟穿的彩衣脱下来，将他扔在旁边的一个坑里。那个坑是空的，里面什么也没有。然后，大家坐下来吃饭。此时，正巧有一伙到埃及的商人从面前经过，趁大哥吕便不在，兄弟几人一商量，将约瑟从坑里拉上来，用 20 块银子的价钱把他卖给了过路的商人。就这样，约瑟跟着商人到埃及去了。

约瑟被卖掉后，兄弟们把他的衣服沾上羊血，回家后告诉父亲约瑟被野兽吃掉了。雅各听了信以为真，他悲痛欲绝，撕裂了衣服，在腰上缠上麻布，为儿子悲伤了多日。

2. 约瑟在埃及

约瑟到埃及后，商人们把他带到人口市场上贩卖。没过多久，约瑟便被一个埃及人买走了。这个人可不是普通人，他正是法老的内臣、护卫长波提乏。于是，约瑟成了波提乏家里的一个仆人。

很快，约瑟得到了主人的赏识和信任，波提乏将自己的全部家产交给约瑟管理。波提乏的妻子看中年青英俊的约瑟，总想方设法勾引他。忠于主人的约瑟，不肯听任这个女人的摆布。一天，女主人又对约瑟拉拉扯扯，约瑟挣脱她的纠缠跑了出来，可外衣被女人拉扯下来。女主人觉得颜面尽失，便拿着这件衣服在波提乏面前哭诉，诬告约瑟调戏她。不明真相的波提乏一气之下，将约瑟抓起来，下到大牢里。

和约瑟关在一起的还有两个人，分别是法老的厨师长和法老的酒政，他们两人不知因何得罪了法老，也关在牢里。一天晚上，两人各自做了一个怪梦。早上起来后，回想起梦中的场景，情绪很低落。约瑟看出来他们有心事，就问："你们今日为什么面带愁容呢?"两人说他们各做了一个梦，可是没人能解梦。约瑟便让他们说出来听听，或许他能帮上忙。酒政先将自己的梦告诉约瑟。约瑟听后，不紧不慢地说："3 天之内，法老必提你出监，叫你官复原职。你仍要送酒杯到法老的手中，和先前做他的酒政一样。"说完，约瑟又叮嘱酒政要他出狱后"要在法老面前提起我，救我出这监牢"。酒政听了，立即满口答应。厨师长听见约瑟对酒政说的话，心想我的梦可能也不会太差，就赶紧将自己的梦也说了一遍。约瑟听后，沉默了一会儿，对厨长说："3 天之内，法老必斩断你的头，把你挂在木头上，必有飞鸟来吃你身上的肉。"话虽这样说，两人只是半信半疑，并未全信。

第3 天，平静的监狱突然热闹起来了。原来这天是法老的生日，在大宴宾客之时，没人捧杯递盏，法老这才想起厨师长和酒政还关在监狱里。于是，他下令将厨师长吊死，酒政官复原职。酒政又可以站在法老的身旁，服侍法老了。约瑟的解梦变为现实！酒政听到消息后，喜出望外。出狱之时，对约瑟千恩万谢，答应一定会替他在法老面前申冤，让他早日获得自由。但一出大狱，酒政就把约瑟的事忘得没影了。两年过去了，约瑟还在大牢里。

有一天，法老做了一个梦，梦中的场景很离奇，弄得法老心神不宁。于是，法老请许多人来解梦，但没有人敢说，唯恐说得不如法老的意，性命可就难保了。此时，站在法老身边的酒政突然想起一个人，这就是给他带来好运的约瑟。酒政立即向法老推荐了约瑟，很快约瑟被领进宫里去见法老。

听完法老的梦后，约瑟不慌不忙地说，梦里"一根麦秸上长着 7 个大麦穗"和"7 头肥母牛在河边吃草"预示埃及将会有 7 年的大丰收。而"7 个不好的麦穗"和"7 头瘦弱的母牛"则象征着连续 7 年的灾荒。他告诉法老，大饥荒将会耗尽国内所有的存粮，所以必须早做准备，做到有备无患。听了约瑟的话，法老觉得很有些道理。不管怎样，对一个国家来说，多存些粮食总没有坏处。

法老对约瑟的印象出奇的好，觉得约瑟这个小伙子不错，不仅聪明伶俐，人也长得英俊帅气，虽然是个外乡人，法老还是决定重用他。于是，法老当场宣布由约瑟来“治理埃及全地”，地位仅次于法老。法老给他起了一个埃及名字，还将一个祭司的女儿赐给他作妻。这一年，约瑟正好 30 岁。就这样，约瑟成了全埃及的宰相，成为一人之下、万人之上的权臣。

3. 移居埃及

约瑟治理埃及期间，凭借着神给他的好运气，连续 7 年都是风调雨顺，粮食大获丰收。据《圣经》说，当时埃及的谷“多得不可胜数”。约瑟命令各地修建许多粮仓，积蓄五谷，以防备以后的 7 个荒年。

果然不出约瑟所料，7 年的大丰收一过，接下来就是 7 个荒年。不仅埃及如此，周边很多地方都发生了饥荒，老百姓没有粮食吃。此时只有埃及还有余粮。在大灾之年，约瑟下令开仓赈灾。消息一传开，不仅本国的老百姓蜂拥而至，就连外地的饥民也闻讯赶来了。此时的迦南也发生了大饥荒，连年颗粒无收。雅各听到埃及放粮的消息后，便对儿子们说：“我听说埃及有粮，你们可以下去，从那里为我们弄些粮来，使我们可以存活，不至于饿死。”

他让 10 个儿子都到埃及去了，只留下最小的儿子便雅悯，因为“怕他遭害”。便雅悯和约瑟是同胞兄弟，都是拉结所生，约瑟不在了，雅各不想让小儿子再出什么差错。听了父亲的安排，雅各的儿子们便一起上路，到埃及找粮食去了。此时，他们根本不知道约瑟在埃及早已是众人仰望的显赫权贵了，还以为他早就死了呢。

当时约瑟治理埃及，放粮赈灾的也是他，每天有许多人来买粮。有一天，雅各的 10 个儿子也来了，见到有一个埃及官员在那里指挥，他们就向他跪拜磕头，说明来意。虽然许多年过去了，但兄弟毕竟是兄弟，约瑟一下子就认出这些人正是自己的手足同胞。而约瑟的兄弟做梦也想不到，坐在台上的埃及官员正是约瑟。约瑟装作不认识他们，询问了家里的情况，知道老父亲还健在，心里便放心了许多。他下令给每个兄弟的袋子都装上粮食，让他们满载而归，还把他们买粮食的银子悄悄地放回各人的袋子里。雅各的儿子们高高兴兴地回到家里。

过了一段时间，灾荒还没有缓解，粮食吃完了，雅各让儿子们再到埃及来买粮。这一次，他们按照约瑟的要求，将小弟便雅悯也带到约瑟那里。约瑟见到亲弟弟，忍不住泪流满面，走到屋后去擦眼泪。他对便雅悯问寒问暖，关怀备至，可他们没有一个人认出这个埃及官员就是约瑟。经过几番周折，最终约瑟还是原谅了兄弟们年轻时的过错，与他们相认。他将自己的经历告诉了法老，法老听了非常高兴，下令赠给每个人许多粮食和财物，并让他们带着车辆回去，将老父亲也接到埃及来住。就这样，雅各的儿子们又满载而归。他们将在埃及的所见所闻讲给父亲听，雅各开始以为他们在骗自己，后来看到约瑟打发来接他的车辆，这才信了。此时的雅各，虽然年事已高，但身体还算健朗，他决定亲自到埃及去看望约瑟。

不久，雅各从别士巴出发，带着所有的儿孙及所有的牲畜、财物，一大家人坐着约瑟接他们的车辆来到埃及。《圣经》详细列出随雅各到埃及的所有人的名字，总共 70 人。约瑟见到久别的父亲，伏在父亲的身上哭了很久，一家人总算团圆了。《圣经》说因为“埃及人不喜欢牧羊的民族”，于是约瑟将全家安置在北部的歌珊地。从此，雅各一家人便在那里住了下来。

不知不觉间，雅各一家来埃及 17 年了，此时雅各 147 岁。有一天，雅各将所有儿孙叫到面前，他先祝福约瑟和他的儿子们，随后逐一叮嘱其余 11 个儿子，并根据每人的福分给予不同的祝福。说完所有的祝福语后，雅各气绝身亡，结束了他漫长而艰辛的生命旅程。

约瑟按照当时的习俗为雅各办理了丧事。在哀悼 70 天后，他遵照父亲的遗愿，将灵柩运回迦南。雅各也葬在幔利，与父亲以撒和先祖亚伯拉罕葬在一起。《圣经》中说，约瑟安葬父亲后，与其他兄弟又都回到埃及，约瑟在 110 岁那年去世了。而雅各的后代——以色列人的 12 个部族仍然在埃及生活，他们生养众多，并逐渐强盛起来。

约瑟的故事如同一部曲折离奇的小说，人物形象鲜明，语言生动感人，受到后世学者的高度评价。此外，学者们认为它的创作时间相对较晚，其中反映了埃及的风俗和历史。解梦术在古代的西亚和埃及十分流行，由于以色列人只信仰一个神，所以反对一切占卜问签、窥探神意的行为。在此，《圣经》的作者只是将解梦术作为一种摆脱困境的手段来写，绝无宣扬的意思。

以色列的后代在埃及大约生活了400多年，《出埃及记》中记述了他们在那里人丁兴旺的情景。后来由于王朝的更迭，“有不认识约瑟的新王起来治理埃及”。为防止以色列人过于强大，埃及法老迫使他们做奴隶，干最粗笨的活儿。此外，法老还下命令，要求接生婆杀死以色列女人所生的所有男婴，只留下女孩子的性命，以遏制其人口的过快增长。于是，埃及人和以色列人之间的关系空前地紧张了起来。

现在，对于以色列的子孙在埃及受奴役的事情已经很难考证了。但埃及史书记载，在十九王朝的法老拉美西斯二世（前1290—前1224年）时，歌珊地方有一个外乡人的居住地，他们是逃荒来到此地的。因此，有学者认为虐待犹太人的埃及法老极可能就是拉美西斯二世，从时间上推算似乎也有这种可能性。但也有学者认为约瑟被埃及法老重用，治理埃及，以及雅各全家移民埃及基本上是一个杜撰的故事，从而否定了之后以色列人出埃及重返故乡的经历。

四、离开埃及

《圣经》在《出埃及记》中，讲述了先知摩西带领以色列人逃离埃及，返回故土迦南的整个过程。以色列人在西奈荒野漂泊40年后，已经由一个备受奴役的寄居部族，成为与神订立盟约、具有一神信仰的民族。在此期间，摩西成为以色列民族史上最具传奇色彩的人物。

1. 摩西出世

《出埃及记》中说，摩西出生在一个利未人的家庭里。此时，以色列人正受到埃及法老的迫害。因为是个男婴，摩西出生后父母便把他藏了起来。3个月后，孩子渐渐长大，无法继续藏匿了。于是，摩西的母亲想出个办法，她将孩子放进一个用蒲草编织的篮筐里，为了防止水渗进来，在篮筐外面还涂上石蜡。一天，她将这个蒲草篮放在河边的芦苇丛中，自己站在远处悄悄地望着，希望能有人收养这个孩子。

过了一会儿，法老的女儿到河里来游泳。突然，有个宫女看见河岸边有个蒲草篮，觉得有点奇怪，便告诉了公主。公主打发人把篮筐拿过来，下令将篮筐打开。打开一看，原来里面是一个可爱的男婴。熟睡的孩子被惊醒了，大哭起来，公主心里很可怜他，就说“这是个希伯来人的孩子”。虽然公主明知孩子的来历，但她还是决定收养小男孩，她给孩子取名“摩西”，意思是“因我把他从水里拉出来”。于是，摩西在法老的宫中长大成人。有《圣经》学者指出，此处的蒲草篮筐用的是“tevah”，意思是“方舟”，但与挪亚方舟的“arch”不同，希伯来语的“tevah”有“从恶水中获救的工具”的意思。此外，《圣经》学者们认为这个充满传奇色彩的故事，其情节与阿卡德王萨尔贡一世的传说十分相似。

《圣经》丝毫未提及摩西的童年。只是告诉人们，摩西长大后，看见有个埃及人鞭打希伯来人，便出手相救，结果失手打死了埃及人。为躲避追捕，摩西逃到西奈半岛的米甸。在米甸，他认识了当地的祭司叶忒罗，祭司看他聪明能干，便将女儿西坡拉许配他为妻。从此，摩西在米甸住了下来，为岳父照管羊群，这一住就是40年。

2. 成为先知

《出埃及记》中说，耶和华选中了摩西去拯救受奴役的犹太民族，要他带领民众离开埃及。

有一天，摩西到野外放羊，路过神的山何烈山（有称西奈山，源于不同的材料）。此时，神的天使在荆棘丛中显现。摩西看见前面的荆棘丛被火烧着了，却没有被烧毁，觉得很奇怪，便走过去想看个究竟。其实，这并非奇迹。现在已经知道，西奈半岛上有一种能分泌油脂的荆棘，在阳光的照射下可以自燃，发出红蓝色的火焰而又不会被烧毁。此时，耶和华看到摩西走近了，就呼叫他的名字，不让他靠近，并说：“不要近前来，当把你脚上的鞋脱下来，因为你所站立之地是圣地。”

摩西照着神的吩咐去办，他远远地站着，还把脸蒙上，怕看见耶和华。耶和华告诉摩西：“我是你父亲的神，也是亚伯拉罕的神，以撒的神，雅各的神。”

接着神告诉摩西，以色列人正在埃及受苦：“他们因受督工的辖制所发的哀声，我也听见了……我下来是要救他们脱离埃及人的手，领他们出了那地，到美好、宽阔、流奶与蜜之地。”

神指示摩西去见法老，并要摩西“要领他们出了那地”。可摩西心想，我是谁，一个为岳父放羊的牧人，怎能担当如此重任呢？摩西的顾虑不是没有道理。首先，当年他一时气盛，杀死了埃及监工，不得已逃出埃及，他流亡米甸已经很多年了。身为一个有罪在身的逃犯，人们凭什么听他的指挥呢？再说，从埃及到迦南，路途遥远，要带领整个部族数万人进行大规模迁移，绝非一件容易的事。更重要是，摩西从未听说过这个祖先的神，犹太人已经在埃及生活几百年了，他们还会记得祖先的神吗？于是，摩西推辞说：“我是什么人，竟能去见法老？将以色列人从埃及领出来呢？”

神坚持“我必与你同在”。摩西只得问神：我怎么说，以色列人才能相信我呢？神告诉他要这样说：“耶和华——你们祖先的神，就是亚伯拉罕的神、以撒的神、雅各的神，打发我到你们这里来。”

但摩西仍有疑虑，说了半天是祖先的神，可连个名字都没有，怎么跟以色列人说呢？于是，摩西大着胆子问：他们若问我“他叫什么名字？我要对他们说什么呢？”而神的回答却是“我就是我”。随后再次重申“我是你祖先的神……”尽管神再三开导摩西，摩西仍然没有一点儿信心，不敢答应这件事。空口无凭，谁能相信“我是你父亲的神派来的”呢？想到这里，他又对神说：“他们必不信我，也不听我的话，必说，耶和华并没有向你显现。”

于是，神向摩西传授了三种神迹：木杖落地成蛇，麻风病伸手可愈，河水旱地变血。事已至此，摩西再也找不到理由拒绝了。于是，他决定告别家人，独自返回埃及，完成耶和华交给的神圣使命。

为了让法老同意以色列人离开埃及，摩西几次面见法老，好言相劝，但均遭拒绝。最后，在神的授意下，他只得采取强制性的手段。在法老面前，摩西施展了将水变成血的神迹，整个埃及的河水都变成血红色，没法喝了，老百姓叫苦连天，但法老仍不同意。后来，为迫使法老屈服，耶和华在埃及相继降临了10种灾难：青蛙遍地跳，苍蝇满天飞，尘土变虱子，牲畜闹瘟疫，男女长脓疮，蝗虫成灾，雷击仓库，冰雹毁粮，三天漆黑、不见天日等。但法老总是出尔反尔，每当看见灾难降临了，就点头同意放以色列人走，灾难一过，便又反悔了。

学者们认为，《圣经》中描述的这些灾难很可能都曾发生过，它们或许是以色列人在埃及期间所遭遇的各种自然灾害的真实写照，3天3夜的大黑暗似乎是由沙漠里刮起的巨大沙尘暴造成的。当这一切都不能奏效时，耶和华决定杀死埃及的所有头生子，以此来逼迫法老就范。在接下来的这场大灾难中，只有以色列人免遭厄运。耶和华的使者事先告诉以色列人，要将羔羊的血涂抹在自家门柱上做为标记，看见这个标记，死亡天使就会越过他们的房屋，不会伤及他们的性命。

随后，黑色的死亡天使掠过埃及。此时，被逼无奈的法老只得同意摩西的要求，要他立刻带以色列人离开埃及。以色列人听到消息后，赶紧跑回家，匆忙收拾东西，甚至来不及让面团发酵就慌乱地逃了出来。这一天，后来成为犹太人的逾越节。直至今日，逾越节仍是犹太人最重要的节日之一。从此，“在耶和华的保护下，犹太人才得以逃离埃及获得解救”便成为犹太教的一个重要内容。

3. 逃离埃及

《出埃及记》告诉我们，以色列人走了，狡诈的法老想来想去，觉得窝囊，心有不甘。于是，他派大批士兵追杀以色列人。埃及人一直追到红海边，才看到以色列大队人马的踪影。此时天已经黑了，只好停下来，准备第二天将以色列人斩尽杀绝。

以色列人站在宽阔的红海前，一筹莫展，后面的埃及军队正在步步逼近，眼看就要追上来了，该怎么办呢？就在这生死关头，奇迹出现了。红海上出现了惊心动魄的一幕，这是《圣经》中最令人难忘的场景：此时，只见摩西缓缓地走出惊恐的人群，将手中的权杖慢慢地伸向大海。顺着权杖指引的方向，波涛汹涌的海水立即听话地向两边分开，中间露出一条笔直的道路。神从鼻孔中吹出一口气，海上刮起大风，风吹了整整一夜。第二天一早，摩西带领以色列人，安全地走过已经吹干的河床，海水在两边形成高大的墙垣。看到以色列人过了海，法老的追兵及车辆也慌忙下到海底，想继续追赶已经上岸的以色列人。此时，摩西回过身来，再次将权杖伸向大海，只见两边的水墙砰然坍塌，法老的人马全部倒在波涛汹涌的大海中。埃及追兵全军覆没，无一生还。

有《圣经》学者指出红海（Red Sea）一词，可能在很早以前就翻译错了，希伯来原文中是里德海（Reed Sea）。关于分开海水的情节，《圣经》有3个不同的版本。最早的版本描述了人们在水中挣扎的情景，里德海更像是一个沼泽泥潭，落水的士兵并非真的淹没在水中，而是在泥浆中挣扎。在此，落水被赋予了象征性的意义，影射敌人的痛苦和失败。也有人认为，犹太人徒步走过沼泽地，逃跑了，而骑马驾车的追兵，由于无法通过泥泞的沼泽，只得放弃追杀。用溺水和落入水中，来寓意人们不断得到拯救，这是文学作品中长期不断重复的主题，而《圣经》作者将之与耶和华联系起来，赋予其新的意义。

根据《圣经》的描述，以色列人从埃及出来后，并没有走近路直接回到故乡迦南，而是绕道红海，沿红海海岸向西奈半岛的旷野行进。在茫茫荒野中人是很容易迷路的。为此，耶和华在白天呈现为一个云柱，在黑夜为一个火柱来给以色列人引路，带领大家日夜兼程，向故乡迦南进发。

4. 接受十诫

《出埃及记》中，耶和华告诉摩西，他将带领以色列人返回迦南。但神有一个条件，就是在回到故乡之前，以色列人必须到神圣的西奈山，与神重新订立盟约。此时，摩西的心里已经很明白，以色列人只有像祖先那样承认耶和华是他们唯一的神，他们才有可能顺利地回到故乡。

以色列人离开埃及已经3个月了。这一天，摩西领着全族的男女老少来到西奈山下。西奈山位于西奈半岛中南部，是一座海拔约2300米的高峰。以色列人到达后，在山下安营扎寨。摩西让大家抓紧时间洗澡、洗衣，使自身洁净，因为耶和华将降临西奈山上。第三天早晨，山上黑云密布，电闪雷鸣，声响极大。营中的百姓听到，都吓得发抖。摩西知道耶和华已经降临，便带领众人出营迎接。百姓都远远地站立在山下，静静地不敢出声。摩西将一切都安排好，便独自一人上山去了。

摩西在西奈山上待了整整40天。

在西奈山，耶和华通过摩西与以色列人订立的契约，后来被称为"西奈契约"或"摩西契约"，这是神与以色列人订立的第3个契约。在前2个契约中，神以保护者的身份出现，与挪亚和亚伯拉罕立约。而此次是一个有条件的、平等的双边协议。以色列人必须履行约定，遵守神的戒律。如果违背约定，违背神的意志，那么神就没有保护以色列人的责任。从此，犹太人的历史就完全受契约影响，对契约的忠诚程度成为决定他们命运的主要因素。

《出埃及记》中说，摩西下山时，带回两块法版，上面刻有耶和华亲自用手指书写的文字，这就是著名的《十诫》。《十诫》是耶和华为犹太人制定的最基本的律法，也是犹太人必须遵守的行为规范和道德准则。《十诫》如下：

1. 我是耶和华——你的神，曾将你从埃及地为奴之家领出来，除了我以外，你不可有别的神。

2. 你不可为自己刻偶像，也不可做甚么形像仿佛上天、下地和地底下、水中的百物。不可跪拜那些像，也不可事奉它。因为我耶和华——你的神是忌邪的神。恨我的，我必追讨他的罪，自父及子，直到三四代；爱我、守我诫命的。我必向他们发慈爱，直到千代。

3. 不可妄称耶和华——你主的名，因为妄称耶和华名的，耶和华必不以他为无罪。

4. 当纪念安息日，守为圣日。六日要劳碌做你一切的工，但第七日是向耶和华——你主当守的安息日。这一日你和你的儿女、仆婢、牲畜，并你城中寄居的客人，无论何工都不可做。因为六日之内，耶和华造天、地、海，和其中的万物，第七日便安息，所以耶和华赐福与安息日，定为圣日。

5. 当孝敬父母，使你的日子在耶和华——你主所赐你的地上得以长久。

6. 不可杀人。

7. 不可奸淫。

8. 不可偷盗。

9. 不可做假见证陷害人。

10. 不可贪恋人的房屋，也不可贪恋人的妻子、仆婢、牛驴，并他一切所有的。

有学者指出《十诫》的希伯来文字面意思是"十条声明"，如果细分的话不止十条，这是神对以色列人无条件的契约要求，译为"十诫"似乎有些牵强，只是为了追求一种理想的数字而已。在《圣经》中，偶数和十的倍数是屡见不鲜的数字。实际上，无论是犹太人或基督教徒，都对《十诫》有不同的数法，不同的《圣经》版本对此也有不同的排序。从《十诫》的内容看，大致可以分为两部分。

前面4条主要表明以色列人与神之间的关系，体现了唯一的创世之神的绝对权威性。明确指出耶和华是唯一的信仰，不可崇拜除耶和华以外的其他神，禁止多神崇拜和偶像崇拜。这种一神崇拜的观念，是古代其他民族所没有的。可以说，是犹太人最早确立了一神崇拜的思想，《十诫》也是世界一神论的宣言书。

后面的6条属于日常生活的行为准则，规定了人与人之间如何保持正当和谐的社会关系。它明确告诉人们应当怎样做人，什么是可以做的，什么是不能做的。在人们的生活中，每个人都应当孝敬父母，忠于家庭，友爱邻居，不可有害人之心，不可有贪欲和恶念。这些对于稳定家庭、稳定社会无疑具有重要的作用。特别要提到的是，《十诫》中的不可杀人，是指不可杀一切人，其中包括自己。因此，犹太教和基督教都坚决反对自杀，认为自杀违背了神的戒律，是信仰不虔诚的表现。

在《五经》中，神总共颁布了613条戒律，而《十诫》恰好由613个希伯来字母组成，显示出与613条戒律之间的神秘联系。因此，犹太人认为《十诫》一个字不能多，一个字也不能少，是有道理的。

总之，《十诫》是犹太人做人的基本准则，也是犹太人的伦理“底线”。需要指出的是，《十诫》的内容主要涉及人的道德底线，并不属于法律的范畴。可见，树立基本的道德意识，规范基本的道德行为，是实现和谐社会必需具备的条件之一。

《圣经》研究者指出，《十诫》有3个版本，分布在《五经》中。《申命记》中的第3条：“不可妄称耶和华——你主的名，凡妄称耶和华名的，耶和华必不以他为无罪。”在有的版本中为“不可以上帝的名妄发誓言……”应当说，这两句话的意思是有差异的。《出埃及记》和《申命记》中的两个“十诫”基本相同，但对安息日有不同的叙述。《出埃及记》记述了两次立约的内容，虽然“摩西凿出两块法版和先前的一样”，但实际的内容却大相径庭，除两条相近的内容用不同的语言叙述外，其他则涉及禁止与迦南人通婚、守除酵节、头生子属于神以及不可用山羊羔母的奶煮山羊羔等，与第一次颁布的“十诫”几乎没有重复。

学者们对这些文字进行了深入的研究，认为这与古代以色列人保存和传播经文的方式有关。由于受当时的条件所限，在传播过程中没有将经文逐字逐句地保留下来，以致经文被修改了，即使像《十诫》这样重要的神圣语言，也出现了不同的版本。

5. 平息内乱

《出埃及记》中说，摩西在上西奈山之前，将山下营寨里的所有事物都交给哥哥亚伦代为管理。

从埃及出来后，以色列人在西奈空旷的荒野走了几个月，还不知道家在何方。许多人早就劳累不堪，牢骚满腹了。在荒凉的西奈山下，摩西说要和耶和华订立一个盟约，他们同意了。摩西安排好一切后，独自一人上山去了，可这一走便没了音信。终于有一天，一些族人不耐烦了，他们要求亚伦造一个神像，好让他们祭拜。因为每天在神像面前祭拜，已经是他们日常生活中的一部分了。

亚伦虽是摩西的哥哥，但他毕竟是个临时首领，加之生性怯弱，经不住这些人的软磨硬泡，只好迁就他们。在亚伦的默许下，人们纷纷回家，将妻子女儿佩戴的金首饰拿出来，集中在一起。有了金子，一尊金牛犊像很快打造好了。自远古以来，圣牛一直是埃及人崇拜的偶像，以色列人在埃及住了那么多年，他们早就与当地人一样也崇拜圣牛神了。

摩西在山上接受神的诫命，而山下的人们已躁动不安。一天，神对摩西说："下去吧，因为你的百姓……已经败坏了，他们快快偏离了我所吩咐的道……我要向他们发烈怒，将他们灭绝，使你的后裔成为大国。"

摩西听了，还不太相信，不断替族人说好话，恳求神饶恕他们。直到神息怒后，摩西这才背着神赐的两块法版，急匆匆地下山去。

摩西刚一下山，就觉得不太对劲，怎么好像到了一个埃及人的村庄？他看到有人在金牛犊坛前载歌载舞，欢声笑语，猛地想起了神的话，不禁勃然大怒，用力将两块法版扔到地上，法版啪的一声摔碎了。接着，他走过去把金牛犊像丢进火里。看见摩西回来了，大家悄悄地散去，村子重新恢复了平静。

为了警示后人，摩西决心惩治那些不遵守神诫命的人。于是，他将大家召集起来，要求凡是追随耶和华的人站出来，与崇拜他神的人划清界限。结果，只有本族的利未人站在他一边。利未人是雅各第3个儿子利未的后裔，也是以色列12个部族中最为强盛的一支。随后，摩西命令利未人诛杀3000名偶像崇拜的不坚定分子，以此保持队伍的纯洁性。

有学者指出，在《圣经》中神在西奈山将《十诫》授予犹太人，具有极其重要的意义。以色列人在埃及生活了400多年，作为一个备受奴役的异族群体，他们沾染上了许多不良的习性，例如仇恨主人、坑蒙说谎、偷摸盗窃等。逃出埃及，只是一种形式上的解脱，并非精神上的解放。在长期流浪之后，神将《十诫》授予以色列人，使他们在思想上和行为上有所约束。《十诫》的目的，不仅要将散沙似的以色列人凝聚在一起，使他们能够统一行动，更重要的是要将其思想统一到神的意志下，只有这样，他们才能得到真正的解放。然而，要得到精神上的真正解放绝非易事。为此，以色列人经历了漫长的历程，付出了沉重的代价。

6. 荒野漂泊

第一次立约失败后，摩西只得再次上西奈山，和耶和华重新立约。40天过去了，摩西又带着两块刻有《十诫》的新法版回来了。这一次，摩西的脸上发光，使人不敢久视。

摩西回来后，立刻挑选聪明能干的工匠，并号召人们将家里的各种物品和金银首饰捐献出来。在他的指挥下，人们很快就建起了一个用11块大羊毛毡做围，海狗皮做顶，用纽扣和金钩相连的巨大帐幕。最后，在帐幕的外面涂上油，一座供大家崇拜耶和华神的圣所建成了。

摩西又让人用皂荚木打造了一个柜子，专门用来存放法版，这个柜子称为“约柜”。约柜的外面包上金箔，四周还镶上金牙边和金环，并做了两根包金的杠，使之能够抬起来。此外，又用纯金打造一盏七连台灯，还配备了供桌、香坛等一些献祭必需的宗教用品。为了使圣所举行的仪式能按照诫律正常进行，他任命哥哥亚伦为祭司，专职管理祭祀事宜。

以色列人在西奈山下休整了好长时间。直到第二年春天，他们才拆了帐篷，收拾好一切物品，离开西奈山的旷野。利未人抬着约柜走在最前边，男女老少大队人马紧随其后，以色列人又浩浩荡荡地朝着迦南的方向进发了。可才走了没几天，又有人大发怨言，怀念起在埃及的生活，说：“谁给我们肉吃呀？我们记得在埃及的时候，不花钱就吃鱼，也记得有黄瓜、西瓜、韭菜、葱、蒜，现在我们的心血枯竭了，除了吗哪以外，在我们眼前并没有别的东西。”还有人发牢骚说，他们宁愿回埃及当奴隶，也不肯进迦南地。

这些牢骚话偏偏又让耶和华听见了，神决心严惩这些顽固不化的人。这一次，神对他们的惩罚是：在荒野漂泊40年，才能回到迦南。对于神的惩罚，绝大多数的人只能自认倒霉，继续在荒漠里流浪。可也有一些执迷不悟的人，坚决要回埃及去。摩西也没有办法，只能让他们走了。但这些人在回去的路上，全都被迦南人和亚玛利人杀死了。

以色列人长期的流浪生活，可以被视为一种隐喻，它表现了以色列人不断的精神追求，这也是文学作品最为常见的一种表现手法。虔诚，不是与生俱来的，它需要经受住艰难困苦的种种考验。《五经》的后3卷详细记述了以色列人在荒原流浪的生活情景。

在西奈半岛的荒原上流浪40年，想必是件很可怕的事。几万人在那里年复一年漫无边际地游走，人的各种欲望和梦想都随之化为泡影。过去的一切早都忘记了，与先祖亚伯拉罕一样，他们又都成了牧羊人，不同的是他们年复一年地走在回乡的路上。但是，耶和华并没有抛弃他们。

在荒野里，没有东西可吃，人心不稳，摩西坚信耶和华与他们同在，他必会给他们带来吃的东西。果然，每天早上人们一起来就会发现，当天的食粮都散放在地上。人们将它收集起来，做成食物，不多不少，刚好够一家人吃一天。以色列人管一种不知名的像白露似的小圆物叫吗哪，吗哪可以煮着吃，也可以和成面做饼充饥。《圣经》说以色列人吃了40年吗哪，直到进入有人居住的地方——迦南地界时为止。

在荒原漂流期间，耶和华不断颁布一系列清规戒律，内容涉及个人洁净、祭祀礼仪、节日庆祝、饮食禁忌等日常生活的各个方面，具体而详细。其中有对遵守诫命者的奖赏，也有对违背诫命者的惩罚。耶和华是一个严厉暴戾的神，有学者认为其原型很可能是一个战神，他时常在雷鸣电闪、火光浓烟中向人们显现，对不服从他的人必定严惩不怠，毫不留情。此时的摩西，作为神与人之间的中介，在协调双方的关系上，起到了至关重要的作用。他不断向人们转达神的各种诫命，也时常在神面前替违犯诫命的百姓说好话求情，使双方能够互相理解，维持良好的关系。

忍饥挨饿、风餐露宿，数十年居无定所的漂泊生活，终于使以色列人习惯了服从神的意志。他们严格遵守耶和华的各种戒律。从此，以色列人有了信仰对象，具备了信仰最基本的要素。此时，他们终于达到神的标准，可以回家了。进入迦南之前，在摩押平原与耶利哥相对的约旦河岸边，以色列人进行了第二次人口清查。此时，12个支派中1岁以上的男子共有60.17万人，而他们已是接受《十诫》后成长起来的新一代以色列人了。第一次人口清点时的人除了迦勒和约书亚以外，其余的人都应了耶和华“你们必要死在旷野”的预言，在40年的流浪中相继离开了人世。

7. 摩西之死

眼看快到迦南的地界了，年迈的摩西松了一口气，40年的心血没有白费，他即将完成耶和华交付给他的神圣使命了。但摩西依然有心事，他担心以色列人到迦南后，再次背叛神。于是，在摩押平原上，摩西发表了一次演讲。他谆谆告诫以色列人：“我今日所吩咐你的诫命不是你难行的，也不是离你远的，不是在天上……也不是在海外……这话却离你们甚近，就在你口中，在你心里，使你可以遵行。”

摩西认为一切准备就绪，可以进入迦南地了。但此时，神却对他说：“你上这亚巴琳山中的尼波山去，在摩押地和耶利哥相对的地方，观看我所要赐给以色列人为业的迦南地。你必死在你所登的山上，归你列祖去……因为你们在寻的旷野、加低斯的米利巴水，在以色列人中没有尊我为圣，得罪了我。我所赐给以色列人的地，你可以远远地观看，却不得进去。”

为了树立一神信仰，确立耶和华的至尊地位和绝对权威，摩西与以色列人的不忠和叛逆，进行了长期而艰苦的斗争。如今，新一代以色列人就要进入迦南地了，但神没有忘记、也不肯原谅那些曾经叛逆他的以色列人，虽然他们早都死在荒漠之中，但摩西仍然要为他们承担罪责，不得进入神的应许之地。对以色列人极为了解的摩西，为以色列人的未来感到深深的担忧。他知道自己的命运后，做了最后的演说：“我知道我死后，你们必全然败坏，偏离我所吩咐你们的道，行耶和华眼中看为恶的事，以手所做的惹他发怒，日后必有祸患临到你们。”

为了让以色列人记住神的恩德，摩西还做了一首歌念给人们听，这就是“摩西之歌”。该歌用极为形象生动地语言描绘神对以色利人的关爱和照护：

……

耶和华遇见他在旷野，

荒凉野兽吼叫之地，

就环绕他、看顾他，

保护他，如同保护眼中的瞳人。

又如鹰搅动鹰窝，

在雏鹰以上两翅扇展，

接取雏鹰，背在两翼之上。

……

随后，摩西再三叮嘱道："我今日所警教你们的，你们都要放在心上；要吩咐你们的子孙谨守遵行这律法上的话。因为这不是虚空，与你们无关的事，乃是你们的生命；在你们过约旦河要得为业的地上必因这事日子得以长久。"

此时的摩西，就像一个即将离世的老人，对不肖子孙的未来充满了担心和忧虑。但他已无力去帮助他们了，一切只能顺其自然了。

接替摩西位置的人，是嫩的儿子约书亚。摩西将手按在他的头上，他立即被智慧的灵充满，以色列人便听从他，约书亚照着耶和华吩咐摩西的样子行事。一切安排好后，摩西独自一人登上摩押平原上的尼波山顶峰。在山顶，他俯瞰了整个迦南地的全貌。然后，摩西没有遗憾地、静静地离开了人世。那年，他 120 岁。摩西死后，耶和华将他葬在摩押平原，以色列人为他哀哭了 30 天，没有人知道他的墓在何处。

《申命记》这样评价先知摩西："他是耶和华面对面所认识的，耶和华打发他在埃及地向法老和他的一切臣仆、并他的全地，行各样神迹奇事，又在以色列众人眼前显大能的手，行一切大而可畏的事。""以后以色列中再没有兴起像摩西这样的先知。"有学者指出，这是《圣经》给予凡人最高的评价。

随后，在新先知约书亚的带领下，以色列人开始了进军迦南的新征程。

五、返回迦南

1. 迦南地

从古代地图上看，迦南是地中海东岸一个狭窄的长条形地带，它南接埃及，北靠叙利亚，其间分布着平原、山地和孤寂荒芜的旷野。在这里，自古就有一条天然的通商大道贯穿南北，将北方的赫梯、叙利亚、亚述和迦太基与南方的西奈半岛和埃及连接起来。正是这样重要的地理位置，使它成为古代埃及和历代北方霸主的必争之地，因此，这里经常弥漫着战火硝烟，终年不得安宁。

在这条通商大道的周围，很早以前就居住着从阿拉伯沙漠南部迁徙而来的各种闪米特人的部落，其文明可以追溯到旧石器时代。公元前3000多年前，居住在这里的迦南人已经进入农业社会。公元前2000年左右，原在阿拉伯沙漠的阿摩利人一度侵入迦南，故埃及和亚述的文献中称这里为“阿摩利人之地”。

公元前18世纪，北方的喜克索斯人首先征服迦南，然后南下入侵埃及北部，在埃及建立“牧人王朝”（前1730年），统治埃及达150年之久。

公元前1570年，埃及第十七王朝的法老阿赫莫斯一世（前1570—前1546年）联合爱琴海上的克里特人，南北夹击，将喜克索斯人逐出埃及。在追击的过程中，占领了迦南的一些城市。

埃及第十八王朝（前1567—前1320年）时期，法老吐特摩斯三世（前1504—前1450年）更是穷兵黩武，在位期间，16次出征迦南和叙利亚，占领所有沿海城市，将埃及版图扩展到两河流域和小亚细亚地区。

埃及第十九王朝（前1320—前1200年）时期，法老拉美西斯二世（约前1304—前1237年）继位后不久，北方赫梯人发生叛乱，法老亲自率军赴亚洲战场，爆发了埃及—赫梯战争。公元前1280年，赫梯不敌埃及，双方握手言和，缔结了和约，和约全文至今保存在埃及卡纳克神庙的墙壁上。在小亚的普加斯—科伊遗址也发现了用赫梯文书写的该份和约。

这次停战和约，成为迄今历史上保存时间最久的条约文书。此后，拉美西斯二世又途经迦南，向叙利亚出兵，并大获全胜。

公元前 13 世纪，埃及再一次征服迦南。

公元前 1231 年，埃及法老梅尼普塔（前 1234—前 1226 年）平定了亚洲地区的叛乱。胜利后，他下令刻 4 块战功碑以示纪念。其中一块记述了在巴勒斯坦的功绩，留下这样的文字“以色列已化为废墟，但他的种族并未灭绝”。这是在现有的文献中第一次出现“以色列”的字样。①

2. 征服迦南

当以色列人从埃及回到迦南时，赫梯、亚述和埃及三国在西亚战场上的争夺战仍在继续，处在边缘地带的迦南饱受其害。你进我退的拉锯战，使战争的硝烟时常在这里弥漫，而迦南内部的形势也不容乐观。

与亚伯拉罕来到迦南时相比，已经过去几百年了，此时的迦南发生了很大变化，除原来的闪族人以外，这里又来了新的邻居，他们是非利士人。学者们认为非利士人不属于闪族人，他们来自克里特岛，属于欧罗巴人种的地中海或伊比利亚族，是他们将史前的爱琴海文明发展到了顶峰。

公元前 1400 年左右，克里特岛的首府克诺索斯遭到北方游牧民族的劫掠。此后，克里特岛文明迅速衰落。岛上的居民开始向北非和中亚迁移，埃及人称他们为“非利士人”。而渡海来到迦南的非利士人则将其新占领的土地称为“非利士地那”（Philistia），意“非利士人之地”，“巴勒斯坦”（Palestine）一词即来源于此。

为了重返许诺地，以色列人与迦南的各个部族进行了旷日持久的战斗。他们在约书亚的带领下，血洗艾城，平定五王，迫使七十几位王受降，战斗进行得残酷而激烈。

但现代考古的发现，却与《圣经》的记载有较大出入，而在《圣经》不同的章节，对这些战斗也有相互矛盾的不同说法。现代考古发现迦南的每一座城镇都曾遭到严重的破坏，由于古代的新城都是建在旧城之上的，因此有的城市毁坏甚至达三四次之多。考古学家证实，这些城市大多毁于

① 唐逸主编：《基督教史》第一章，中国社会科学出版社 1993 年版，第 2 页。

公元前15—前14世纪，也就是说在以色列人到来前200年，有些城市已经不存在了。考古还发现，在20多处现存的城市遗址中，仅有两座有被占领的痕迹。约书亚时期的耶利哥城，甚至连城门都没有，因此围攻耶利哥也就无从谈起了。这使得一些学者推测，约书亚很可能根本没有攻打过这些城市，以色列人的到来和国家的成因或许有着更为复杂的背景和其他原因。

《圣经》记载，以色列人用武力将迦南地的原住民全部赶走，然后将战斗中得来的土地分给了所属的12个部族，并详细记录了每个部族分得的地段。以雅各的儿子命名的12个部族依次是：吕便、西缅、利未、犹大、但、拿弗他利、迦得、亚设、约瑟、以萨迦、西布伦、便雅悯。而此时，由于利未人取得了祭司的地位，便不再分配土地。于是，12个部族有了一些变化。有10个仍以雅各儿子的名字命名，另2支则以约瑟的两个儿子玛拿西、以法莲的名字命名，总数仍是12个部族。

在土地的分配中，雅各的10个儿子分割了北方的所有土地。获得土地最多的是犹大人，他们占据了迦南南方的一大半土地。便雅悯人得到的地盘最小，只在靠近犹大地的死海附近，有一小块居住地。虽然《圣经》说这些部族是雅各12个儿子的后裔，但也有学者认为，这些部落之间很可能并无血缘关系，所谓以色列人只不过是一个松散的部落联合体而已。

长期战斗的结果是，以色列人征服了迦南的土地，为自己找到一个地盘安顿下来。而此时的约书亚，已是年迈之人了。他耗尽毕生心血，完成了摩西交给他的任务，安详地离开了人间。约书亚去世时，没有指定新的接班人。随后，以色列进入一个混乱的“士师时期”。

3. 士师时期

尽管迦南周边地区不乏大国和强国，如北方的赫梯、西方的亚述和南方的埃及，但以色列人却没有人称王，不愿意有一个人来统治他们。于是，选择了“士师”来治理他们的部落。“士师”的希伯来语意思是“裁决者”。平时，士师是部族的行政长官，根据耶和华的律法来处理日常事物。发生对外战争时，他们就是当然的军事统帅，指挥军队保卫家园。

《士师记》告诉人们，自从约书亚带领以色列人占领迦南之后，一直到以色列立国之前的200余年间，犹太人在一连串具有神迹的士师领导下，为保卫家园不断战斗。进入迦南后不久，以色列人内部便发生了分裂，形成两大部落集团。占领北部和中部平原的10个部族，组成一个部落连盟，称以色列。居住在南部山地的犹大和便雅悯2个部族，也形成一个联盟，叫作犹大。没有了强有力的领袖人物，以色列人又恢复了一盘散沙的状态。

《圣经》说这一时期他们住在迦南人、赫梯人、亚摩利人、比利洗人、希米人、耶布斯人中间，与他们通婚，并敬奉他们的神。除了与四周的邻居争斗不已外，以色列人内部也经常为了一点儿小事，你抢我夺，不断发生纠纷和冲突。《士师记》中记载了许多以色列部族内部自相残杀的情景。

在那弗他做士师时，有一次，他带领本族基列人夺取了亚扪人的20座城池，引起以法莲人的不满。按照《圣经》家谱推算，基列人和以法莲人都是约瑟的后代。以法莲人聚集到北方，质问那弗他："你去与亚扪人打仗，为什么没招我们去呢?"并扬言要烧那弗他的家。于是，两家人大打出手。在约旦河口，基列人截住逃跑的以法莲人，一次就诛杀了4.2万人。

又有一次，一个利未人带着小妾和仆人，从伯利恒回家。看天色晚了，便在耶路撒冷附近的基比亚借宿。基比亚是便雅悯人的聚居地。晚上，正准备休息时有人敲门，基比亚的匪徒来了。他们闯进屋后，将那人的小妾带走了。匪徒将小妾强暴后，早晨又送回来。那人什么也没说，用驴驮着小妾回家了。到家后，那人二话没说，将小妾切割成12块，让人送到以色列四境，告知大家所发生的事情。看见的人都说："从以色列人出埃及地，直到今日，这样的事没有行过，也没有见过。现在应当思想，大家商议当怎样办理?"

此时，以色列各支派的首领都站了出来。他们召集40万兵，齐集在基比亚，要求将行恶的匪徒交出来。但便雅悯人包庇凶犯，不肯交出。于是，双方开战。

第2天，便雅悯人趁对方还没布好阵，突然从城里冲出来，以色列人措手不及，死伤惨重。到第3天，以色列人反败为胜，诛杀便雅悯2.5万人，只剩下600人逃到旷野。以色列人又进入便雅悯人的地盘，将各城的百姓和牲畜杀绝，还用火灭了一切城邑。最后，以色列人还是念及便雅悯人是自己的弟兄，没有追杀逃跑的士兵。直到各支派返回自己的地盘后，逃跑的便雅悯人才回到原来的地方，重新修建城市，娶外族女子为妻，继续繁衍生息。正是有了这600个人的幸存，以色列人的12个支派才没有少了一支。《士师记》以这样一句话结束全篇："那时，以色列没有王，各人任意行事。"

尽管以色列人将迦南视为故土，可事实上，他们从未完全地占领过整个迦南地，非利士人一直是以色列人最为强劲的对手。凭借着更为先进的武器装备，非利士人夺取了肥沃的沿海地带。为了争夺沿海平原的沃土，以色列人与非利士人的斗争持续了近千年。在大多数的时间里，非利士人都牢牢地守护着自己的土地，不让以色列人有任何可乘之机。残酷的现实告诉以色列人，要想在这块土地上继续生存下去，这个松散的部落联盟就必须要有强有力的人来管理。

六、以色列王国时期

公元前11世纪，以色列人终于觉醒，认识到需要有一个王来统领整个民族。此时，大士师撒母耳已经老迈，以色列人便要求像周边国家一样，立一个王来治理国家。

1. 扫罗王

撒母耳是士师，也是以色列最后一位先知。他年事已高，便立自己的儿子为士师。但他的两个儿子都不行他的道，贪赃枉法，屈枉正直。于是长老们聚集在一起，一同去找撒母耳，对他说："你已老迈，现在求你为我们立一个王治理我们，像列国一样。"

起初，撒母耳不赞成立王。他担心立了人间的王，以色列人就不再顺从神的意志，岂不招惹神的怒气？于是，他向耶和华祷告请示。耶和华说："百姓说的一切话，你只管依从。因为他们不是厌弃你，而是厌弃我，不要我做他们的王。"神要撒母耳警示民众：有了一个王，就要讲排场，建宫殿，图享受，民众必须为他服更多的劳役和兵役。撒母耳按照神的意思，将立王的利害关系告诉百姓："到那时，你们必因所选的王哀求耶和华，耶和华必不应允你们。"但人们态度坚决："我们定要一个王治理我们，使我们像列国一样，有王治理我们，统领我们，为我们征战。"

在征得耶和华同意后，撒母耳决定顺从民意，为以色列立一位王来治理国家。撒母耳选中一个名叫扫罗的人，将他膏立为王，这年扫罗40岁。扫罗是便雅悯人，高大健壮，他成为犹太历史上第一位国王（大约前1030—前1010年）后，神的灵便充满扫罗全身。但不久，扫罗因两次得罪了撒母耳，从而失去了撒母耳的支持，耶和华也后悔立他为王，于是决定另选新王。

扫罗担任国王的第二年，与非利士人作战。在约定的燔祭日子到来时，撒母耳却迟迟不见踪影。扫罗等了7天，撒母耳仍未出现，此时参加仪式的人们已经等得不耐烦了，准备散去。扫罗怕人心涣散，便自己主持了献祭仪式，将牺牲奉献给耶和华。可仪式刚一结束，撒母耳就来了。这种对祭司权力的侵犯，使撒母耳心中十分不快。于是，撒母耳对扫罗说："你做了糊涂事，没有遵守耶和华——你主所吩咐你的命令。若遵守，耶和华必在以色列坚立你的王位，直到永远。现在你的王位必不长久……"说完，撒母耳就离开扫罗，到别的地方去了。

后来，耶和华要扫罗攻打亚玛力人，并要求他："灭尽他们所有的，不可怜惜他们，将男女、孩童、吃奶的，并牛、羊、骆驼和驴尽行杀死。"遵照耶和华的吩咐，扫罗率领军队，大败亚玛力人，并擒获亚甲王。可是，扫罗却怜悯这个王，不肯执行耶和华将亚玛力人灭绝净尽的命令。而且他将所有战利品包括牛、羊等都留了下来，只将那些有病的、瘦弱者杀死。将这些活物统统杀死，将它们作为奉献给神的牺牲，最终都会落到祭司手中。而扫罗留下它们的目的，显然是为了犒劳战士，换取士兵的支持和拥护。这样一来，又得罪了撒母耳。撒母耳认为扫罗“行耶和华眼中为恶的事”，于是将扫罗所行又告知耶和华，耶和华后悔立扫罗为王，“因他不遵从我的命令”。随后，撒母耳离开了扫罗，至死也没有再见扫罗。

《圣经》说，失去了神的信任，耶和华的灵便离开扫罗，恶魔时常来侵扰他。扫罗陷入巨大的惊恐和忧愁之中，他神志恍惚，经常在屋子里胡言乱语，手舞足蹈。后来，撒母耳膏立大卫，上帝的灵感动大卫。扫罗为大卫所困扰，时时感受到大卫对他的威胁。于是，在扫罗和大卫之间发生了一连串因权力引发的矛盾和斗争。为了控制大卫，扫罗先是将自己的女儿米甲嫁给大卫为妻。后来，扫罗曾试图杀死大卫，但大卫在妻子的帮助下，成功逃脱。大卫还得到祭司们的支持，为此扫罗杀死85 名祭司，以发泄心中的愤怒。在人们的眼中，扫罗成了一个偏执的妄想者。在一次与非利士人的战斗中，他的 3 个儿子战死疆场。看到儿子们相继离去，扫罗随即用一把利剑刺穿自己的胸膛，倒在了儿子们的身旁。

尽管《圣经》将扫罗最后的战败描写为非理性的惊恐行为，但扫罗的历史功绩却无法抹杀。作为以色列的第一个王，他成功地将一部分以色列部族统一起来，并与其他北方支派建立起密切的联系。在战斗中，扫罗身先士卒，带领犹太人多次打败非利士人，成功地保卫了家园。在以色列建国初期，扫罗无疑建立了卓越的功勋。扫罗之后，以色列国进入大卫王时期。

2. 大卫王

以色列国的第二个王是大卫（约前 1010—前 970 年）。大卫出身低微，是个普通的牧羊人，但他“面色光红，双目清秀，容貌俊美”。大卫家住在伯利恒，是犹大的后裔。耶和华选中他做以色列的王，于是先知撒母耳给他的头和胡须涂上油。那时候，只有被涂油的人才能被拥立为王，并得到神圣的认可。这个王，必须听从大祭司即神的话，才能拥有并保持王位。从这个意义上来说，这一阶段以色列人的国家并不是真正意义上的王权国家。

大卫登上王位后，果然不负众望，他首先将以色列和犹大两大联盟统一起来，建立一个独立的国家——以色列联合王国。他指挥军队，将屡屡进犯的非利士人和亚扪人赶出边境，使他们不敢再来冒犯。在大卫王时期，以色列国有了一个宽松、安定的环境，使饱受战争之苦的百姓能够休养生息、安居乐业。

大卫即位7年后，将联合王国的首都从希伯伦迁到耶路撒冷。位于约旦河西岸的耶路撒冷，始建于公元前4000年左右，是迦南的一座古城，这里的地理位置优越，交通便利。大卫王将约柜也运到这里，安放在一个新的圣所里。从此，耶路撒冷成为犹太人心目中的圣地。

除了杰出的政治才干，大卫还精通音律，能弹竖琴，会写诗歌。《圣经》说扫罗在位时，每当心绪烦乱时，都会召大卫进宫。听到大卫弹奏的优美乐曲，扫罗顿觉神清气爽，烦恼忧愁随之一扫而空。传统认为《圣经》中的《诗篇》出自大卫，故《诗篇》又称“大卫之歌”。实际上，《诗篇》写作于不同的时期，是众多无名诗人智慧的结晶，也许，其中真的就有大卫的作品。

然而，现实中的大卫并非传说中的那么完美，他具有善恶两面的多重性格。大卫赡养孤儿、善待孤老，但又杀人如麻、凶恶残忍。《圣经》说“扫罗杀人千千，大卫杀人万万”。他精于权术，在扫清政敌后，如愿登上王位。大卫的奢侈好色，也是有名的。《列王记》中讲述了他的一个故事。

有一天傍晚，大卫在王宫的屋顶上乘凉，这是当地人的一种习俗。他闲来无事，便随意地向四周张望。不经意间，远远地看见有一个女人在落日的余晖下沐浴，女人优美的身姿让他心动不已。于是，大卫向身边的人打听“那个女人是谁”。侍卫告诉他，那个女人叫拔士巴，是一个赫梯人的妻子，这人正在军中服役。听了此话，大卫马上派人将那女人叫来，当晚，便与女人同寝。不久，拔士巴怀孕了。怎么办呢？大卫自有办法。

过了些日子，大卫将女人的丈夫乌利亚召到王宫里来，对他嘘寒问暖，关怀备至。大卫询问了战场上的情况，好酒好肉地款待乌利亚，还送给他一些东西。临走时，大卫将一封亲笔信递给乌利亚，让他把信交给前线指挥官。乌利亚做梦都不会想到，这封信是要前线指挥官派他到最危险的先头部队去。指挥官接到大卫的信之后，将乌利亚大肆吹捧一番，接着就派他上了战场。乌利亚哪里知道大卫的阴谋，还以为这是国王对他的信任呢。于是，他在战斗中冲锋陷阵，奋勇杀敌，不久便战死了。拔士巴成了寡妇，大卫如愿以偿将她娶了过来。大卫自以为此事做得天衣无缝，无人知晓，但他错了。

大卫用这种手段霸占他人之妻的做法，为王国的臣民所不齿，大家在背后议论纷纷。正直的先知拿单听说此事后，就假借给大卫讲故事，揭露并斥责了这种卑劣的行径。拿单告诉大卫，他将为此受到惩罚，拔士巴的孩子必死。大卫也知道，自己违背了耶和华的律法，心中十分恐惧，害怕受到惩罚。为了请求神的宽恕，他将炭灰涂在头上，几天几夜不吃不喝，向神忏悔。神没有原谅他。第 7 天，拔士巴生的孩子死了。《圣经》用这个故事告诉人们，即使像大卫王这样的人，如果违背神的诫命，做出不道德的事情，神同样对他严惩不怠。

自从违背了摩西的律法，大卫王便历尽人间的辛酸和坎坷，再也没有享受过片刻的安宁。大卫妻妾成群，儿孙众多，到了晚年，宫廷内乱，儿子们为争夺王位互相残杀，给他的心灵带来了巨大的伤痛。

最先起来造反的是长子押沙龙。他利用一些人对父亲专制残暴的不满，开始网罗追随者，聚集自己的势力。当自认羽翼丰满时，押沙龙便借口到希伯伦向耶和华献祭，带着自己的人马，离开耶路撒冷。实际上，他是准备攻打耶路撒冷城，发动叛乱，篡夺王位。大卫听到消息后，十分痛心，但他不想与儿子兵戎相见，便主动离开了耶路撒冷。同时，他派遣亲信，秘密潜入押沙龙的队伍中，刺探军情。

很快，大卫找到了消灭叛军的有利时机。他沉着布阵，派兵出击，但他心里还是挂念着押沙龙，便嘱咐出征的将士们“不要害那幼子的命”。战斗进行得十分激烈，傍晚时分大卫的军队开始乘胜前进，追击押沙龙的败兵。在逃跑的路上，押沙龙的长发突然被树枝刮住了，他骑的战马受到惊吓，将他甩下，自己跑了。押沙龙就这么挂在树上。有一个士兵认出他就是押沙龙，便把他杀了，扔在一个坑里，胡乱将他埋了。王军胜利归来，大卫慌忙打听押沙龙的消息，当得知押沙龙已经死了时，他不禁叫着“押沙龙呀，我的儿，我的儿呀……”失声痛哭，《圣经》真实地表现了一个老父亲失去儿子时心底的悲伤与绝望。

接着，另一个儿子自立为王。大卫清醒地认识到，必须尽快平息王位之争，否则将有更多的人命丧黄泉。于是，大卫宣布由所罗门继承王位，并为他举行隆重的登基大典，这才使王宫恢复了平静。大卫自知不久于人世，便向所罗门交代身后之事。他告诉儿子，只有遵守耶和华的盟约，国家才会平安。大卫死前说的最后一件事，再次暴露了他残忍的杀戮本性。

在押沙龙叛变期间，有些人站在押沙龙一边，反对大卫。有个叫士每的人，曾当众辱骂大卫，说他杀的人血流成河。当大卫挫败押沙龙回到耶路撒冷时，士每知道自己错了，便带头出城迎接大卫归来。大卫表示原谅他，对他说“你必不死”。在临终之时，大卫却对儿子说：“现在你不要以为他无罪，你是聪明人，必知道怎样待他。使他白头见杀，流血下到阴间。”这就是大卫留给世人的最后一句话。

大卫王在位40年，做了7年犹大王、33年以色列联合王国的国王。他用一生的奋斗，为以色列国以后的繁荣昌盛奠定了基础。

3. 所罗门王

大卫死后，所罗门继承王位（前970—前930年），他是大卫与拔士巴生的第二个儿子。所罗门登基后，首先将有野心的王兄全部杀死，用强硬的手段巩固自己的王位。然后，他遵照父亲的遗嘱，在摩利亚山——亚伯拉罕献子燔祭的地方，为耶和华建立了一座华贵的圣殿，这就是历史上著名的所罗门圣殿。

今天，人们只能根据《列王记》中的描述，来了解所罗门圣殿的面貌。《圣经》说圣殿全部用大块的石头砌成，圣殿是长60肘、宽20肘、高30肘的石砌建筑物，前面还有一个长20肘的柱廊。“肘”是古代的长度计量单位（指从中指指尖到肘前臂的长度，约为0.5米）。照此算来，这是一座长约30米、宽约10米、高约15米的建筑物。大殿前有柱廊，四周有围墙环绕。圣殿分内外两个大殿，内殿即至圣所，居于整座建筑的中央，也是最高的部分，室内立着两个巨大的木雕天使像，在其下方安放着约柜。圣殿外侧有一个三层楼的旁屋，螺旋状的扶梯直达顶楼。19 世纪的版画家曾经绘制出圣殿可能的布局，这是一个有围墙和柱廊的院落。用今天的眼光来看，圣殿当然说不上高大雄伟，但对 3000 多年前的犹太人来说，这可是个了不起的大建筑。况且，在整座圣殿的内墙和顶部，全部贴上香柏树木板，“不露一点石头，上面刻着野花和初开的花”，地面则用松木铺就。内殿的门上，挂着贴有金箔的链子门帘，而殿堂的四壁、香柏木做的祭坛周围以及门窗上都贴了金铂，整座圣殿金碧辉煌、光彩夺目。

为了修圣殿，所罗门动用了大量人力物力，耗费了巨额资金。《圣经》说建造圣殿时，数十万人在工地上劳作，仅监工就有 3000 多人。建筑所用的香柏木全部来自黎巴嫩，通过水路送抵沿岸，再由陆路运到耶路撒冷。在所罗门亲自监督下，耗时 7 年才得以完成。这些说法，显然有炫耀夸张之处。

对以色列人来说，圣殿的建成具有非同寻常的意义。从此，虔诚的以色列人终于有了一个向神献祭的固定场所，陪伴着以色列人漂泊了近 500 年的约柜，也终于有了一个永久的存放地点。因此，圣殿一直是以色列人的荣光和骄傲，所罗门也因此赢得人们的衷心拥护和爱戴，成为他们心目中伟大的君王。

所罗门在位也是 40 年。在他的统治下，王国达到鼎盛时期。据说他和提尔王结盟，在以东附近的红海岸边建造大船，其商队遍达地中海沿岸地区。《圣经》中提到“示巴女王亲自到访”，还说“各国国王也带着贡品前来朝见”，以此来彰显以色列王国的强盛。但这很可能是言过其实的。因为至今没有发现任何资料可以证实这些事情，也没有发现任何古代文献提到过所罗门圣殿。

所罗门王是个挥霍无度、花钱如水的君主。他不仅为耶和华修建了圣殿，也为自己盖起华丽的王宫——黎巴嫩林宫，王宫的规模更加宏大，历时 13 年才完工。奢侈的生活，大笔的开销，用的都是纳税人的钱，反抗也就在所难免了。更严重的是，所罗门晚年宠幸许多外邦女子，并为她们各自信奉的神建造祭坛。这使得一些对耶和华不虔诚的人纷纷效仿，引起忠诚于耶和华的信徒们的不满。《圣经》说，这种做法“激怒了神”。在所罗门晚期，王国已经隐藏着以后分裂的种子。

不久，北方的耶罗波安起来反对王，他曾是圣殿工地上的一个工头，在所罗门的追杀下，他逃到埃及。此时，利比亚人塞桑克在埃及建立第二十二王朝，所罗门与这位法老保持着友好的关系。《圣经》中称塞桑克为示撒。但示撒公开庇护耶罗波安，他让耶罗波安在埃及住下来，将其作为日后控制以色列的一个筹码。公元前931年，随着所罗门王逝去，这个短暂的王国很快分裂了。

4. 王国分裂

新王罗波安是所罗门与一个亚扪女子所生，从小养在深宫，不能体恤民意。他被立为王之后，百姓派代表面见新王。他们说只要将赋税和劳役减轻一些，就承认他为王。对此，罗波安的回答是他要想一想，3天后给予答复。回到宫里，他先和老臣们商议该怎么办，老臣们建议他接受民意，因为这些年来百姓的负担确实太重了。但罗波安听了不以为然，又去和一群公子哥商量，但那些人能给他出什么好主意呢？第3天，代表们一起进宫，听新王的答复。没想到，罗波安对前来听信儿的人说：“我父亲，使你们背负重轭，我必使你们负更重的轭；我父亲用鞭子责打你们，我要用蝎子鞭来责打你们！”

在面临国家前途和个人命运抉择的关键时刻，罗波安的愚蠢，使后世人记住了他的名字。

很快，北方的10个部族联合起来，反对昏庸无道的罗波安做王。他们拥立从埃及回来的耶罗波安（前931—前910年）做自己的国王，建立新王国——以色列国。只有南方的犹大和便雅悯两个部族，继续忠于大卫王的后裔罗波安，仍以耶路撒冷为都，只是改称犹大国。于是，统一不到100年的以色列王国再次一分为二，犹太历史上唯一的独立王国不存在了。但这个短暂的“黄金时代”却给犹太人留下永远难忘的记忆和无尽的向往。

分裂后的两个国家都太弱小，无法与任何其他的强国抗衡，它们的灭亡只是一个时间问题了。

七、王国覆没

在大卫和所罗门统一起来的领土上，一条新的边界线又将其分成两部分。即使这样，以色列人没有停止内部的倾轧和争斗。《列王记》详细记述了以色列国和犹大国王朝列王的频繁更迭，以及先知的情况。

1. 以色列国的灭亡

由北方10个支派组成的以色列国，自耶罗波安开始，便背弃耶和华的盟约，开始崇拜埃及的圣牛。《列王记》说，耶罗波安成为国王后，将示剑作为首都。为了不让老百姓到耶路撒冷圣殿去献祭，他做了两尊金牛像，在但地和伯利恒分别设立两座祭坛，供人们祭祀使用。南方的犹大国，也好不了多少，他们也崇拜外族的神灵，如迦南的巴力神等。《圣经》说，耶和华知道犹太人不听从他的话，违背摩西律法和各种诫命，决心惩罚犹太人。

亚哈（前874—前853年）做以色列王时，娶了腓尼基古城西顿的公主耶洗别为妻。这位腓尼基公主敬拜巴力神，于是亚哈在撒马利亚为她兴建巴力神庙。先知以利亚就生活在这个时期，他经常突然出现在某个地方，向人们发出预言或警告，然后便消失得无影无踪。以利亚似乎有某种来去自由的特异功能，可以随意地飘然而来，飘然而去。

有一天，先知以利亚突然出现在国王亚哈的面前，他预言道："旱灾就要降临这个国家。"随后，就不见了。又有一次，为了显示耶和华强大的力量，他和巴力神的祭司们进行了一场面对面的较量。以利亚让人牵来两头小牛，做祭祀的供品。小牛被宰杀后，切成肉块，分别摆在祭坛的木柴上边。当着众人的面，以利亚呼唤耶和华，此时一道火光从天而降，以利亚被水淋湿的祭品被点燃了，火"烧尽了燔祭，木柴、石头、尘土"

表明耶和华收取了向他奉献的供品。但仍凭巴力祭司们如何声嘶力竭地呼喊，巴力神却毫无反应。围观的民众被激怒了，将欺骗他们的巴力祭司们拖到河边，全部杀死。很快，以利亚又预言了国王亚哈的死。一切都被言中，丝毫不差。《圣经》通过先知的预言，不断告诫人们如果违背耶和华的意志，信奉别的神，结果只有失败和灭亡。

以色列国最后一个王是何细亚（前732—前723年），到他统治之时，以色列国已经延续了200多年，历经19个王。以色列的领土面积比犹大国大许多，人口要多不少，况且地理环境上也占有优势。但它由10个部族组成，从一开始政权就极不稳定，首都由最初的示剑，移到得撒，最后才建了一座新城——撒马利亚，成为以色列国最后的都城。何细亚在位期间，国内多神崇拜盛行，君主腐败无能，全然不知外面世界发生了什么。而此时，新的亚述帝国正在崛起。

公元前8世纪，沉寂多年的亚述，在提革拉—比利萨三世领导下，再次崛起。随着国力的逐渐强盛，亚述开始新的对外扩张。在相继征服小亚东部、叙利亚、腓尼基和巴比伦之后，亚述王将矛头直指弱小的以色列国。在国家存亡的危机关头，以色列王何细亚决定与埃及结盟，共同对抗亚述人。他放弃了先王委曲求全、以保平安的一贯做法，以强硬的态度拒绝向亚述进贡。对此，刚登上亚述王位的萨尔贡二话没说，立即出兵以色列。很快，亚述军越过边境，击溃以色列军，掳走国王何细亚。随后围攻首都撒马利亚，此时以色列人才奋起反抗，苦守城池3年，终因寡不敌众而失败。

首都失陷后，以色列人成为亡国奴。按照当时中亚地区的惯例，战胜者亚述人掳走了约10万以色列人及大量财物，将其安置在两河以东的哈博河一带。很快，他们便融入当地人中，丧失了独特的民族身份，成为犹太历史中“10个失散的以色列部族”。

为防止以色列人东山再起，亚述王又将其他地方的人迁移到撒马利亚来，以取代以色列人。来到撒马利亚的巴比伦人、古他人、亚瓦人等，受残留的以色列人影响，也开始信奉耶和华。为此，亚述王还派了一个以色列祭司向他们传教，这就是后来的撒马利亚人，他们是一个多民族的混合体。

以色列王国的毁灭发生于公元前722年，这在亚述人的历史记载中得到证实。

2. 犹大王国的灭亡

南方的犹大国尽管处于贫瘠的山区，但政治上相对平稳，一直由大卫王的后代统治着，也历经19个王。北方的以色列国灭亡后，弱小的犹大国侥幸逃脱，幸免于难。北方王国的灭亡，给犹大国敲响了警钟，促使犹大王希西家（前716—前687年）和约西亚（前640—前609年）进行了一些宗教和政治方面的改革，以期使国家能够长治久安。

公元前621年，大祭司希勒家在打扫圣殿时，发现了一部摩西传下来的律法书。于是，国王约西亚立即召开民众大会，当众宣读此书。后来，这部书成为《申命记》的一部分，内容包括禁止偶像崇拜、禁止活人献祭等，最重要的是奉耶和华为唯一的神，明确指出耶路撒冷圣殿是唯一祭拜耶和华的中心。这是犹太历史上第一次由国王出面，动用行政手段强行推动一神教信仰的举动。有学者认为，发现圣书的整个事件很可能是约西亚精心策划的。

公元前608年，埃及法老举兵北上，争夺巴勒斯坦地区。约西亚战败身亡后，埃及人扶持其子约雅敬（前609—前598年）为傀儡王。约雅敬继位后，立即终止其父的改革，恢复了偶像崇拜和强迫劳役，并同意向埃及称臣纳贡。约西亚的改革以失败告终。而此时，在距离犹大国不远的地方，另一场争夺霸主的大战正在上演。

公元前606年，来自阿拉伯沙漠的另一支闪族部落的迦勒底人，与米底人组成联军，攻占亚述首都尼尼微后，建立新巴比伦帝国。尼布甲尼撒即位后，继续对外扩张，力图使巴比伦重振往日的雄风，再次成为古代文明世界的中心。巴比伦人的威胁近在咫尺，犹太先知们不断向人们发出警告：厄运即将来临了。

公元前597年，尼布甲尼撒率领大军进攻犹大国，在攻克首都耶路撒冷城后，将数千犹太人掳往巴比伦，随后立西底家（前598—前587年）

为犹大王。但西底家错误地估计了形势，他不听先知耶利米的多次劝告，放弃先王们谨言慎行的传统，暗中投靠埃及人，拒绝向巴比伦纳贡，由此得罪了尼布甲尼撒。公元前588年，为了惩罚西底家，巴比伦大军再次进入犹大国。犹太人奋起抗击入侵者，巴比伦军围攻耶路撒冷城长达18个月，最终破城而入。公元前586年，犹大国灭亡。

在战斗中，耶路撒冷的城墙被炮弹摧毁。巴比伦人进城后，将城内的建筑付之一炬。所罗门圣殿里的财宝和圣物被抢劫一空，祭坛被拆除，整座圣殿遭到严重毁坏。成千上万的人被掳到巴比伦，这就是历史上著名的“巴比伦之囚”事件。从这时起，犹大国的臣民被称为犹太人了，因为他们来自犹大国。而犹大国却从此消失了。

八、流亡巴比伦时期

自犹大国灭亡到重返耶路撒冷之间的50年里，犹太人在巴比伦过着流亡的生活，史称“巴比伦之囚”或俘囚时期，这是犹太历史上一个极其重要的时期。国家灭亡与流亡的生活，对犹太人的心理产生了巨大的冲击，使他们的命运发生了根本的变化。在祭司们的领导下，犹太人不断进行深刻的思考和反省，逐渐形成犹太人的民族观念，并为后来犹太教经典的确立奠定了基础。有学者指出，正是在俘囚时期，犹太人完成了从野蛮人向文明人的转变。

1. 民族观念形成

自亚伯拉罕以来，犹太人虽然历经了1000多年的时间，但他们似乎没有民族的观念。部族之间经常为了一点小事大动干戈，争斗不已。当亚述人灭北方王国，将10个部族流放到中亚地区时，南方的犹大国似乎还在暗自庆幸。但在流亡巴比伦时期，犹太领袖们开始思考，如何将犹太人的心凝聚在一起，如何使生活在异地他乡的犹太人，不会被当地人所同化。

此前，凝聚犹太人的是耶路撒冷圣殿，那里是犹太人向神供奉牺牲的唯一地点。而现在圣殿没有了，人们也不再向神供奉动物牺牲了。于是，祭司们便将居住在移民区的所有犹太人召集起来，带领大家一起祈祷，研习《托拉》，逐步建立在固定场所集会的制度，形成了最初的犹太教会堂。从此，犹太教会堂成为维系犹太人的一条重要纽带。共同的历史、共同的习俗和共同的信仰将他们联系在一起，使他们成为一个不可分割的整体。

正是在流亡巴比伦时期，犹太人逐步有了民族的观念。从此，排他性成为犹太民族的一个重要特征。犹太人无论走到哪里，他们总是居住在一起，形成独特的犹太聚集地。他们只崇拜自己的神，只上自己的教会堂。他们有自己的律法，他们的穿着打扮、饮食习惯、风俗人情都与当地人不同，而且也不想融入当地社会中去，就这样特立独行地生活在世界各地。

根据犹太人与周围社会环境隔离的特征，现代学者马克斯·韦伯（Max Weber，1864—1920 年）称犹太人是“一个贱民民族”。但与种姓制度下的印度贱民不同，犹太人的隔离完全是自愿的，因此是“在一个没有种姓的周边环境里的一个贱民民族”。①

2. 对救世主的期盼

在流亡期间，人们不知道何年才能回到故乡，许多人对个人的前途感到迷茫，对民族的未来充满忧虑。此时，先知以西结站出来，他不断地劝戒百姓，要牢记自己是耶和华的信徒，要坚定对神的信仰，并借耶和华之口发出新的预言：“这些羊在密云黑暗的日子里散到各处，我必从那里救回他们来。我必从万众中领出他们，从各国内聚集他们，引导他们归回故土。”

在先知预言的感召下，犹太人有了新的希望，人们热切地盼望弥赛亚出现，相信他将降临人间，引领犹太人回到故乡，恢复昔日平静的生活。“弥赛亚”（Messiah）一词的原意是“受膏者”。从此，这个词被赋

① ［德］马克斯·韦伯著，康乐、简惠美译：《古犹太教》，广西师范大学出版社 2007 年版，第 13 页。

予了特定的含意，成为拯救国家和人民于危难之中的救世主，从而与国家的命运联系在一起。从这时候起，弥赛亚便成为犹太民族复兴思想的集中体现，它反映了人们对未来美好生活的热切期盼。正是这种对未来美好生活的期盼，支撑着以色列人度过漫长而艰难的岁月。而在不同的时代，人们对弥赛亚又有着不同的认识和理解。很多人认同《以赛亚书》所说的，弥赛亚是一位王者式的人物，他是普通的君王，但他肯定是大卫王的后裔。也有人认为弥赛亚是《但以理书》中所提到的“人子”，他并非凡人，而是一位从天而降的超自然的生命。

公元1世纪时，终于孕育出基督教的弥赛亚——耶稣。对弥赛亚的期盼，也是基督教诞生的重要因素之一。

3. 犹太先知

在古代的西亚，先知是一个特殊的群体，他们云游四方，向公众发布各种预言，有的接受报酬，为有需求的人答疑解惑。古代的帝王在进行重大决策时，通常都要由神谕来做最后的决定。因此，先知古已有之。但《圣经》中的先知与这些古代先知有所不同，“先知”（nahi　拿比）一词的希伯来语原意是“被任命的人”，他们是作为“神的代言人”出现的，因此也被称为“使徒先知”，这里的使徒有“信徒”的意思。

《圣经》中的耶和华神从不直面民众，他是通过召唤一些人做先知，由先知将他的信息带给人们，并通过一系列先知来指导、控制以色列人。第一位先知就是摩西，神选他做代言人，将以色列人领出埃及，并通过摩西向以色列人颁布了《十诫》。以后，在不同的时期，神不断选派新的先知充当代言人，来发布神的信息：以色列人必须遵守与神的盟约、维护神的绝对权威。

《圣经》说，神用不同的方式召唤先知，有时是窃窃的私语，有时是声响，有时是幻象，最常见的是话语和命令。有的先知受到召唤后，不愿意承担传布预言的使命，如摩西，一直不肯接受带领以色列人出埃及的使命，在神的再三劝导下才终于同意。而先知约拿，听到神的召唤后，更是逃之夭夭，最后落入大海，葬身鱼腹中。直到被神救出来之后，约拿才前往亚述首都尼尼微，向亚述人宣示神惩罚他们的预言。

有学者指出，虽然古代先知是普遍存在的现象，但在王权巩固的国家，先知的行为受到严格的限制。他们不得随意散布预言或神谕，如埃及只有法老指定的寺庙祭司，才有权发布神谕。而以色列的先知自称受神的感召，因此他们的行动完全是自由的，不仅向国王宣布灾难性的政治预言，更是直面民众，公开发表演讲。尽管以色列先知在客观上是政治上的煽动者，但他们从不以政治利害作为根本取向，切实遵守耶和华的誓约才是其最基本的原则。正如韦伯指出的，以色列先知："是纯粹宗教性的群众煽动，其神谕有如穿出黑黝沉郁的闪电照射在未来的暗淡命运上。不但具有权威性，而且不顾所有既定的议论。"①

在《圣经》中，流亡巴比伦之前的先知，主要是针对内部的偶像崇拜、道德沦丧以及外敌的威胁，他们身穿粗羊毛织的外衣，在恍惚忘我的状态中，用各种诅咒、恐吓、绝望、激烈的言辞向民众发出警告，告诫民众要严格遵守与神的誓约，不要招惹神的惩罚。只有这样，以色列人才能够躲避灾难。这些耸人听闻的预言、愤怒的指责和威胁，严重地动摇了民心士气，令当权者们不胜烦恼，因此先知们经常处于危险的境地。他们不仅受到国王的迫害和追杀，在街头也会遇到民众的袭击，甚至有的先知被人打死。但先知们坚守耶和华的信仰，继续无畏地发布神的预言。在流亡巴比伦时期，犹太人处在群龙无首的绝望状态中，他们比以往任何时候更需要有人来引导，此时的先知便成了犹太人真正的精神领袖。先知的重要作用也是此时期的特点之一。

先知的故事被记录下来，成为《圣经》的重要组成部分。

九、重返耶路撒冷

公元前6世纪，流亡巴比伦的犹太人热切地期盼有一位救世主来解救他们。而此时，两河流域东部的伊朗高原上，波斯帝国正在崛起。

---

① ［德］马克斯·韦伯著，康乐、简惠美译：《古犹太教》，广西师范大学出版社2007年版，第343页。

公元前538年，居鲁士攻入尼尼微，新巴比伦王国灭。居鲁士以宽容的姿态对待被征服者，保留当地的管理体制、尊重当地的风俗习惯和宗教信仰、保护神庙并优待臣服的贵族，受到民众的欢迎。居鲁士的下一个目标是征服强大的埃及。出于战略上的考虑，居鲁士准许留居巴比伦的犹太人返回家园，以便将这里作为日后进攻埃及的战略基地。犹太人哪里会知道居鲁士的用心，听到允许返乡的消息后欣喜若狂，他们没有想到，先知的预言竟然这么快就实现了。尽管犹太人期盼回到故土，但真让他们回去了，许多人却打了退堂鼓。大多数犹太人选择留在巴比伦，继续过安稳平静的生活。只有那些最虔诚的犹太人义无反顾地踏上回家的路途。《圣经》列出了各部族回乡的人数，大约4.2万人，连同随行的奴仆，总共不到5万人。他们赶着成群的马、驴、骡子和骆驼，在荒漠里艰难跋涉了多日。终于有一天，他们回到阔别50年的故土家园。而眼前的景象，却令他们深感失望，当年热闹繁华的耶路撒冷城，如今成了一片荒草萋萋的乡野。

《圣经》说犹太人回到家乡的第一件事，就是向耶和华献燔祭。为了恢复圣殿的祭拜，必须重建圣殿。于是，犹太人自愿捐献钱财，做各项准备工作。他们将征集到的银钱、粮食、酒和油交给商人，让他们到黎巴嫩采购香柏树，然后从水路运回来。听说以色列人要重建圣殿，居鲁士还派库官将亚述王从圣殿里抢劫的东西送回来，交给以色列族长。送还的财物共计5400件，其中有金盘、金碗、银盘、银碗等器皿，这些物品后来都被安放在重新建好的圣殿里。

第二年，重建圣殿的工作正式启动，20岁以上的犹太人，无论祭司还是百姓，全部参加圣殿的重建工作。立根基的那天，祭司们身穿礼袍吹号，利未人敲钹，照大卫王定的例，站着高唱赞美耶和华的诗歌。在祭司和利未人赞美耶和华的同时，众民大声欢呼。此时，那些曾经见过旧圣殿的老人，看到眼前立下的这根柱子，不禁触景生情，号哭起来。不久，哭声和欢呼声交织在一起，传到很远的地方。

重建工作进行得并不顺利。开工没多久，居鲁士去世了，其子冈比西斯（前529—前522年）继波斯王位。此时，那些后来的人们包括撒马利亚人便联合起来，上书状告犹太人："这城若再建造，等城墙完毕，河西之地王就无分了"。冈比西斯缺乏其父的宽容和大度，听了这些话，就召见犹大省长利宏和书记伸帅，要他们出告示命令停工。于是，圣殿工程停了下来。

公元前525年，波斯国内发生祭司篡位事件，冈比西斯在回国途中暴卒。同年，居鲁士的同族人大流士（前522—前485年）平定叛乱，夺取波斯政权。大流士在位期间，对帝国的政治、军事、经济进行了全面改革。采取集中和自治相结合的统而不一的政策，允许多元文化并存，实行宗教信仰自由的原则，得到各民族广泛的支持和拥护。

公元前520年，在所罗巴伯和祭司哈该的带领下，犹太人开始重建圣殿。所罗巴伯是前犹大王约雅敬的孙子，此时任犹大省的行政长官。波斯王派来的总督达乃知道后，便询问所罗巴伯为什么建造圣殿，所罗巴伯告诉他当年居鲁士同意重建圣殿，以及后来停建的原因。于是，达乃将这些情况写成书面材料上报大流士。王派人查阅当年居鲁士批准重修圣殿的档案，幸而找到了，于是下旨，允许犹太人继续重建圣殿，并告知其他人躲远一点，不要干扰圣殿的建设。同时还明确指示："河西的款项中，从急速拨取贡银做他们的经费，免得耽误工作。"

在波斯王的支持下，圣殿重建进展顺利。大流士六年（前515年），圣殿竣工了，这就是著名的"第二圣殿"。犹太人将居鲁士归还的5千多件金银器物，各按原位安放在圣殿里。尽管与所罗门圣殿相比，新圣殿的规模要小一些，也没有当年那么气派辉煌。但有了圣殿，犹太人对耶和华的祭祀可以恢复了。

圣殿的重建，对犹太人具有划时代的意义，从此犹太历史进入第二圣殿时期。

第三章　第二圣殿时期

自圣殿重建到公元63年罗马人摧毁圣殿，期间历经580多年，史称“第二圣殿时期”，这是犹太教历史上最重要的时期。在此期间，发生了一系列重大事件——《希伯来圣经》成书，不同教派产生，希腊文化的传播，马加比起义，哈斯蒙尼王朝，《圣经》的希腊文译本完成……其中，圣典的确立具有重大意义，从此犹太教进入一个新的发展阶段。

一、《希伯来圣经》确立

公元前5世纪—公元1世纪，是西亚地区极为动荡的时期。在一波又一波的入侵者面前，古老封闭的犹太教面临着一次又一次的挑战，迫使它逐渐以开放的心态，不断汲取其他民族文化的精华，成为一个跨越不同文化的宗教。学者们认为，这个时期正是《希伯来圣经》的形成时期，并认为《圣经》的成书应当归功于众多的犹太祭司们。

自流亡巴比伦开始，犹太教的祭司们便将自公元前1200年以来，在希伯来人中广为流传的有关法律、历史、传说、家谱、神话、寓言、诗歌、箴言、小说等各种各样的资料汇集起来，加以整理、增删，最后编辑成一部大书，作为宗教信仰和为人处事的准则。整个编定工作历时500余年，至公元1世纪全部完成。

这部典籍由3部分组成，即《托拉》、《先知》和《圣录》，将这3部分希伯来文的首字母组合在一起，简称《塔纳赫》（Tanach），也就是现在的《希伯来圣经》。后来，基督教也将它收入自己的圣典，称之为《旧约全书》，以区别基督教的《新约全书》。将这部书称为《圣经》则要晚得多。公元4世纪，君士坦丁堡的希腊教父圣约翰—克里索斯顿首先将这部圣书称为BIBLIA，意思是“群书”，汉译为《圣经》。

1.《托拉》

通常人们将“托拉”（Torah）理解为“律法”（low），有学者指出这种译法并不准确。“托拉”的意思更接近于“方式”或“指导”。它是《圣经》中最早成文的部分，大约在公元前444年已经编纂成书。《托拉》共有5卷，即《创世纪》、《出埃及记》、《利未记》、《民数记》和《申命记》。这5卷书亦称《五经》或《摩西五经》，是《圣经》中最为重要的部分。

《五经》中除《创世纪》外，其余4卷都是记述摩西带领以色列人逃离埃及，在荒原上流浪40年，最终到达迦南边界的漫长归途中发生的事情。《五经》的重点是摩西接受十诫，以及耶和华陆续发布的、涵盖面极广的各种法律条文，其中包括献祭程序、敬神规则、人们日常生活中应当遵守的各种行为规范等。可以说，《五经》是构成犹太教教义、各种教仪教规的源泉和依据。

后代的先知和哲人们依据《五经》总结出613条戒律，作为规范人们行为的基本准则。在613条诫律中，有248条为应该做的事，其余365条则是禁止做的事。由于许多条款是针对祭司和利未人提出的，因此普通犹太人需要遵守的大约只有140条左右。如今，随着时代的变迁，许多戒律已经失去了存在的价值，因此实际履行的戒律数量就更少了。

（1）《创世纪》

《创世纪》是《圣经》的开篇之作，反映了希伯来人一神创造世界的观点。全卷共50章，可分为两大部分。第一部分讲述了希伯来人的神话传说，如神7天创世的故事，人类始祖亚当、夏娃偷吃“禁果”的故事，人类第一宗谋杀案——该隐杀死亚伯的故事，以及巴别塔、挪亚方舟……长期以来，《创世纪》中的神话故事家喻户晓，不仅具有极高的神学价值，也是世界文学史中的经典篇章，对欧洲中世纪的文学、诗歌、绘画都产生过极为深远的影响。

第二部分记述了先祖亚伯拉罕与神订立盟约、确立一神信仰，成为“神的选民”的过程。在古代的西亚，一个政治同盟或私人之间，通过立约的形式使各自的权益得到保证是很常见的事情。但是，唯有以色列人与神订立盟约，并将其“宗教性的‘契约’普遍深远地延伸成为各种极为不同的法律关系和道德关系的真正（或思想上的）基础，”① 与神的契约成为犹太教的根本基础，这也是犹太教所独有的特征。此外，该篇还讲述了亚伯拉罕的后代、以色列民族的由来，及其以色列人为躲避灾荒、移居埃及的故事。

（2）《出埃及记》

《出埃及记》讲述了以色列人在摩西的带领下，逃离埃及的故事。共分 40 章，也可分为两大部分。第一部分记述以色列人在埃及被奴役、神指派摩西带领以色列人出埃及，以及显示神迹，护佑以色列人渡过红海，进入西奈半岛的整个过程。神学家认为，带领以色列人出埃及，是神对人类的一次具体的拯救行动，是救赎的一次生动体现，在神学上具有重要意义。

第二部分讲述了以色列人在西奈旷野流浪，神向以色列人颁布《十诫》以及一系列戒律的过程。在西奈山，神通过摩西再次与以色列人立约，并向以色列人颁布《十诫》以及一系列戒律，这些戒律后来成为整部《圣经》的核心。据统计，在 613 条戒律中，有 111 条是在《出埃及记》中颁布的。在此，除了重申一神的信仰，以及逾越节、安息日的禁忌，对祭司的要求外，神还对人们日常生活中的许多细节做出明确规定，彰显了神公正、正义、扶助弱者的一面。例如：

禁止欺压弱势群体方面的戒律有：

> 打父母的，必要把他治死。

---

① ［德］马克斯·韦伯著，康乐、简惠美译：《古犹太教》，广西师范大学出版社 2007 年版，第 114 页。

拐带人口的……必要把他治死。

人若用棍子打奴仆或婢女，立即死在他手下，他必要受刑……

不可亏负寄居的，也不可欺压他……不可苦待寡妇和孤儿。

有贫穷人与你同住，你若借钱给他，不可如放债的向他取利。

……

在维护法律公正性方面的戒律有：

打人以致打死的，必要把他治死。

人若引诱没有受聘的处女，与她行淫，他总要交出聘礼，娶她为妻……

不可随伙散布谣言，不可与恶人联手妄作见证。

不可在穷人争讼的事上屈枉正直。

不可收受贿赂，因为贿赂能叫明眼人变瞎了，又能颠倒义人的话。

……

由此可见，犹太人的礼仪严正以及与周边世界的隔离，只是神的戒律的一部分。犹太人的信仰是高度理性的，它是入世的宗教，许多戒律涉及现实问题。韦伯认为犹太教是“从巫术与一切形式的非理性救赎追求当中脱离出来的，现世内行动的宗教伦理”。[①]

犹太人的这种宗教伦理观，是此前所有的宗教没有的，它对基督教和伊斯兰教产生了巨大的影响，这也正是犹太人和犹太教备受人们关注的根本原因之一。

《出埃及记》的第21—23章，被称为“契约之书”。有《圣经》学者认为，“契约之书”编纂的时间应相当早，至少在公元前10世纪之前已有了。因为无论从形式和内容看，都与同时期亚述、赫梯的契约文书有许

① ［德］马克斯·韦伯著，康乐、简惠美译：《古犹太教》，广西师范大学出版社2007年版，第14页。

多相似之处，许多判例甚至可以追溯到遥远的巴比伦时期，因此，它很可能是迄今保存下来的希伯来人最早的律法集。其内容多为世俗方面的法律判例，极少涉及神谕，可以推断它很可能是由具有判案经验的长老们编纂的，而不是出自祭司之手。“契约之书”中的许多内容不仅成为日后以色列人法律的依据和源泉，同时也反映出当时的社会、经济和人民的生存状态。从这些戒律可以看出，此时的以色列人已进入农业社会，有了阶级的分化，因此它们也具有一定的史料价值。

(3)《利未记》

在此卷中，首次明确以色列人的祭司只能出自利未人，故称《利未记》。由于该卷对祭祀和祭司做出了许多具体而详细的规定，又称为《祭祀法典》或《祭司法典》。

《利未记》记述了以色列人在荒漠流浪期间，神下达各种应当庆祝的节日、各种献祭的礼仪、洁净的仪式、食物的禁忌，以及祭司的条例等诫命。在神下达的613条诫律中，有247条出自《利未记》，这些规定具体而细微，大部分涉及祭司和献祭仪式，对今天的人来说，已没有什么实际意义。

对于利未人的来源，学界一直存在着争议。《创世纪》中说，利未是雅各的第3个儿子，为以色列12部族之一。但后来，利未人并不包括在12个部族之中。有学者们认为“利未”一词，没有希伯来语的词源，由此推测他们可能来自南方沙漠边缘地带的草场。也有人认为利未人原本是摩西的扈从，在《出埃及记》中对他们有所描述。当时，利未人站在摩西一边，诛杀了不坚定分子，从而获得了特殊的宗教地位。

在古代西亚和埃及，普遍存在着洁净的观念，人们认为圣所是神的居所，这里的一切都是圣洁的。因此，只有洁净的人才能进入圣所。与动物尸体接触、各种疾病以及性行为被认为是不洁净的，但这种仪式上的不洁，可以通过沐浴的方式予以清除，也可以随时间的流逝而消失。因此，人们在进入圣所之前，会有一天或几天的洁净期。洁净是进入圣所的必要条件，也是人接近神和达到神圣的基本条件。

在《利未记》中，犹太人首次将道德因素引入洁净的观念中。犹太人认为除了仪式不洁外，还有道德上的不洁，这就是偶像崇拜、杀人和非正当的性行为。这种不洁无法通过沐浴等仪式清除，只有对不洁者加以惩罚才能消除，如杀人者必须偿命。因此，对犹太人来说，保持洁净最好的办法就是不行神所恶的事，遵守神的诫命，过有道德的生活。对于那些无法净化的不洁净者，只有一个办法，就是将他们驱逐出去，只有这样才能使神的居所保持圣洁。因此，被驱逐是一种严厉的惩罚。

此外，犹太人认为洁净是一种状态，需要不断采取有效的措施来防止污染。《利未记》详细规定了各种燔祭的仪式仪规，以此请求神的原谅，同时使圣所保持洁净。学者们认为，这些祭祀仪式很可能有更早的渊源。希伯来语的“罪”是从“失误”一词衍化而来的，因此所谓犯罪，首先是礼仪上违反了规定，这样会招致神怒。出于对神惩罚的畏惧心理，人们便通过向神献祭，来表示悔改和赎罪，以求得到神的宽恕，并由此衍生出“罪”与“救赎”的概念。

尽管《利未记》中有关献祭仪式以及洁净等方面的规定早已失去了效用，但在此颁布的饮食禁忌却一直保留了下来，并在日后发展为一整套饮食教规，与行割礼、守安息日一起，成为犹太人与其他民族区别的重要标志，也是其自我隔离的主要特征之一。

（4）《民数记》

《民数记》因以色列人在流浪期间进行的两次人口清查而得名。主要记述以色列人在荒漠流浪期间的生活，人口清点和壮劳力的情况，以及各族长的奉献礼、献祭的条例等。在该卷中，耶和华再次明确：祭司和利未人要看守圣所。祭司的职责是司管献祭，而利未人则“站在祭司亚伦的面前好服侍他……又要看守会幕的器具，并守所吩咐以色列人的，办理帐幕的事”。耶和华对亚伦说：“你在以色列的境内不可有产业，在他们中间也不可有分。”

出埃及后的第 2 年，以色列人进行了第一次人口清查，20 岁以上的以色列人共有 60. 355 万人，不包括利未人在内。在征服迦南后，约书亚将土地分配给 12 个支派，其中也没有利未人。为了维持他们的生计，神说：“凡以色列中出产的十分之一，我已赐给利未子孙为业；因他们所办的是会幕的事，所以赐给他们为酬他们的劳。”也就是说，每年要将新收获物的十分之一以“什一税”的形式来供养利未人。

有学者认为，这项规定十分重要，因为祭司和利未人掌管着圣所和献祭事宜，如果没有约束，他们很容易巧取豪夺，为自己积累起巨额的财富。但有了“不可有产业”的规定，也就杜绝了祭司和利未人的贪污和腐败行为，从而保证了献祭的纯洁性。这一规定，显示出3000年前以色列人的成熟和智慧。

在《利未记》中，神和人的盟约经常出现不对等的状况。作为立约的一方，神经常显示神迹，来保护他的子民。但以色列人却时常忘了自己选民的身份，在困难面前动摇对神的信念，因此激怒了神。神决心惩罚以色列人，让他们在西奈的荒漠上流浪40年，直到他们忘记其他的神，坚定了对耶和华的信仰，才最终让他们到达约旦河东岸。本书也记述了快到迦南地界时，以色列人与迦南人的争斗。

（5）《申命记》

《申命记》是《五经》的最后一卷，也是对前4卷的总结。该卷记述了摩西于临终前一个月，在约旦河东岸回顾了自离开埃及后，以色列人在流浪的40年中所遭受的种种磨难，以及在危难时刻神对其子民的慈爱和护佑。在这些演讲中，摩西不断告诫人们不可崇拜偶像、不可行异教习俗、不可违背与耶和华的约；并告诉以色列人，他们是否遵守神的盟约，关乎到整个以色列人的福祸与存亡。不久，根据神的旨意，摩西立约书亚为自己的继承人。最后，摩西登上尼波山顶，遥望迦南地后，静静地离开了人世。

《申命记》与《五经》的前4卷在语言风格上有很大不同，学者们对其写作时间也有不同的看法。有人认为本书是公元前621年约西亚改革时，由大祭司希勒家编纂的一部假托摩西的法典。也有人认为《申命记》的核心部分原本是一部法律文集，很可能产生于公元前8世纪的北方王国。以色列灭国后，有逃亡之人将其带到耶路撒冷，藏匿在圣殿之中，后来被希勒家发现，才得以重现于世。可以肯定的是，在流亡巴比伦时代的初期，《申命记》已经成为独立的篇章，并作为对前4卷的回顾和总结，与前4卷合并为一个整体，形成《五经》。

与前4卷不同，《申命记》以循循善诱的方式向民众申明摩西的律法，不再以命令式的口吻来教训他们。《申命记》所传达的思想和叙事风格，为《圣经》许多篇章所效仿。《申命记》是《圣经》中最重要的部分，称为“律法之书”，它被保存在约柜里，每7年向全体会众宣读一次。此外，《申命记》中涉及的戒律有200条之多，仅次于《利未记》，是《五经》中涉及戒律最为广泛的一部书。

“神选择以色列人做他的选民，以色列是神圣的民族”这个概念首次出现在《申命记》中。然而，神选择以色列人，并非因为他们的正义和美德，而只是出于神一种无意识的爱。因此，为了避免以色列人盲目的优越感，摩西告诫人们：“你们要谨守遵行我今日所吩咐你的诫命、律例、典章。”

《申命记》首次提出不可像异教那样随处祭拜神，只能在耶和华选定的地方举行祭礼。后来的先知们发展了这一思想，规定耶路撒冷圣殿是唯一向神献祭的场所，耶路撒冷由此成为犹太教的圣地。

此外，《申命记》作者还根据当时的社会状况，增加了一些新的条款，以适应社会发展的需要。例如有了“要立国王”的规定，同时对国王的行为加以种种约束，进一步加强了法制建设；重申利未人在以色列无遗产的戒律。为了保证宗教的纯洁性，更加明确地反对各种巫术和迷信如“不可装神弄鬼”、“不可行巫术”、“不可施魔法”、“不可求邪神”、“不可求巫师”等。在《申命记》中，已经将神对人的爱作为犹太教的基础和目标，这种爱后来发展为基督教的核心教义。

在《五经》中，多次表现了摩西与异教崇拜，例如公牛神崇拜和巴力神崇拜做斗争的情景，反映了犹太人由多神崇拜向一神崇拜转变的艰难历程。犹太人是在漫长的岁月里逐步形成“唯一真神”的观念的，《圣经》中的前5卷真实地记录了这个过程。

2. 历史书（前先知书）

《先知》书（Navim）分为两部分即历史书（亦称前先知书）和先知书（亦称后先知书）。历史书共 10 卷，包括《约书亚记》、《士师记》、《撒母耳记》（上、下）、《列王记》（上、下）、《历代记》（上、下）、《以斯拉记》和《尼希米记》。

这些经典大多成书于公元前 300 年左右，以神学为主线，记述了以色列人征服迦南、建立统一国家直至王国分裂、被巴比伦征服其间近 700 年的兴衰史，具有极高的史学价值，是学者们研究该时期历史的重要资料。历史书的内容繁杂，不仅有历史事实，也有故事、传说，甚至神话，都具有很高的文学价值。书中刻画了许多鲜活的人物形象，如《撒母耳记》中的扫罗和大卫，《列王记》中的大卫和所罗门……虽然其中不乏溢美和夸张之词，但也真实地表现了他们或妄自尊大、或狡诈凶残、或奢华靡费的一面，使人读后有真实可信之感。

(1)《约书亚记》

该卷记述摩西死后，约书亚继其位，带领以色列人攻城略地，征服迦南地的历程。全卷共 24 章，可分为两部分。第一部分记述了以色列人攻占耶利哥城、血洗艾城、平定五王，迫使七十几个王投降的征战过程。最终以色列人占领迦南地，回到了神的“应许之地”。

在这些讲述中，《圣经》的作者并没有将一切战功归于以色列人，而是将其归功于神。每到战斗的关键时刻，耶和华都会现身，将敌人打败。例如以色列人围攻耶利哥城时，连攻 6 天不破。到了第 7 天，约书亚命令祭司们抬着耶和华的约柜出战。在战场上，祭司吹响羊角号，百姓则大声呼喊。没过多久，耶利哥的城墙突然塌陷了，以色列人不战而胜。他们涌进城中，将城市抢劫一空，随后将全城的所有百姓、牲畜全部杀死。由此可见，没有耶和华的帮助，以色列人是不可能打败敌人、取得胜利的。与《出埃及记》中的思想一脉相承的是：在耶和华的带领下，以色列人逃离了埃及，结束苦难的生活。而进入迦南后，同样是在耶和华的帮助下，以色列人才能最终战胜敌人，征服迦南。

第二部分记录了约书亚依照摩西临终的遗言，将迦南地分派给以色列人的12个支系，并详细列出每一个支系所分得土地的数量以及所在的位置。最后，年老的约书亚在示剑召开各部族代表大会，再次叮嘱人们要遵守与神的盟约，忠心侍奉唯一的神。约书亚没有指定继承人，安然地离开人世。随后，以色列进入“士师时期”。

（2）《士师记》

约书亚去世后，12个支派又都各自为政、恢复崇拜偶像，行耶和华眼中看为恶的事。虽然每个支派都势单力薄，无法独自对抗外族的入侵和挑衅，但他们却不愿有一个王来统领他们。为此，耶和华招选“士师”来领导以色列人。“士师”的希语是“Shopherim”，意思是“审判者”、“管理者”，英译基本准确。汉译源于《周易》，在古代中国，“法官”通称为“士师”。

公元前12—前11世纪期间，即约书亚去世到以色列王国成立之前，称为“士师时期”。士师时期的以色列是一个松散的部落联盟，在和平时期，士师处理部族之间一些日常事务性的事情，战时则要率兵征战，相当于部落联盟的首领。士师一般为终身制，绝大多数由男性担任，但也有个别女士师。有的士师本身就是先知，如女先知底波拉、先知撒母耳，他们既是先知，也是士师。

《士师记》是一个故事集，记述了12位士师的事迹。约书亚死后，俄陀聂成为第一位士师。他就职后干的第一件事，就是率军攻克亚纳人的首都基列西弗，然后将巴比伦人赶出以色列地。士师并非品德高尚之士，他们大都处于社会的边缘，有的生性好斗，有的是私生子，有的曾为刺客强盗。但在担任士师之后，他们都能恪守职责，带领以色列人与周边的邻居战斗，保卫自己的家园。

士师的故事篇幅长短不一，有的简洁，有的详细，其中最令人难忘的是大力士参孙推倒非利士人的神庙，与敌人同归于尽的悲壮故事，后来成为西方广为人知的经典。尽管士师们不辱使命、奋力作战，但以色列人终是败多胜少。在残酷的现实面前，以色列人终于认识到，只有建立一个强大的国家，才能在与外敌的战斗中立于不败之地。于是，年迈的士师撒母耳顺应潮流——膏立了一个王，从此士师时代结束，以色列进入王国时期。

(3)《撒母耳记》(上、下)

撒母耳是以色列最后一位士师，他是以色列历史上承前启后的一个关键人物。《撒母耳记》记述了撒母耳一生的经历。该部分共55章，分为上、下两卷。上卷讲述了撒母耳的出生，他很小的时候就受到神的召唤，后来做以色列人的士师。撒母耳的一生，反映了士师时期末期以色列人的社会状况和生活情景，最后撒母耳应民众的要求，膏立扫罗为以色列王。书中记述了扫罗为统一以色列各部落，与入侵之敌战斗的业绩，也记述了大卫与扫罗之间的矛盾。最终，扫罗在与非利士人的战斗中，与3个儿子同死在战场。

下卷主要记述扫罗死后，大卫王统一所有以色列部族，建立以色列王国的经过。大卫立古城耶路撒冷为首都，从此耶路撒冷成为以色列人心中的圣地。大卫王将原本松散的以色列部落，建成为一个强大的国家。他在位40年，有功也有过。他体恤弱者，善待老人；但杀人如麻，残忍狡诈。他占有他人之妻，触犯神的律法，最终受到惩处。尽管这样，在以色列人的心目中大卫一直是理想君主的典范，大卫王时期也成为以色列历史上的黄金时代。

(4)《列王纪》(上、下)

它是继《撒母耳记》之后的一部历史书，记述了大卫王晚年（前970年）至犹大国灭亡（前586）间近400年的历史，共47章，分上、下两卷。上卷主要记述大卫王晚年时期，儿子们争夺王位的斗争，最后大卫立所罗门为王，才使政局稳定下来。随后记述所罗门王在位40年的功过是非，在他任职期间，以色列国达到鼎盛时期，但也为日后的分裂埋下了种子。所罗门死后不久，统一不到100年的以色列国，分裂为南北两个部分。

下卷记述了北部以色列国和南部犹大国的政治和宗教状况。公元前722年，以色列国为亚述人所灭，10个北方部族从此不见于历史。更为弱小的犹大国在强国面前小心谨慎地维持着独立，勉强又延续了100年，但最终被巴比伦帝国占领。数以万计的犹太人被掳往巴比伦，成为“巴比伦之囚”。犹太人的王国历史至此结束。

学者们认为这几个历史卷本具有很高的史料价值，许多记录已为历史的考证所证实。但《列王纪》的作者并非历史学家，他们写作的本意，不是要为后人留下真实的历史纪录，而是通过这些事件来告诫以色列人，正是由于他们违背神的诫命，不信守与神的盟约，才不断地受到神的惩罚，最终导致国家毁灭、人民流亡的悲惨结局。而《列王纪》中记录的事实，再次证实了先知们的洞见和预言。

（5）《历代志》（上、下）

亦称《编年记》，共65章，分为上、下两卷，是对以色列人历史的总回顾，为《圣经》中涉及历史时间最长的一部分。该卷本首先记述了自亚当开始的以色列人的族谱，其中尤以犹大、便雅悯和利未支派为重点。随后记述了大卫王和所罗门王一生的功绩，特别对所罗门修建圣殿大加赞扬，从此圣殿不仅是以色列人的祭祀中心，也成为以色列人的精神圣地。最后该书以宗教为主线，简略地讲述了分裂后的以色列国和犹大国的历史。

学者们经考证后认为，《历代志》大约成书于公元前4世纪下半叶。《历代志》的作者以独特的视角回顾历史，许多地方重复《列王纪》中的内容，但又在许多方面做了删减。该卷的重点似乎不在历史事件上，而是更多地将笔墨用于渲染宗教活动上，因此其史料价值不如前几卷。此外，单调、冗长的族谱和人口登记占据了《历代志》很大的篇幅，与其他历史书相比，读起来较为枯燥，有索然乏味之感。

（6）《以斯拉记》

该卷共10章。记述公元前536年，波斯王居鲁士允许被掳的犹太人回归故土后的历史事件。在重建圣殿时，犹太人遇到撒马利亚人及其他异族人的阻扰，直到大流士即位后，圣殿才得以重建。在亚达薛西斯王期间，祭司以斯拉又带领第二批犹太人回到耶路撒冷。在耶路撒冷，以斯拉进行了一次宗教改革，明令禁止犹太人与异族通婚，已婚者必须解除婚约，以保证其纯正的血统。从此，外邦的妻子和子女被隔绝，并与一切闲杂人员断绝往来。尽管此时的以色列人仍处于波斯人的统治下，但他们却自觉地与外界隔离，逐渐成为一个封闭的、具有民族特色的宗教团体。

(7)《尼希米记》

该卷共13章，记述了尼希米任犹大省总督期间，重修耶路撒冷的城墙，采取多种措施，整顿和恢复耶路撒冷的经济和社会秩序的事迹。有《圣经》学者认为《以斯拉记》与《尼希米记》可能出自一人之手，原为一部书，后来分为两卷列入《圣经》。这两卷都具有一定的史料价值，真实地记录了以色列人重回故土后，重建圣殿和耶路撒冷城的情景。

3. 先知书（后先知书）

后先知书共15卷，大约产生于公元前8—前5世纪。后人根据文字篇幅的长短，将其分为“三大先知书”和“十二小先知书”。

“三大先知书”即《以赛亚书》、《耶利米书》和《以西结书》，也有的加上《但以理书》，构成“四大先知书”。

“十二小先知书”是《何西阿书》、《约珥书》、《阿摩司书》、《俄巴底亚书》、《约拿书》、《弥迦书》、《那鸿书》、《哈巴谷书》、《西番雅书》、《哈该书》、《撒加利亚书》以及《马拉基书》。

与前先知书记述历史不同，后先知书均属于人物传记，每一篇冠以一个先知的名字，记述了该先知的独特的经历，以及他们对未来的预言。

(1)《以赛亚书》

《以赛亚书》是三大先知书之一，共分66章，是先知书中最长的一篇。它记述了以赛亚一生的几次预言，有些内容前后重复，散文与诗歌相杂。18世纪后期，有《圣经》研究者根据书中对神描述上的差异，以及语言风格上的不同，认为《以赛亚书》当出自两个人之手。书的前39章可能为以赛亚所写，后半部分则为无名氏所作，这个无名的作者被称为“第二以赛亚”，人们已经无从知道他是谁，但他的思想保留在《以赛亚书》中。到了19世纪，又有人提出“第三以赛亚”之说，认为是不同时代的三个人的作品。《以赛亚书》后半部的写作时间，估计要晚数百年。

与前半部相比，无名氏描写的神，已经发生了很大的变化。总之，《以赛亚书》内容庞杂，似乎没有统一的时间顺序和逻辑编排，对此学者也没有一致的意见。

以赛亚活动的时间长达50多年，他历经三代君主，他们是约坦、亚哈斯和希西家。此时正是以色列国灭亡的前后时期，他预言了两个犹太小国的灭亡。《以赛亚书》对神的描述，对后来的基督教产生了重要影响。在该书的最后部分，此时的神已不再是一个犹太人的保护神，而自我宣称："我是耶和华，我是首先的，也是末后的。我手立了地的根基；我右手铺张诸天，我一招呼便都立住。""天是我的座位，地是我的脚凳。你们要为我造何等的殿堂？哪里是我安息的地方呢？"一个独霸天下的神跃然而出。

在该书的最后，提到了上帝公正的审判。神说凡"离弃耶和华"的人，"我要命你们归于刀下"。并有了"神的仆人"的提法，告诉人们凡遵从神的意志的"仆人"必将蒙恩，他说："我的仆人必得吃，你们却饥饿；我的仆人必得喝，你们却干渴；我的仆人必欢喜，你们却蒙羞；我的仆人因心中高兴欢呼，你们却因心中忧愁哀哭，又因心中忧伤哀号。"

学者们认为，"神的仆人"的指代似乎并不清楚，有时候好像指一个人物，有时候似乎指整个以色列民族。《以赛亚书》中有4首诗可以归类为"仆人之歌"。有学者认为，其中3首诗歌的仆人是指一个人，"我被召见……我必因你得荣耀"应该是指先知，先知是神的仆人。韦伯说这是"从对大卫一族的期盼向先知群体的转移"。[①] 在诗中，神的仆人为恶人向神求告，并为了"承当许多人的罪过"而献出生命。这一形象后来成为"人子"，为后来的基督教所接受，"人子"观念的出现被认为是对耶稣到来的预言。

此外，《以赛亚书》首次提出"我要造新天新地"的思想，并描绘出一幅和平、安详、公正、平等的美好生活的画卷。这一思想后来为早期基督教会所接受，成为基督教最具号召力的思想之一。

---

① ［德］马克斯·韦伯著，康乐、简惠美译：《古犹太教》，广西师范大学出版社2007年版，第457页。

（2）《耶利米书》

耶利米于公元前626年蒙召做先知，是犹大王国最后的先知。他任先知的40年间（前626—前586年），正是犹大国灾难当头的危机时刻。此时北方的以色列国早已灭亡，犹大国在向亚述王献出大量金钱、臣服于亚述后，才得以偏安一隅。《耶利米记》中记述了先知不断告诫犹太人，他们不服从耶和华神，崇拜偶像，必将遭到惩罚。他大声疾呼："有风声！看哪，敌人来了！有大扰乱从北方出来，要使犹大城邑变为荒凉，成为野狗的住处。"并预言耶路撒冷将被焚毁："这城必交在巴比伦王的手中，他必用火焚烧。"此外，耶利米还预言了犹太人的流亡，以及神最终将使犹太人回归故地。

耶利米的告诫和预言，引起犹大王西底家的不满，他下令将耶利米抓起来，下到地牢里。幸亏有个王宫侍从用绳子将他救出来，才算保住了一条命。后来，国王将他释放，他继续谴责犹太人的偶像崇拜。公元前586年，巴比伦人再次攻占耶路撒冷，捣毁圣殿，火烧圣城，大批犹太人流亡巴比伦，耶利米从此没了音信。又有说，耶利米后来被挟持到埃及，在街上被人打死。

《耶利米书》共52章，除文字记述外，还间有大量的诗歌。《圣经》学者认为，该书真实地纪录了犹大国末期的社会状态，具有重要的历史价值。书中的诗歌，生动地表达了亡国前后人们惊恐无奈的心情，在文学上也有较高的成就。但也有学者认为，该书有些篇章可能是后人增补上去的，并非都出自耶利米一人之手。

（3）《以西结书》

以西结是流亡时期的先知。公元前597年，尼布甲尼撒攻克耶路撒冷后，将犹大王约雅敬与一批犹太人掳到巴比伦，以西结也在其中。他是撒督族的祭司，被流放到迦巴鲁河畔。公元前592年，以西结蒙召作巴比伦犹太人的先知，他是第一位在以色列境外蒙召的先知。他做先知22年，不仅预言耶路撒冷的毁灭，也预言了那些嘲笑犹太人的国家的灭亡。最重要的是，他还预言了犹太人将回归故地、重建耶路撒冷圣殿，这给绝望的犹太人带来了希望和期盼。

与其他先知书不同，《以西结书》是按照时间顺序来编排的。一开始便详细地描写了他蒙召时看见的奇异幻象：一阵风从北面刮来，随着一片闪烁着火的大云飘来，火内发出好像光辉的精金。从中显出4个活物的形象来，它们各有四脸，为人脸、狮脸、牛脸和鹰脸，并各有两对翅膀，翅膀彼此相连。每个脸旁各有一轮在地上，好像一辆四轮战车。车子可以前后行走，也能从地上升起。活物顶上的苍穹之上，仿佛有人的形象，外貌如黄金，像琥珀样闪光，光芒四射。这种荣光是神显现的象征，以西结立刻匍匐在地，接受神的召唤。神对他说："我差你往悖逆的国民以色列人那里去。他们是悖逆我的，他们和他们的列祖违背我，直到今日。"

以西结来到以色列，预言了耶路撒冷的毁灭，并以极其夸张的语言描述了："耶和华的荣耀从殿的门槛那里出去，停在基路伯以上。基路伯出去的时候，就展开翅膀，在我眼前离地上升。"与其他先知一样，以西结谴责以色列人的偶像崇拜、道德败坏以及对巴比伦的反叛，对神的背弃导致犹太国最后的灭亡。

在民众绝望之时，以西结及时告诉人们，耶和华没有抛弃以色列人，神与他们同在。在此，以西结对律法书中积累罪恶的原则进行了修改，为余剩者的救赎理论奠定了基础。在《申命记》中，为了彰显神的仁慈，儿子有为父亲承担罪责的义务，并可延伸到三、四代的身上。以西结明确反对这种观点，他说："儿子必不担当父亲的罪孽，父亲也不担当儿子的罪孽，义人的善必归自己，恶人的恶报也必归自己。"

他反对国家灭亡后将民众流放，为国家承担罪责的做法，认为只有有罪之人才应当受到惩罚。因此，以西结预言正义之人最终将重返故里，重建圣殿，那时"耶和华的荣光将从东边回来，回到圣殿中"，义人必得到神的宽恕。

在《以西结书》中，首次出现死而复生的预言。主耶和华这样对说枯骨说："我必使气息进入你们里面，你们就要活了。我必给你们加上筋，使你们长肉，又将皮遮蔽你们，使气息进入你们里面，你们就要活了。”这是一种新的隐喻，预示着以色列的新生。

此外，以西结构想了一个新的耶路撒冷城，这是他梦想的神权国家：新的耶路撒冷城建在12个部落中，圣城中流淌着一条永不干涸的河流……他还借神之口明确指出“以色列的外邦人，就是身心未受割礼的，都不可入我的圣地”。这句话，后来一直为犹太人所遵行，即使在罗马人统治时期，帝国的双头鹰旗也不得进入圣地，只能在耶路撒冷城的郊外迎风招展。

（4）十二小先知书

十二小先知书是先知书中的重要组成部分，与三大先知书相比，大都篇幅不长，除《何西阿书》、《阿摩司书》、《撒加利亚书》较长外，《那鸿书》由三首诗组成，最短的《俄巴底亚书》仅一章。小先知书虽然都冠以先知的名字，但学者们研究后发现，它们大多是后人依据口传材料，加以增补修改后的托名之作。在编排上，并未按先知生活的年代按时间排序，而是长短篇交错，时空跳跃。小先知书中最具代表性的是《阿摩司书》和《何西阿书》。

《阿摩司书》

先知阿摩司大约生活在公元前750年，他是个普通的牧羊人，来自耶路撒冷附近，后被召到伯利恒做先知。阿摩司生活的时代，国家处于相对稳定的时期，亚述人还没有威胁到以色列国的生存。但此时的阿摩司，已经预言了两个国家的灾难和灭亡。

《阿摩司书》共9章，前2章讲述了3个神谕，是对整个以色列象征性的描述；后面记述了5个幻象，有蝗虫、火、准绳、一篮水果以及神在伯利恒的幻影。这些幻象所要表达的意思晦涩幽暗，《圣经》学家经过研究，找出了这些普通物品所具有的象征性的意义。例如：“蝗虫”预示“吃尽那地的青物”；“火”是用来惩罚以色列的，它将“吞灭深渊”；“水果”的希伯来语是个双关语，也有“结束”的意思，由此象征以色列国和犹大国的灭亡；而“准绳”是盖房子用的，这个幻想表明“以色列的圣所必然荒废”。

学者们认为，《阿摩司书》的大部分内容经过了增改，阿摩司对犹大国的预言，可能是后人增补进去的。在先知书中，为了显示先知的预言具有永恒性，增补现象是经常发生的，但也有些先知书保留了先知的原话，因此也有许多预言与事实不符的例证。

在后期的先知书里，道德已经上升到比偶像崇拜、宗教仪式更为重要的地位。先知们谴责祭祀仪式，认为这是不虔诚、毫无意义的行为。在《阿摩司书》中，神说："我讨厌你们的节期，也不喜悦你们的严肃会。你们虽然向我献燔祭和素祭，我却不悦纳，也不愿你们用肥畜献的平安祭……唯愿公平如大水滚滚，使公义如江河滔滔。"

《阿摩司书》用许多戏剧性的修辞手段来隐喻道德的沦丧，谴责统治阶层悠闲腐化的生活和对穷人的盘剥。正是统治阶级的贪婪，导致社会的不公正。而社会各个领域普遍存在的"犯罪"行为，如在买卖中卖出用小斗升，收银用大戥子，用诡诈的天平欺哄人……将坏麦子卖给穷人；以及收受贿赂，对穷人缺乏善心……这些招致神发怒，也是国家灭亡的重要原因。对此，神起誓说："你们的一切行为，我必永远不忘。""在地上万族中，我只认识你们；因此，我必追讨你们的一切罪孽。"

与其他先知一样，阿摩司不断告诫人们：你们要求善，不要求恶，就必存活。在最后部分，耶路撒冷被毁坏。惩罚意味着结束，但并非最终的结局。随后，阿摩司通过神的话，给人以新的希望："我必使我民以色列被掳的归回，他们必重修荒废的城邑居住。"

《何西阿书》

何西阿是北方以色列王国的先知，生活在公元前700年初期，他预言了以色列王国的灭亡。《何西阿书》共14章，被认为是先知书中最为晦涩难懂的部分。该书分2个部分，1—3章讲述了他与一个名叫歌蔑的女人的婚姻，她生了3个儿子。但歌蔑是个荡妇，是个不忠的妻子。4—14章基本上是神谕的汇集。与其他先知一样，何西阿通过神对以色列人的控诉，谴责他们种种不道德的表现："因这地上无诚实，无良善，无人认识上帝。但起假誓、不践前言，杀害、偷盗、奸淫、行强暴，杀人流血，接连不断。"

与其他先知书不同，在《何西阿书》中将神与以色列人的关系比喻为婚姻关系，将以色列人的不道德行为体现在婚姻里。他将以色列人隐喻为通奸的不忠的妻子，并指责以色列的国王和祭司“你要娶淫妇为妻”。歌蔑生下的 3 个孩子，都起了很不吉利的名字，意思分别是“肥猪”、“不蒙怜悯”以及“非我民”。神说：“因为你们不做我的子民，我也不做你们的上帝。”显示了耶和华拒绝以色列人做他的选民，这是对以色列王国人的彻底否定。因此，一场灾难即将到来，以色列王国的灭亡将不可避免。“现在必纪念他们的罪孽，追讨他们的罪恶。”

但在《何西阿书》中，还有第二个隐喻，就是将神与以色列人的关系喻为父母亲与孩子的关系。父母亲对子女除了忠诚与慈爱之外，还要承担相应的责任和义务，其中包括对叛逆孩子的引导和训教，即使是没有感恩之心的孩子也不能放弃。因此神这样说：“以色列年幼的时候，我爱他，我从埃及召出我的儿子来。……以色列啊，我怎能弃绝你？……我回心转意，我的怜爱大大发动。我必不发猛烈的怒气，也不再毁灭以法莲。”

惩罚与安慰并举，厄运与希望共存，是后期先知书的特点。当人们绝望的时刻，先知们又会强调神的良善和永恒的爱，从而给人们以美好的希望，激励其生存下去的勇气。

其他的先知书如《弥迦书》、《哈该书》、《撒迦利亚书》等都有各自不同的风格，但均有一系列具有象征意义的幻象以及晦暗的预言。有学者指出唯《哈巴谷书》是另一种类型的先知书，它没有预言，全部是对神的行为的哲学思考。在该书中反对用异族征服作为惩罚的手段，同时认为绝对的权力和道德丧失是国家灭亡的首要原因。在该书中首次出现“唯义人因信得生”的观点，鼓励人们信奉神，由此称义。

总体而言，先知书篇幅不等，或长或短，大多是政论体的散文，有的也夹杂一些诗体韵文。尽管先知书有的激情洋溢，有的严厉刻板，文风各异，但它们都具有很强的感染力和说服力，比较真实地反映了当时的社会状况和人们的愿望，因此具有重要的宗教价值和史料价值。

先知书对犹太人的思想产生了深远的影响。正如韦伯指出的：先知在民众绝望之时，义无反顾地宣示了一种“及时而紧迫的期望”，对以色列人产生了“全面的决定性的作用”。尽管“救赎之日”迟迟不来，但这些预言对民众所产生的心灵力量却长达千年之久，并潜入犹太人信仰的最深处。虽然以色列人不断遭受种种苦难，但他们仍然不断地期盼弥赛亚的到来。

4.《圣录》

《圣录》(Chetubim) 是《圣经》的第三部分，亦称《杂集》。《圣录》由不同体裁和风格的作品组成，共有 9 卷，它是《圣经》中最具有文学魅力的部分，可以分为：诗歌(《诗篇》、《雅歌》、《箴言》、《传道书》、《耶利米哀歌》)、小说(《路得记》、《以斯帖记》、《但以理记》)、诗剧(《约伯记》)。

(1)《诗篇》

《诗篇》共收有 150 首诗歌，是大卫王时期至犹大国灭亡前近 500 年诗歌的汇集。《诗篇》中有 73 篇标有“大卫的诗”字样，因此又被称为“大卫之歌”，其中有署名的 29 篇为 4 个人所作，其余的 49 篇没有署名，为无名氏所作。学者们认为，即使标有“大卫”字样的诗也并非出自大卫一人之手。《诗篇》当是不同年代、不同诗人作品的汇编，它是集体智慧的结晶。

据房龙(H. W. Van Loon，1882—1944 年)说，英语“Psalms”(诗篇)一词可能源自希腊语中的“Psalter”，这是一种弦乐器的名字，最早起源于腓尼基，曾在西亚流行。这种乐器用拨片演奏，音域不宽，仅有 10 个音符，但在高音上可以有各种组合，因此能取得很好的演奏效果。学者们认为，这些诗歌流行于公元前 5—前 4 世纪，大多为献祭礼仪上演唱的歌曲，许多都标出了曲调名，如“调和百合花”、“调用麻哈拉”等，有的还标明了乐器，如“用丝弦的乐器”、“用迦特乐器”等字样。由此可见，这些诗在当时是随乐而歌唱的。

《诗篇》中诗歌的内容大体可分为赞美诗、感恩诗、哀歌、反思诗等。其中大部分是歌颂耶和华的赞美诗，也有少数哀歌和对神的祈求。如《被掳巴比伦者之哀歌》，表达了被囚的以色列人凄凉悲郁，以及对家乡故土的怀念之情。这些诗充满了真挚的感情、丰富多彩的语言表达，在世界文学史上占有重要的地位。

《诗篇》内容广泛，涉及到神学、历史、伦理及宗教生活的各个方面，因此每个信徒都可以从中找到适合自己的诗歌，来向神倾诉自己的喜悦、悲伤、哀叹、忏悔、鼓励之情，直接与神沟通。因此，《诗篇》是《圣经》中最受信徒欢迎，也是使用最多的一部书。

(2)《雅歌》

《雅歌》的开头便是“这是所罗门之歌，是歌中之歌”。在古代，人们相信这是所罗门与埃及公主结婚时所写的恋歌，但后来为基督教会所否定。学者们经过研究后认为，《雅歌》大约在公元前 4 世纪完成，因此它不可能出自所罗门之手。

《雅歌》的篇幅并不长，共分为 8 章，它采用新娘和新郎对话体的形式，表现了一对青年男女纯真热烈的爱情。从表面来看，这是一部清新动人、具有浓郁生活气息的情诗，因此一直被视为古代情诗中不可多得的珍品。公元初期，有人对《雅歌》的内容提出质疑，认为将描写男女情色的诗歌放入《圣经》有违圣书的至尊地位。2 世纪时，拉比阿吉瓦（Akiva）提出“雅歌是最神圣的”的观点，后来得到普遍的认同。多数《圣经》学者认为《雅歌》中热切而直白的语言，所表达的并非男女之间的情爱，而是上帝与选民之间的一种神爱，因此将其誉为“圣书中的圣书”。尽管这样，由于《雅歌》过于情色，所以在传统译本中，一些过于直白的词句还是被删减掉了。

长期以来，《雅歌》一直是神秘主义的虔敬派向神表达爱心情意的经典诗篇。《雅歌》没有提及神，也没有一点儿宗教气息，但新娘和新郎之间所有的赞美之词、所有的柔情蜜意都是奉献给神的。

(3)《箴言》

《箴言》是一部格言、警句、成语、谚语、比喻的汇集，为宗教和道德的教诲之书，共 31 章。大约在流亡之前已经基本定型，许多内容可能流传更早，并从两河流域以及迦南文化中汲取了丰富的营养。

《箴言》开宗明义地指出“以色列王，大卫的儿子所罗门作《箴言》”。《列王记》中也有“所罗门作箴言3000句，诗歌1500首”之说。实际上，《箴言》收录的1000多条至理名言，产生于公元4世纪以前，它不可能是一个人所作，而是历代犹太智者在不同时期的所思所得，它是古希伯来人智慧的结晶。

《箴言》中的格言警句，大多采用同义类比或对比排列的形式，文辞简洁，词意清新。此外也有一些较长的散文和诗句。内容大多是告诫人们要敬畏神，教导人们立身处世的道理。许多格言以父亲教导儿子的口吻说，如“我儿，要听你父亲的教诲……”等，类似中国的家训。《箴言》中有很多警世名言，如：“教养儿童，使他走当行的道路，就是到老他也不偏离”；“多有财利，行事不义，不如少有财利，行事公义”；“不劳而得之财必然消耗，劳动积蓄的，必见加增”……

同时，《箴言》也强调“冥冥之中有规律”，坚持公义之人受难，是神对他的考验，因此维护世间正义就是智慧，坚定对神的崇拜就是智慧。它告诫人们：“耶和华的眼目无处不在，恶人善人，他都鉴察”；“敬畏耶和华是智慧的开端，认识至圣者便是聪明”。

（4）《传道书》

《传道书》是一部诗歌和散文集，共有12章。其第一句就告诉人们，这是“在耶路撒冷作王、大卫的儿子，传道者的言语”，故名《传道书》。在大卫的儿子中，只有所罗门继承王位，在耶路撒冷为王，故历史上一直认为该作品的作者是所罗门。直到16世纪后，经学者们的考证后，认为此书为公元前3世纪左右的作品，从而否定了所罗门之说。至于其真正的作者究竟是谁，现在已经难以知道了。

《传道书》充满了浓郁的宗教色彩，他通过一个犹太传道者对人生意义的思考，探讨了人生和信仰问题，对人生的价值进行了新的阐释。在文章的一开始，传道者就发出“虚空的虚空，虚空的虚空，凡事都是虚空”的感慨，随后又说道：“人一切的劳碌，就是他在日光下的劳碌，有什么益处呢？一代过去，一代又来，地却永远长存……已有的事后必再有；已行的事后必再行……已过的世代，无人纪念，将来的世代，后来的人也不纪念。”“我又专心察明智慧、狂妄和愚昧，乃知道也是扑风，因为多有智慧，就多有愁烦；加增知识的，就加增忧伤。”总之是“人生虚空，万事虚空”。与佛教的人生无常、万事皆空如出一辙。因此，有学者指出该作品的主旋律是一种疏远的冷嘲热讽，一种疲惫的忧郁，而这对于传统的宗教虔诚和宗教乐观者来说，无疑是一次挑战。传道者在对万事万物做出种种悲观的叹息之后，又告诉人们：“凡事都有定期，天下万物都有定时。生有时、死有时；栽种有时，拔出所栽培的也有时……”“神必审判义人和恶人；因为在那里，各样事物、一切工作，都有定时。”

尽管万事虚空，人生无益，但人终有一死。正因为人必有一死，反而使生命具有了意义。因此，人当在属于自己的日子里，尽力去做有益的事情，并充分享受短暂的一生。

由此可见，传道者最终的目的是要告诉人们“敬畏神，谨守他的诫命，这是人当尽的本分”。在这个虚空的世界里，人要做的事就是听神的话、服从神的安排，谦虚自足地度过自己的一生，这就是人生的价值和意义所在。

(5)《耶利米哀歌》

这是耶路撒冷圣殿被毁后，表达以色列人凄楚哀伤的诗歌集，共分5章，相传为先知耶利米所作，故称“耶利米哀歌”。但近代《圣经》学者认为，该诗集中的诗歌并非出自耶利米一人之手。

《哀歌》没有明确的逻辑关系，整体性也较差，但却具有一种独特的形式美。诗歌通过回顾耶路撒冷被毁后的凄凉景象，描述犹太人悲痛无奈的心情以及对复兴故土的期盼，真实地表达出犹太人的哀痛和忏悔，具有极其强烈的感染力，受到犹太人的喜爱，成为千古传唱的经典。在最后一段里，它这样写道：“耶和华啊，你存到永远，你的宝座存到万代。你为何永远忘记我们？为何许久离弃我们？耶和华啊，求你使我们向你回转，求你复新我们的日子，像古时一样。你竟全然弃绝我们，向我们大发烈怒？”每当纪念国耻的日子里，犹太教会堂中总会响起《耶利米哀歌》的朗朗颂读声。

同属于《圣录》的《路得记》、《以斯帖记》和《但以理记》，可以归类于小说。而《约伯记》则是一篇哲理诗歌。

（6）《路得记》

《路得记》讲述了大卫王的曾祖母、善良贤惠的农村妇女路得的故事。在丈夫死后，路得对年老体衰的婆婆不离不弃，靠捡拾麦穗供养婆婆的事迹，打动了许多人的心。《路得记》文字简洁，全篇仅3000余字，是优秀的短篇小说。

（7）《以斯帖记》

《以斯帖记》揭露了在波斯王时期，波斯内臣一次灭绝犹太人的阴谋活动。歌颂了犹太女人以斯帖的机智勇敢，和她义无反顾地拯救本民族的精神。犹太人的“普珥节”，就来源于这个故事。“普珥节”也称“以斯帖节”。

（8）《但以理记》

《但以理记》共12章，大致分为两个部分，前6章讲述了先知但以理传奇的一生，后半部则主要是幻象和启示性的预言。《但以理记》似乎在讲述很久远以前的事情，实际上它的成书时间很晚，是《圣经》中距离我们最近的一部书，因此它的作者不可能是但以理，因此未列入先知书中。学者们还认为，从写作的时间上看该书似乎并非出自一人之手，其前半部分完成于公元前3世纪左右，而后半部大约成书于公元前167—前164年之间。与《圣经》的许多书一样，后来这两部分被合在一起，成为一部书。

但以理大约生活在公元前6世纪，他也是流亡时期的先知。但以理在巴比伦得到王的信任，成为王的侍从，但他依然坚守对耶和华的信仰，不肯跪拜他神。该作品讲述了他在耶和华的护佑下，避开种种危险，得以平安的故事。但以理通过给巴比伦王解梦，在宴会上解读神秘文字，预言了巴比伦的灭亡。在该书的最后，描写了死者复活的情景：“你本国的民中，凡名录在册上的，必得拯救。睡在尘埃中的，必有多人复醒。”

这是《圣经》中第一次明确提到人的死而复活。犹太人原并没有“死人复活”的概念，他们认为人的生命是有限的，只有上帝是永恒自有的。在此时，以色列人从绝望中接受了这种观念，以便给那些悲伤的人们以新的希望。《但以理记》首次预言了“人子”的降临和死人的复活，这对后来基督教产生重要的影响。耶稣就多次自称“人子”，告诫人们“天国就要近了”，以此暗示先知的预言就要实现了。

（9）《约伯记》

这是一部著名的哲理诗歌，大约成书于公元前 5 世纪，被誉为世界文学名著之一。该作品共 42 章，在散文的框架中杂以大段的诗句和对话，被认为是《圣经》中最难读懂的作品之一。通过约伯一生的遭遇，讨论了好人为什么遭受苦难的问题，由此涉及犹太教中的善与恶，以及人与神的关系等问题。

在《约伯记》的诗歌和对话中，对善与恶、对罪与罚、对正义和美德有不同的认识和见解。有学者认为，约伯受难后，虽然神不信任他，但他依然坚持虔诚和正义的品德，这本身就是一种美德和善行。研究者对许多晦涩的话语，有着各自不同的解读和理解，但约伯的受难经历和由此展开的神学讨论，给人们留下许多的启迪，令人深思。

5.《希伯来圣经》的影响

《希伯来圣经》（下文简称《圣经》）中刻画了许多生动鲜活的人物形象，他们长久地留存在人们的记忆中。几千年来，人们以各种艺术形式来展现他们，世代讲述着他们的故事。《圣经》不仅是一部宗教经典，也是一部反映早期犹太人生活的百科全书。

《圣经》向我们讲述了犹太民族 1000 多年的发展历程，展现了古代犹太人多彩的生活画卷，揭示了当时社会、政治、经济状况，他们的道德观、价值观，以及犹太人对世界对人生的深刻思考，为后人研究古代犹太人的历史提供了大量宝贵的资料。

《圣经》代表了希伯来文学的最高成就，在世界文学中占有重要的地位。它几乎囊括了现代所有文学作品的表现形式：诗歌、散文、小说……并首创了先知文学和启示文学。《圣经》不仅是欧洲文学和艺术取之不尽、用之不竭的源泉，也是全人类宝贵的文化遗产。

《圣经》作为犹太人的宗教经典，它深邃的神学思想及宗教伦理不仅塑造着犹太人的心灵，而且对基督教和伊斯兰教都产生了深刻的影响。近代，随着基督教和伊斯兰教在全球的广泛传播，《圣经》的影响扩展至亚洲、非洲、拉丁美洲和南美洲的广大地区。而《圣经》与《新约》一道，对西方人的世界观和西方世界的发展所产生的影响，是任何其他事物都无法替代的。

《圣经》正典的出现，标志着犹太教的最终形成。对犹太人来说，《圣经》不仅具有极其重要的宗教意义，在政治上的作用也是不可忽视的。正是《圣经》和后来编成的《塔木德》，给了散居在外的犹太人以一种特殊的民族认同感和归属感，使他们的心不再孤独。《圣经》以其强大的感召力，将漂泊四方的犹太人的心凝聚在一起，使得这个灾难深重的民族在异常艰苦的环境中得以留存下来。直到今日，《圣经》的影响仍然无处不在。

二、希腊文化的传播和影响

公元前 4 世纪中期，希腊半岛北部的马其顿人在国王腓力二世（前 359—前 336 年）的领导下，由一个荒蛮的小邦逐渐强盛起来。腓力死后，其子亚历山大继续对外扩张，很快建立起历史上第一个横跨亚、欧、非三洲的庞大帝国。在亚历山大的积极倡导和推动下，希腊文化得到广泛的传播。他死后，庞大的帝国分裂为 3 个希腊化国家，直到埃及被罗马人征服时，其间 200 多年史称“希腊化时期”。

希腊文化的传播，对犹太人及其宗教信仰产生了巨大的影响。对希腊文化的不同态度，导致了犹太人内部的分裂。生活在亚历山大的犹太人逐渐接受希腊文化，并将《圣经》翻译成希腊文，出现了将希腊哲学思想与犹太教相结合的犹太哲学家斐洛。而巴勒斯坦的犹太人却不能容忍希腊文化的渗透，爆发了马加比起义，并建立了神权国家哈斯蒙尼王朝。犹太教也因为对希腊文化的不同态度，产生出不同的教派。

1. **亚历山大**

亚历山大（前 356—前 323 年）是腓力二世的长子，他即位后，继续其父对外扩张的政策，四处征战，显示出卓越的军事才能。公元前 335 年，亚历山大担任希腊军队的统帅后，率军越过色雷斯进入多瑙河流域。不久又回师经伊利里亚南下，进入希腊直捣提佛城。亚历山大军攻下提佛城，大肆劫掠后将整座城市付诸一炬，3 万居民被卖为奴。希腊人引狼入室，从此各城邦一蹶不振。

公元前 334 年，亚历山大率领大军进入亚洲，他首先在小亚细亚的格拉尼库河打败了波斯军，并通过收买利诱等手段，迫使西亚各国臣服。公元前 333 年，亚历山大大军直抵叙利亚，波斯末帝大流士三世率领 36 万人迎战，双方在伊苏斯平原交战，结果大流士军落荒而逃。亚历山大随即南下，进军波斯海军基地提尔和西顿，西顿很快投降了。提尔是腓尼基人建造的海港，当年尼布甲尼撒攻打提尔城 14 年不破，只得收兵。但在马其顿军的强力攻势面前，提尔人坚守 7 个月，终于陷落。亚历山大下令屠城，士兵们将整座城市劫掠一空，未死之人全部卖为奴隶。随后大军进入巴勒斯坦地区，加沙城被围攻 2 个月后失守，遭到与提尔同样的命运。从此，波斯人对该地区 200 年的统治结束，巴勒斯坦划入亚历山大帝国的版图中。

攻克地中海东岸各城市后，亚历山大继续挥师南下直入埃及。与犹太人一样，埃及人也在波斯统治下生活了 200 年。对于亚历山大的到来，埃及人不战而降。公元前 331 年，亚历山大返回提尔，继续向波斯进军。10 月，在尼尼微废墟附近的高加米拉与波斯大军展开决战。当时波斯军号称百万，但多为拼凑起来的乌合之众，武器装备落后，还在使用机动性极差的四匹马拉的战车作战。马其顿军人数仅 6 万人左右，士兵训练有素，且步兵骑兵协同作战，机动灵活。开战后不久，波斯军便四散而逃。于是，亚历山大顺利进入两河流域，占领波斯首都巴比伦和苏萨。第二年，占领帕塞波利斯，大掠后将城市付之一炬。被打败的大流士三世一路向北逃窜，在逃亡途中士兵哗变，部将在他的身上刺了20余处后，将他丢弃在道旁的一辆驴车里。亚历山大抵达时，大流士已经奄奄一息，不久身亡。至此，称霸西亚、中亚200年之久的波斯帝国拉下了帷幕，整个波斯并入亚历山大帝国的版图。

公元前329年，亚历山大亲率大军进入中亚地区。出乎意外，他遇到中亚各国人民的顽强抵抗。此时，他的攻击目标似乎变得不太明确了。在接下来的2年里，亚历山大领着千军万马，开始了漫无边际的“漫游”。公元前327年，亚历山大的军队到达印度河流域。当地的印度王率领象军前来迎战，但被打败了。胜利之后的亚历山大准备向更远的恒河流域进军，但遭到士兵们的抵制，无奈之下只得搬师回朝。公元前325年，亚历山大回到巴比伦，他纵横驰聘10年的远征到此结束。

在短短的十几年内，亚历山大建立起一个横跨亚、非、欧三洲的庞大帝国。随着远征军的足迹，他不失时机地将希腊文化带到西亚、中亚和北非的各个地区。亚历山大所到之处，都建立起希腊化的城市，即使是在阿富汗的深山、印度河的支流也不例外。在这些城市里，他积极推行希腊的政治制度和语言文化。很快，一种经过改良的希腊语被人们普遍接受，逐渐取代西亚通行的阿拉米语，成为庞大帝国所有受教育人们的通用语言。

亚历山大每到一地，都会建立一座以自己的名字命名的城市。据说在他的帝国中，共建造了17座亚历山大城。在以后漫长的历史中，这些城市有的几易其名，有的已难觅其踪，只有少数城市保留下来了，其中以尼罗河口的亚历山大城最为著名。在这座城的东北部，亚历山大曾下令为生活在这里的犹太人辟出一片居住区。此后，不断有犹太人离开耶路撒冷移居埃及，这里逐渐成为一个繁荣的犹太移民区。

历史学家记述了亚历山大许多暴戾和虚浮的故事，尽管他建立了庞大的帝国，但这个帝国是建立在征战之上的，没有统一的政治制度，没有统一的经济基础，加之他狂妄、残暴、粗鄙的性格，一些历史学家对他的评价似乎并不高。但作为第一个统一大帝国的创立者，亚历山大无疑具有重要的历史地位。他试图用同一种语言——希腊语，用同一种文化——希腊文化来统一整个帝国，更是史无前例的创举。他在宗教上采取兼容并蓄的融合政策，将各地的神灵与希腊的神灵联系起来，避免宗教之间的相互排斥和对立，对维护国家的和平与稳定也起到了重要的作用。

此外，为了加强不同民族之间的融合，亚历山大鼓励士兵娶亚洲人为妻，并举行过一次盛大的集体婚礼。在这次婚礼上，他的90个将领和朋友都娶了波斯新娘，他自己娶了大流士三世的一个女儿为妻。而此前他已有一个亚洲妻子，就是撒马尔罕的公主罗克珊娜。此外，亚历山大将招募到的中亚士兵集中起来进行军事训练，以便军队能够相互交流、协同作战。有人会问：他这些做法的目的是什么？究竟是为促进民族之间的融合，抑或纯粹是个人的虚荣？据说大多数接近过他的人，都认为是后者。然而，不管其目的如何，亚历山大的做法在客观上对民族和解依然起到了积极的作用。

公元前323年，亚历山大在一次大醉后突发高烧，不治身亡，死时还不到33岁。他死后的几年之内，其整个家庭也被毁灭了。他手下的将军们为争夺庞大的帝国，开始了长久的混战。亚历山大时代随之结束。但他建立的庞大帝国，以及希腊文化的广泛传播，对以后的世界产生了深远的影响。史学家对亚历山大有种种评论，英国哲学家罗素（Bertrand Pussell，1872—1970年）对此表达了自己的见解："我却以为亚历山大的功业是极其重要的，而且是极其有益的。因为要不是他，整个希腊文明的传统很可能会早已经消灭了。"①

正是亚历山大的四处征战，以及他对于传播希腊文化的高涨热情，才使得希腊文化能够走出巴尔干半岛，在更加广阔的异域他乡放射出夺目的光辉，并照亮人类文明不断发展的进程。

2. 亚历山大城的犹太人

经过长期的混战之后，庞大的亚历山大帝国最终被手下的3个将军

---

① ［英］罗素著，何兆武等译：《西方哲学史》，商务印书馆2010年版，第94页。

即塞琉古、托勒密、安提帕特瓜分，他们分别建立起属于自己的新国家。这 3 个国家都是希腊化国家，它们存在的 200 余年，史称“希腊化时期”。在此期间，巴勒斯坦经常处于塞琉古和托勒密王朝的争夺之中，为了躲避战火，更多的犹太人开始流散到地中海沿岸的其他国家，尼罗河口的亚历山大城逐渐成为犹太人的聚集地。

（1）希腊文化的传播

公元前 305 年，亚历山大的部将托勒密占领了整个埃及，建立托勒密王国（前 305—公元 30 年）。托勒密一世（前 305—前 283 年）很早就追随亚历山大，是当年亚历山大最得力的青年幕僚之一。据说他才智卓越，有创造性，且又谦虚谨慎。他统治埃及后，对被征服民族和宗教采取宽容政策，允许埃及各城市自治，保留原有的模式。但作为首都的亚历山大城，此时则完全成了一个希腊化的城市。

亚历山大城建立于公元前 331 年，由于处于地中海与红海的交通要道上，很快发展为地中海沿岸最重要的贸易港口。在托勒密时期，亚历山大城的面积是雅典的 3 倍以上，人口约 70 万，居民除埃及人和希腊人外，还有波斯人、叙利亚人、犹太人、阿拉伯人等。与许多希腊城市一样，这里有宽阔的大道，有希腊式的宫殿、神庙、剧场、体育场以及花园、广场等。这里不仅采取希腊城邦的组织体制，希腊文化和思想也在这里发扬光大。

托勒密一世在位期间，在亚历山大建立了一座献给希腊文艺女神缪斯（muses）的殿堂“缪斯姆”（Museum），后来这个词引伸为“博物馆”。这座“缪斯姆”实际上是一座科学的殿堂，被公认为世界最早的科学研究院，内部设有天文、数学、文学和医学 4 个部门，大批科学家、文学家在这里从事研究工作。在几代君王的扶持下，亚历山大里亚的文化空前繁荣，在这里产生了一大批著名的科学家，其中有人们熟悉的数学家欧几里德（Euclid，约前 330—前 275 年），物理学家、数学家阿基米德（Archimedes，前 287—前 212 年）等。此外，亚历山大城的医学院也以医术高明而闻名于世界。

为了配合科学研究，托勒密还建立起规模宏大的亚历山大图书馆，该馆集图书收藏与出版为一体。图书馆雇用大批抄写员，将古代的典籍用希腊文抄写在埃及的莎草纸上。当时馆存的各种书籍的手抄本达70多万卷，几乎囊括了所有古希腊著作以及一部分东方经典。为了有效地保管好这些珍贵的藏书，图书馆还对书籍进行系统的整理和编目工作，这些措施对保存古代文化起到了极为重要的作用。托勒密二世时，为了将馆藏的希伯来文经典译成希腊文，图书馆人员请求国王出面帮助聘请翻译人员，从而促成了犹太教历史上的一件大事——《希伯来圣经》首次被翻译为希腊文。

（2）《圣经》的希腊文译本

公元前305年，亚历山大的另一个部将塞琉古夺得巴比伦后，建立塞琉古王朝（前305—前64年），其领土囊括波斯帝国的亚洲部分，叙利亚和巴勒斯坦亦在其中。该王朝以叙利亚的安条克为都，故我国史书称之为“条支”。塞琉古一世（前305—前280年）称王后，继续南征北战、东拼西杀，与其他两个国家争夺地盘。地处交通要道上的巴勒斯坦，便首当其冲地成了争夺的对象。

公元前301年，托勒密再次征服巴勒斯坦，将成千上万的犹太人掳往亚历山大里亚。使埃及成了犹太人的重要聚集地。公元前276—前195年间，巴勒斯坦又发生过多次争夺战，常年的硝烟战火，迫使犹太人离开家园，逐渐向地中海沿岸迁移，他们来到小亚细亚、爱琴海诸岛、希腊、埃及、北非等地，与别国人杂居。在这些散居区，一些犹太人开始对希腊的哲学、戏剧、诗歌和体育运动产生了兴趣，他们学习希腊语、起希腊名字，有的还成了希腊军队的雇佣兵，深受希腊文化和各族文化的影响。

早在亚历山大时期，希腊语已经通行于整个帝国。埃及一直是最繁荣的地方，希腊语不仅成为官方的语言在政府和宫廷中使用，也在埃及的知识阶层中流行。常年处于希腊文化包围中的犹太人自然入乡随俗，他们也都以说希腊语为荣，以至许多犹太人已经不太懂希伯来语了。为了满足几百万散居在外的犹太人的需求，将《圣经》翻译为希腊语已是当务之急。

公元前3世纪，应托勒密二世（前285—前246年）的要求，巴勒斯坦的大祭司派出70位犹太学者前往亚历山大里亚，协助这里的图书馆将《希伯来圣经》翻译成希腊文，这就是著名的《七十士译本》。传说，这70名学者是各自独立完成此项工作的，后来发现他们的译文竟然完全一样，就连最细节的部分也一字不差，以致被惊为神启。但有现代学者认为，此次翻译工作的最初目的只是将图书馆内的《摩西五经》译成希腊文，后来才逐步将整部《希伯来圣经》都译成希腊文，虽然冠以《七十士译本》，实际并非全部由七十人译出。

就当时的翻译工作而言，开始是由政府出面组织的，因此具有半官方的性质。有现代学者指出，托勒密政府的支持，耶路撒冷宗教权威的认可，只是促进了这项工作的开展。实际上，这项工作首先是在犹太人群体中发起的。流散在外的犹太人对希腊语《圣经》的迫切需求，才是希腊文译本诞生的内在推动力。

《七十士译本》是《圣经》第一次被翻译成其他民族的语言，在犹太教历史中具有重要的意义。它不仅是当时希腊化犹太人通行的《圣经》版本，也对基督教产生了重要的影响。早期基督教会使用的《圣经》就是《七十士译本》。至今，东正教仍以《七十士译本》作为《旧约》的正典。后来，天主教会依据它翻译了《拉丁语通行本》，它也是世界其他诸多语种《旧约》最原始的翻译底本。

在希腊化时期，不仅希腊语在各地通行，希腊思想和希腊文化也得到广泛传播。许多富裕而有文化的犹太人，包括祭司在内，深受希腊哲学中怀疑主义思想的影响，他们反对将犹太教变成一成不变的僵死的教条。在这种环境中，产生了具有浓郁东方色彩的犹太－希腊哲学，犹太哲学家斐洛便是其中杰出的代表。

（3）犹太哲学家斐洛

斐洛（Philo，前25—公元50年）出生于埃及的亚历山大城，是著名的犹太神学家、《圣经》评注家、哲学家。他学识广博，精通算术、几何、天文、哲学、文法、修辞、逻辑学等多种学科。虽然在思想上深受希腊哲学的影响，但现实生活中的斐洛却是一个虔诚的犹太教徒，他严格遵守犹太教的各项戒律。斐洛似乎不会希伯来语，只用希腊文写作，文辞典雅而流畅。

学者们指出，斐洛在思想史上具有双重重要性。在哲学史上他是将宗教信仰与哲学的理性相结合的第一人。在宗教史上他主张理念（Logos，逻各斯）是上帝与人之间的中介，被认为是基督教神学的先驱。以至有人说“从某种意义上讲，他是中世纪哲学——犹太哲学、阿拉伯哲学，更是基督教哲学的奠基人”。[①]

斐洛用希腊哲学术语来诠释犹太教的教义，力图将两者融合为一个统一的整体。例如他将犹太人的神解释为亚里士多德的“最高的存在”。斐洛所诠释的神介于希腊人的神和犹太人的神之间，他的神与哲学家的神一样是非人格化的，不具有任何人的特质，但又与耶和华一样，能够将启示颁布给先知们。前者是完全超越人的认识能力的，而后者被称为神的“力量”或“实现”，它能为人所理解、是人类心灵所能掌握的最高真实。因此，斐洛的神除了本质的存在外，同时还具备两种特别的力量，即既能展现在宇宙的秩序中，又能展现在他对人类的恩赐中。他认为《圣经》中神和两位天使在幔利向亚伯拉罕的显现，就是对神的本质和两种力量三位一体的最好表达。

斐洛的神具有明显的东方色彩，他认为人的灵魂被囿于物质的躯体中，只有舍弃感官和语言，才能达到一种痴迷狂喜的状态，进入神的家园。在《亚伯拉罕的迁移》一书中他描述了自己被神占有、与神合一的经历。而这种神秘主义的思想，在以前的犹太教中从未出现过。

犹太人的耶和华神，不具有任何超越性，它是犹太人的精神统治者。他对人民发号施令，人们必须遵从他的意志，才能得到他的护佑。而斐洛的这种融合的一神概念，不是正统派犹太人的神，犹太人是不会接受的。然而，斐洛的那个既有超越性又有启示性和实现能力的神的概念，却很符合早期基督教的需要，德尔图良的“三位一体”思想很可能就是受了斐洛的启发而提出的。斐洛的神学思想为早期多位基督教神

---

① ［德］马克斯·韦伯著，康乐、简惠美译：《古犹太教》，广西师范大学出版社 2007 年版，第 497 页。

学家所接受，对后来的基督教产生很大的影响。斐洛的著作大多得到保留，许多还被翻译成拉丁语。

3. 巴勒斯坦的犹太人

尽管在散居地有许多犹太人被希腊文化同化了，但在犹太人的老家巴勒斯坦地区，人们对希腊文化持冷漠的态度，更有一些虔诚的犹太教徒，坚决反对希腊文化的侵入和渗透，于是，他们和希腊统治者之间的关系就变得紧张起来。

公元前198年，塞琉古国王安条克三世（Antiochus，前223—前187年）再次打败托勒密王国，接管了巴勒斯坦地区的统治权。塞琉古王国的统治者都是希腊马其顿人，为了加强对统治地众多民族的管理，他们继承亚历山大推行希腊文化的政策。虽然安条克三世对犹太人持宽容态度，但他仍然决心将耶路撒冷改造为一座希腊化的城市。为此，他采取各种手段来推行希腊文化，而不管犹太人的传统风俗习惯，例如他引进了希腊的竞技比赛，却不知参赛运动员的赤身露体令犹太人深恶痛绝。

接下来的安条克四世伊比法尼斯（Antiochus Ⅳ Epiphanies，前175—前163年），是塞琉古王朝的第8位君主。他是希腊人，年轻时曾在罗马生活过15年。他对耶路撒冷城封闭落后的状况很不满意，决定在这里强制推行希腊文化，以达到政治统一的目的。他任命米奈劳斯（Menelaus）为大祭司，而这个米奈劳斯是希腊化犹太人的代表。公元前169年，在大祭司的庇护下，为了筹集对付埃及人所需的资金，伊比法尼斯将圣殿的财宝劫掠一空。令犹太人更加不能容忍的是，他还下令将圣殿奉献给希腊的众神之王宙斯，在圣殿内建造宙斯祭坛，并用猪作为献祭的牺牲，这是对摩西律法的公然挑衅。公元前168年，安条克四世颁布一系列禁止传播犹太教的法令，内容包括不许宣传犹太教义、废除犹太律法《托拉》、焚烧《托拉》抄本、废除饮食禁忌、禁止实行割礼等。

对于这种强行希腊化的做法，犹太人中出现了两种截然不同的态度。一些愿意与希腊社会进一步同化的犹太人，希望放宽犹太习俗的约束，接受希腊文化的影响。而另一部分人是保守派，他们坚决反对希腊文化入侵，要求保留传统的犹太文化。在犹太社会中，这两部分人的矛盾由来已久，此时终于如火山喷发般地爆发了。

三、哈斯蒙尼王朝

强制犹太人接受希腊文化的做法，由耶路撒冷向周边的乡村地区推进，从而引发了保守派犹太人的强烈反抗，以“马加比起义”为标志的抵抗运动由此开始。

1. 马加比起义

在距离耶路撒冷西北6英里的地方，有一个名叫莫丁的小城镇。公元前166年，这里发生了一件意义深远的事件。一天，政府官员来到这里将大家召集起来，宣布今后要按照新的规定，祭拜希腊的天神宙斯。一会儿，有个犹太人走出来，准备祭拜宙斯。此时，一个名叫马提亚的老祭司看见后，立即怒不可遏地挥刀杀死了这个背教者。杀人后的老祭司，不想被绳之以法，但又无处可逃，于是决定率领全家人造反。马提亚所在的哈斯蒙尼家族，是当地最显贵的豪门氏族。于是，他们揭竿而起，号召犹太人反对叙利亚人的暴政，决心为捍卫自己的宗教信仰，为争取民族的自由而战斗。很快，许多虔诚的教徒聚集在他们的旗帜下，起义队伍迅速壮大起来。

第二年，年老体衰的马提亚不堪鞍马劳顿去世了，他的5个儿子继续领导起义军战斗。最后，英勇善战的犹大取得对整个队伍的控制权，他是马提亚的第3个儿子，人们称他作“马加比”（Maccabee希语意“锤子”）即“锤子犹大”。后来，这次起义被称为“马加比起义”。

犹大和他的追随者都是本地人，他们熟悉环境，在旷野里与敌人展开游击战。起义军袭击村镇，推翻异教的祭坛，杀死那些希腊化的犹太人，并继续给孩子实施割礼。安条克四世立即派兵镇压，但起义军采用机动灵活的战术，几次将遇到的小股政府军打败。

由于犹太战士多是信仰虔诚的教徒，他们严守律法，遵守安息日。于是，前来镇压的军队便利用犹太人的特点，在安息日向义军发起突然袭击。在敌人的进攻面前，义军战士坚守安息日的戒律，不仅不还击，甚至连藏身之地也不加遮掩。结果，在一次战斗中有 1000 多人丧生，其中包括许多妇女和儿童。这样惨重的损失，迫使义军首领决定，以后在安息日如果遇到敌人进攻，将予以坚决的反击。也正是由于这个决定，哈斯蒙尼家族后来受到虔诚信徒们的指责，认为他们在礼仪上违背了摩西戒律，是“令人唾弃的希腊人”。①

公元前 164 年，安条克四世被迫宣布废止对犹太人的种种限制。此时，在经过一系列艰苦的战斗之后，起义军开始反攻，他们很快收复了耶路撒冷城。进城后，犹太人所做的第一件事就是洁净圣殿，重新供奉耶和华神。传说，当时点燃圣殿的纯净灯油已经不多了，估计只能够燃烧一天。但后来奇迹发生了，这一小桶灯油居然烧了整整 8 天。如今，冬季的灯节就是纪念此事的，灯节又称净殿节，每逢此节，犹太社区的灯烛要亮 8 天，以纪念犹太人战胜外部势力，成功收复耶路撒冷和圣殿的功绩。

马加比起义在犹太历史上具有决定性意义。在许多犹太人趋同希腊化的形势下，如果没有哈斯蒙尼家族的英勇反抗，犹太教很可能早已灭绝了。正如汤森德在《马加比四书》的译序中所说：“所以拯救了犹太教的马加比殉道者所流的血，终于成了教会的种子。因为基督教和伊斯兰教的一神教教义都出自犹太教的源泉。所以我们可以说今天在世界上，不论东方或西方，一神教的存在实在有赖于马加比一家。”②

起义胜利后，马提亚的后代建立了新的独立的犹太人王国，这个国家也叫以色列，但史学家习惯称之为“哈斯蒙尼王朝”。这是一个集神权和政权为一体的王国，先知以西结所竭力宣扬的那种神权政体在这里得到了实现。

---

① ［德］马克斯·韦伯著，康乐、简惠美译：《古犹太教》，广西师范大学出版社 2007 年版，第 59 页。

② ［英］罗素著，何兆武等译：《西方哲学史》，商务印书馆 2010 年版，第 178 页。

2. 哈斯蒙尼王朝（前 164—前 37 年）

哈斯蒙尼家族以耶路撒冷为都，在犹大地实施统治，其统治者尊为“大祭司兼总管”，在经历二十几年的斗争后，该家族才摆脱塞琉古王国的控制，成为独立国家，由该家族成员世袭大祭司的职务。

公元前 163 年，安条克四世去世。塞琉古王国的摄政王吕西亚（Lysias）率军南下，攻打耶路撒冷。但因国内发生动乱，只得无功而返。临走之前，吕西亚允许犹太人恢复在圣殿的供奉，但要求拆除在耶路撒冷的军事工事，同时罢免米奈劳斯的大祭司职务，另立阿基穆斯（Alcimus）为大祭司。新的大祭司也是希腊化的犹太人，因此遭到哈斯蒙尼家族的反对。于是，犹大继续带领民众反抗，发起一连串带有宗教和政治目的的战斗。同时，将边缘地带的犹太人集中到耶路撒冷附近，使自己的力量更加壮大。

犹大的新军事行动，激起大祭司和希腊化犹太人的反对，他们联合起来，向叙利亚的塞琉古统治者求助。公元前 160 年，犹大在与叙利亚人的战斗中牺牲。犹大死后，其弟约拿单（前 160—前 143 年）继承他的职位。约拿单虽然没有犹大的军事才能，但却使犹大地保持了和平的局面。公元前 153 年，塞琉古国王德米特里一世（前 162—前 150 年）被迫承认犹太国独立。此后，约拿单成功帮助自称是安条克四世之子的亚历山大·巴拉斯（Alexander Balas，前 150—前 145 年）夺得王位。随即，巴拉斯任命约拿单为大祭司，并允许他保留一支军队。对此，美国学者弗格森（Everen Ferguson）指出，哈斯蒙尼家族有许多具有讽刺意义的事情，其中最奇怪的就是“因为安条克四世介入犹太人罢免和任命大祭司的宗教事务而反叛他，但是他们却接受了某人授予的大祭司职位，而此人授予大祭司职位的权力恰恰基于宣称自己是那位安条克的儿子”。①

公元前 143 年，约拿单被叙利亚将军特里弗暗杀。随后，五兄弟中

---

① ［美］弗格森著，李丽书译：《古希腊—罗马文明：社会、思想和文化》，华东师范大学出版社 2012 年版，第 465 页。

最后一位幸存者西门（前143—前134年）继承其职。西门也介入塞琉古王朝的权力争斗中，他支持亚历山大·巴拉斯之子夺得王位，即德米特里二世（前145—前130年）。公元前142年，德米特里二世取消犹太人的贡金，将耶路撒冷附近的驻军撤走。公元前140年，在犹太人的集会上，长老正式宣布西门为国家统治者、军队统帅和大祭司。大祭司的职位由哈斯蒙尼家族世袭。从此，哈斯蒙尼王朝彻底摆脱塞琉古王朝的控制，成为真正独立的国家。

西门之子约翰·许尔堪（前134—前104年）是哈斯蒙尼王朝中在位时间最长的统治者。他开始自称国王，并趁塞琉古王朝衰落之际，不断对外扩张。国家的疆域很快扩展到包括以土买、加利利、外约旦北部的广大地区，并迫使这些地方的所有居民改信犹太教，在此期间犹太教得到了短暂的复兴。

但是，这个国家并没有保留下来，因为在哈斯蒙尼王朝期间，犹太人内部发生了严重的分裂。两大对立的教派为争夺权力不断发生争斗，致使国力衰微。而此时，罗马人正在迅速扩张。罗马人的到来，使已然分裂的哈斯蒙尼王朝，最终走向了灭亡。

四、教派产生

在哈斯蒙尼家族统治时期，希腊思想早已广泛传播，深入人心。犹太人神权政治的观念，似乎也渐渐地淡漠了。此时，周边国家都已经采纳希腊人的治国理念，对这个封闭的神权小国形成巨大的压力。此外，自从大卫的以色列国灭亡后，犹大地先后被亚述、巴比伦、波斯、亚历山大、塞琉古和托勒密等多个国家所征服。在外族侵略者的长期统治下，处于不同经济和政治地位的人们，在许多问题上产生了不同的想法和认识。因此，犹太教中分裂出不同的教派当在情理之中，这也是犹太社会发展的必然趋势。此时的犹太教中主要有两大对立的教派，即以祭司为主体的撒都该派和以文士为主的法利赛派。除了两大派别外，犹太教中还有一些较小的派别。

1. **撒都该派**（Sadducee）

撒都该派的名字可能源自于古代一个叫撒都（Zadok）的人，他是利未人，曾在大卫王手下做事，后来成为所罗门王的大祭司。在犹太国里，祭司属于贵族，是圣殿的管理者，并执掌司法和财政大权。撒都该派的主要成员是祭司，此外还有王室成员、富商等，总之是个由有权势的上层人士组成的团体。

该派在宗教信仰上坚持以圣殿的献祭为中心，不重视耶路撒冷城以外的犹太教会堂的活动。他们坚决维护《五经》的绝对权威，认为《五经》是神授予摩西的，句句是真理，不可改动一个字母。他们轻视口传律法，认为口传律法不具有长久的效用。因此，他们否认人死后可以复活，也不接受天使和鬼魂的说法。

该派由于其成员特殊的政治地位，虽然人数不多，但却有很大的影响力。在政治上，撒都该派是投降派。在罗马大兵压境的情况下，他们主张顺从罗马人的统治。他们与罗马人周旋，只求能够保持宗教的独立性和犹太教法规的实施，除此以外，其他一切事情都可以商量。第二圣殿被毁后，祭司们没有了立足之地，该派很快自行消失了。

2. **法利赛派**（Pharisee）

法利赛派（意“分离者”）是犹太知识分子中的一个派别，主要由文士和贤哲组成。他们是虔诚的犹太教徒，对神的信仰达到狂热的程度，他们能从日常最微小的生活细节上来体验神的存在。对法利赛人来说，慈爱是犹太教律法中最为重要的戒律。他们主张以良善和慈爱之心关心邻人，以此救赎自己的罪过。该派以犹太教会堂为中心，以对《圣经》做逐字逐句的推敲而闻名于世。他们相信《五经》是神的启示，是神圣的经典。但同时，他们也承认口传律法，是口传律法的主要倡导者，并接受天堂、地狱、复活、永生等新思想。法利赛人不断对《圣经》中含混不清、晦涩难懂的章节、句子甚至字母，做出各种具有更深层涵义的阐释和解读。

法利赛派是传播犹太教，保存犹太教的主要力量。到公元前1世纪时，法利赛派已经成为巴勒斯坦犹太教中最重要的派别。此时，每个犹太村庄都建有犹太教会堂。人们聚集在会堂听法利赛人的传经布道，已是很普遍的现象了。在政治上他们是爱国者，但并没有反抗罗马人的具体行动。由于他们固守安息日不出战的信条，致使耶路撒冷城多次被敌人占领，到公元70年，圣殿终于被罗马人所毁。法利赛人为保存、流传犹太教做出了巨大贡献。犹太教能够保留下来，法利赛人有不可磨灭的功绩。

3. 艾塞尼派（Essense）

艾塞尼派（意“虔敬者”）是一个较为激进的教派，大约出现于公元前2世纪。其成员对社会感到绝望，于是离开耶路撒冷，远离圣殿，远离社会，过避世修行的生活。与法利赛人一样，他们恪守戒律，守安息日，只是组织更加严密。他们不再用动物牺牲来供奉神，而通过洗礼和公餐的方式来洁净自己，使自己的罪恶得到神的宽恕。有学者认为，艾塞尼派可能并不是专指某个组织，很可能是几个相近教派的统称。著名的库姆兰社团就是属于艾塞尼派的一个群体。

1947年，考古学家在死海西北岸的库姆兰附近从事考古工作时，发现十几个洞穴里藏有许多古卷残篇，数量达上万卷之多。这些古代的手抄本残卷，即著名的《死海古卷》，也称《库姆兰经卷》。随后，考古学家又在这里发现了一些古代的掩蔽所，包括住室、写经室、水槽等，学者们断定这里是古代一个秘密团体的活动地点，这个社团被称为“库姆兰社团”。从这些2000年前的历史文献中，人们推测这个社团当属于艾塞尼派，由此印证了古罗马作家普林尼记载的“他们居住在死海岸边”的说法。

库姆兰社团是一个避世苦修的团体，如今人们只知其创始人“正义之师”是一位祭司，他为社团制定了《社团守则》，而他的真实名姓已无从知晓了。学者们研究后认为，《社团守则》后来经过了修改，是了解该社团组织结构和思想体系的重要资料。该社团的成员过着独居禁欲、财产公有的修行生活。他们有严格的纪律，由选举产生的理事会进行管理。加入社团有严格的要求，除见习期外，还有数年的训练期，最后发誓愿后，才能成为正式成员。所有成员严格遵守戒律，实行公餐，每天用一定的时间参加体力劳动。此外，社团还订有《会众守则》，按照不同的年龄段，规定每个人应尽的职责。

《死海古卷》是在库姆兰洞穴中发现的所有手稿和残片的总称。研究者发现，这些手抄本经卷中包括了现代版《圣经》中的绝大部分内容，最早的手稿可以追溯到公元前 3 世纪中叶，是现存最古老的《圣经》手稿。此外，还发现大量次经和伪经作品如《以诺一书》、《禧年书》和《多比传》等，由此可知在公元 1 世纪时期，已经有各种不同的文稿在犹太人中流传。这些经卷中，有的与现今流行的《圣经》文字有所不同，为现代学者对《圣经》文本的考证提供了新的资料。除了各种文献抄本外，还有对《圣经》经卷的重写和增补、对某些片段的解释、自创的感恩诗篇，以及社团成员与耶路撒冷大祭司的来往书信等。从汇集的经卷中，可以看出他们有明显的末世论倾向，《圣经》中有关弥赛亚的内容被摘录出来，集结成册，供大家研习，为救世主的到来做好准备。该派认为当“光明之子战胜黑暗之子”之时，新的时代就要到来了。

艾塞尼人的这种避世苦修的方式姑且不论，但《死海古卷》无疑是珍贵的文献，具有极为重要的历史价值和学术价值，为后人研究《圣经》和犹太教提供了新的史料来源。

4. **奋锐党人**（Zealots）

奋锐党人是上述各派中最年轻、最激进的派别，成员多是下层劳动者。他们在宗教信仰上属于法利赛派，坚持耶和华是唯一神的信仰。政治上主张用暴力反抗罗马统治，将犹太人解救出来，建立一个神的国度——独立自主的犹太王国。他们是犹太人反抗罗马统治的主力军，是公元 66 年起义的主要领导者，在对敌战斗中许多人英勇献身。公元 68 年，罗马军围攻耶路撒冷城。两年后，耶路撒冷城被攻陷，犹太起义以失败而告终，但奋锐党人仍然在坚持战斗。直到公元 73 年，最后一个城堡“马撒达”失守，守卫战士全部阵亡。从此，该派不复存在。上述四派中，除撒都该派外，其余几派后来又分化出若干小的派别。

公元 1 世纪左右，在犹太教的中下层教派中分化出一个小教派，被称为拿撒勒派，它就是原始基督教的前身，其首领耶稣，后来成了基督教的救世主。

五、罗马帝国时期

公元前 64 年，罗马将军庞培征服叙利亚，在此建立行省，塞琉古王国亡。随后，罗马人继续向中亚扩张，遇到帕提亚人的顽强抵抗。在公元前 53 年和公元前 36 年，帕提亚人两次大败罗马军团，遏制了罗马人东扩的步伐，从此奠定了以幼发拉底河为界的基本格局。

而此时的犹太人还没有意识到，罗马人的到来对他们究竟意味着什么。公元前 63 年，犹太国的两个王子许尔堪和亚利多布，为争夺大祭司的职位打得不可开交。他们打昏了头，都向新来的罗马人求救。罗马将军庞培听到他们的求救，很爽快地答应了。没多久，庞培便亲率大军前来调解两派的纠纷，在攻占耶路撒冷城后，罗马人屠杀了 1.2 万名守城士兵。随后，庞培立许尔堪为大祭司，但他的辖区仅限于犹大地和以土买，受叙利亚总督监管。从此，犹大地落入罗马人手中。亚利多布全家人和大批俘虏被押送到罗马。后来他们获准在罗马市郊居住下来，并将这里发展为犹太人新的定居点。

1. 犹太王希律

公元前 43 年，以东人希律（前 37—公元 4 年）取得罗马人的信任，成为犹大地的“分封王”，这是罗马时代的一个官职，即行省内某一地区的统治者。据《圣经》家谱记载，以东人是雅各的兄弟以扫的后代。希律的父亲安提帕特，曾担任过以土买的军事长官。

公元前 40 年，帕提亚人打败罗马人后，趁机占领犹大地，扶持小安提哥拿为傀儡王。小安提哥拿是亚利多布二世的儿子，希律一看形势不妙，就赶紧逃到罗马去了。公元前 37 年，希律又回来了。这次，他耀武扬威地带着一支罗马军队来收复犹大地了。小安提哥拿在一些人的怂恿下，起兵反抗罗马人，罗马派出大军围攻耶路撒冷。犹太人在据守圣殿多日后，终于失败，小安提哥拿被斩首示众。至此，哈斯蒙尼王朝灭亡，持续了 130 余年的神权统治宣告结束。

随后，罗马人封希律为犹太王。希律是个希腊化的犹太人，在政治上是个投机者。他最初获得罗马执政官马可·安东尼的信任，被任命为犹太王。但后来屋大维与安东尼闹翻了，他便立即背弃安东尼，投向屋大维一边。为了讨好罗马人，他新建了一座海港城市，以罗马将军凯撒的名字命名，称为凯撒里亚（Caesarea），该城至今犹存。

在希律统治时期，犹太国的政局相对稳定。尽管希律也信仰犹太教，但犹太人却将他视为趋炎附势的篡权者而鄙视他。实际上，希律本人是一个强有力的领导人和精明的管理者，他治理犹太国长达 40 余年，为国家的长治久安做了大量工作。尽管犹太人不齿于他，但他还是忠于职守，尽职尽责地利用自身的影响力，通过各种方式，为处于罗马人统治下的犹太人争取到种种优惠的待遇。

公元前 19 年，希律决定重建年久失修的圣殿。这次重建并没有改变圣殿的形状和结构，只是将原有的圣殿装饰得更加富丽堂皇。圣殿的墙面铺就了白色的大理石瓷砖，间以红、蓝色条纹，如同大海起伏的波浪。所有的门都包上金箔，在正门的上方还安放了一个巨大的金鹰雕像，其他门则饰以金色的蔓藤花纹。此外，他在圣殿外面建了一个占地 35 英亩的巨大平台，为其最初的几十倍，这个平台至今仍在。此时的圣殿规模要大于以往任何时候，在圣殿外面还扩建出很大的外院，其中包括一个专供犹太妇女使用的院落，一个犹太男子使用的院子，此外还有祭司的专用院落。圣殿的扩建是一项巨大的工程，动用了 1.8 万人，历时 80 年才完成。遗憾的是，希律没能活着看到这一天。

希律的犹太国名义上是独立的，实际上只是罗马的附属国，受到罗马人严格的控制。到了晚年，希律与民众的矛盾又激化了。他要求犹太人宣两次誓，一次是效忠于罗马皇帝奥古斯都（前 27—公元 14 年），一次是宣誓效忠他本人。这种做法遭到法利赛人的严词拒绝，一些年轻人将他装在圣殿大门上的金鹰像砍了下来，以示不满和抗议。而鹰是罗马帝国的象征，这下子惹怒了希律，于是希律大开杀戒，下令将这些年轻人全部烧死。

公元前 4 年，希律去世。奥古斯都将犹太国的土地分封给希律的 3 个儿子，但不再封王。其中以希律—亚基老分得的领地最大，包括犹大地和撒马利亚在内。但这个新主人却没有父亲的才智和能力，他的倒行逆施激起犹太民众的强烈不满。公元 6 年，罗马政府废黜了希律的儿子们，收回所有封地，犹太国的土地全部并入罗马帝国的叙利亚行省，由叙利亚总督直接管辖。从此，犹太国从历史上消失了。

2. 第二圣殿被毁

犹太国灭亡后，犹太人举行过多次反抗行动，但都没有成功。爱国的奋锐党人没有放弃，他们坚持与敌人进行斗争。公元 66 年，在奋锐党人的领导下，犹太人又举行了一次大规模的武装起义，反对罗马人的统治。起义波及到整个犹太人地区，将犹太人争取民族独立的斗争推向新高潮。

公元 67 年，罗马将军韦斯巴芗率军前来镇压。起义军消灭了驻守耶路撒冷的军队及 3 万援军，占领该城。公元 70 年，韦斯巴芗做了皇帝（69—79 年），派其养子提图斯继续镇压犹太起义。提图斯自 2 月份开始围攻耶路撒冷城，奋锐党人西门 · 巴乔拉带领民众奋起抵抗。经过长达 5 个月的僵持，到 9 月 28 日耶路撒冷城终于沦陷，西门 · 巴乔拉牺牲。当罗马军队进入圣殿时，他们发现有 6000 名士兵早已准备好，正等着与敌人决一死战。战斗进行得极其惨烈，在双方你死我活的拼战中，罗马人发现犹太士兵宁死也不肯进入至圣所——这一至高的圣地躲避。最后，罗马军队一把火烧了圣殿。看到圣殿起火了，犹太士兵再也无心恋战，这才四散开来、各自逃命去了。

希律王重建的圣殿就这样毁于一炬，只留下最西面的一堵墙，耶路撒冷城也成了一片废墟。后来，这座长 50 米，高 18 米，由 600 块巨石筑成的墙，被称为“哭墙”。如今，见证着犹太人千年悲歌的西墙，成为犹太世界最神圣的地方，也是无数虔诚信徒的朝拜圣地。即使最世俗的犹太人，在回到祖先的故土时，也会到这个令人敬畏的大墙前静默祈祷。

在耶路撒冷城被毁的时刻，奋锐党人仍然坚守在南方的马撒达要塞上。公元 73 年，马撒达要塞失守，守卫的将士全部阵亡。历时 4 年的起义终于失败了。

胜利凯旋的罗马军队，列队通过罗马的街道，以传统的方式炫耀他们的战功。后来，罗马人将这一场景刻画在提图斯凯旋门上。如今，提图斯凯旋门仍然静立在古罗马广场的遗址上，2000 年前那一瞬间的历史似乎在这里凝为永恒。

3. 民族大流亡

公元 118 年，罗马将军哈德良（117—138 年）成为皇帝。在罗马帝国的历史上，哈德良算不上是个暴君，但在犹太人面前，他却显露出其专制、暴戾的一面。公元 130 年，哈德良来到耶路撒冷视察，当他看到昔日的古城已经成了一片废墟和荒凉的军营地后，便打算在那里建一座希腊化的新城市，作为献给犹太人的礼物。哈德良连新城的名字都想好了，叫作阿利亚·卡皮托利纳（Aelia Capitolina），这不禁使人想起哈德良的名字阿留斯（Aelius），以及罗马人崇拜的朱庇特神（Capitol），他将两者结合在一起了。此外，皇帝还准备在耶和华圣殿的废墟上建一座朱庇特神庙，其他罗马神祇的殿堂也计划在各个城市修建。

公元 131 年，哈德良颁布法令，对阉割者处以死刑，割礼也包括在内，并强迫犹太人放弃自己的传统习俗。此时，就连最温和的宗教人士也意识到，一场与罗马人的决战即将到来了。哈德良一厢情愿的美好愿望，最终导致了犹太人又一次大起义。

公元 132 年，在犹太民族英雄西蒙·巴尔·科赫巴领导下，忍无可忍的犹太人毅然决定举行起义，反抗罗马人的统治。这是犹太人在巴勒斯坦举行的最后一次大规模起义，起义军浴血奋战4年，最终被罗马军队镇压。起义失败后，哈德良血洗巴勒斯坦。有史书记载，罗马人攻占了50座要塞，劫掠了983个村庄，杀死近6万名犹太士兵，其余的死难者更是不计其数。最后，哈德良下令用公牛将耶路撒冷犁成一片平地，他要在这里建立一个新的罗马城市，明令禁止犹太人进入这个城市。同时，犹大地再次更名为“巴勒斯坦”，作为罗马帝国的一个省。失去了家园的犹太人，开始了长达1800年的民族大流亡。

从此，犹太人的历史不再是巴勒斯坦的历史，而开始成为散居于世界各地的犹太社团的历史了。

第四章　拉比的犹太教

随着圣殿成了一片废墟，犹太人纷纷逃离了家园，向地中海沿岸各国流散。在通常情况下，他们的信仰很有可能会像古代历史上众多的教派那样，从此销声匿迹了。犹太教能够保留到今天，首先应当归功于那些具有远见卓识和献身精神的拉比们。是他们继承了法利赛人的思想，通过建立犹太经学院，以及对犹太经典的不断阐释，创立了拉比的犹太教，从而使犹太人的信仰能够顺应新的形势，一代代传承下来。

自公元70年第二圣殿被毁至公元630年伊斯兰教征服巴勒斯坦为止，其间约550年，这是犹太教历史上的“拉比时代”，是拉比的犹太教形成和发展的重要时期。正如有学者所说：当犹太人的历史走到尽头的时候，犹太教的历史开始了。

一、犹太经学院

公元70年，当罗马人攻陷耶路撒冷城时，犹太拉比约翰南·本·扎凯（Johanan ben Zakkai，约1世纪）藏在一口棺材里，偷偷从城里逃出来。本·扎凯是犹太教四大拉比之一，长期担任巴勒斯坦犹太人的族长。他反对犹太人起义，认为没有国家，没有圣殿，犹太人照样可以生活，照样可以敬拜神。

没过多久，本·扎凯就在附近的雅乌内城创建了一座犹太经学院（Yeshiva），这是第一所犹太经学院。犹太经学院音译为“耶希瓦”，希伯来语是名词“坐”的意思，有学者认为这个称谓可能与经学院的教学方式有密切关系。在经学院里，拉比们不是用讲课的形式来传授知识，而是几个人围坐在一起形成一个小组，拉比轮流到各小组，给学生们讲解所阅读的段落，并和大家一起讨论。这种教学方式拉近了教师和学生之间的关系，后来得到广泛的采用。

雅乌内的经学院很快聚集起众多的犹太学者，他们继承法利赛人的精神，在这里自由讨论犹太教的律法和教义，为日后拉比犹太教的形成奠定了基础。约翰南去世后，他的学生迦马列二世（GamalielⅡ，约2世纪初期）继续领导雅乌内经学院。此时，建立了犹太教最高法律机构——犹太教最高法院，以取代原来的犹太教公会。迦马列不仅是学院的院长，也是犹太社团的实际领导者。此时的犹太经学院名声大振，学者们从四面八方慕名而来，他们积极讨论各种问题，为《圣经》口传法律法典籍的确立做了大量准备工作，同时恢复了日常的祈祷活动。

到迦马列二世时代，犹太教虽然已经有了很长的历史，但祈祷仪式仍有很大的随意性。为了使仪式更为统一规范，迦马列制定出祈祷仪式的基本形式和基本内容，主要是确定仪式的开始和结束部分，中间部分仍然留给仪式主持人，使其有围绕主题、自由发挥的空间。祈祷文用简洁的希伯来文写成，但允许人们用本地方言来诵读。直至今天，由迦马列订立的这套仪式规则，依然为所有的犹太教派所遵守。在迦马列时期，还确立了由拉比委任犹太领袖的制度。

继雅乌内经学院后，巴勒斯坦地区的犹太经学院很快得到发展。在加利利、提比里亚斯、恺撒里亚和赛菲诺斯等地都建起著名的犹太经学院，许多经学院的院长是当时赫赫有名的学者和犹太教领袖人物，他们为拉比犹太教的建立和发展做出了卓越的贡献。特别值得一提的是提比里亚斯（Tiberias），它位于加利利湖西岸，是世界上海拔最低的城市。自公元70年耶路撒冷城被毁后，这里就成为巴勒斯坦犹太人的主要聚集地。公元3世纪以后，在这里产生了口传律法集《密什那》，并依据当地犹太经学院学者的讨论和观点，编撰成《巴勒斯坦塔木德》。

巴比伦的犹太社团也不甘落后，在这里，当权者承认犹太领袖的地位，并授予他们“流放领袖”（Exilarch）的头衔。这是一个世袭的职位，流放领袖自称是大卫王的后代，据说与犹大国的末代国王有血缘关系。公元7—11世纪，在巴比伦有两所著名的经学院。一所是位于美索不达米亚平原中部的苏拉（Sura）经学院，另一所是在幼发拉底河畔的蓬贝迪塔（Pumbeditha）经学院，这些学院的院长均由著名的学者担任，他们被尊称为“加昂”（Gaon希伯来语意“杰出的”）。加昂和流放领袖们共同管理着巴比伦庞大的犹太人社团。

起初，巴勒斯坦的经学院被西班牙和意大利的犹太人视为权威，后来巴比伦经学院加昂的声望越来越高，如苏拉学院的院长萨阿迪·本·约瑟夫（Saadiah ben Joseph，882—942年）是中世纪最负盛名的犹太哲学家和神学家，他出生于埃及的法雍，后来到巴比伦，在苏拉学院担任院长，并成为拉比领袖。他积极维护正统派犹太教的权威，著书立说，被誉为中世纪犹太教的神学之父。以致于巴比伦编纂的《塔木德》的权威性超过了巴勒斯坦《塔木德》，为世界各地的犹太人所接受。

公元635年，阿拉伯穆斯林推翻波斯王朝，建立起庞大的阿拉伯帝国。762年，阿巴斯王朝（750—1250年）以底格里斯河右岸的巴格达为都，这里是古巴比伦所在地。在该王朝统治的早期，巴比伦地区的政局相对稳定，这使得犹太加昂们可以解答各地信徒们提出的种种问题。后人将他们的回答编辑成《答问》（Responsa），成为传世的名著。由此可见，犹太经学院不仅是培养犹太拉比的专业院校，它也是传播、保存和发展犹太教的重要场所，在建立拉比犹太教的过程中，具有不可磨灭的功绩。后来，随着犹太人的足迹遍及五洲四海，犹太经学院也随之在世界各地散枝开花。

如今，著名的经学院主要集中在美国和以色列，如美国的希伯来联盟学院、美国犹太神学院等。这些学院不仅传授宗教知识，也开设数学、物理、天文、哲学、医学、法学及语言学等世俗课程。因此，从经学院走出来的不仅仅是犹太教的拉比，也走出一批又一批著名的犹太学者。

二、犹太教拉比

拉比（Rabbi）一词，源于希伯来语“Rab”，意思是“大”，拉比的意思就是“大师”。在圣殿被毁后，拉比逐渐成为固定的名称，用以指称那些接受正规犹太教教育，系统学习过犹太教经典，担任犹太社团或犹太教会堂精神领袖的人。在犹太经学院里传授犹太教义的教师以及犹太教学者，通常也被称为拉比。

耶路撒冷圣殿被毁后，没有了圣殿，人们不再用宰杀牲畜、供奉牺牲的方式向神表达他们的忠诚。因此，专门管理圣殿、从事献祭的祭司失去了存在的价值。此时，犹太教会堂（Synagogues）（词义为“聚会地”）成为宗教活动的主要场所。人们聚集在教会堂里，阅读《托拉》，进行公共祈祷。举行宗教仪式时，也不再使用动物牺牲，而是通过祈祷、唱赞歌、诵读《托拉》，以及以道德的行为来表达对神的虔敬之情。于是，拉比成为犹太教会堂的核心，他们既是民众的导师，也是宗教的决策者和礼拜仪式的创立者。历史上有4位著名的拉比，他们是大希勒尔、约翰南·本·扎凯、阿基巴·本·约瑟、西蒙·本·约海。

1. **大希勒尔**（Hillel the Elder，？—**公元**10**年**）

他是希律担任犹太王时期的大拉比，犹太教公会的主要领导人之一，主持犹太教公会工作长达40年。犹太教公会是哈斯蒙尼王朝建立的由祭司、文士和平民代表组成的犹太教最高司法机构。

大希勒尔出生于巴比伦，据说是大卫王的后裔，40岁才到耶路撒冷，师从法利赛学者学习口传律法。后回到故乡，在巴比伦开坛讲学，成为犹太教律法大师。为了使解释犹太教经典的工作有章可循，他制定了七条解经规则，称为“希勒尔七条规则”，被后人多次引用，产生很大的影响。在律法的解释上，他重视挖掘《圣经》词语的潜在含义，主张用审慎的、说理的方法来阐述自己的观点。同时，大希勒尔认为学者们应根据不同时期的不同情况，对经典的内容加以具体的解释，以便能为不同时代的人们所接受。大希勒尔的文章极有文采，无论用希伯来语还是阿拉米语写作，行文均流畅优美，简洁警人。他编辑的《先贤哲言》收录了大量的格言警句，流传至今。

大希勒尔创建的犹太经学院，称为“希勒尔之家”，从这里产生了众多知名的犹太学者，为犹太教的发展做出了巨大贡献。由他开创的希勒尔学派，是纪元初期犹太教最重要的学派之一，对犹太教和早期基督教都产生过重要的影响。因此，希勒尔被尊为犹太教四大拉比之首。

大希勒尔以谦卑和虔诚而闻名，有许多关于他的故事。大希勒尔强调友爱的关系、善良的行为和对弱势者的仁慈，他将犹太教的律法精辟地概括为一句话。有一天，有个异教徒来见大希勒尔，对他说：“如果你能用一只脚站着，背诵完全部律法，我就改信犹太教。”于是，希勒尔抬起一只脚对那人说：“自己不喜欢的事，就不要加在别人身上，那就是律法的全部，去学习吧！”① 这种宽以待人的态度，既是犹太人的处事原则，也是犹太人的生存之道。

大希勒尔死后，希勒尔家族世代为犹太教领袖，时间长达 300 年之久。

2. **约翰南·本·扎凯**（Johannan ben Zakkai，**约 1 世纪**）

他是大希勒尔的弟子，犹太教律法学家，四大拉比之一。自公元 60—95 年一直担任巴勒斯坦地区犹太人的族长和宗教领袖。公元 70 年，当耶路撒冷失守后，他逃到雅乌内，在这里建立起第一座犹太经学院，培养了众多的弟子，为犹太教的传承做出了巨大的贡献。

同样流传着有关拉比约翰南的故事。据说有一天，约翰南来到耶路撒冷，拉比约书亚随之而至，他看着破败的圣殿，心情沉重地对约翰南说：“灾难降临到我们身上，这个原本补偿以色列人罪恶的地方，现在成了一座废墟。”约翰南对他说道：“我的孩子，别悲伤，我们还有和这个一样有效的救赎方式，它是什么呢？就是慈爱的行为。正如神所说‘我

① ［英］凯伦·阿姆斯特朗著，蔡昌雄译：《神的历史》，海南出版社 2001 年版，第 90 页。

要的是慈爱，而不是牺牲’。”①

慈爱是法利赛人最主要的救赎行为，也是犹太教最重要的戒律。

3. 阿基巴·本·约瑟（Akiba ben Joseph，50—135 年）

犹太教四大拉比之一，著名的犹太教律法学家、哲学家，也是犹太教领袖人物。阿基巴出生于巴勒斯坦一个贫寒人家，直到 40 岁了，他还是个牧羊人。此后，阿基巴有机会到雅乌内经学院学习，他在这里苦学 12 年，终成一代宗师。学成之后，他在加利利创建了一所经学院，为犹太教培养出一大批学者，其中包括许多知名的犹太圣哲。

阿基巴根据当时的时代需要，以新的视角对《托拉》做出逐字逐句的解释，为后人编辑《密什那》打下基础。他的许多重要思想，后来被弟子们编纂为《阿基巴密什那》，成为《密什那》典籍中的一个组成部分，并世代流传下来。

阿基巴并非关起门来搞研究，他极为关心国家的命运和前途。公元 132 年，犹太人在西蒙·巴尔·科赫巴领导下举行反罗马人大起义时，得到了阿基巴的大力支持，他和许多弟子都参加了起义。起义军失败后，阿基巴和一些弟子被罗马皇帝哈德良杀害。他死后，弟子们继续其事业，将犹太教代代传承下去。

4. 西蒙·本·约海（Simeon ben Yohai，公元 2 世纪）

他是犹太教著名学者阿基巴·本·约瑟的门徒。阿基巴死后，为了躲避罗马人的迫害，西蒙与儿子隐居山林 13 年，靠食椰枣和角豆为生，但始终坚持研究犹太教的经典。离开山林后，西蒙在加利利创建犹太经学院，研究犹太经典，培养犹太学者，其弟子中最著名的是犹大·哈·纳西。

---

① ［英］凯伦·阿姆斯特朗著，蔡昌雄译：《神的历史》，海南出版社 2001 年版，第 91 页。

西蒙潜心研究《托拉》，认为无论是从字面意义，还是隐喻意义的解释，都要与口传律法相协调，两者不能割裂开来。他强调律法精神，但也主张在实际运用时加以变通。西蒙曾作为犹太人的代表与罗马当局交涉，使罗马放宽对犹太礼仪的限制，因此受到人们的崇敬，被尊为四大拉比之一。

在巴勒斯坦，犹太人也称拉比为“坦拿”（tannaim 意“老师”），拉比和坦拿均为尊称，时常混用。到了中世纪，巴比伦开始将犹太学者称为拉夫（raf），与拉比区别开来。在很长时间内，只有巴勒斯坦的犹太人才将犹太学者称为拉比。而在当时，这些被尊为拉比或拉夫的学者们，几乎每个人都拥有维持生计的世俗财产。直到中世纪末期，拉比才成为一个特定犹太社团的精神领袖的尊称。

应该指出，现在的拉比称呼，其含意与以前已有所不同。而今的拉比，主要是指被委派去教授、传播犹太教律法的犹太神职人员，通常他会在一个犹太教会堂里服务终生。他们的职责范围也相当广泛，除主持犹太教会堂的日常工作，参加犹太人的各种仪式外，还要参予并管理犹太教和犹太人的各种事务，如提供咨询服务、管理宗教学校、负责慈善事业、参加犹太法庭的工作等。

过去，拉比身份的取得需要经过按立神职的仪式，由宗教权威机构任命后才能正式成为拉比。而今，拉比是由犹太社团集体推选出来的。过去，拉比是犹太男子的专利。但现在在改革派犹太教里已经产生了女拉比，她们和男拉比们一起，共同为犹太人服务。

三、口传律法典籍

自《希伯来圣经》确立之后，接下来要做的事就是对这部神启的经典做全面的阐释，以便让普通的犹太人能够理解和接受，这是犹太教拉比和圣哲们的神圣职责。对《圣经》的诠释工作，一直持续到今天。

对《圣经》和口传律法的解释具有重要的意义，正是通过对教义的不断解读和诠释，犹太教才能在《摩西五经》的基础上，不断地加以调整，以适应不同时代的需要。在适应社会的过程中，犹太教也得到不断发展，从而使这个以经典和教义为中心，而不是以地理位置或某种政治背景为依托的宗教，能够将分散在世界各地的犹太社团凝聚在一起，使他们跨越时空的阻隔而保持一种民族的认同感，并在律法、语言和风俗习惯上同源同流，一脉相承。犹太人将圣哲们对《圣经》的教义解释，统称为口传律法。口传律法典籍主要有《米德拉西》、《密什那》及《塔木德》。

1. **《米德拉西》**（Midrash）

拉比们在布道时，通常要对《圣经》的经文做通俗易懂的讲解，公元2世纪时，这些布道文章被汇集成书，称为《米德拉西》（该词的意思是“解释，阐述”）。后来，拉比们将这些文集按照《圣经》各卷的顺序排列，每一篇的名称与《圣经》的篇名相一致，如“《创世纪》米德拉西”，“《出埃及记》米德拉西”……成为口传律法的重要典籍。米德拉西的内容可以分为两部分：

（1）《哈拉哈》（Halakhah 意“规则”）即口传教规，主要讲解经文中的律法、礼仪和行为准则以及在日常生活中的应用。《哈拉哈》文风严谨，具有权威性。

（2）《哈加达》（Hagaddah 意“宣讲”）即非法定的教义，主要讲述经文中的典故传奇、奇闻轶事、仪式习俗、神学争论及奥妙的含义等，更富有趣味性，是犹太儿童启蒙教育的课本。

犹太人认为《希伯来圣经》，特别是《五经》是耶和华说的话，所以对它的正确理解就显得尤为重要。为此，各方面的专家为注释《圣经》制定了各种准则，但各种争论也随之而来。例如《十诫》第四条：“当纪念安息日，守为圣日。六日要劳碌做你一切的工。但第七日是向耶和华——你的神当守的安息日。”根据《米德拉西》的注释规则，拉比们认为在安息日里，有39种工作是应当尽量避免的，其中包括收获和点火。这就是为什么即使在今天，正统派犹太教徒在安息日期间，仍不能采摘一朵花也不许开电灯的缘故。

由此可见，《米德拉西》虽然是一部解释经文的作品，但它与对经文含义做历史性解释的现代解经并不一样。它的目的除了探讨经典的含义外，更致力于将教义运用到不同时代的生活中，运用到与其祖先完全不同的文化环境中去，使经典能够为当代的人们所接受。有许多人终身致力于这方面的工作，其代表人物首推大希勒尔，对经典细致而生动的解释，使大希勒尔名垂青史。

在编定《米德拉西》的过程中，产生了大量法律和宗教方面的材料，犹太教传统称之为口传律法。据拉比传统说，神在西奈山给了摩西两个版本的《托拉》，即成文《托拉》和口传《托拉》。成文《托拉》以《摩西五经》的形式出现；而口传《托拉》则是一部内容更加广泛的教义，它依靠记忆，由拉比们通过口耳相传的方式代代传承下来。在对《圣经》的评注告一段落后，拉比们又开始对口传《托拉》进行评注，并使之系统化的工作，由此产生的新典籍就是《密什那》。

2. **《密什那》**（Mishna）

公元132—135年犹太起义期间，雅乌内的犹太经学院迁到加利利，它的宗教活动被迫暂停。到公元2世纪，口传律法的解释已经变得极其复杂，产生了许多歧义和争论。于是犹大·哈·纳西（Judah ha Nasi，135—217年）决定要编纂一部口传律法集，将各种说法集中起来加以评论。

“纳西”是古代犹太人对族长或首领的尊称，有“君主、亲王”之意。因此，犹大·哈·纳西汉译为“犹大亲王”。犹大亲王出生于世家，是大希勒尔的六世孙。他继承先辈犹太领袖的地位，自公元172年开始，担任巴勒斯坦犹太人的族长达45年。犹大亲王一生的大部分时光是在加利利度过的，他在比特赛姆（Bet Shearim）和塞非诺斯（Sepporis）两地分别建立了犹太经学院，从事犹太教经典的研究工作。在他的领导下，犹太学者们历经二十几个寒暑，广为收集早期学者们的各种争论，分门别类地加以整理和补充，最后形成包含63篇文章，分为6大类的评论集。公元200—210年间，这部用希伯来文写成的典籍完成，称为《密什那》（希语意为“指导”)。它是犹太教又一部重要的经典，也是学习犹太律法必读的教材。

犹大亲王不仅是著名的犹太教律法学家，也是一位杰出的宗教首领和政治领袖。他生活的时代是罗马帝国的兴盛时期，由于特殊的身份，他与几任罗马皇帝都保持着良好的关系，据说与哲学皇帝马可·奥勒留（161—180 年）私交甚好。公元 175 年和 200 年罗马皇帝奥勒留和塞维鲁（193—211 年）分别到访巴勒斯坦地区，这无疑是对犹大亲王的极大支持和肯定。在这种友好的氛围下，当《密什那》编辑成书后，很快得到罗马当局的认可，立为法典，公开出版发行。《密什那》是犹太历史上最重要的经典著作之一，对犹太教的发展产生过重大的影响。

《密什那》6 卷分别为：①

1 卷　种子：关于农业生产的律法，有祈福和举祭的规定，以及十一税的缴纳等。

2 卷　节期：关于圣日和节日的律法，以及节日献祭的规定。

3 卷　女人：关于结婚、离婚的律法，以及许愿、订婚、婚书等与妇女有关的事宜。

4 卷　侵权：涉及民法和刑事法、法律程序和处罚等事宜，并有训诫等内容。

5 卷　圣物：与圣殿和献祭有关的具体规定。

6 卷　洁净：涉及仪式洁净的律法，包括洁净的方式、洁净仪式以及不洁之物的规定等。

弗格森指出，如果按照《密什那》6 卷排列的顺序，也可以看作与以色列土地的神圣、时间的神圣、家庭的神圣、财产的神圣、圣殿的神圣以及神圣的界限有关。因此，“《密什那》强调了以色列的神圣化，将她从世界中分别出来，并且建立了秩序和稳固性。”②

---

① ［美］弗格森著，李丽书译：《古希腊—罗马文明：社会、思想和文化》，华东师范大学出版社 2012 年版，第 565—566 页。

② 同上书，第 565 页。

《密什那》主要涉及巴勒斯坦犹太人的生活，与流散在外的犹太人无关。每一卷下设若干篇文章，这些文章按照篇幅长短排序，最长的排在前边，按照每篇文章的题目引用。在叙述中，没有传统概念中的开始、中间和结尾部分，也不是各种结论的简单汇总。《密什那》真实地记录了拉比之间的各种争论，将他们各自不同的观点保留下来。在记录争论时，总是先表达出少数人的意见，如“拉比西蒙说……”在每篇叙述的结尾部分是最后的结论“圣哲们宣称……”这种叙事方式更为客观、更为公正，也更令人信服。

这部口传律法的每一卷可以单独成书，如“安息日的密什那”、“妇女的密什那”……在女人卷，明确规定女人要服从并服务于男人如：

4.5 A. 总的目的是她要在其父的控制范围内，直到结婚才进入其丈夫的控制范围。

B. 如果其父将她移交给她的丈夫，那么从此时起，她就处在丈夫的管辖之内。

5.5 A. 妇女应当为其夫完成下列各种劳作：a. 磨面，b. 烤面包，c. 洗衣，d. 做饭，e. 照管孩子，f. 铺床，g. 织毛衣。

B. 如果给她一个女仆，她就不用 a. 磨面，b. 烤面包，c. 洗衣。

C. 如果有 2 个女仆，她就不用 b. 做饭，e. 照管孩子。

D. 如果有 3 个女仆，她就不用 f. 为丈夫铺床和，g. 织毛衣了。

E. 如果有 4 个女仆，她就坐在宝座里，什么都不用干了。

F. 拉比以利扎尔说：即使给她配备 100 个女仆，他也要她去织毛衣。

G. 因为无所事事会导致放荡不贞。①

① Mary Pat Fisher，Living Religion，Prentice Hall Inc，2000，p. 228。

上述段落，提出了富有女人是否应当干些手工活儿的问题，其结论在《托拉》中得到佐证。在讨论各种问题时，拉比们经常会得出一些意想不到的、富有创意的结论。

值得一提的是，尽管在传统的犹太教法典中规定女人要服从男人，但同时也认为男人对女人负有责任。社会管理者们的责任，就是要保证所有阶层的人享有公正的法律保障，并为低收入者、孤寡老弱者和寄居者提供必要的物质条件。因此，在犹太人的社会中，社会的公平和正义是很突出的。

《密什那》是犹太教口传律法体系的最早表述，作为一部权威的法律法规，很快被犹太人所接受，为人们日后研究口传律法打下了坚实的基础。犹大亲王本人也因此获得极高的声望，他担任宗教领袖将近半个世纪，对后世产生很大的影响，被尊为“圣者拉比犹大”。

3. **《塔木德》**（Talmud）

《密什那》成书后，很快成为巴勒斯坦和巴比伦经学院的基本课程。后来，巴比伦苏拉经学院的学者们发现《密什那》的许多解释只局限于巴勒斯坦地区的传统，并没有涉及巴比伦的情况。于是他们便根据巴比伦的具体情况加以诠释和评注。除了《密什那》所包含的内容外，还补充了许多伦理格言、历史故事、神话传说、趣闻轶事及布道讲稿等，编辑成一部新的口传律法释义汇编《革马拉》（Gemara）。“革马拉”的阿拉米语意思是“补遗”。这部书完成于公元6世纪末期，全部用阿拉米文字写成。

解释律法的工作仍在继续，巴勒斯坦的学者们也在对《密什那》做相应的注释和评论。公元5世纪，拉比们将这些资料汇集成书，称为《巴勒斯坦革马拉》。它记录了公元3—4世纪时，巴勒斯坦地区主要是提比里亚斯犹太经学院学者对犹太教律法讨论的情况。《密什那》和《革马拉》合在一起，统称为《塔木德》。于是，相同的《密什那》加上两个版本的《革马拉》，便形成两套《塔木德》，即《巴勒斯坦塔木德》（也称《耶路撒冷塔木德》）和《巴比伦塔木德》。

《巴勒斯坦塔木德》成书于公元5世纪，这是一部浩瀚的律法注释大全。它记录了拉比之间的各种争论，并将他们的观点保留下来。同样的一个问题，拉比们往往会得出不同的结论。学者们在《塔木德》中继续强调，研习《托拉》本身就是一项宗教实践活动，其目的就是认识神的意志和神所指引的道路，并认为研习《托拉》可以提高个人的圣洁和精神力量。

《巴比伦塔木德》在时间上要比《巴勒斯坦塔木德》晚100多年，其篇幅则是前者的4倍，内容更加丰富，是一部包罗万象的百科全书。洋洋250万字，不仅记录了法律的仲裁与争执，还囊括了医学、历史、科学和农业等各个方面的知识，以及神话传说、寓言谜语、礼仪规则、道德反思和历史回忆。因此，有人说它"持续不断，无拘无束的联想"有如"大海一般的广博"。

对犹太教徒而言，《圣经》是神颁降的永恒的圣书，而《塔木德》则是实用型的经典。它涉及犹太人日常生活的所有方面，真实地记述了犹太教的发展，再现了犹太人近千年的生活画卷。

两部《塔木德》相比而言，学者们认为《巴比伦塔木德》保存得更好，也更具有权威性。在整个中世纪，它都是巴比伦经学院的主要教材，并传播到整个犹太世界。它对犹太人产生的影响持久而深远，现今正统派犹太教经学院的教材，依旧保留了它的主要内容。如今，仍然有许多人在阅读《塔木德》，尽管有些内容早已不再适用了，但它依旧是人们汲取丰富知识的源泉。在今天的正统派社团里，学习《塔木德》依然是一项终身的职责。

四、拉比犹太教的特点

我们现在说的犹太教，从严格意义上来说，指的就是拉比犹太教，它与《圣经》时期的宗教已经有了很大的不同，它已不再是以圣殿、祭司和牺牲为中心的宗教了。毫无疑问，《圣经》是犹太教教义的"根"，现今的犹太教植根于《圣经》，在公元2世纪由拉比们确立。

拉比犹太教是关于犹太人生活方式的一整套规则和规定，它承认成文律法，也承认口传律法，并认为口传律法是对成文律法的补充。它重视对宗教律法的解释和评注，使口传律法不断顺应时代而得到充分发展，是拉比犹太教的特点。

对拉比们来说，《圣经》是一切宗教知识的来源，一切行为的依据。它是神圣的经典，尤其是《托拉》，是神直接颁降给摩西的，是神的语言。因此，成文律法是犹太教的圣典。但拉比们也认为，对《圣经〉不应该完全按照字面的意思来理解。在《圣经》的解释和应用过程中，产生了许多口传律法，这些口传律法使《圣经》有了更多发展和扩充的空间。在拉比犹太教中，口传律法与成文律法并重。

因此，拉比犹太教极为重视布道和解释《托拉》的工作，千百年来具有重要意义的评注和对评注的阐述从来没有间断过。正是这种不断的评注和阐释，才使得犹太教的圣典具有一种与时俱进的活力，而没有沦为一种僵死的教条。在这种对《托拉》深入研究和诠释的过程中，拉比们高度重视对某种解释存在的分歧意见，虽然多数人的意见最终形成权威性的决定，但在争论时每个人都有解释自己见解的自由。在犹太教中，从来没有哪一种观点能以“正确”或“正统”自居，凌驾于其他观点之上，从而使不同时代的各种见解得以流传，长期并存，互不干扰。

在犹太教历史上，各种评注层出不穷，纵横交错，如同所有的人都在参加一场研讨《托拉》的马拉松长跑。而这对于相距遥远、在世界各地经常受到迫害的犹太人来说，无疑是使其产生归属感的一个重要因素。在评注的过程中，拉比们时常将当时的各种新思想和新观念引入犹太教中，以使人们更容易接受。对此，拉比们的解释是：只不过是将《圣经》中隐匿的内容揭示出来罢了，例如《希伯来圣经》中原本没有的灵魂、天堂、地狱的观念，但此时却出现在《米德拉西》和《塔木德》中。

对神的领悟也在不断发展。在《圣经》早期的描述中，耶和华经常以富有戏剧性的方式，如在燃烧的丛林里或冒烟的山上，向族长们和摩西显现。后来，当先知们被天使般的信使拜访时，经常会听到一种神秘的内在声音和他们说话。拉比传统中的神，已经变得更加超越，神很少再以人格化的方式出现了。

在《米德拉西》和《塔木德》等后来的经典中，出现了一种对神的新的表述，向人间显现的神被称为“舍金纳”（Shekinah），这是一个阴性名词。《圣经》中没有这个称呼，该词源于希伯来语的一个词根“sharan”，意思是“住在帐篷里”或“搭建帐篷”。他不是独立的神性存在，而是神外在的表现形式，如神显现时光芒四射的绚丽景象。有学者认为，舍金纳表现了神可接近的一面，给人以神无所不在的感觉。有时候，舍金纳被描绘成一个长着翅膀的闪闪发光的爱神形象。

更重要的是，拉比们在解释《圣经》的许多内容时，表现出了更深的道德洞察力，如对于一些已不适应社会的律法，采取规避其字面意义的做法或赋予其新的内涵。例如，《申命记》中规定，在第七个年头免除一切债务，土地在第七年休耕，在当时这是有利于农业生产的。但到了公元1世纪时，这条规定显然不利于借贷方收回借出去的钱，因此拉比在法庭中宣告：为了使借贷方在想要的时候收回贷款，前律法不适于此类借贷。同时，在口传律法中更加注重将伦理道德和宗教信仰结合在一起，使犹太教成为“现世内行动的宗教伦理”，从而奠定了犹太教在世界宗教史中的重要地位。

在长达500多年的漫长岁月里，一代又一代的拉比们用毕生的精力从事着枯燥乏味的经典评注工作。犹太教的传统极其重视对经典的研习，要求每个犹太人必须要知道《托拉》的基本内容。对今天的犹太人来说，研习经典仍然是一种虔敬的行为，因此，许多人从五六岁起，就开始学习这些经典。随着年龄的增长，研习也在不断地深入，并终身不辍。

五、卡拉派的挑战

然而，并非所有的犹太人都认同口传律法的发展。在圣殿时期，贵族阶级的撒都该派就只承认成文律法的权威性，对后来的口传律法不予重视。大约公元760年，巴比伦人安南·本·大卫（Anna ben David）创立了卡拉派，该派的观点十分接近古代的撒都该派，安南的原则是“要从头至尾在《托拉》中寻找，而不是依赖自己的观点”。他坚持整部律法的条文都应在《圣经》里找到依据，而不是任由拉比们做各种牵强附会的解释。安南主张每个人都可以在神的直接启示下弃恶扬善，而不需要其他人的指点。

安南的思想得到很多人的赞同，终于形成一个声势浩大的运动，它的信徒被称为卡拉派（Karaites），其意是“诵读”，也就是“诵读《圣经》派”。卡拉派成员身穿黑衣，饮食清淡，封闭保守，对西亚和欧洲犹太人曾产生一定的影响。到公元10世纪时，埃及、北非、波斯、巴比伦和巴勒斯坦等地相继建立起卡拉派社团。拉比们反对这一运动，但想要扑灭它却没有取得成功。

在中世纪早期，许多著名的《圣经》学者都曾是卡拉派成员。在十字军东征时，基督教徒试图将穆斯林赶出耶路撒冷。在双方激烈的争斗中，也殃及犹太人，卡拉派和拉比法学派的犹太教徒一起受到迫害。到16世纪时，卡拉派成员已经大为减少。到了20世纪中期，仅仅在克里米亚、埃及和东欧一些地方还保留有卡拉派的社团。

1948年，以色列国的建立对卡拉派的成员也产生了一些影响。按照《回归法》他们被认为是符合移民条件的合格人选。于是，许多人便充分利用这个机会，回到了曾经的故土。如今，在以色列，他们依然保持着自己的风俗习惯，有自己的礼定屠宰师，并建立自己的宗教法庭。

第五章 中世纪的犹太人

中世纪是指自公元661年阿拉伯人征服西亚建立阿拉伯帝国起至18世纪西方启蒙运动前夕，其间1000多年的时间。在漫长的历史岁月中，随着犹太人的流离，犹太教散布到世界各地。中世纪，欧洲逐渐成为犹太人的家园。一般认为，犹太人是从两条线路来到欧洲的。一条是沿多瑙河及莱茵河，进入中东欧国家如波兰、俄罗斯等国。另一条是沿地中海西行，进入西班牙和葡萄牙，然后抵达西欧各国。

在欧洲，犹太人凭借着自己的聪明智慧和经商理财的本领，很快就异军突起，在各个领域取得了骄人的成就。在中欧，他们成为所在国的金融家、富商、企业家及各种专业人才，形成一个富裕的犹太中产阶层。在西班牙，他们在宽松自由的环境中，使犹太文化得到空前的繁荣和发展，和统治西班牙的摩尔人共同打造了西班牙的“黄金时代”。犹太拉比们则一如既往地生活在封闭的圈子里，继续不断地研究着《托拉》。因此，中世纪产生了众多著名的犹太学者，犹太教的神学体系更为丰富。同时，也出现了各种不同的教派，神秘主义思想得到发展。

然而，犹太人与众不同的生活方式，使他们难以融入到当地社会中去。在当地人的眼里，他们始终是外乡人。加之基督教对犹太人根深蒂固的宗教偏见，更使得犹太人经常遭到人们的排斥，甚至受到迫害。尤其在中世纪末期，许多国家的犹太人更是面临被驱逐的命运。1492年，哥伦布发现了新大陆。新大陆给了犹太人新的出路，北美开始成为他们新的家园。

一、伊斯兰教统治下的犹太人

1. 伊斯兰教的统治

公元622年，伊斯兰教在阿拉伯半岛兴起。

在阿拉伯帝国统治时期，犹太人受到了善待。犹太人也是一神论者，穆斯林并不把他们视为异教徒，对他们持宽容态度。虽然也有不愉快的事情发生，但总体而言，哈里发允许犹太人在穆斯林统治下生活，他们可以自主管理社区，并享有宗教信仰的自由。但是，犹太人在穆斯林地区生活并不是没有条件的。作为回报，犹太人必须身穿显示其身份的与众不同的服装、不得劝戒他人改变信仰，还要交纳附加的人头税。当然，这对于保护其特殊的身份也是有好处的。因此，在整个中世纪，有许多成功的犹太社团活跃在穆斯林统治的地界上。

由于犹太人和阿拉伯人同属于闪米特种族，其语言也同属闪米特语系，生活在穆斯林国家的犹太人，很快采用阿拉伯语做为自己的口语。语言上的便利，加之犹太人的踪迹遍及地中海沿岸、西亚和欧洲，因此，无论在什么地方，犹太商人都很容易找到生意上的合作伙伴。在中世纪初期，犹太人已经具有控制穆斯林国家和基督教国家之间的国际贸易的实力了。

2. 犹太文化的繁荣

在中世纪最初的几百年里，随着阿拉伯帝国的建立，伊斯兰文化得到蓬勃发展。在持续百年的翻译运动中，穆斯林学者将希腊、罗马、印度的大量古代文献翻译成阿拉伯文，并进行深入的研究和探讨。当时，伊斯兰世界在科学、医学、哲学、诗歌等方面的成就要远远高出同时期的基督教欧洲，尤其在数学、天文学、医学、文学上为人类文明做出了巨大的贡献。生活在穆斯林国家的犹太人，在这种富有创造性的文化氛围中受到熏陶，犹太文化事业也逐步繁荣起来。

公元8世纪，穆斯林在西班牙建立的后倭马亚王朝，是西班牙文化发展的黄金时代。科尔多瓦、格拉纳达、塞维利亚和特莱多等城市相继成为享誉世界的文化名城。生活在西班牙的犹太人在穆斯林朝廷中具有很高的政治地位。在这些城市的犹太社区中，也结集了众多的文人墨客，涌现出一大批著名的诗人、哲学家、语言学家、神学家和医生，其中不乏在多方面都有贡献的全才。此时期，享有盛誉的学者有：

（1）犹大·哈列维（Judah Halevi，1075—1141年）

他是中世纪最著名的诗人、神学家和哲学家，一生居住在特莱多，15岁开始写诗，共留有800多首诗，其中以《锡安颂》、《流放哀歌》最为著名。他的许多诗歌广为流传，世界各地的许多犹太教会堂在举行礼拜仪式时，经常会采用这些诗歌。

哈列维的哲学名著《库萨里——为被遗弃的信仰辩护》用阿拉伯语写成，具有强烈的民族意识，他用对话的形式阐述其哲学观点，是一部为犹太教信仰进行辩护的杰作。哈列维坚信任何一个犹太人，只要严格遵守戒律，就能像先知那样，体验到神的存在。但他也清楚地知道，这种体验所感知的神“只是一种主观的经验，而非客观的事实”，人们体验到的神不是神本身，只是那个“超越的、不可接触的真实的余晖”。

（2）摩西·伊本·伊斯拉（Moses ibn Ezva，1089—1164年）

他出生于特莱多，在语法学、哲学、神学、物理学、天文学等多学科取得显著成就，又是当时第一个采用对话体写诗的西班牙著名诗人。他还是著名的《圣经》评注家，认为《摩西五经》的作者并不一定是摩西，具体是谁还有待于考证。600年后，伟大的犹太哲学家斯宾诺莎（Spinoza，1632—1677年）从中受到启示，开创了近代《圣经》考订学的学派。

伊本·伊斯拉晚年游历欧洲，著有《敬畏神的基础》一书，阐述新柏拉图主义哲学，对文艺复兴时的基督教学派产生一定的影响。

（3）所罗门·伊本·加比罗尔（Solomon ibn Gabriol，1021—1058年）

他是西班牙著名诗人、哲学家、神学家，精通希伯来语、阿拉伯语及犹太教经典。加比罗尔是最伟大的犹太诗人，有“诗歌之王”的美誉。他以诗体形式讲述《圣经》中613条戒律的诗至今仍在教会堂中流传。其宗教诗《君王之冠》、世俗诗歌《冲突之歌》都是当时的顶极作品。

加比罗尔也是一位哲学家，他反对神在虚无中创世的教义，而赞同新柏拉图主义的流溢说。他的名著《生命之泉》对后来的基督教神学思想有很大影响。此外，他还编有格言集《采撷珍珠》等多部著作。

现代学者认为，在将古老的东方文化传入西方世界的过程中，犹太人起了重要的桥梁作用。

3. 神学思想发展

中世纪初期，巴比伦的犹太教团和经学院开始将《巴比伦塔木德》向各地犹太社区推广，使其成为犹太人共同遵守的律法和生活模式，但遭到一些犹太人的反对。中世纪初期，拉比犹太教受到卡拉派的挑战后，权威性大为降低。此后，犹太教的神学思想朝两个极端的方向发展，即神秘主义和理性主义。

（1）神秘主义

神秘主义的产生是犹太人长期遭受苦难的结果。早在公元前6世纪“巴比伦之囚”时，犹太教产生了对弥赛亚的期盼，开始有了神秘主义的萌芽。到公元6世纪，神秘主义得到新的发展，以至中世纪末期，神秘主义的卡巴拉派在西班牙、法国、德国盛行一时。神秘主义的发展有其深刻的社会背景和思想渊源。

（2）理性主义

中世纪理性主义的杰出代表是摩西·迈蒙尼德（Maimonides，1135—1204年），他是神学家、哲学家、律法学家，还是著名的医生，曾做过朝廷的御医。迈蒙尼德被认为是最伟大的犹太知识分子，有“摩西第二”之称。他的理性与信仰相结合的思想对后世产生极大的影响。

迈蒙尼德出生于西班牙的科尔瓦多，30岁移居埃及，成为埃及苏丹的御医。后在开罗附近建立犹太组织，他亲任大拉比，在当地具有极高的威望。迈蒙尼德一生勤奋，笔耕不辍。他用10年的时间编纂了《密什那托拉》，这是一部综合性的犹太律法集。该书不仅对《圣经》释字解句，还引用大量神学、考古学、自然科学方面的资料，旁征博引，全面系统地介绍犹太教的律法和教义。

自1176年起，迈蒙尼德开始写作《迷途指津》一书。这是一部历时15年，用阿拉伯语写成的哲学名著。其内容包罗万象，但通俗易懂，不仅为后代犹太哲学研究奠定了基础，也对中世纪基督教经院哲学具有启示作用。迈蒙尼德认为，自拉比时代起，理性就已经成为犹太教的特点。他说："人在世间，个体的作用是什么？简言之，就是思考抽象的知识以及发现真理。人所能够进行的最高的理性思考就是对神及其同一体的认识。"①

迈蒙尼德认为哲学是宗教知识的最高形式，是通往神的高贵之路，因此只有精英人士才能够认识。同时他认为神是人类的理性所无法了解和接触的，神无法用言语描述，只能用象征性的、暗示性的语言来讨论。他还将犹太教的教义归纳为"13条信仰条款"，具体内容如下：②

第一条：创造主创造一切并管理一切。

第二条：创造主是独一无二的真神，超越一切，永恒存在。

第三条：创造主是无形无体无相，是不可比拟的。

第四条：创造主是最先的，也是最后的。

第五条：创造主是唯一可敬拜的主，此外别无他物。

第六条：先知向世人所传达创造主的一切话语皆真实无误。

第七条：先知摩西是真实的，摩西是先知之父，是最大的先知。

第八条：犹太律法是神向摩西所传，不能更改。

第九条：犹太律法永不改变，也不会被取代。

第十条：创造主洞察人的一切行为和思想。

第十一条：创造主向遵守律法的人施与奖赏，向践踏法律的人施以惩罚。

第十二条：弥赛亚必将降临，要每日期盼，永不懈怠。

---

① Mary Pat Fisher，Living Religion，Prentice Hall Inc，2000，p. 241。

② 黄陵渝：《世界犹太教与文化》，中央民族大学出版社1999年版，第19页。

第十三条：相信死后复生。

学者们指出，这 13 款信条集中而具体地概括了犹太教的全部教义，其中包括一神观、先知观、救世主思想和契约意识等。虽然迈蒙尼德强调理性，但他也认为先知的启示比哲学更加优越，因为先知对神直观的认识要高于逻辑推理得来的知识。此外，他也认为对神的认识，只能依赖于想象而非理性的思维，他本人曾有过对神的神秘主义的直接体验。迈蒙尼德的“13 条信仰条款”从来没有被完全接受过，因为有些条款并非犹太教的正统教义，但这并不影响他受到人们极大的尊重，成为犹太教理性主义思想的杰出代表。

除此之外，中世纪的犹太人在所在国的城市里，如西班牙的特莱多、埃及的开罗、意大利的威尼斯以及罗马的台伯河畔都建有精致华贵的犹太教会堂，有的甚至保留至今，成为中世纪宗教建筑的经典之作。但是，西班牙犹太人的辉煌并没有继续下去。

1492 年，伊比利亚半岛被基督教君主再次征服，穆斯林政权彻底崩溃，犹太人也失去了宽松的环境和自由的信仰。随后，西班牙的塞维利亚发生反犹骚乱，开始迫害犹太人。而暂缓苦难的唯一途径就是接受基督教的洗礼，改信基督教。然而，即使改宗，基督教徒仍然称他们为“马兰内”（Marranos 西班牙语意“猪”）。在这种情况下，许多富裕的、受过教育的犹太人被迫离开这里，他们有的迁移到北非，有的去了意大利、荷兰，还有人来到土耳其。

二、基督教世界的犹太人

1. 短暂的安定

随着巴勒斯坦地区的犹太人不断向外迁移，中世纪初期欧洲许多地方已经有犹太人的居住地了。当时生活在欧洲的犹太社团都是完全独立的，当地的统治者们允许犹太人在每个区域建立自己的管理机构。到 10 世纪，在法国北部和莱茵河畔都有重要的犹太人学习中心，小规模的犹太社团更是遍及法国和神圣罗马帝国（今荷兰、德国和奥地利）的各个角落。1066年，当诺曼底公爵威廉征服英格兰时，已经有犹太人居住在那里了。在此期间，由于生活环境比较安定，欧洲的犹太文化也有了一段繁荣时期，涌现出一批重要的学者，其中最著名的当数伟大的《圣经》评注家拉希。

拉希（Rashi，1040—1105年）原名所罗门·本·以撒（Solomon ben Isaac），拉希是希伯来文“拉比所罗门·以撒”首字母的缩写。他出生在法国特鲁斯（Troyes），早年随父学习犹太经典，曾到法国的犹太经学院学习。至今，在德国的沃尔姆斯还有以他的名字命名的拉希犹太会堂。30岁后，他自办学院从事犹太经典的研究工作，经过几代人的努力，该学院后来成为欧洲颇具影响力的阿什肯纳齐托拉学院。

拉希是第一个对整部《希伯来圣经》进行系统评注的犹太学者。他用通俗易懂、深入浅出的语言来诠释晦涩艰深、含义模糊的经文，形成了独特的具有持久魅力的评注风格。拉希最突出的学术成果是对《塔木德》等口传律法的评注，他的研究深入透彻，语言简洁明快，为《塔木德》的评注确立了标准，为后代所承袭。由拉希评注的《圣经》和《塔木德》至今仍是公认的权威和标准文本。此外，拉希的学术思想也对后代产生很大影响。15世纪后，拉希学派成为欧洲一个重要的犹太学派。

2. 对犹太人的迫害

中世纪的欧洲，随着民族国家政权的巩固，基督教会绝对权威的形成，生活在欧洲的犹太人越来越没有安全可言了。在欧洲，开始周期性地爆发反犹暴力事件。这是因为基督教会总是不断地向教徒们灌输“耶稣是犹太人害死的，他们必须要对耶稣的死负责”的论调。许多虔诚的基督教徒对《福音书》所写的故事深信不疑，他们完全相信教会的说法，因此对犹太人怀有一种刻骨的仇恨。一有风吹草动，这种仇犹情绪便会在突然之间爆发出来，对犹太人造成巨大的伤害。十字军东征使这种局面变得更加糟糕。

（1）西欧的排犹事件

1096年，在教皇乌尔班二世（1088—1099年）的大肆煽动下，欧洲王室开始组织十字军，以“从塞尔柱人手中夺回圣地”为目的，向东方的耶路撒冷城进发。十字军大多是临时招募的狂热分子，他们带着各种不同的目的加入进来。1097年，十字军先头部队沿莱茵河南下，才到莱茵兰便大肆屠杀犹太人。因为在基督教看来，犹太人和穆斯林都是异教徒。

1179年和1215年，在基督教第三、第四届拉特兰会议上，教会制定了严格敌视犹太人的法令。在第四届拉特兰会议上，教皇英诺森三世（Innocutius，1198—1216年）颁布诏令，要求男女犹太人必须佩带黄色徽章，以便将他们与基督徒区别开来。有的国家则要求他们戴黄色的帽子，这样更加容易辨识。1217年，英王亨利三世下令犹太人必须佩带白色的或羊皮徽章，以来象征刻有“十诫”的法版。这种歧视政策的颁布实施，无疑让犹太人的处境雪上加霜。一系列反犹事件接连出现了。

早在1144年，英国北部城市诺里奇（Norwich）的犹太社团就受到当地人指控，说他们“用基督教儿童的血来制作逾越节的无酵饼”。这个被称为“血祭诽谤”的事件很快传遍整个欧洲，掀起轩然大波。

1290年，犹太社团被全部驱逐出英国。几年后，法王下令将所有犹太人从法国赶出去。1298年，基督教暴民在德国捣毁了大约150个犹太居民区。

14世纪，当黑热病在欧洲大陆蔓延时，有人指责这是犹太人往水井里投毒引起的，这一说法得到很多人的响应。于是，谴责犹太人的声音不绝于耳，反犹情绪不断高涨。其实，黑热病的流行与犹太人毫不相干。现代医学告诉人们，黑热病源于中亚，它是里海周边地区的鼠类和其他小啮齿动物间流传的一种疾病，由于发生了变异，传染到人体而成为瘟疫的。但在那个愚昧的年代，无辜的犹太人为此承担了罪责。

（2）西班牙驱逐犹太人

最为严重的反犹事件发生在西班牙。

1483年，西班牙宗教裁判所成立，它代表罗马天主教会，在基督教社会中寻找、发现异教徒。西班牙宗教裁判所以残酷闻名欧洲，它对犹太人无计可施，但对已经皈依基督教的犹太人却拥有审判权。不管自愿还是被迫，凡改宗的犹太人如果仍然秘密地实践自己原来的宗教信仰，一旦被发现，宗教裁判所就有权拷问被指控者，并实施判决。有资料表明，此期间在西班牙受到审讯的犹太人多达 40 万，其中有 3 万人被判处极刑，在高高的柴堆上被活活烧死。

1492 年，一对虔诚信奉天主教的君主夫妇阿拉贡国王费迪南德和卡斯蒂尔女王伊莎贝拉联手，击溃半岛最南部的摩尔人小国格拉纳达，从此结束了穆斯林对伊比利亚长达 800 年的统治，整个伊比利亚半岛重回天主教的怀抱。格拉纳达被攻陷后，末代摩尔国王与两位基督教君主签订了一个投降协议书，为留下的摩尔人争取到较为宽容的待遇。该协议允许留下的摩尔人保留原有的宗教信仰和生活习惯，但此时，没有人出来替犹太人说话。

同年 8 月，当哥伦布开始人类历史上首次环球航行之时，两位基督教君主下令取缔所有的犹太社团，25 万不肯改宗的犹太人被限令在 4 个月内离开西班牙。10 年后，伊莎贝拉女王对留在西班牙的摩尔人下达了同样的驱逐令，穆斯林也被赶出西班牙。

很快，西班牙大规模的反犹活动在欧洲引起强烈反响，反犹浪潮几乎席卷了整个欧洲。当时，除德国和意大利外，犹太人在欧洲的其他地方几乎已无立足之地。1555 年以后，生活在意大利和德国一些城市的犹太人也受到限制，他们被迫居住在“隔都”（Ghetto）内。隔都是专供犹太人生活的街区，四周有围墙围起来，在夜间和基督教的圣日里，出入的大门就会关闭，以限制犹太人和基督徒之间的往来。尽管隔都的街道狭小，里面拥挤不堪，受到种种制约，但犹太领袖们运用《塔木德》中的律法，将隔都管理得井井有条。在每个隔都，均建起犹太教会堂及学校，鼓励犹太人学习经典和进行学术交流。同时设立救助体系，为穷人和有需要者提供必要的生活用品和帮助。

（3）波兰的屠犹事件

犹太人在西欧受到排斥，许多人逃到东欧的立陶宛、波兰和匈牙利等地，这个迁徙的过程持续了很长的时间。13 世纪以后，历代的波兰国王都对犹太人实施保护政策，允许犹太人在这里自由居住和工作。因为当时波兰是个落后的农业国家，他们需要精明强干的犹太人来帮助发展国家的经济。许多波兰贵族也雇用犹太人收税理财，管理庞大的家业。对于被西欧各国驱赶的犹太人来说，这里成为他们新的家园。安定的生活，使犹太人的数量有了急剧的增长。

16世纪，由于基督教新教改革派和天主教反改革派之间的宗教战争，许多居住在中欧的犹太人也逐渐迁移到东欧来。到17世纪初期，波兰和波罗的海沿岸的犹太社团已经成为欧洲规模最大和最具实力的社团组织，也是欧洲犹太教学术研究的主要中心。在犹太人的村镇里，人们生活在一种热切的宗教氛围内。他们用意第绪语（Yiddish；这是一种以德语为基础，用希伯来字体书写的特殊的犹太语言）交谈，并建立了一套对社区进行管理的自治体系，拉比们则负责管理宗教法庭和犹太学校，此时的犹太人生活在一派祥和的气氛中。

18世纪启蒙运动之后，随着欧洲社会的进步，人们对犹太人有了一种更为宽容的心态。在整个欧洲、北非和某些亚洲国家，犹太人的地位得到改善，当地人承认其国民资格，许多地区的反犹情绪有所缓解。但在17—18世纪，生活在东欧的犹太社团却经历了很多意想不到的巨大变化。

1648年，乌克兰哥萨克在博格丹·赫米尔尼兹基（Bogdan Chmielnicki）的领导下，举行反抗波兰统治的农民起义。从此波兰犹太人平静的生活被彻底打破了。在波兰，许多大庄园的管家都是犹太人，他们与波兰贵族和大地主有着密切的关系。而哥萨克都是东正教徒，他们自然将犹太人和信奉天主教的波兰贵族视为另一类人，从而导致大规模屠杀犹太人的恐怖事件发生。在这场骇人听闻的大屠杀中，哥萨克劫掠了300多个犹太村镇，至少有10万犹太人被杀害，还有许多人被贩卖到伊斯坦布尔的奴隶市场。从此，波兰再也不是犹太人安全的港湾了。

随后，俄国军队入侵波兰。为防止犹太人进入俄罗斯地区，沙皇俄国从华沙以北的波罗的海沿岸——敖德萨附近的黑海沿岸地区，建起了一条“居住栅栏圈”，犹太人被强行隔离在这些栅栏圈内，不得随意进入俄国境内。从此，反犹的怪圈就延伸到了俄罗斯，这里曾经发生过多次反犹大屠杀事件。

3. 假救世主事件

中世纪末期，在经历了一次又一次的苦难后，生活在欧洲的犹太人对社会感到绝望。他们再一次强烈地期盼弥赛亚的到来，将他们从受歧视受压迫的危险境地中解救出来。在犹太人迫切的期望中，德国、法国、西班牙、土耳其和葡萄牙等地相继出现了"假救世主事件"。但这些欺骗活动都为时不久，当事人很快被政府当局处死。

波兰大屠杀后不久，一个名叫沙巴泰·茨维（Shabbetai Zive，1626—1676 年）的人吸引了大批追随者。他于阿布月 9 日出生在土耳其的士麦拿城，这一天是传统上弥赛亚的诞生日。在经历了哥萨克起义的恐慌后，各地的犹太人都在翘首盼望救世主能够即刻降临人间，而沙巴泰不失时机地向人们宣称，他就是救世主。沙巴泰是个性格怪异、反复无常的人，他所在的社团认为他精神上有问题，于 1651 年把他赶了出来。此后，他就在伊斯坦布尔、巴勒斯坦和开罗等地游荡招摇，自称是弥赛亚。

1665 年，沙巴泰准备到埃及去，在路过加沙时碰到了一个名叫拿单·本杰明（Nathan Benjamin，1644—1680 年）的年轻人。拿单看见沙巴泰后，便认他作救世主，他本人则自称是先知以利亚。很快，拿单便到处散布消息，说弥赛亚在他的主人身上显现了，并将沙巴泰的预言传遍整个犹太世界。沙巴泰宣称奥斯曼帝国的苏丹不久将被废黜，由他来取而代之，到那时以色列的 12 个部族将再次联合起来，建立一个美好的社会。他将当前的困难描述为"救世主降临前的阵痛……"救世主近在眼前，拯救的时间定得也很具体，就在 1666 年 6 月 18 日。一下子，全世界的犹太人都激动起来了，整个犹太世界处于一种极度的兴奋和骚动之中。此时，有一位基督徒记述了他当时的感受："觉察到犹太人中有一种奇怪的激情，他们没有一个人再去关注任何事情……所有的人都在讨论，所有的人都在梦想，所有的事务好像都不再有别的打算了，只有在许诺地重建弥赛亚崇高、昌盛、智慧和正义的国家。"①

然而，当沙巴泰到达奥斯曼帝国首都伊斯坦布尔附近的时候，政府当局迅速派警察将他抓获，并送到最高法庭接受审讯。在法庭上，摆在沙巴泰面前有两条路可供选择，要么去死，要么就改信伊斯兰教。沙巴泰与妻子最终选择皈依伊斯兰教，为此他还得到了一个政府的官职。几年后，沙巴泰还是被穆斯林驱逐出境，死在流亡的途中。

一场闹剧原本该收场了，可奇怪的事情又发生了。来自加沙的拿单却不死心，他坚持沙巴泰就是救世主，他的改宗只是"继续与邪恶势力做斗争"的一种方式而已。拿单的话赢得了一些追随者，他们继续相信他，并追随他一起皈依了伊斯兰教，由此形成一个变节派。直到20世纪中期，伊斯坦布尔城里还存在着一个变节派社团。

然而，对绝大多数人来说，这是一次沉重的打击。沙巴泰不是救世主，神也没有派遣救世主来解救以色列人和整个世界。犹太人感到深深的失望，就连对继续研习《塔木德》和传统的拉比教义也失去了信心。于是，东欧犹太人开始寻求一种新形式的犹太教了。

三、卡巴拉神秘主义教派

前面已经说过，中世纪的犹太教神学朝两个相反的方向发展，一个是以迈蒙尼德为代表的理性主义，另一个则是神秘主义。

对神秘事物的向往一直是犹太传统的一部分。在《圣经》的几部先知书里，对神强烈的灵性体验和神爱已经成为神秘主义的一股潜流。除了《圣经》正典以外，犹太教还有许多神秘主义的作品，它们以历史、宗教、哲学、祷文、小说、先知文学、启示文学、诗篇、遗训等各种形式出现。这些《圣经》之外的文字材料后来被汇集成"次经"和"伪经"。在伪经《以诺一书》（Enoch I）中，作者描述了他在游历七重天后，升到天宫受到神召见的故事。这种不可言传的神秘际遇的核心是以先知以赛亚的显圣为基础的，其中也包括了所有对天堂的赞美："卡都什！

① Dan Cohn Sherbok, Judaism, Calmann & King Ltd, 1999, p. 57.

卡都什！卡都什！”（即神圣！神圣！神圣！）后来，在犹太教的所有公共祈祷仪式中都会使用这个词——卡都什（Kadosh）。

公元6世纪时，神秘主义有了新的发展，出现了神秘主义的论著《创世之书》。该书认为超自然的神秘力量来自希伯来字母的书写形式、音位和数值。也就是说，《圣经》中的每个字母、每个符号都是神圣的、不可变动的。《创世之书》是犹太教神秘主义哲学最重要的文献之一。

12世纪下半叶，犹太教神秘主义思潮在西班牙、法国、德国等地迅速蔓延，形成了卡巴拉神秘主义教派。“卡巴拉”（Kabbalah）的意思是“传授教义”。卡巴拉派著书立说宣扬其神学思想，其中最重要的是《佐哈尔》（Zohar）即《光辉之书》。该书全面阐述了卡巴拉派的神学思想，是犹太神秘主义的代表作。传统认为，它是著名拉比西蒙·本·约海（2世纪）受到神的启示而作的，实际上它的真正作者是13世纪的西班牙拉比摩西·德·莱昂（Moses de Lean）。《佐哈尔》是一部恢宏的巨著，内容纷繁复杂，不仅有传说故事，有对《托拉》隐晦部分的解释，还讲述了幻觉的修炼方法以及神秘体验的方式。书中提出，人们的感官感知的世界只是一个更加光明世界的较低层次的反映。尽管神秘主义者极其重视《圣经》，但又认为《圣经》不应当被书写下来。

16世纪卡巴拉派最有影响力的人是以撒·路里亚（Isaac Luria），他对创世的解释是神的光进入到10个专用的容器中，有的容器因为含有较低层次的元素因此不能承受强烈的光波冲击而破碎了，容器的破裂使邪恶的粒子和残余的光进入世界。根据他的说法，只有救世主弥赛亚的来到，才能改变这种状况，结束世界邪恶和混乱的局面。路里亚认为，虽然只有神有权决定这一切在什么时候发生，但人类有一个极大的责任，就是在这个邪恶的世界里重新聚集“神圣的火花”，为修补破碎的容器做好一切准备工作。路里亚要求信徒们要严格实行禁欲修行、祈祷、遵守《托拉》戒律，并不断诵念神秘的咒语。

18世纪，路里亚的卡巴拉神秘主义以全新的面目出现在东欧，这就是后来具有深远影响的超正统的哈西德教派。直到今天，哈西德教派仍然是世界上最为活跃的正统犹太教教派。

四、阿什肯纳齐犹太人和塞法尔迪犹太人

长期以来，散居在世界各地的犹太人中一直存在着两种不同的传统，或称两大支派，他们是阿什肯纳齐人（Ashkenazi）和塞法尔迪人（Sephardim）。那些自中世纪就定居在基督教欧洲的犹太人的后裔统称阿什肯纳齐人，他们最初生活在德国，即日耳曼犹太人。后来，他们又移居到奥地利、波兰、波罗地海沿岸各国以及俄罗斯等地。而最初生活在西班牙、葡萄牙和巴比伦等地的犹太后裔，后来大多迁移到北非、意大利、中东和亚洲各地，他们被称为塞法尔迪人。

这两种人互相承认对方的犹太人身份，但各自又有着完全不同的文化习俗和宗教仪式，甚至在一些较大的阿什肯纳齐或塞法尔迪人的社区里，也会因为地域上的差异，在文化习俗方面呈现出多样性。阿什肯纳齐人以虔敬的态度严格恪守传统犹太教信仰、严格遵守犹太律法而闻名。他们不但编辑出适合自己使用的赞美诗和忏悔祷文，而且在《圣经》和《塔木德》研究上取得显著成绩。塞法尔迪人则对世俗世界持更加开放的态度，其法典和礼拜仪式也更具有创造性。学者们认为，这与亚洲、北非等国家对犹太人实行更开明的政策有很大关系。

16 世纪，荷兰城市阿姆斯特丹的犹太人社团就很好地显示了这种差异。中世纪初期，来到荷兰的犹太人（阿什肯纳齐人）在这里建立起最早的犹太社团。15 世纪末期，在反犹浪潮的驱赶下，许多西班牙犹太人也迁移到此地。在西班牙犹太人的教会堂里，有很多同时期制作的雕塑，从中可以看出他们的集会更为丰富、时尚和世俗。从衣着打扮上看，前来祈祷的人们好像是来参加一场舞台演出的盛会。而相比之下，阿什肯纳齐人的犹太会堂就显得寒酸多了，里面又小又暗，女人被安排在相距很远的楼座里，处处呈现出一种极其虔诚的气氛。这种习俗上的差异早已为人们所认可。

16 世纪，塞法尔迪人的律法权威约瑟夫·卡罗（Joseph Caro，1488—1575 年）出版了 4 卷本的名著《舒尔汉·阿鲁赫》即《摆好的餐

桌》。这是一部犹太教礼仪和律法大典的汇编。该书出版后，出生在波兰、与卡罗同时代的著名律法学者摩西·以瑟利斯（Moses Isserles，1525—1572 年）又根据阿什肯纳齐人的习俗和传统，对该书加以补充和完善，以便使卡罗的观点更容易为欧洲犹太人理解和接受。由此可以看出，无论对阿什肯纳齐人还是塞法尔迪人来说，如何始终如一地坚持犹太教的律法都是极其重要的头等大事。

20 世纪初期，在世界各地的犹太社团中，阿什肯纳齐人占了绝对的多数。现在以色列国的国民是由这两部分犹太人组成的混合体。1948 年，联合国安理会同意建立以色列国时，其主要目的是为二战时期犹太人幸存者——阿什肯纳齐人提供一个庇护所、一个安身之地。而实际上，许多生活在阿拉伯国家的塞法尔迪犹太人也趁此机会回到了久别的故乡。

第六章　启蒙与改革时期

18 世纪，欧洲的启蒙运动蓬勃发展，社会发生了巨大的变化。在启蒙运动的影响下，犹太人内部也发起了一场革命——犹太启蒙运动。由此产生了顺应时代潮流的犹太教改革派以及固守传统的犹太教正统派。这两大教派一直持续到今天。

当时规模最大的犹太社团依然在东欧，它们分布在波兰、奥匈帝国、巴尔干半岛、俄罗斯和波罗地海沿岸各国。此时，犹太人已经成为这些国家商界和各种专业领域的杰出人才。然而，犹太人的成功给他们带来的并不是荣誉和赞扬，而是在当地人心中激起一种嫉妒和仇恨的心理。19 世纪末期频繁爆发的反犹事件，催生了犹太锡安主义的产生，并从此登上世界历史的大舞台。

一、哈西德运动及其反对派

18 世纪的东欧，社会仍然处于不稳定的状态中。西欧各国的改革对东欧似乎没有产生多大的影响，犹太人的生活仍然受到种种限制，更严重的是他们的安全得不到保证，时时要提防当地一些暴民的侵袭和骚扰。在这种严酷的现实面前，一个称为“哈西德运动”的神秘主义教派在东欧迅速发展起来。

1. 创始人巴尔·舍姆·托夫

哈西德运动的创始人是一个名叫以色列·本·以利撒（Israel ben Eleazer，1700—1760年）的心理医生，他是出生在波兰的犹太人。后来他以巴尔·舍姆·托夫（Beal Shem Tov 意思是“好名的大师”）的名字闻名于世，有时侯人们也将这个名字的3个首字母组合，简称他为“巴施特”（Bsht）。据说，巴施特30岁时就是当地著名的学者和医生了，他建立了自己的传教中心，并开始传播他的学说。

巴施特为犹太教神圣的仪式找到了一种充满激情的新模式，他神秘的传教吸引着众多的信徒，每个人都能从他的教义中得到自己所需要的东西。巴施特认为学习《托拉》是一种虔诚的行为，人们的全部日常生活都应当是对神的奉献。同时他也提出：研习《托拉》、遵守律法并不比深刻地感受、虔诚地祈祷更好，因为每个人都具有得到最高启示的能力。巴施特强调祈祷应该是一件愉快的事。他常对信徒们说，要愉快地对待神，只有快乐的人才能真正地爱他的同伴及神创造的一切。他倡导“离开忧愁和悲哀……人要愉快地生活着……要一生充满了欢乐”。[①] 他的信徒就是通过激情的歌曲和狂喜痴迷的祈祷，在自己所住的隔都里寻找神的踪迹。

巴施特认为神无处不在，因此不必过分地强调对未来救世主的长期期待。但并非人人都能找到神，只有那些不被表面现象所迷惑的人才能真正找到神。他告诉人们，神就在人世间最平凡的日常生活中，只要心里牢牢记住神，即使吃饭、喝水、工作，也都是神圣的行为。正是通过日复一日的生活，人的灵魂才逐渐地接近于神，他指出只有清除人和神之间的障碍，摆脱个人的自私和虚荣，才能够达到最高的境界——“依恋于神”。他的信徒被称为哈西德（Hasideans 意思是“虔诚的人”）。该运动很快传遍波兰、乌克兰和整个东欧。到19世纪初期，差不多有一半的东欧犹太人认同自己属于这个新宗教运动。

哈西德们喜欢探究犹太教的神秘传统。学者们认为该派主要受两个教派的影响，一个是卡巴拉派，另一个是曾在塞法尔迪人地区流传过的早期神秘派。同时他们也受到伊斯兰教苏菲派神秘主义和基督教虔敬派的影响。哈西德派竭力向信徒们揭示迄今为止依然神秘莫测的大千世界。

---

① Mary Pat Fisher, Living Religion, Prentice Hall Inc, 2000, p. 245.

该派的绝大部分信条来源于卡巴拉派，同时它也秉承了卡巴拉派虔信、坚持、智慧、知识和理解等特征。哈西德派最重要的特点是让快乐和热情成为普通老百姓宗教修行的一部分。

2. 哈西德运动

在哈西德运动发展的过程中，涌现出各式各样的新领袖人物，出现了各种不同的哈西德教派。每派都由一位世袭的“柴迪克”（tzaddik 意为“正义”、“正直”）来领导，该词源于《塔木德》。《塔木德》中说世界得以存在，完全依赖于36位解救众生的正义之士——柴迪克，其中包括众多的犹太先知们。当他们成为哈西德教派的精神领袖时，信徒们称之为雷比（rebbe 或 Reb）。人们相信柴迪克具有超自然的能力，在神与人的交流中，他们能直通神灵，起到精神通道的作用。哈西德们相信柴迪克充满了神的仁慈和博爱，通过观察柴迪克的行为，可以学习如何就生活中的每个细节向神祈祷，从系鞋带、吃饭到穿衣戴帽等无所不包。作为社区的精神领袖，柴迪克一般都拥有大批的信徒。他给人们以劝戒，并依靠信徒的捐赠来维持生计。在哈西德运动中，有许多讲述柴迪克超凡圣洁的故事，这些故事广为流传，成为哈西德教义中重要的组成部分。柴迪克们传经布道的讲义，也被人们收集起来，加以整理后出版发行，流传于世。

巴施特去世后，继续传播哈西德教义的重担落在德夫·比尔（Dov Ber）的肩上，他十分强调柴迪克作为启蒙导师的重要性。比尔劝告哈西德信徒，要尽量取得一位柴迪克的精神庇护，因为柴迪克与神之间有某种私人联系，通过他们的祈祷将会比自己祈祷更加有效。但这种观点遭到许多非哈西德宗教领袖的强烈反对。他们认为每个人都有能力自己与神取得联系，而无需借助于他人的力量。当柴迪克成为教派首领后，信徒们会对新领袖的神性进行考察。因此，具有神功奇迹的人担任领导人一直是哈西德运动的特点，也是该运动具有长久吸引力的原因之一。

哈西德信徒们的行为有明显的特征，他们类似于古代的虔敬派，信徒往往集中居住在某地，生活在与非犹太人隔绝的环境中，也不与其他犹太人来往。在日常生活中，他们严格遵守犹太律法，大多数人具有极端正统派成员最明显的特征：男人多蓄须，戴黑色宽沿帽子，穿黑色外衣，裤外露出披肩的流苏，在安息日戴华丽的皮帽；已婚女人则戴假发，或用头巾蒙头。人们从他们的穿着打扮上，极容易辨识出其犹太人的身份。哈西德运动在全世界有许多派别，著名的有路巴维彻（Lubavich）—哈西德派、撒特玛尔（Satmar）— 哈西德派、贝尔兹（Belz）—哈西德派、波波夫（Bobover）—哈西德派、古尔（Gur）—哈西德派和维茨鲁蒂兹（vizhrutz）— 哈西德派等等。每个派别前面，都冠以起源村镇的名字。

二战中纳粹的大屠杀使东欧哈西德社团遭到严重破坏，但仍有许多哈西德成员逃出来，将这个运动保存下来。如今，在美国和以色列都有哈西德派的社团存在。特别值得一提的是，路巴维彻—哈西德教团至今仍然是一个活跃的组织。该派的第七任首领是近代享有最高声誉的拉比——曼汉哈姆·门德勒，当他 1994 年去世后，立即有人将其墓地作为朝圣地，以求得到超自然神灵的帮助和心灵上的慰籍。

3. 反哈西德派

然而，并非所有的犹太人都被哈西德主义所说服，许多学者不赞成哈西德背离传统礼仪的庄严肃穆，在礼拜仪式中纵情地载歌载舞，进入痴迷狂喜状态的做法。学者们也对他们热衷于神秘主义的研究，而不重视研习《塔木德》感到难以理解。这些传统主义者被称为反对派。他们的领袖是立陶宛的维尔纳犹太经学院的加昂、学识渊博的以利亚·本·扎尔曼（Elijah Ben Zalman，1720—1797 年）。这位维尔纳经学院的加昂是一个神童，13 岁时就被认为是一位《塔木德》大师。他决心要保留传统的学术研究成果，是复兴《塔木德》研习的重要代表人物。

当时，在哈西德派和传统派之间展开了激烈的斗争。许多哈西德派的书籍被焚烧，并颁布了革除教籍的法令。父母亲都被告知，如果他们的儿子参加哈西德的任何一个派别，就要为他举行哀悼仪式。民间流传着一个关于维尔纳加昂的故事，对两派之间的差异给出了说明。但这个传说也很可能是人为编造的。

有一天，加昂正在对学生们进行辅导，这时有几只鸟从窗前飞过。有两个男孩子抬头仰望窗外展翅飞翔的小鸟，被加昂看见了。于是他就问两个孩子："看见鸟儿在飞，你们想到了什么?"一个男孩子说：高飞的鸟儿使他想到灵魂正在升入天国。这个回答太容易让人联想到哈西德的神秘主义了，于是加昂让这个学生离开教室。另外一个学生回答道：他感兴趣的是如果鸟儿摔死了，或者落在栅栏边上，将会发生什么事情?它的躯体应该属于谁?加昂听了非常高兴，他说："知道宗教是什么的人才会赞美神!"①

18 世纪西方启蒙运动的发展，无论对哈西德派还是反对派都构成了更严重的威胁。当时的西欧犹太人正在摆脱其孤立无助的状况，他们越来越多地受到世俗文化的影响，甚至有人开始怀疑《托拉》的神秘起源，以及犹太教基本原则性的各种问题。对两派来讲，这些都是他们不愿意看到的。为了反对这种世俗化倾向，他们最终还是坚定地站在了同一条战线上。

如今，哈西德派和反对派之间的敌意早已不存在了。为了维护传统，许多哈西德成员也成了研究《塔木德》的学者。因此，在 20 世纪后期的极端正统派犹太教社团中，既有哈西德分子也有非哈西德派的成员。

二、犹太启蒙运动

18 世纪，当哈西德派和反对派在东欧进行唇枪舌战之际，一场思想启蒙运动在西欧悄然兴起。在自由、平等、博爱、天赋人权的大旗指引下，欧洲社会发生了巨大的变革，犹太人的处境也有了根本改变。

德国皇帝约瑟夫二世（1765—1790 年）在位时，颁布了宽容法令，犹太人不再被限制在特别的隔都里，不必再穿与众不同的特殊服装，此外犹太孩子只能上犹太学校的规定也被取消了。类似的情况也发生在法国。1791 年法国国民大会批准给犹太人以公民权利，并同意他们享有充

---

① Dan Cohn Sherbok，Judaism，Calmann & King Ltd，1999，p. 60.

分的宗教信仰自由。法国大革命后，拿破仑（1791—1821 年）成为法国皇帝，他于 1806 年召集犹太名士大会，第二年恢复了犹太教最高管理机构——犹太教公会。从此，法国的犹太社团便如同政府的一个行政机构。1815 年，拿破仑兵败滑铁卢，尽管此时仍存在反犹主义思想的残留，但他进行的改革已经是覆水难收了。1869 年，在启蒙思想的感召下，德国北方会议宣布解放犹太人。1871 年，开始解除对犹太人职业、公民权、婚姻以及居住地的一切限制。自 17 世纪以来，英国犹太人就一直自由地过着宗教生活。到 19 世纪，欧洲对犹太人所有的限制全部废除。1858 年，英国下院产生了第一位犹太人议员。

在这场巨大的社会变革面前，受到启蒙思想深刻影响的欧洲犹太人，其内部也发生了一场理性革命。此时，犹太启蒙运动——哈斯卡拉（Haskalah）运动应运而生。推动犹太启蒙运动发展的是一批知识分子，他们力图使犹太教适应社会与环境的改变，并主张犹太人更多地融入世俗社会中去。其中最有影响力的思想家是摩西·门德尔松。

摩西·门德尔松（Moses Mendelssohn，1729—1786 年）出生在德国小城市德骚（Dessau），自幼随父亲和拉比研习犹太教经典。后追随老师来到柏林，通过自学成为著名的哲学家、神学家，他会说拉丁语、希腊语、法语、英语等多种语言。门德尔松的才华受到德皇弗朗兹一世（Firedrake，1745—1765 年）的赏识，被封为“有特权的犹太人”，享有不被驱逐的特权。他与著名基督教哲学家、剧作家莱辛（Lessing，1729—1781 年）交往甚密。

门德尔松受著名犹太哲学家斯宾诺莎的影响，认为人通过理性思维能够认识到神的存在，洞识神的远见卓识及其永恒的天赋。他相信犹太人的传教不仅为传播真理，也是为了唤起神的关注，这对于呼唤道德的人们来说，也是一种不断的提示。1767 年，门德尔松发表其神学代表作《斐多》，该书用对话体的形式探讨了关于人灵魂不朽的问题。对当时的德国思想界产生很大影响。他号召人们为自由而祈祷，要求取消国家对宗教事务的干涉。在其哲学名著《耶路撒冷——论宗教权威和犹太教》中，他主张完全的政教分离和信仰自由。他指出：“不要用贿赂和激励的方式去鼓励人们接受某种神学思想，只要不扰乱社会治安，应当允许每个人按照自己的方式向神祈祷。”①

门德尔松大力提倡犹太教育现代化。他鼓励人们放弃意第绪语，说标准的德语。他认为犹太人只有与所在地社会融为一体，其信仰才能得到当地政府和社会的认同。他不仅将《五经》翻译成德文，还写了一部评论《圣经》的巨著。门德尔松认为，一个人在家里是一个犹太人，在街上则应是一个德国人，这样不会削弱对犹太传统的忠诚。1781 年，他亲自创办了一所自由学校，在这个学校里，不仅讲授《圣经》，也传授世俗的文化课程。正是在门德尔松的指引下，德国犹太人开始走出封闭的隔都，去认识更加丰富的、世俗的欧洲文化，为犹太人进入现代社会奠定了基础。

门德尔松是第一位被欧洲社会接受的犹太思想家，他力图在传统和现代之间找到一个契合点。尽管他大力提倡犹太人要融入世俗社会，但他本人却一直严格遵守犹太律法。然而，他的 6 个儿子中有 4 个最终皈依了基督教，这使他陷入一种尴尬的境地。他为犹太人的解放所做的种种努力，受到人们的质疑。有人发出这样的疑问：“在被外界同化之前，一个犹太人究竟应当接受多少外部世界的文化？”

犹太启蒙运动的发展，完全改变了西方犹太人的生活。他们不再被局限在与世隔绝的犹太居住区里，这使他们对西方的世俗世界有了更加充分的了解，同时也使许多人思想上产生了不同的变化。在新的时期、新的环境下，犹太教的新教派陆续诞生了。

三、犹太教改革派

最初在德国兴起的犹太启蒙运动，强调理性主义，主张犹太教要进行适应社会的变革。因而许多犹太人走出封闭狭隘的犹太圈子，融入日益发展的现代社会中。这也使相当多的犹太人在思想上产生了变化，他们感到犹太教的传统祈祷方式似乎已经不适用了。

---

① Dan Cohn Sherbok, Judaism, Calmann & King Ltd, 1999, p. 62.

门德尔松去世后，犹太启蒙运动成为一个有别于正统派的团体。该运动逐渐走向极端化，结果一个新的派别——犹太教改革派在德国发展起来了。1801 年，金融家以色列·雅各布逊（Jacobson，1768—1828 年）在德国的塞森（Seesen）建立第一座改革派教会堂。在这里举行的礼拜仪式允许男女混坐，祈祷和布道都可以使用德语，而不是必需用希伯来语。此外唱诗班的合唱，辅以管风琴伴奏，以增加仪式的效果。但没过多久，这个犹太教会堂便被德国政府取缔了。

1818 年，在汉堡建立了改革派的第一座永久性会堂。在此，改革派发行了自己的《祈祷书》，这本书废除了所有涉及救世主弥赛亚、12 个犹太部族重返圣地的信条。该会堂的成员自认为是忠诚的德国人，因此没有必要再效忠其他地方了。此时，有些宗教领袖开始拒绝接受犹太教的一些信条，如"《托拉》是神在西奈山上亲自传授给摩西"的说法，试图不带任何偏见地来研究犹太教的历史。另一些人则认为犹太教只是一种合乎伦理观念的、一神论的宗教传统，它的许多内容已经不再具有任何价值了。

改革派试图帮助现代人欣赏其古老的信仰——犹太教，同时认为它不应该只是一件历史的古董。犹太教应当不断发展、与时代相适应，成为一个开放的宗教，而非永恒不变的僵死教条。他们要求修改犹太教的仪式，清除那些"过时"和"东方"的习俗。一些人建议修改犹太教饮食法，去掉不合时宜的装束，参加仪式时不必蒙住头部……为了更加接近基督教同事，有人甚至要求将安息日从周六改在周日。

新运动迅速传播开来，1838 年召开了第一届改革派拉比会议。会议发表了一项宣言，声称犹太教是不断发展的宗教、《塔木德》对现代人没有约束力、不再期盼弥赛亚的降临，以及犹太人要以居住国为祖国等。由此，犹太教改革派正式成立。1841 年，改革派犹太人在伦敦西区建立了新的犹太教会堂，1854 年在布里斯洛（Breslau）建立一座改革派拉比学院。1867 年，另一所改革派新学院在匈牙利建成，柏林的豪齐斯楚尔（Hochschule）学院也于 1872 年开学。

19 世纪末期，犹太教改革派在美国得到迅猛发展。美国逐渐取代欧洲成为犹太教改革派的主要活动中心。早在 1654 年，从西班牙逃出来的犹太人后裔就在新阿姆斯特丹的荷兰殖民地建立起北美第一个犹太人社团，但此时犹太人移居美国还没有真正开始。直到 19 世纪中叶，大批犹太人开始加入欧洲一波接一波的移民浪潮中。

1824 年，南卡罗来州的查尔斯顿犹太社团中有 47 名成员发表声明，要求实行德国汉堡会堂的改革措施，简化宗教仪式，祈祷时使用英语而非希伯来语等，但遭到犹太教公会的拒绝。直到 1838 年，查尔斯顿才建立起第一座美国改革派犹太教会堂。改革派的目的是为了让受到良好教育的犹太人能够愉快地接受其古老的信仰。此后，许多城市相继建立起改革派会堂，并发行了美国改革派的新祈祷书。

美国改革派的领袖是拉比伊萨克·梅耶·怀斯（Isaac Meyer Wise，1819—1900 年）。他出生于波西米亚，1846 年移居美国。随后，他建立改革派会堂，推动改革派在美国的发展。1854 年，他创办《以色列人》周刊，积极宣传改革派思想。在他的领导下，改革派在美国生气蓬勃地开展起来。1869 年，美国第一届拉比会议在费城召开，会上发表了“费城宣言”。1875 年在俄亥俄州的辛辛那提市建立了美国第一所拉比学院——希伯来联盟学院，怀斯亲任院长。直至今天，该学院仍然是培养改革派拉比最重要的犹太神学院。1885 年，美国改革派发表《匹兹堡教义纲领》，宣称：“我们承认摩西律法为具有道德约束力的法律，将坚持那些升华和圣洁我们生活的各种仪式，同时抛弃那些与现代文明不适应的陈规陋习。我们不再将自己看成一个民族国家，而只是看作一个宗教社团。因此，我们不务求重返巴勒斯坦，也不会恢复犹太国的律法。我们认为犹太教是一个进步的宗教，一个理性的宗教，其道德规范适合于未来社会的发展……”① 这个纲领表达了改革派在一系列基本问题上的原则立场，为该派在美国的发展构筑了一个基本框架，具有深远的影响力。

到 19 世纪后期，人们无论从穿着打扮、言谈举止、文化程度还是理想抱负方面，都已经无法将北美犹太人与同一城市的居民区分开来了。此时，犹太改革派在人数上也超过了正统派，成为美国犹太教中规模最

---

① 潘光主编：《犹太研究在中国三十年回顾：1978—2008》，上海社会科学院出版社 2008 年版，第 128 页。

大的派别。

四、犹太教正统派

与所有现代宗教一样，犹太教同样面临世俗化、科学、理性主义、工业化、唯物主义……的挑战。与以变革求发展的改革派不同，犹太教正统派的对策是以不变应万变。他们继续坚持《希伯来圣经》是神的启示、是永恒不变的真理，《塔木德》是合法的口传律法的信条。在日常生活的各个方面，他们仍然自觉地接受传统教规的种种束缚。

1807 年人们首次使用“正统派“一词，以便与改革派相区分。但是人们很难给正统派一个明确的定义，因为正统派中又分化出极端正统派、现代正统派、超正统派等，而每个派别中又有“现代”与“温和”之分。而且正统派中还涵盖了各种不同的思潮，其成员中有神秘主义者、有理性主义者、有锡安主义者，也有反锡安主义者，不一而足。因此，我们只能说：正统派是所有形式的传统犹太教的一个总称。

一般说来，正统派坚信《托拉》是神授予摩西的，他们严格遵守《圣经》律法和犹太教的传统习俗，不赞成对犹太教进行任何变革。正统派对新教派的发展感到恐慌，认为参予世俗活动太容易引起同化。总之，他们对外部世界的一切变化都感到害怕。严格的正统派是一个极易识别的小团体。男人身穿与众不同的黑色服装，头戴黑帽，长裤的上方常会露出小披肩的流苏。妇女和女孩子则要遵循端庄稳重的原则，裙长要过膝，袖长要过肘，领口要高开，脚穿长筒丝袜，其生活完全处于《托拉》无数条清规戒律的约束之中。正统派信徒通常喜欢聚集而居，共同生活在一个自我封闭的社区里。他们要求犹太会堂离住处不要太远，最好步行就能够到达。所有的正统派男人几乎都参加每日的祈祷仪式，有的甚至一天两次。在犹太会堂里，男女座位是严格分开的。正统派不鼓励女人参加犹太会堂的活动，认为学习律法是男人们的事，女人的任务是操持家务，顶多在家里作主。

除了由于疾病必须控制生育外，犹太人不提倡节制生育。青年男女一般在20岁左右就结婚了，大家庭被认为是一种福分。他们的孩子要到犹太教会堂的学校读书，学校将男女学生分开，在不同的环境里接受教育。学校除了教授普通的世俗课程外，还要学习希伯来语和犹太教经书。到十几岁后，男孩子便开始学习《塔木德》了。从犹太学校毕业后，孩子们不会进入世俗大学学习。一般来说，男孩子会到以犹太教知识为基础的犹太经学院深造，女孩子则在女子学院继续学业，毕业时学校会发给她们某种专业证书。在长辈的精心呵护下，孩子们从小慢慢地长大。在这些年里，孩子们也会见面，交换意见，进而订婚和结婚。在婚后的最初几年里，年轻夫妇靠父母亲和亲戚的资助生活，是很普遍的现象。只有在完成了《塔木德》的学业，终身的习惯已经养成后，年轻人才开始从事正当的职业，承担起谋生和养家的责任。

在美国，犹太教的正统派逐渐分化出三大派别。

极端正统派

亦称严格的正统派。他们与现代社会隔绝，固守一切传统的东西，不接受任何现代社会的新生事物，甚至反对建立以色列国。如今，他们是犹太教中的少数派，但在以色列国内却占有绝对地位。

现代正统派

该派试图在犹太传统与现代社会之间寻求一种平衡，使犹太教适应现代社会的发展。现代正统派在“《托拉》是神授的”基本信条上毫不动摇，并认为对改革派必须旗帜鲜明地予以谴责。但该派也主张在坚持《托拉》律法的同时，犹太人可以接受世俗教育，允许教徒穿现代服装，礼拜仪式可以使用当地的通用语言，并享受现代物质文明的成果。

超正统派

该派是以哈西德派为代表的神秘主义教派，类似于古代的虔敬派。信徒聚集而居，严格遵守犹太律法，衣着服饰与众不同，带有明显的正统派特征。其中又分裂出众多的小派别。

如今，正统派犹太教是以色列国的国教，不仅控制了以色列国内的宗教机构和宗教事务，而且通过参政，对政府的国内外政策产生重要的影响。此外，正统派犹太教在欧美各国也有着强大的势力。

五、反犹主义

反犹主义即歧视性地反对犹太人，是希腊—罗马文化的一部分。自公元4世纪罗马帝国接受基督教为国教后，这个幽灵就一直在欧洲游荡。

1. 反犹主义的历史背景

反犹主义有深刻的宗教根源。基督教会始终认为“犹太人是杀害耶稣的帮凶”，“他们不肯接受耶稣是救世主”，“最终将耶稣送上了十字架”。在这种宣传下，许多基督徒对犹太人有一种仇恨心理，认为他们是一群愚昧无知、顽固不化的人。加之犹太人自我隔绝的独特生活状态，厌恶犹太人成为欧洲人一种普遍的心理状态。在进入现代社会之际，这种对犹太人的仇视与憎恨以一种新的形式在欧洲出现了。

19世纪中期，一种泛日耳曼主义的“雅利安种族优越论”在德国出现，该理论由英国的豪斯顿·张伯伦提出。他在《19世纪的基础》一书中，宣扬犹太人是一个低劣的种族，已经对“日耳曼民族的纯洁性”构成威胁。这一论调很快得到德国社会的广泛认同，一些学者也为这种种族论的流传起到了推波助澜的作用。

著名哲学家尼采（Nicai，1844—1900年）认为德国收留了太多的犹太人，再多了便无法将他们同化，因此反对犹太人继续进入德国。他宣扬只有“纯正”的诺迪克（Nordic）血统在遗传上才是完美的，而犹太人是一个危险的“混血”种族。在“种族优越论”的煽动下，反犹主义很快死灰复燃，再次在欧洲蔓延开来。

1879年，德国记者维尔赫姆·马尔（Wilhelm Marr，1818—1904年）首创“反犹主义”（anti-semitism）一词，从字面看它的意思是“反闪米特主义”，实际内涵却并非如此。反犹主义从未将矛头指向其他闪米特民族，却向犹太人表达了一种新的种族偏见——对犹太人的仇视和憎恨。马尔认为不能容忍犹太人的原因并不是他们的宗教信仰，而是因为他们是一个完全不同的外来种族。他鼓吹应当将现代历史理解为“本地的日耳曼血统和外来的闪米特人之间正在进行的一场斗争”。1881年，维尔赫姆·马尔又鼓吹犹太人的身体特征对“纯正的德意志民族”构成威胁。犹太人被他描述为天生的唯利是图、自私自利、物质主义、胆小怕事且颓废堕落的人。这些观点通过各种书刊杂志四处扩散。

1903年，俄罗斯一本杂志刊登了一份名叫《锡安山长老备忘录》的文件。据说该文件是1897年世界第一届犹太锡安主义者大会上制定的一个秘密计划，目的是要建立一个犹太人的帝国，实施对非犹太人的统治。该文件很快在俄罗斯境内流传开来，并译成多国文字，传播到海外。实际上，这是个伪造的宣传品，据说连沙皇尼古拉二世也对它的真实性产生过怀疑。虽然明知这是一个伪造的反犹读物，但它仍在俄罗斯和东欧广为流传，并引发了新一轮反犹狂潮。

2. 东欧和俄国的反犹活动

19世纪后期，由于反动种族论的传播，反犹情绪在俄国和东欧再次蔓延。

此时，在俄罗斯西南部的奥德萨至波兰华沙的栅栏居住区，已经生活着大约500万犹太人。他们早已成为一个人数可观的少数民族，并凭借自己的智慧和能力，积累起足够的财富而跻身于上流阶层。在马克思主义传入俄罗斯，工人运动开始兴起之时，犹太人不断加强与左翼运动的联系，以推动社会的变革。有些人甚至选择世俗的社会主义，来反对正统派犹太教。

在俄国，对犹太人的攻击被描述为“波格罗姆”（Pogroms），这是“达到毁灭程度的大屠杀”。每一次的波格罗姆就是社会上一部分人被另外一部分人杀害，而且经常伴随着抢劫、谋杀和毁坏财物等现象的发生。

1881年3月，沙皇亚历山大二世（1818—1881年）被革命党人刺杀身亡。由于嫌疑犯中有犹太人，其子亚历山大三世（1881—1894年）继位后，便在大臣的鼓动下，制定了疯狂的反犹计划。目标是“消灭三分之一的犹太人，驱逐三分之一的犹太人，同化三分之一的犹太人”。

在沙皇政府的领导下，俄罗斯反犹主义开始由民众自发的行为变成官方的、有组织的反犹运动。反犹骚乱首先从南方的边界开始，然后蔓延到整个犹太居住区，持续时间长达8个月之久，大批犹太人被杀，无数房屋店铺遭到焚毁。随后，沙皇政府制定了一系列政策，来实施其驱逐、同化犹太人的计划。

1882年，沙皇亚历山大三世颁布“五月法令”，严格限制犹太人在栅栏区外居住，禁止在栅栏区外建立新的居民点，并采取驱逐政策，将他们赶到更加偏远、环境更为恶劣的地带。在这种疯狂反犹的形势下，大批犹太人逃离俄国，前往大洋彼岸的美国，在那里建立起世界上最大的犹太团体。也有一部分人选择了西欧或世界的其他地方。

沙俄排犹的第二次高潮发生在1903—1906年间。1903年，在德涅斯特河与普鲁特河之间的比萨拉比亚（Bessarabia）地区，发生了新的反犹事件。一些暴民袭击了基什尼奥夫市（Kishinev）［1991年改称基希讷乌（Chisinau），现为摩尔多瓦首都］的犹太居住区，发生严重的骚乱。但事发当天，政府没有采取任何措施来保护受到攻击的犹太人。直到第二天下午，警察才来到这里，而此时，已经有45名犹太人被打死，受伤者多达千人，1500多所房屋和店铺遭到抢劫或被损毁。这次骚乱事件发生后，迫使居住在俄国边境地区的犹太人大量外逃。

从1881年到1914年一战爆发之前，数百万犹太人离开了俄国和东欧国家。其中，大约有200万人来到美国，此外西欧有35万，英国有20万，南非有4万，阿根廷有11.5万，还有10万人前往加拿大。

3. 德雷福斯事件

在19世纪，西欧各国也未能幸免于反犹思想的影响，反犹主义已经成为欧洲政治的一项重要内容。处于困境中的政府十分善于利用大众的这种排外情绪，以转移人们对国内问题的关注。列宁曾尖锐地指出“地主资产阶级掀起反犹主义，是想把穷困工人和农民的仇恨转到犹太人身上”，深刻地揭示了反犹运动背后卑劣的政治动机。

1815年，拿破仑兵败滑铁卢，法兰西第一共和国随之结束，紧接着波旁王朝复辟。为了摆脱长期战争和社会动乱带来的种种弊端，法国开始出现一股反犹思潮。反犹读物《法国的犹太人》一书，在法国境内广泛流传。该书将国家的经济萧条和社会的贫困现象全部归罪于犹太人，犹太人成了这一切的替罪羊。据说这本书在西欧一共印发了140多版，足见其传播之广，流毒之深。

19世纪末期，法国仍处于混乱的状态。为了争夺欧洲的霸主地位，阻止德意志的统一，1870年爆发了普法战争（1870—1871年）。结果，法国战败了。法国不仅丧失了大片土地，被解除正规军武装，而且要向德国支付高达2亿法郎的巨额赔款。战后，德国经济迅猛发展，法国却停滞不前，远远落后于德、美等后起国家。在这种情况下，法国工人运动不断掀起高潮，共和党和保王派之间、共和党内部激进派及温和派之间的斗争愈演愈烈。在这种动荡不安的时刻，1894年12月，法国爆发了著名的德雷福斯事件。该事件轰动了世界，使法国再次成为国际舆论关注的焦点。

阿尔弗雷德·德雷福斯（Alfred Dreyfus，1859—1935年）是法军总参谋部的一位上尉军官，他是出身于中产阶级家庭的犹太人。当年10月，有人写了一封匿名信，指控他是间谍，将军事秘密文件出售给德国驻法大使馆的武官。此事一经媒体披露，立刻在法国掀起轩然大波，德雷福斯被送上军事法庭。军事法庭对此事进行了审理，指控德雷福斯犯有叛国罪，判处终身监禁。但受到指控的德雷福斯本人，始终不肯认罪，坚持声称自己是清白无辜的。

围绕德雷福斯事件，法国出现了截然不同的两种态度。军界一些人趁机煽动反犹情绪，扬言要发动对德战争。而广大民众则希望了解事情的真相，新闻媒体和一些进步作家也纷纷发表意见，伸张正义。著名文学家左拉（Zola）发表了给总统的一封公开信，题目就是《我控诉》，为德雷福斯鸣冤，表达了许多人要求彻查此事的心声。

然而，政府当局却不肯公布事实的真相。后来，在媒体的穷追之下，真相终于被揭露出来了。原来法庭仅仅根据一份伪造的文件，就给德雷福斯定了重罪。然而，1899 年当该案再次审理时，德雷福斯还是被判有罪。直到 1906 年，真相才大白于天下。原来，写诬告信的不是别人，正是德雷福斯的上司，而他才是真正的间谍。在被无辜地关押 12 年之后，德雷福斯走出囚禁的小岛，重获自由。

有学者指出，德雷福斯事件的发生绝非偶然，它是法国国内矛盾激化的表现，也是法国民主与反民主力量的一次较量。12 年中，在新闻媒体和正义人士锲而不舍的坚持下，法庭三审此案，终于还德雷福斯以清白之名。但该事件发生在启蒙运动之后的法国，仍令许多人感到震惊和不解，也引起更多人的思考。正是德雷福斯事件，彻底地改变了一个人的命运，这个人就是西奥多·赫兹尔。

当时的西奥多·赫兹尔还是个朝气蓬勃的年轻人，他是维也纳《新自由报》驻巴黎的记者。西奥多亲自目睹了在巴黎街头发生的一幕，据他日后的回忆："在军校附近的大街上，暴民们狂热地尖叫着，他们强行撕去德雷福斯的肩章，这一切至今仍然回响在我的耳旁……"①

德雷福斯事件极大地刺激了赫兹尔，使他对犹太人的未来和命运进行了深刻的思考，从此走上一条为民族复兴而奋斗的道路。在西奥多·赫兹尔的带领下，一场声势浩大的犹太锡安主义运动开始扬帆起航。

---

① Dan Cohn Sherbok, Judaism, Calmann & King Ltd, 1999, p. 66.

第七章　犹太锡安主义运动

19 世纪末在欧洲发生的反犹事件，在深受其害的犹太人中产生了两种截然不同的结果。反犹主义的猖獗使许多犹太人产生了强烈的自我认同感，犹太民族主义和犹太锡安主义运动由此而生。同时，也使一些犹太人厌恶自己的犹太人身份，希望与基督教文化融为一体。在极为复杂的社会政治背景下，犹太锡安主义运动逐渐发展壮大起来，无数先驱者开始为在巴勒斯坦建立一个犹太人的家园而不断奋斗。

一、犹太锡安主义运动的背景

犹太锡安主义（Zionist）运动是 19 世纪末期掀起的犹太民族复兴运动，即犹太复国主义运动。锡安主义并非空穴来风，它有着极其深厚的犹太教和犹太文化的背景，有着宗教和世俗两方面的根源。从宗教的角度来说，重返锡安（Zion 即耶路撒冷圣殿所在地）是神对犹太人的承诺，它早已世世代代深入到每个犹太人的心中。在所有犹太教徒的祈祷中，重回耶路撒冷，结束长期的流亡生活一直是最核心的内容之一。犹太锡安主义的世俗根源则出自 19 世纪后期的民族主义运动。

1. 犹太锡安主义思想的产生

犹太锡安主义思想作为一种政治主张，来自 19 世纪世俗的犹太社会主义者，其主要代表人物是摩西·赫斯和列奥·平斯克。作为犹太民族主义的一个运动，犹太锡安主义者的目标是：在以色列人的故地建立一个政治上可行、国际社会认可的犹太人国家。可以说，犹太锡安主义是对19世纪末期东西欧日益增长的反犹情绪的一种回应。在欧洲，每当犹太人获得一些自由和文化时，社会上就会掀起一股反犹浪潮，而每次反犹浪潮过后，在受到残忍伤害的同时，却使犹太人更加坚定了自我意识，同时推动民族复兴思想进一步发展。

19世纪后期，犹太锡安主义理论的形成，为犹太人登上世界政治大舞台奠定了基础。

1862年，法国犹太作家摩西·赫斯（Moses Hess，1812—1875年）出版了《罗马和耶路撒冷》一书，提出了返回以色列故土，重建犹太国家的想法。他首次使用了“重返锡安”一词，成为犹太锡安主义思想的先驱者。但赫斯的思想在当时是超前的，他的这本书只卖出160本，并未在社会上引起很大响应。

1881年，沙俄屠犹事件发生后，敖德萨的犹太医生列奥·平斯克（Leo Pinsker，1821—1891年）首先对此事件做出反应。他在《自我解放：一个俄国人对同胞的警告》一书中，分析了反犹主义的心理根源和社会根源，认为反犹主义是一种无法避免的情绪，这是犹太人作为一个“变态民族”或“鬼怪民族”的本性引起的。平斯克指出只有一个解决办法，那就是犹太人必须要建立一个自己的国家，使自己成为一个“正常”的民族，这样才能将“恐惧和怨恨连根铲除”。为此，平斯克呼吁建立“犹太民族中心”，并提出重返故土的具体计划和措施。从而将犹太传统的重返锡安的期盼，变为一种非宗教性的政治主张。平斯克的这本小册子，标志着俄国犹太锡安主义的产生，也为以后世界犹太锡安主义运动的发展打下了思想基础。

2. 第一次移民浪潮

1882年，在敖德萨出现了第一个犹太锡安组织“锡安热爱者运动”（Lovers of Zion）。1884年，平斯克当选为该运动的主席。“锡安热爱者运动”以动员和组织犹太人移民巴勒斯坦为主要目标。

1882 年 7 月，该组织的首批 50 名成员到达巴勒斯坦。不久，他们在雅法东南 8 英里的一块未开垦的狭长沙地上，建立起犹太移民的第一个垦殖定居点。为了纪念这个具有历史意义的创举，他们将这个居民点起名为“里颂来锡安“（Rishon la Zion），意思是“圣地第一镇”。后来，这个第一镇以“里颂镇”而闻名，正是在这里，建起了第一所希伯来语幼儿院和小学。

自第一批开拓者到达后，掀起了向巴勒斯坦移民的第一次浪潮，即第一次“阿利亚”（Aliyah 意“上升”）。这次移民浪潮一直持续到 1903 年，期间共有 2.5 万犹太人从沙皇俄国来到巴勒斯坦，使这里的犹太人口增长了大约一倍。

第一次来到圣地的移民，绝大多数是世俗的年轻人，他们受犹太锡安主义思想的感召，怀着理想和热情来到这里，试图通过自己的劳动创造美好的生活。第一批移民自称“比卢”（Biluim），取自于《以赛亚书》中一句话的希语字头的拼写，这句话是“来吧，雅各家，让我们走!”尽管以此为名，但新移民并非犹太教徒。到 1897 年世界锡安主义者组织成立之时，比卢们已在巴勒斯坦建立了 18 个定居点，由此成为巴勒斯坦犹太定居点的开创者，并形成早期犹太锡安运动中的务实派。

俗语说“万事开头难”，第一批移民到达后，他们的生活处境一度极为艰难。此时的巴勒斯坦早已不是《圣经》中神许诺的“流着奶和蜜的土地”，而是一片人迹罕至的荒蛮之地。这里除了极少数阿拉伯人的居住区外，基本是荒无人烟的沼泽、山地和沙漠，只有在耶路撒冷、伯利恒、希伯伦和太巴列等神圣的城市里，才住着少数虔诚的犹太教信徒。

比卢大多是受过教育的年轻人，他们缺乏垦殖的经验，没有农业生产知识，不适应当地炎热干燥的气候，加之蚊虫的叮咬、疟疾的困扰，这些都极大地考验着他们的勇气、信心和意志。而奥斯曼官员警惕的眼神、阿拉伯人敌视的目光以及犹太教徒的冷漠态度，更使比卢们的内心倍受煎熬。很快，新移民就面临着生存的危机，他们不得不忍受饥饿的折磨，眼看着新建的定居点已无法维持下去了，建设美好生活的理想即将化为泡影。

为了让比卢们在巴勒斯坦生存下去，锡安热爱者组织的领导者四处活动，最终成功地说服法国犹太财阀埃德蒙·德·罗斯柴尔德男爵（Edmond de Rothschild，1845—1934 年），及时向比卢们伸出了援手。男爵是财力雄厚的金融家，也是头脑精明的商人，他做的第一件事就是收购犹太定居点，将这些地方改造为农场，让定居者们能够自食其力。他为里颂镇送来 3 千法郎的资金，为他们引进葡萄园，并请专家传授葡萄的种植技术和管理葡萄园的经验。在男爵的大力支持下，里颂镇的种植业很快发展起来，犹太人的生活也有了可靠的保障。

1900 年，在巴黎举行的第一届世界博览会上，里颂镇酿造的葡萄酒荣获博览会金奖，与法国的知名品牌一起，步入世界名酒的行列。这个被称为“圣地第一镇”的小城市，为巴勒斯坦的犹太社团赢得了第一个世界级的大奖。

在以后的几年中，罗斯柴尔德男爵为犹太人购置了大量土地，建造新的房屋，为新来的移民预付农机设备费，并帮助他们解决产品销售等问题。然而，男爵并非慈善家，他所做的一切都是有条件的。男爵希望来到这里的犹太人不要有任何民族主义的倾向，更不要说什么社会主义的理想，大家踏踏实实地过自己的日子就好，以免引起奥斯曼当局的反感，给他带来不必要的麻烦。

在男爵的大力资助下，越来越多的犹太定居点建立起来了。而放弃了理想的比卢们，开始过起养尊处优的闲适生活，他们不再亲自劳作，而是雇佣大量廉价的阿拉伯人为仆。此时，仅里颂镇 40 个犹太人家庭中，就雇佣了 300 个阿人为他们服务，其他定居点也大致如此。1900 年，当男爵得知这种情况后大怒，决定立即停止对犹太人的所有资金支持。失去了男爵的资助后，在短短几年内，就有大约 1/4 的犹太家庭离开这里，另谋生路去了。

实际上，在第一次移民浪潮之前，就有一些犹太人曾试图在巴勒斯坦建立定居点，但他们的努力均以失败而告终。正是在罗斯柴尔德男爵的帮助下，比卢们才在这里安居下来。虽然他们最终放弃了复国主义的理想，而蜕变为使用隶农的地主，但他们始终是先行者。第一批移民建立的定居点和农庄，为后来者提供了第一个落脚点，这对于初到的移民是至关重要的，而这正是第一次“阿利亚”的意义所在。

二、早期的犹太锡安主义运动

使犹太锡安主义思想系统化、纲领化的伟大思想家是西奥多—赫兹尔。在他的领导下，犹太锡安主义运动才真正登上历史舞台，成为一个有组织的国际政治运动。

1. 西奥多·赫兹尔

赫兹尔（Theodor Herzl，1860—1904 年）出生在匈牙利布达佩斯一个犹太人家庭，原名本雅明·泽夫（Binyamin Ze’ev），西奥多—赫兹尔是他的德文名字。与当时所有的犹太孩子一样，赫兹尔从小就接受传统的犹太教育，并在犹太教会堂举行了自己的成年礼仪式。1878 年，赫兹尔随全家搬迁到维也纳，这年他 18 岁。随后，他进入维也纳的大学学习法律并获得法学博士学位。毕业后，赫兹尔在司法部谋得一职，开始其职业生涯。但没过多久，枯燥的工作使他感到厌倦，他便开始写诗抒发自己的情感，还不时写一些小品文、游记和剧本等，投到报刊和杂志社。

在从事文学创作之时，年轻的赫兹尔开始对政治、新闻表现出极大的兴趣，并很快显露出作为报人的天赋。他具有敏锐的政治嗅觉和观察力，写作时文笔流畅，文辞典雅而妩媚。1894 年，赫兹尔辞去公职，成为维也纳一家报社驻巴黎的记者。在巴黎期间，他亲身经历了德雷福斯事件的全部过程。这个事件深深地震撼了赫兹尔的心灵，并彻底改变了他的一生，迫使他为犹太人的命运而忧虑，为犹太人的前途而思考。从此，赫兹尔步入一条崭新的人生道路。

1896 年，赫兹尔出版了《犹太国》一书，这本以随笔形式写成的小册子，首印仅 500 册。在该书的前言中，赫兹尔明确指出“我在这本小册子里阐述的是一个旧观点：重建犹太国”。此前，早已有人提出建立犹太人“安置地”或“犹太人中心”，以解决犹太人受歧视的漂泊生活的设想。但此时的赫兹尔则更进一步，直接提出了建立犹太国的思想，并为之规划出蓝图，提出了具体的措施。

赫兹尔认为反犹主义是欧洲基督教社会所特有的现象，在外国的土地上，作为一个少数民族："无论是寄希望于同化，还是一味地忍让，对犹太民族来说都是行不通的，必须在自己的故乡——巴勒斯坦建立起自己的新国家。"①

赫兹尔的小册子出版后，在维也纳犹太人的资产阶级小圈子里，引起"普遍的震惊和愤怒"。这些生活优裕的犹太人早已自视为奥地利人，认为自己的祖国就是奥地利，过着体面的生活，几十年后所有的偏见就会消除。他们气愤地质问道："他为什么要写这样的蠢话？干这样的蠢事？"当时维也纳一位最尖酸刻薄的作家还写了一本小册子《锡安山上的国王》来讥讽赫兹尔。据说有一天，赫兹尔到一家剧院观看演出，人们看见他走进来，全剧院的人都发出低低的声音"陛下驾到"。而赫兹尔所在的《新自由报》的老板，为了维护报社的声誉，也明令禁止在报上出现"犹太锡安主义"这个词。

但赫兹尔的这个几十页的小册子，却在世界各地引起了巨大的反响。这些反响不是来自那些过着优裕生活的犹太人，而是来自东方的普通犹太民众，以及来自波兰和沙皇俄国的犹太无产阶级。如茨威格所说："他用自己那本小册子重新激起了流落异国的所有犹太人的那种快要熄灭的热烈向往，实现在《旧约》中谈了千年之久的弥赛亚的复国的梦想——这既是希望，也是宗教信仰，它是使那些被摧残、被奴役的千百万人觉得人生尚有意义的惟一寄托。"②

赫尔兹的功绩在于，他不仅提出了犹太复国的思想，而且将思想变为切切实实的行动，付诸实施。从此以后，赫兹尔便将他的全部精力和时间用于宣传和鼓动犹太锡安主义上，并通过各种外交活动以争取国际社会的同情和支持，以便在适当的时机，实现在巴勒斯坦建立"犹太人

① ［奥地利］斯蒂芬·茨威格著，舒昌善等译：《昨日的世界：一个欧洲人的回忆》，广西师范大学出版社2004年版，第81页。

② 同上书，第82页。

之家”的理想。

赫兹尔最初的想法是争取犹太富豪们的资金支持，他找到腰缠万贯的金融巨头，也拜访了著名的犹太豪族罗斯柴尔德家族的成员，却遭到这些人冷淡的拒绝。于是，赫兹尔开始将目光投向广大的民众。

1897 年，赫兹尔在瑞士的巴塞尔召集了第一届世界犹太锡安主义者大会。他的战友大卫·沃尔森（David Worsen）为大会精心制作了一面会旗。旗帜呈白色的长方形，上下各有一条蓝色的宽带，如同犹太人使用的祈祷披肩，中间部分是蓝色的大卫星图案。当时不会有人想到，这面寓意深远的会旗，50 年后会成为新建立的以色列国的国旗，作为以色列国的标志，在蓝天白云下猎猎招展，高高飘扬。

在这次大会上，197 名代表经过 3 天的讨论，正式成立犹太锡安主义者的组织，赫兹尔当选为第一任主席，并通过由他草拟的犹太锡安主义宣言——《巴塞尔纲领》。纲领声称：“犹太锡安主义的目标是在巴勒斯坦为犹太人民建立一个受公共法律保护的犹太人的家园。”①

之所以不用“国家”一词，是因为此时的巴勒斯坦仍处于奥斯曼帝国的统辖之下，用“家园”较为含蓄，不会触动奥斯曼人敏感的神经。

赫兹尔在纲领中特别提出了“受公共法律保护”的观点，因为他坚决反对“犹太人的逐步渗透”，即以前那种零散地向巴勒斯坦移民的做法。他坚持要争取到一张移民的特许状，使犹太人进入巴勒斯坦成为合法的行为。1898 年 10 月，赫兹尔拜见了德皇威廉二世（1888—1918 年），恳请他在与奥斯曼帝国苏丹会面时，为犹太人美言几句，请苏丹颁发一张特许状，允许犹太人向巴勒斯坦移民。当时，德皇没有提出异议，赫兹尔心中充满了期待。

一个月后，赫兹尔再次面见威廉二世，德皇冷淡而矜持地接待了赫兹尔，只字未提犹太移民一事，这让赫兹尔大失所望。后来赫兹尔才知道，德皇在苏丹面前根本没提犹太人的事，倒是为法国圣殿派谋得了一张特许状，使这个宗教组织能够合法地迁移到巴勒斯坦去。

尽管谋取合法移民的努力屡遭挫折，但赫兹尔仍然坚持己见。在

---

① ［英］阿伦·布雷格曼著，杨军译：《以色列史》第一章，东方出版中心 2009 年版。

1899 年召开的第三届大会和 1900 年的第四届大会上，赫兹尔坚持锡安组织的首要目标是向巴勒斯坦移民并在那里建立犹太人的家园，同时坚持必须首先得到奥斯曼帝国的同意，在合法的前提下移民。

为了尽快得到奥斯曼苏丹的移民特许状，使东欧受迫害的犹太人及早得到安置，赫兹尔决定亲自面见苏丹。1901 年 5 月 17 日，赫兹尔在伊斯坦布尔受到苏丹阿卜杜勒·哈米德二世（Abdul Hamid Ⅱ，1876—1908 年）的接见。赫兹尔见到的哈米德，已是奥斯曼帝国末期的一个苏丹。赫兹尔向苏丹开出了优厚的条件，由犹太富豪们承担和管理奥斯曼帝国巨额的国际债务，以换取苏丹的一纸移民特许状。这对于正在进行各项改革事业的苏丹来说，无疑是极具诱惑力的。

赫兹尔对苏丹没有留下什么深刻的印象，他只是觉得苏丹面色惨白，身体孱弱，说话时发出尖细的声音。此时的赫兹尔并不知道，这个外表柔弱的苏丹，却是个地道的独裁者。他听完赫兹尔的陈述后，毫不为其所动，只是面无表情地告诉赫兹尔：他同意犹太人移民巴勒斯坦，但有一个先决条件，就是犹太人必须先成为奥斯曼帝国的国民，并要在帝国的军中服役。此外，犹太移民不得集中居住，必须分散到各个地方。这样的条件怎么可能答应呢？赫兹尔的努力再次失败了。

1903 年，在俄国的比萨拉比亚地区再次爆发反犹事件，为了给俄国的犹太找到一个出路，赫兹尔提出了一个新的建议，在西奈半岛北部的阿里什（El Arish）建立犹太安置点。这一次，赫兹尔的提议得到了英国殖民大臣约瑟夫·张伯伦（Joseph Chamberlain，1839—1914 年）的支持。但这个建议很快就被迫放弃了，因为阿里什地处沙漠边缘，是极度缺水的地区，而埃及的尼罗河水不可能给犹太人使用。

看到犹太人的处境那么艰难，张伯伦深表同情。于是，英国方面提出了一个新的设想，将英属东非肯尼亚和乌干达交界处的一块地方，提供给犹太人，允许他们在这里实行某种形式的“地方自治”。这块地方适合种植棉花和甘蔗，犹太人能够在这里生存下去。此时，四处碰壁的赫兹尔只能退而求其次了，他认为英国的提议是可行的，于是准备接受这一方案，并将该方案提交犹太锡安主义者大会讨论。

1903年，在第六届锡安大会上讨论了乌干达方案。令赫兹尔完全没有想到的是，这个本来为俄国犹太人提供避难所的方案，却遭到俄国代表的激烈反对。俄国代表坚持犹太家园的地点只能在巴勒斯坦，而不是任何其他的地方。乌干达方案遭到大会的否决，建立犹太家园一事从此搁置下来。这对赫兹尔来说，无疑是一个沉重的打击。

犹太人的长期分离，使他们如同散沙一般，要将他们凝聚在一起时，才发现不同国别、不同阶层的犹太人竟然是如此的不协调，他们用各种语言相互攻击，互相谩骂，根本不愿意有一个公认的权威来领导他们。因此，直到第二次大战之前，各种各样的犹太人还在为要不要建立犹太国一事争吵不休。

在犹太锡安主义运动内部，也因移民的问题很快分为两派。一派是以赫兹尔为首的“政治派”，致力于通过外交途径获得合法移民的特许状。而另一派则是“务实派”，后来魏兹曼成为该派的代表，他们致力于在巴勒斯坦购置土地，建立犹太人定居点，力图使移民成为既定的事实，而不管是否要取得合法的移民资格

奥地利著名作家斯蒂芬·茨威格（Stefen Zweig，1881—1942年）在回忆录中，记述了他19岁那年，因向《新自由报》的副刊投了一篇诗稿，受到编辑赫兹尔约见时的情景。那是1901年，当时的赫兹尔已是著名的锡安运动的领袖，但他并没有放弃记者——这个维持自己生活和赡养家庭的职位，仍然在做一个副刊的编辑。茨威格回忆他所见的赫兹尔：“他那宽大的高高的前额，面部线条清楚，黑得几乎发青的教士式的胡须，深黑色忧郁的眼睛，真有一幅帝王的神气。”① 茨威格甚至认为“锡安山上的国王”这个含有讽刺意味的浑名还真说得有点道理。赫兹尔曾经希望这个年轻人也加入到锡安运动中来，但茨威格没有这样做，他说：“我确实不愿和他贴在一起。主要是赫兹尔自己党内部的同志对他那种不尊重的态度使我和他疏远开来。”②

---

① ［奥地利］斯蒂芬·茨威格著，舒昌善等译：《昨日的世界：一个欧洲人的回忆》，广西师范大学出版社2004年版，第82页。

② 同上。

由此可知，赫兹尔当年的处境有多么的艰难，有人指责他根本不懂犹太精神，有人指责他对犹太风俗一窍不通，更有人蔑视他不过是一个副刊的编辑而已。总之："每个人都有反对他的理由，而且采取的方式也不都是十分礼貌的。"①

尽管锡安运动遇到许多挫折，但在扭转犹太人命运的历史进程中，赫兹尔无疑起到了至关重要的作用，他的那本《犹太国》的小书也成为锡安主义者尊崇的圣经。1904 年 7 月，重病的赫兹尔英年早逝。直到临终前，他才被迫明确地表示同意将建国的地点定在巴勒斯坦。

赫兹尔突然离世的消息传开后，人们从四面八方涌到维也纳的车站，来送别这位伟大的锡安运动的领袖、思想家。茨威格回忆到，那是七月的一天，一眼望不到尽头的送葬队伍，将赫兹尔送到他父亲的墓地旁边，在下葬的那一刻："突然之间有许多人在猛然爆发的绝望中涌向他的灵柩，他们号哭着、叫喊着，简直像山崩地裂一般；一种激烈的、令人销魂的极度悲哀冲乱了全部秩序。"② 这种从内心深处爆发出来的巨大的悲痛，使人深切地感受到赫兹尔提出的复国思想在犹太人的心中燃起了多么巨大的激情和希望。

1949 年，以色列政府决定将西奥多·赫兹尔的遗骨从奥地利迁出，安葬在耶路撒冷城西边的一座小山上，并将这座山命名为赫兹尔山。后来，这里成为以色列阵亡将士公墓。为了实现犹太复国的理想，赫兹尔耗尽了毕生的心血。生前，他没能看到一个犹太家园的出现，死后，他终于长眠于自己的国土之上。

2. 反对的力量

犹太锡安主义运动虽然得到了深受反犹思潮迫害的东欧人的支持，但在初期，它毕竟只是一个少数人的运动。1899 年，在世界犹太锡安组织成立两周年之际，其会员只有 11 万人。尽管入会的条件很低，只要年

---

① ［奥地利］斯蒂芬·茨威格著，舒昌善等译：《昨日的世界：一个欧洲人的回忆》，广西师范大学出版社 2004 年版，第 84 页。

② 同上书，第 86 页。

满 18 岁的犹太人，遵守纲领，每年缴纳 1 个谢克尔（Shekel，相当于奥地利币 1 先令）的会费，就可以成为锡安组织的成员。但在其后的两年时间内，会员不但没有增加反而减少了，而公开反对该运动的人却大有人在。直到 1903 年以后，该组织的人数才逐渐增多起来。

犹太锡安主义运动最大的反对势力来自巴勒斯坦地区。由于犹太人的到来，这里再次成为硝烟四起的动乱之地。而这样的结局，是当时的犹太锡安者们所没有想到的。

在犹太人移民之前，居住在巴勒斯坦的主要是阿拉伯穆斯林，他们在人口数量上占有绝对的优势。犹太人并不多，主要是一些东方犹太人，除了保持犹太教的信仰外，他们基本上已经土耳其化或阿拉伯化了。还有一些阿什肯纳齐人，大都是虔诚的信徒，他们是为了宗教信仰才来到耶路撒冷城的，大多逗留在耶路撒冷周边的城市。这些虔诚的信徒只关心宗教信仰，靠做小商小贩或依赖其他犹太人的资助而生活。此外，当时的巴勒斯坦仍处于奥斯曼帝国的统治下。没有人会想到，这样一个人烟稀少、缺乏管理的蛮荒之地，却由于犹太人的到来，而成为日后各种政治势力纠缠、角逐的战场，以致 60 年来战火不断。

显然，当时的一些锡安主义分子犯了认识简单化的错误，他们没有看到问题的复杂性。英国犹太学者以色列・赞格维尔（Israel Zangwill）就是其中的代表人物，他乐观地将当地的阿拉伯人看成是四处流浪的游牧民，认为巴勒斯坦："对一个没有一片土地的民族而言，这里只是一片无人的区域。"①

但与这种自以为是的态度相反，一些有远见的人士已经看到了未来问题的复杂性，并提出了忠告。

早在 1891 年，首次移民的领导者之一、俄罗斯作家艾哈德・哈阿姆（Ahad Ha-Am，1856—1927 年）就对犹太锡安运动提出批评。他提醒人们：如果以色列人不能够考虑巴勒斯坦阿拉伯人的权利和要求的话，他们的梦想就无法实现。但他的警告没有引起人们的重视。

在犹太锡安运动的内部，也充斥着各种不同的思想、观点和意见，

---

① Dan Cohn Sherbok, Judaism, Calmann & King Ltd, 1999, p. 67.

以及大小不等、形形色色的政党、组织和机构。在1903年召开的第六次锡安主义者大会上，锡安组织内部产生了分裂。最后，以赫兹尔为首的乌干达派只得放弃提案。此外，在对待移民问题上，出现“政治派”和“务实派”的对立。在政治上，出现了温和的社会主义派别以及右翼的修正主义派别之争。但为了将犹太人统一起来，犹太锡安运动组织兼容并蓄，力图将所有力量逐渐积聚在自己的周围。

1903—1905年，当俄国再次发生反犹事件后，出现了以贝尔·博罗乔夫（Bell Borochov，1881—1917年）为首的无产阶级犹太锡安主义组织——锡安工人运动。后来，该组织融入世界劳工运动中。博罗乔夫与社会主义者纳赫曼·西尔金（Nachman Syrkin，1868—1924年）创立了工人犹太锡安主义思想，主张将社会主义思想与犹太锡安主义结合起来，对早期犹太移民社团的政治、经济组织以及价值观产生很大影响。

此时，还出现了一个著名的犹太锡安主义者即阿龙·大卫·戈登（A. D. Gordon，1856—1922年），他是乌克兰人，1904年移居巴勒斯坦。他提出“劳动哲学”的观点，并建立了具有社会主义性质的哈鲁兹运动，成为该运动早期的领导者。

除了组织内部不同的思想观念外，犹太锡安主义还遇到强大的其他犹太组织的反对，首当其冲就是崩得（Bund意为“联盟”）。1897年10月，崩得成立于立陶宛的首府维尔纳［Vilna，即现在的维尔纽斯（Vilnius）］，它的全名是立陶宛、波兰和俄国犹太工人总同盟。其宗旨是改善犹太人在所在国的生存条件，致力于为犹太人争取到与所在国公民同等的权利。他们坚决反对犹太锡安主义思想，认为重返巴勒斯坦，建立犹太人的国家，只是美好的理想，不可能将其变成现实。而他们致力于改善犹太人在所在国的生存环境却是现实可行的。因此，他们指责锡安组织分散了犹太人的力量，将他们引向一个没有希望的梦想，从而损害了崩得为实现其目标所做出的种种努力。该组织以俄国和东欧为基地，后来扩大到美国和欧洲其他地区。

而生活环境相对宽松，经济条件较为优越的欧美各地犹太组织，也极力反对锡安运动。他们认为如果加入锡安组织，会使所在国怀疑犹太人的忠诚，从而不利于犹太人融入当地社会。因此，主张犹太人应与当地社会同化，反对将全世界的犹太人重新构建为一个民族。

那些极端正统派的犹太教徒们，更是将犹太锡安主义视为洪水猛兽，认为锡安主义者篡改了《圣经》的预言。他们坚持只有在弥赛亚降临人间后，犹太人才能再次聚集在一起，建立起自己的国家。

尽管有这么多的人反对，但并没有动摇犹太锡安主义者的决心。他们的目标是使犹太人能有一块可以生存的土地，使他们能够在这里扎下根来，长期地生活在一起，逐渐形成一个真正的民族。因此，选定建立民族家园的地点，仍是早期锡安主义运动最重要的工作。

1905 年 7 月 27 日—8 月 2 日，在巴塞尔召开了第七届锡安主义者代表大会。在此次大会上，大卫·沃尔森当选为新一届主席，此次会议否定了“乌干达方案”，再次将建立“民族家园”的地点锁定在巴勒斯坦。从此，在犹太锡安主义组织的领导下，犹太人开始坚定不移地、一步步朝着既定的目标前进。

3. 第二次移民高潮

1903 年，沙俄爆发新的反犹事件，大批犹太人逃离俄国。在新的形势下，以大卫·沃尔森为首的新一届锡安运动领导层，放弃了赫兹尔必须先获得移民特许状的做法，由强烈反对向巴勒斯坦“渗透”转变为积极组织犹太人向巴勒斯坦移民。自 1904 年开始，掀起第二次移民浪潮。此次移民浪潮持续了 10 年的时间，直到 1914 年才结束。

1904 年后，大约有 120 万犹太人离开东欧，移居美国及西欧各国。此时，约 7.5 万人选择了巴勒斯坦，其中 95% 的人来自发生反犹骚乱的比萨拉比亚地区。这些人自称“哈卢兹姆”（Chaluzim 希语意“先锋”）。他们是工人运动的参加者，怀着建设社会主义国家的美好理想来到这里。但巴勒斯坦极其恶劣的自然环境，异常艰难的生活，还是出乎哈卢兹姆的想象，最终绝大多数的人选择了离开，只有约 1/3 的人留了下来。

留下来的移民具有强烈的使命感，他们决心实现自己的理想。他们吃最简单的食物小扁豆和大豆汤，住在烈日烘烤的泥棚里，亲自参加排干沼泽、修建农田、开山铺路等体力劳动，成为名符其实的先锋。他们用自己的双手，在巴勒斯坦建立起多个从事工业、农业和商业活动的定居点。

与第一批比卢们不同，第二批移民得到了世界犹太锡安组织的大力支持。1908 年，锡安组织在雅法设立了第一个办事处，为移民提供各种必要的帮助。办事处建立后，首先将筹措到的 3 万法郎，为移民购置土地，使新移民来到后，能够尽快地安置下来。据统计，到 1919 年，犹太移民的人数已接近 9 万人，建立的定居点多达 40 余个。

哈卢兹姆们具有较高的政治素质，他们大多是锡安工人运动和哈鲁兹的成员。锡安工人运动成员建立起工人定居点，从事集体的工业和副业生产。而哈鲁兹成员则开荒拓土，从事农业生产。1910 年，在加利利海南岸建立了一个新型的定居点，取名“德加尼亚”（Degania 意为“矢车菊”），随后哈鲁兹们在荒凉的沙漠建立了多个这样的垦殖点。在他们建立的垦殖点中，均实行社会主义的生产资料公有制，和各尽所能、按劳分配的原则。这些独具特色的农业垦殖点，成为日后以色列国农业集体农庄“基布兹”（Kibbutzim）的雏形。

除了建立垦殖点，哈卢兹姆也开始建造新的城市。1909 年，新成立的巴勒斯坦办事处贷款给一家房地产开发公司，为犹太人建立新的城区。不久，在雅法郊外的一片沙丘上，一座新城拔地而起，人们称之为“特拉维夫”（Tel Aviv），据说该名字取自《圣经》，意思是“泉山”。1948 年建国后，这里成为以色列国的首都。1950 年，以色列国迁都耶路撒冷。如今的特拉维夫—雅法是地中海沿岸的一座美丽的现代化城市，也是以色列重要的港口和经济、文化中心。

第二批移民来到后，为更好地表达自己的愿望和诉求，他们很快建立起自己的政党组织。1905 年 10 月，青年工人党成立。该党主张移民来到后，要以集体安置为主。他们积极帮助民众，创办各种合作形式的工厂，并建立商店、幼儿园、学校、医院以及职业介绍所、图书馆等机构。

1909 年，青年工人党建立了一支防卫队伍，这是巴勒斯坦犹太人社区的第一个具有军事性质的组织，称为“哈绍梅尔”（Ha’shomer 希语意为“警卫”）。哈绍梅尔们头戴着阿拉伯式的头巾，背着枪，骑马巡逻在大街上，向世人展现出犹太人英武的一面。这支小小的队伍总数从未超过90人，但却具有非常的意义，它昭示那些对犹太人持有偏见的人们：犹太人不仅是精明的商人，在需要的时刻，他们同样能拿起武器、勇敢地保卫自己的家园。

同年11月，另一个政党“锡安山工人党”成立。这是由两个派别联合而成的。一个是由大卫·本·古里安（David Ben Gurion）领导的民族主义派别，一个是由伊扎克·本·兹维（Yitzhak Ben Zvi）领导的社会主义派别。该党成立后，自视为国际劳工运动的一部分。1930年，锡安山工人党和青年工人党合并为巴勒斯坦工人党（Mapai，马帕伊），它就是现今以色列工党的前身。

第二次移民高潮中，产生了一大批后来以色列政坛中重要的领袖人物，其中包括以色列建国初期的三位总理，即大卫·本·古里安、摩西·夏里特（Moshe Sharett）和利维·艾希科尔（Levy Eshkol）；以色列国的第二位总统伊扎克·本·兹维以及议会的第一任议长约瑟夫·斯普林查（Yosel Shprinzak）等人，其中最为重要的人物当是大卫·本·古里安。

4. 大卫·本·古里安

大卫·本·古里安（1886—1973年）出生于波兰，20岁那年，他作为一个非法移民来到巴勒斯坦。此后，他在多个地方当农业工人，也曾在著名的里颂镇的葡萄园里工作过。古里安身材矮小，性格坚定刚毅，具有出色的组织才能，是一个有目标、有理想的年轻人。与那些优秀的哈卢兹姆一样，他对自己要求极为严格，拒绝一切物质享受，立志用自己的双手创建一个美好的新家园。

苏联“十月革命”后，形形色色的社会主义团体涌现出来，形成声势浩大的以色列劳工运动。不久，古里安组织了一个小政治团体。1909年，该团体与伊扎克·本·维兹的组织合并为“锡安山工人党”，他担任该党领袖。1920年，犹太人总工会成立，本·古里安成为其重要的领导人。在创建家园的漫长征程中，本·古里安得到极大的锻炼，最终成为以色列杰出的政治领袖。

本·古里安在以色列建国的进程中起了重大的作用。自1942年纽约比尔特莫会议之后，以他为首的亲美派逐渐在锡安组织中占据主导位置。1946年，古里安取代魏兹曼，成为世界锡安组织主席。联合国大会通过巴勒斯坦分治决议后，遭到阿拉伯世界强烈的反对和抗议，在这种时刻，古里安表现出坚定的信念、果断的决策能力。他迅速组建了以他为首的临时政府，积极筹备建国事宜。

1948年，在国际形势发生不利于以色列建国的形势下，古里安力排众议，果断地宣布以色列国成立。随后，一个民主国家在巴勒斯坦出现。在共和国的第一次大选中，魏兹曼当选为第一届以色列总统，而本·古里安成为第一任政府总理。在1949—1963年期间，古里安四次出任总理，1963年，76岁的大卫·本·古里安辞去总理职务，从此离开以色列政坛。在建国的最初15年里，他对以色列国家的政治、军事、外交政策都产生过极其重要的影响。

与古里安有过交往的美国前总统尼克松，在其回忆录中描述了他所见到的古里安："本·古里安是个身材矮小的人，只有5英尺3英寸高，但是他给人一种庞然大物之感。这一方面是因为他骨架宽阔、脑袋很大，脸色红润，还有着满头银发……他那突出的下唇、刚毅的下巴以及疾步如风的步态使他显得更有风采，给人以深刻的印象。"① 尼克松尊称他为"以色列的先驱"，并说"他对以色列和以色列生活的影响渗透到各个角落。"

大卫·本·古里安退休后，重新回到他熟悉的沙漠地带，在这块土地上度过余生。

三、《贝尔福宣言》

赫兹尔去世后，哈伊姆·魏兹曼逐渐成为犹太锡安运动的实际领导者。作为务实派的代表，他坚持向巴勒斯坦移民，积极促进与政治派的

① ［美］尼克松著，刘湖等译：《领袖们》，知识出版社1985年版，第385页。

统一。此外，他充分利用外交渠道，使锡安运动在英国的支持下，进入一个新的发展阶段。魏兹曼对犹太锡安主义运动的发展，以及以色列国的建立都起到至关重要的作用，在他的领导下，锡安运动步入“魏兹曼时期”。

1. 哈伊姆·魏兹曼

魏兹曼（Chaim Weizman，1874—1952 年）是俄国犹太人，出生于俄波边境的一个小镇。在德国柏林大学学习化学时期，他就知晓了赫兹尔的活动，但魏兹曼并不认同赫兹尔的观点，而成为列奥·平斯克的追随者。后来，魏兹曼来到英国，在曼彻斯特大学任职，教授化学。虽然身在异国，但魏兹曼依然积极投身于犹太锡安主义运动。在第六届大会上，他坚定地站在俄罗斯代表一边，反对赫兹尔的乌干达方案。

在英国，一次偶然的机会，使魏兹曼与曾任英国首相的贝尔福有了一次具有历史意义的会面。

1902—1905 年，阿瑟·詹姆斯·贝尔福（Arther James Balfour，1848—1930 年）任英国首相。1906 年，已经卸任的贝尔福正在竞选曼彻斯特一个议员的席位。作为一名政治家，贝尔福对当年任首相时的一件事始终感到困惑和不解，那就是英国提出的乌干达方案，为什么会遭到犹太人如此强烈的反对？贝尔福听说魏兹曼曾参加当年的大会，于是想通过这个年轻人来了解真实的原因。

在与魏兹曼的交谈中，犹太人对故土巴勒斯坦执著的眷恋以及对回归的强烈期盼，给贝尔福留下了深刻的印象。据说，当时贝尔福问魏兹曼，为什么拒绝接受乌干达方案，魏兹曼回答：“如果我提议给你巴黎而不是伦敦，你会接受吗?”贝尔福缓慢地回答：“我们有伦敦。”听到这句话后，魏兹曼接着说：“这没错，但是当伦敦还是一片荒凉的沼泽时，我们就有了耶路撒冷。”①

当时，他们两个人都不会想到，这次偶然的会面后来竟会改变犹太

---

① ［英］阿伦·布雷格曼著，杨军译：《以色列史》第一章，东方出版中心 2009 年版，第 17 页。

锡安运动的历史进程。1916 年，贝尔福出任英国外交大臣，在他任期内，锡安运动得到英国的支持，从此走上了一条通往胜利的道路。

1907 年，锡安运动在荷兰海牙召开第八届大会，此时的魏兹曼已经是大会的主要发言人了。在会上，魏兹曼提出了“综合的锡安主义”路线。他主张两手抓的方针，即一手抓“政治”，积极通过外交活动，争取国际社会的支持；一手抓“务实”，在巴勒斯坦购置土地，建立定居点。魏兹曼在大会上所做的演讲，将锡安组织内部的“政治派”和“务实派”联合起来，从而使锡安运动进入全面、健康发展的新轨道。

1913 年，在维也纳召开犹太锡安主义者第十一届大会。在此次会议上，由魏兹曼领导的“务实派”取得了胜利，明确了向巴勒斯坦移民的大政方针，并实现了运动内部的统一。从此，世界锡安运动进入一个新的时期。

有学者指出，锡安运动能够获得人民广泛的支持和承认，是与 19 世纪后期和 20 世纪初期，许多国家再次迫害犹太人分不开的。进入 20 世纪后，犹太人到国外避难变得更加困难，许多国家通过排外法令或设置种种限制，阻止犹太人涌入本国。在这种情况下，巴勒斯坦便成为犹太难民的首选之地，正如温斯顿·丘吉尔（Winston Churchill，1874—1965 年）所说，只有巴勒斯坦才是犹太人“凭权力而不是靠宽容，能够进入的唯一国土”。①

锡安运动能够得到持续的发展，除了犹太人民自身的力量外，有权势的个人、社会团体和一些政府的支持也起到决定性的作用，其中英国的支持尤为重要。但锡安运动最终能够取得胜利，在巴勒斯坦能够建立以色列国，则主要取决于国际局势的变化和大国之间利益的平衡。

2. 一战时期的巴勒斯坦

1914 年 8 月，第一次世界大战爆发。同年 10 月，处于战火边缘的奥斯曼帝国宣布加入同盟国一方。随后，执政的青年土耳其党人撕毁了苏

---

① ［美］纳达夫·萨弗兰著，北京大学历史系译：《以色列的历史和概况》，人民出版社 1973 年版，第 48 页。

丹保护巴勒斯坦犹太人的协议，开始驱逐犹太人。1917 年 12 月，首批被驱逐的 6000 名犹太人在美国舰队的保护下，逃往埃及的亚历山大，成为难民。在一战期间，被逐出巴勒斯坦的犹太人共有 1.5 万人，剩下的犹太人许多为经济所迫，加入了奥斯曼国籍。到 1915 年，巴勒斯坦的犹太移民由 8.6 万人减少到 5.6 万人。

在战争爆发的初期，锡安组织总部还设在德国的柏林。由于交战双方都有犹太人参战，于是锡安组织宣布保持中立。而此时，被奥斯曼帝国驱赶的巴勒斯坦犹太人，认为如果打败奥斯曼帝国，可能对自己更加有利。于是，他们积极投身于战争，配合英国军队，与同盟国作战。其中的代表人物就是弗拉基米尔·亚伯廷斯基（Vladimir Jabotinsky，1880—1940 年）和约瑟夫·特鲁佩尔多（Joseph Trumpeldou）。

亚伯廷斯基出生于敖德萨一个犹太家庭，曾在德国和意大利学习。东欧的反犹事件促使他加入犹太锡安主义组织。21 岁那年，他参加了第 6 届锡安组织大会，站在右翼势力一方，反对锡安运动中的社会主义者。他反对“政治派”为取得合法移民手续所做的努力，认为既然移民是最终目的，就不用管它是否合法，也不必担心阿拉伯人能否接受。

一战爆发时，亚伯廷斯基正在埃及，当时他是《俄罗斯新闻报》驻埃及记者。在这里他结识了约瑟夫·特鲁佩尔多。特鲁佩尔多原为俄罗斯军队中一名犹太军官，他曾到过中国的东北，在战斗中失去了右臂。他在巴勒斯坦遭到奥斯曼人的驱赶，才来到埃及。两人结识后，认为建立一支犹太军队，帮助英国人打败土耳其，此时正是机会。

1915 年 3 月，建立一支犹太军队的申请得到英国政府的批准。于是，他们在亚历山大的犹太难民中，招募了一支部队，这是犹太人的第一支军事力量。他们接受英国人的训练，在战争期间为英国军队运送补给。这支被称为“锡安骡马队”的部队，所有成员的肩章上都配有大卫盾的特殊标记。特鲁佩尔多成了该军队的一名上尉军官，而文人出身的亚伯廷斯基认为做后勤工作有失身份，拒绝参与其中。

1915 年年底，协约国的英国军队登陆加里波利（Gabbari）半岛。此时，刚刚回国参战的奥斯曼将领穆斯塔法·凯末尔（Mustaf Kemel，未来土耳其共和国的第一任总统）率领帝国第 19 师奋勇抵抗，犹太骡马队承担了为英军运送粮草弹药的重要任务。凯末尔用巨大的牺牲，击退了英军的进攻，保住了奥斯曼帝国的门户马尔马拉海峡。这是奥斯曼帝国参战后在欧洲战场上唯一的一次胜利。

1917 年 8 月，为了配合英军从奥斯曼帝国手中解放巴勒斯坦，英国政府同意组建一支犹太步兵军团，到巴勒斯坦前线作战。该军团共有 3 个营，分别从伦敦、美国和加拿大，以及巴勒斯坦的犹太移民中招募。1918 年 2 月，伦敦的第 38 营组建完毕，举行了隆重的成立大会。战士们列队从营房出发，枪上刺刀，整齐地穿过伦敦东区，行进到市长官邸前，接受市长的检阅。随后，第 38 营开赴前线，与另外两个犹太营会合。此次，亚伯廷斯基自愿做一名列兵，加入部队，后来他被提升为中尉，成为军团司令官的副官。虽然犹太军团在战争中并没有起到多大的作用，但犹太人用自己的实际行动，给英国以有力的支持。

在一战中积极支持英军的亚伯廷斯基，后来成为锡安组织中右翼势力的代表人物。这位文质彬彬、谈吐不俗、极具语言天赋的演说家，也是恐怖主义的鼓吹者。他建立的修正主义政党，在二战前仅次于本·古里安领导的巴勒斯坦工人党（马帕伊），为以色列第二大政党。亚伯廷斯基也是恐怖主义组织“伊尔贡”的早期领导人之一。

一战期间，为了取得战争的胜利，英国同样需要阿拉伯人的支持与帮助。为此，英国政府向麦加的阿拉伯首领侯赛因承诺，同意战后由他建立一个独立的阿拉伯国家，其疆域包括巴勒斯坦地区在内。为此，阿拉伯人发动了反奥斯曼的起义，以配合英军的行动。1917 年 2 月，英军越过埃及边境进入加沙地区时，遇到奥斯曼军的顽强抵抗，英军一再战败。在阿拉伯义军的密切配合下，英军才逐渐转败为胜。同年 11 月，英军攻克加沙城，占领加沙地区。不久攻占雅法、耶路撒冷以及杰里科，整个巴勒斯坦落入英军手中。应该说，巴勒斯坦的阿拉伯人为英军在一战中的胜利起到了“无法估量”的巨大作用。

在此期间，各种复杂的政治关系和利益交织，使战争充满了新的变数。1917 年 4 月 6 日，一直隔岸观火、不肯加入战争的美国，为了自身利益，正式对德宣战。美国的参战，为协约国增添了巨大的力量。此时，作为锡安运动重要成员的魏兹曼，已经为该运动的进一步发展找到了一个千载难逢的好机会。

3.《贝尔福宣言》发表

1916年，与魏兹曼有过一面之交的詹姆斯·贝尔福，出任英国外交大臣。而气质平和、精明且有远见的魏兹曼，此时已是锡安组织中举足轻重的人物。魏兹曼认为，请求英国人助力的时机已到。于是，他和在英国政府工作多年的犹太人赫伯特·塞缪尔（Herbert Samuel）一起，开始在英国游说官方人士。他们力图使英国人认识到：在中东，有一大片犹太人的居住地，对英国来说将是十分有益的。不久，魏兹曼的游说工作取得了成功。

在魏兹曼的敦促下，1917年11月2日，英国外交大臣贝尔福致函英国锡安联盟副主席、犹太财阀沃尔特·罗斯柴尔德（Walter Rothschild，1868—1937年）男爵，表述了英国政府对巴勒斯坦问题的政策，这就是著名的《贝尔福宣言》(Balfour Declaration)。《宣言》全文如下：①

> 英王陛下政府赞成在巴勒斯坦建立一个犹太人民的民族之家，并将尽最大努力促其使这个目标的实现。但必须有这样的明确理解：不能做任何事情来损害巴勒斯坦现有的非犹太人社团的公民权利和宗教权力，或损害犹太人在任何其他国家所享有的权利和政治地位。

这个简短的宣言，只是一个包括68个词的长句，却具有重大的意义。它首次表明，作为世界强国的英国对锡安运动目标的赞同和支持。据说，魏兹曼曾希望英国支持“将巴勒斯坦建成犹太人的民族家园”，但英国政府并没有接受魏兹曼的提议，而采用了更为审慎的措辞“在巴勒斯坦建立一个犹太人民的民族之家”。后来的事实证明，英国政府的这种谨慎的

---

① ［美］纳达夫·萨弗兰著，北京大学历史系译：《以色列的历史和概况》，人民出版社1973年版，第50页。

表述是十分恰当的。

在宣言发表之前，英国内阁曾对信件的内容进行过两次讨论。当时英国内阁中只有一位犹太人，即担任印度事务大臣的埃德温·蒙塔古（Edwin Montagu），不知出于什么原因，据说他强烈地反对英国政府发表这样的声明。10 月 31 日内阁投票表决时，他是少数反对者之一。

对于英国政府为什么要发表这样一个宣言？其政治目的何在？后来的学者对此做出各种不同的解读。有学者认为，当时俄国爆发“二月革命”，推翻了沙皇的专制统治，使参战的俄国退出战争。此时，英国发表这样一个宣言，最直接的动机可能是想通过宣言，希望俄国犹太人能对处在激烈革命中的资产阶级政府施加影响，使其继续留在协约国之内。也有人认为，英国人是希望在犹太人居住国获得某种宣传效果。还有一个原因可能是，德国正准备发表一个有利于犹太人的文件，而英国为了争取主动权，所以抢先一步发表了宣言。此外，还有种种更为复杂的情感和动机纠结在一起，促成了这一宣言的发表。正如哈佛大学教授、美国中东问题专家纳达夫·萨弗兰（Nadav Safran，1925 年—）所说：“宣言是出于宽厚的人道主义的考虑，是为了当前策略性的政治利益，也是为了长远的战略意义——这三者是不能分开的。”①

但是对巴勒斯坦的阿拉伯人而言，这份宣言是极不公正的。当贝尔福宣言公布时，巴勒斯坦的绝大多数居民是阿拉伯人，况且阿拉伯人正在配合英军与奥斯曼军浴血战斗。而发表这样一份关乎巴勒斯坦阿拉伯人民族生存权利的宣言，竟然没有听取阿拉伯人的意见，甚至在很长的一段时间内对“非犹太居民”保密，这种做法显然是对阿拉伯人的背信弃义。

1917 年发布《贝尔福宣言》的时候，英国军队仅仅是以战胜者的身份占领战败国的土地。因此，有阿拉伯学者尖锐地指出，此时的英国“在巴勒斯坦根本没有任何主权、统治权和其他任何权利”。也就是说，英国没有任何权力将不属于它的土地分配给犹太人。

---

① ［美］纳达夫·萨弗兰著，北京大学历史系译：《以色列的历史和概况》，人民出版社 1973 年版，第 52 页。

1918年，第一次世界大战结束，加入德奥同盟国的奥斯曼人战败。10月30日，奥斯曼帝国被迫与协约国签订停战协定。1920年，列强多次召开会议，瓜分原属于奥斯曼帝国的领土。除保留伊斯坦布尔周边地区及奥斯曼本土外，帝国的大部分领土，包括约旦、叙利亚、黎巴嫩、巴勒斯坦在内的阿拉伯地区全部被英、法和俄国瓜分。协约国的这种行为遭到土耳其民族主义者的强烈反抗，在凯末尔（1881—1938年）的领导下，一场声势浩大的民族解放运动开展起来。

对于巴勒斯坦的归属，英、法签订了一项秘密协议，将巴勒斯坦从叙利亚分离出来，由国际组织管理。在讨论有关巴勒斯坦的问题时，锡安组织的代表受邀参加了会议，而阿拉伯人却被排斥在外。

一战后，《贝尔福宣言》得到包括美国在内的协约国主要国家的赞同。1920年4月，在圣雷莫（San Remo）会议上，国际联盟将巴勒斯坦的委任管理权交给英国政府，但批准手续要等到1922年国际联盟召开大会时投票后进行。此外，由于巴勒斯坦原属于奥斯曼帝国，因此还需要与帝国政府签订相关的条约。

1922年7月，国际联盟大会通过了一项委托统治的决议，该文件承认“犹太人民与巴勒斯坦地区的历史联系”，以此作为在巴勒斯坦建立“犹太人的民族之家”的依据。决议赋予英国代表国际联盟管辖巴勒斯坦的权力，明确鼓励犹太人移居巴勒斯坦，规定希伯来语与阿拉伯语、英语一样，同为巴勒斯坦的官方语言。由于未得到土耳其政府的认可，该项任命还不能正式生效。

1922年10月，英国政府与土耳其大国民议会政府签订了停战协定。11月，协约国和平会议在瑞士洛桑召开，经过长时间的商讨，于1923年7月签订了《洛桑条约》。协约国各国同意将侵占的伊斯坦布尔、海峡地区（指博斯普鲁斯海峡和达达尼尔海峡）以及东色雷斯的主权交还土耳其政府，确保土耳其在奥斯曼民族领土的范围内拥有完全的、不可分割的主权。在这个前提得到保证的条件下，土耳其放弃对阿拉伯地区的主权要求，同意将叙利亚、巴勒斯坦从本土分离出去。至此，英国委任统治才在法律上正式生效。

得到委任统治的授权后，英国撤销了一战后在巴勒斯坦建立的军事政府，代之以负责行政管理的委任政府。在英国政府工作多年、资深的英国犹太人赫伯特·塞缪尔被任命为英国驻巴勒斯坦首任高级专员。从此，巴勒斯坦地区进入英国委托统治的新时期。

四、英国委任统治时期

英国接受国际联盟的委托统治权后，对巴勒斯坦实施了长达28年的统治。犹太人的不断涌入，引起阿拉伯人的持续反抗，阿以冲突不断升级，使这个原本寂寥无闻的地区成为全世界关注的焦点。各种各样的政治势力不断卷入其中，巴以双方的争斗终于演变为大国之间的角逐，中东地区的局势变得愈加错综复杂，纷扰难解。

1. 委任统治初期的犹太社团

《贝尔福宣言》发表后，由于有了英国政府的支持，1919年魏兹曼在列席巴黎和会时曾乐观地估计，每年进入“民族之家”的人口在将会在7万—8万之间，更有人考虑能否在几年之内，让100万犹太人进入巴勒斯坦。但事实却令人失望，在1919—1923年间的第三次移民高潮时，只有不到3万人移居“民族之家”，与预期有很大的差距。新移民主要是俄国人和波兰人，他们到达后，在锡安组织移民机构的帮助下，建起劳动大队，参加排干沼泽、修建公路等工作。但他们的到来，激起阿拉伯人新的反抗。

1920年3月，阿拉伯人攻击了巴勒斯坦北部的一个犹太定居点，造成多人伤亡。同年4月4日，一群穆斯林冲进耶路撒冷的犹太人居住区，造成犹太人6死、200多人受伤，阿拉伯人6死、30余人受伤的惨剧。尽管周边的形势十分险恶，但犹太人仍以高昂的斗志，投入犹太家园的各项建设中。

1920年4月，2万名有选举权的犹太人选出自己的代表。同年10月，314名属于20个党派的代表齐聚耶路撒冷，选举产生了民族委员会，这个由38人组成的委员会，成为代表大会的一个执行机构。同年12月，一个重要的犹太组织——犹太工人总工会（简称“希斯塔图克”，Histadrut）成立。在大卫·本·古里安的领导下，该组织由最初为犹太移民提供各项雇佣服务，逐渐成长为一个大型工农业经济实体，并由此形成一个来源广泛的犹太工人阶级队伍。

在此期间，犹太人建立起自己的武装组织——“哈加纳”（Haganah希语意“防卫”）。该组织以一战中的犹太骡马队和犹太兵团的老战士为骨干。哈加纳是一个秘密的军事组织，它并未得到英国委任政府的批准，因为英国政府明令规定，巴勒斯坦的犹太人不得拥有自己的武装。然而，这支队伍一直存在着。1936年，英国委任政府通知犹太锡安组织领袖，如果解散哈加纳，并交出武器，英国政府将允许犹太人拥有一支警察力量，来维护社会的治安。但随着阿以冲突的不断升级，委任政府只得默认哈加纳的存在。后来，哈加纳成为以色列国防军的核心，从中产生了一批杰出的军事将领。哈加纳中的一些极端分子，后来脱离该组织，组建了闻名遐迩的军事恐怖主义组织——伊尔贡。

与此同时，负责犹太定居点建设的巴勒斯坦基金会，继续从阿拉伯人手中大量购置土地。1921年，在耶泽里尔（Jezerel）新建了10个定居点，面积达到1.75万英亩。持续的移民和购置土地，损害了阿拉伯人的利益，从而引发新的骚乱。骚乱从沿海城市雅法开始，然后沿地中海东海岸向南北两个方向扩散。英国警察前往镇压，结果造成严重的伤亡。47名犹太人被阿拉伯人杀死，近50名阿拉伯暴乱分子被维持秩序的英国警察开枪打死，双方还有200多人受伤。

1920—1921年巴勒斯坦阿拉伯人的不断骚乱，使英国专员赫伯特—塞缪尔认识到，巴以冲突的根源在于犹太人的持续移民。于是，在雅法骚乱平息之后，委托政府颁布了限制移民的临时禁令，而这引起犹太人对英国政府的强烈不满。同年7月，禁令解除。但巴以之间的冲突迫使英国政府对其巴勒斯坦的政策进行反思。不久，英国的政策发生了变化。

2. “丘吉尔白皮书”

1922年7月，英国政府发表新的政策声明，后来被称为“丘吉尔白皮书”（Churchill White Paper）。在这份文件中，英国政府宣称继续贯彻《贝尔福宣言》，同时表示不会将整个巴勒斯坦变为犹太人的家园，也无意有损阿拉伯人的语言和文化，使之处于从属的地位。

白皮书对巴勒斯坦的地域加以新的界定。以约旦河为界，巴勒斯坦地区被分成两部分。将约旦河以东，位于阿拉伯半岛西北部的地区划出去，改称外约旦，不再属于巴勒斯坦。为了免除日后的争端，英国人扶持阿卜杜勒·伊本·侯赛因（Abdul Ibn Husayn）为外约旦的统治者，他是阿拉伯半岛希贾兹地区的王侯谢里夫侯赛因的长子。谢里夫家族是先知的女儿法蒂玛的后代，该家族在阿拉伯世界有崇高的地位。作为交换条件，阿卜杜勒承认英国的委托统治权。而在一年前，即 1921 年 7 月，也是在英国人的操办下，侯赛因的第 3 个儿子费萨尔登基为伊拉克国王。

经过英国人的一番安排后，巴勒斯坦只剩下了约旦河以西的狭长地区。也就是说，犹太人的民族家园只能建在约旦河西岸地区，这使犹太定居点的建设受到很大的限制。此外，文件还谨慎地提到将犹太移民限制在“地区经济吸收能力”承受的范围内。

在国际联盟正式批准授权统治之前，英国政府发表这样一个声明是经过深思熟虑的。其目的在于消除阿拉伯人的担忧和恐惧，使之不再发动骚乱。维持该地区的和平与稳定，这对于英国政府来说是至关重要的。其次是通过这样的声明，也使犹太人能够认清形势，不要有过多的、不切实际的奢望。白皮书暗示犹太人不可能凌驾于阿拉伯人之上、将巴勒斯坦建成犹太人的民族家园，而仅能如《贝尔福宣言》所说“在巴勒斯坦建立一个犹太人民的民族之家”，而这个“民族之家”要“限制在地区经济吸收能力”允许的范围之内。“丘吉尔白皮书”显示了英国政府维持该地区和平的愿望，为此在对待犹太人的问题上，英国的政策出现了微妙的调整和变化。

白皮书发表后，以魏兹曼为首的锡安组织表示接受。对犹太人来说，首先是能够在巴勒斯坦立足，这是当务之急，其他一切问题都可以留待以后再说。此时，波兰再次掀起反犹高潮，又有大批犹太人出逃。而此时，美国和欧洲许多国家拒绝犹太人入境，巴勒斯坦成了犹太人唯一的避难所。于是自1924—1926年间，形成第四次移民高潮。此期间，共有6.3万人来到巴勒斯坦。

与前几次自愿来到巴勒斯坦的俄国移民不同，这些新移民不是理想主义者，他们是普通的城镇居民，是被逼无奈才逃到这里来的。他们来到后，便聚集在城市里，过着优越的城市生活。于是，城市人口急剧膨胀。仅1年半的时间里，特拉维夫的人口就由1924年的2万人急增到4万人，迫使城市无序地向外扩张。直到1926年，为了防止资金大量外流，波兰政府出台了新的货币政策，限制犹太人离开波兰。这才使移民人数持续下降，恢复到正常的水平。

1927—1928年间，由于各种原因，从巴勒斯坦移出的人甚至超过了移入的人口，除波兰禁止犹太人离境外，1923年后苏联也采取措施禁止犹太人离开。尽管在此期间，犹太人社团得到进一步巩固，他们建立了犹太人办事处、成立自治的地方政府、确立了居住地的主要形式、发展经济和文化教育事业，使人们的基本生活得到保障。但人口过于缓慢的增加，使“民族之家”面临自行萎缩的局面。然而，1933年希特勒的上台，却给犹太人的“民族之家”带来了生的希望。

3. 二战前夕的巴勒斯坦

1933年1月，纳粹党的头目希特勒成为德国总理，随后他通过一系列法令来巩固自己的权力。1934年8月，85岁的总统兴登堡病逝，希特勒乘机攫取总统职位，将总统与总理的大权集于一身，建立起独裁统治。希特勒是个狂妄的野心家，他上台后，立即抛弃了发展经济的承诺，开始大规模扩军，为侵略战争做准备，同时，大肆宣扬“日耳曼种族优越论”，积极推行迫害犹太人的政策。

在德国，纳粹政府开始驱赶犹太人，许多人被勒令出境。1932—1939年间，在东欧和中欧，掀起犹太人的第五次移民高潮，成千上万的犹太人逃离波兰、德国、奥地利、捷克、斯洛伐克等地区。此时，由于委任政府限制移民入境，只有那些有专长、有技能、有资金的人才能通过英国委任政府的审核，进入巴勒斯坦。据统计，在此期间进入巴勒斯坦的移民有17.5万人，是以往20年的两倍还多，主要是波兰和德国的移民。二战爆发前夕，巴勒斯坦的犹太移民已经达到45万人，所购土地达4.7万公顷。

在犹太人大量离开德国时，犹太锡安组织与德国外交部曾达成一项协议，允许德国犹太人将自己的存款以物质出口的方式投入巴勒斯坦，这样德国移民就为巴勒斯坦带来了高达6300万英镑的资金，极大地推动了工业的发展。第五次移民为巴勒斯坦的犹太人家园带来了鲜明的欧洲色彩，与理想主义的俄国移民不同，德国人更为矜持和稳重。此外，德国移民普遍具有较高的文化教养和丰厚的资金，他们中有大量技术人员、专家学者以及企业家。德国移民即使在炎热的地区，也是衣冠楚楚。因此，德国犹太人便有了“耶客”（Yecke）的雅号，显然这个词出自“夹克”。新移民来到巴勒斯坦后，主要集中于城市，他们投资办厂，兴办各种文化事业，使犹太社团日益繁荣起来。

犹太人的大量涌入，不断激起阿拉伯人新的抗议浪潮。1936年，英国委任政府建议成立一个立法会议，其中阿拉伯人的数量超过了犹太人。该提议在英国议会讨论时遭到批评而未获通过，于是激起阿拉伯人的愤怒。4月19日，听到有2名阿人在特拉维夫被犹太人杀死的传言后，雅法的阿拉伯人开始了暴力行动。在3天的骚乱中，有16名犹太人被杀，英国警察开枪打死5名阿拉伯人，使骚乱暂时得以平息。

4月25日，巴勒斯坦的阿拉伯人成立了一个高级委员会，领导阿拉伯人的反抗斗争。在委员会主席、耶路撒冷大穆夫提阿明·侯赛尼（Amin Husseini）的领导下，阿人的反抗很快演变为一场大规模、具有反英性质的民族起义。起义得到阿拉伯贫苦农民的支持。因为在1920年颁布的《土地转让法令》中，委任政府明确规定，当犹太人从地主手中购置土地时，要给佃农留下一块地，使他们能够生存下去。但这个法令并没有得到实施，土地交易的双方，只看到自己的利益，谁也没有考虑到佃农们的死活。

此次起义不仅向犹太人发起攻击，而且将矛头指向委任当局。起义者要求委任政府终止犹太人移民，并且采取了破坏公路、桥梁，袭击警察和官员等激烈手段。阿拉伯人试图以这种极端的方式来制止犹太家园的发展，并给英国政府施加更大的压力，但结果却适得其反。1936年，阿拉伯人关闭了雅法海港，以阻断犹太人的货物出口。对此，英国人的反应是允许犹太人在特拉维夫建立一个新码头，反而使犹太人有了自己的港口，不再受制于阿拉伯人了。这样的结果是阿拉伯人没有想到的。

此外，为了维护犹太人居住地的安全，英国当局破例在犹太人中招募警察，1000多名犹太人进入警察部队。与此同时，英国当局默认了犹太人的秘密武装力量“哈加纳”，使其以合法的身份迅速发展起来。1939年时，“加哈纳”的人数已接近1.5万人，这在当时的犹太人口中已是一个不小的比例。

阿拉伯人持续不断的反抗使犹太锡安组织中的一些人看到了问题的严重性，他们主张要团结阿拉伯人。但在1931年的锡安大会上，这些意见遭到否决。从此以后，犹太锡安运动就完全依赖于英、美等国的支持，利用强权政治作为靠山，来达到自己的目的。

4. “分治方案”提出

巴勒斯坦地区的冲突，引起英国政府的高度关注。1936年1月，英国政府组成以皮尔勋爵（Lord Peel）为首的调查委员会，了解骚乱发生的原因。年已7旬的皮尔勋爵，受命后来到巴勒斯坦。他带领委员会成员走遍整个地区，召开大小会议近70次，听取各方面的意见。1937年7月，回到英国后的皮尔发表了一份长达400页的调查报告。皮尔列举了阿拉伯人和犹太人双方的诉求，认为他们的要求都有其合理性。犹太人要求回到两千年以前的家园，难道不合理吗？阿拉伯人在这里已经居住了1300年，他们要继续在这里生活，难道过分了吗？皮尔认为委任统治不是解决问题的方法，这是“行不通”的。于是，他提出了一个大胆的建议，将巴勒斯坦的土地分成3个部分。巴勒斯坦西北部，包括加利利地区和沿岸的肥沃平原划给犹太人，在这里建立犹太人的国家，这块地占整个巴勒斯坦面积的20%，约为3125平方英里。[①] 其余部分则归人口众多的阿拉伯人所有，建立一个阿拉伯国家。此外，在耶路撒冷、伯利恒一线设立一个英国区，以取代现行的委托统治。

皮尔勋爵的“分治方案”一经提出，立即引起阿拉伯人和犹太人的高度重视。

8月3日，犹太锡安主义组织在苏黎世召开第20届代表大会，对“分治方案”进行讨论。与会代表分成尖锐对立的两派，进行了激烈的辩论。以魏兹曼、古里安为首的一派，表现出极大的灵活性，他们认为在国际形势不断恶化的形势下，皮尔的“分治方案”能够使犹太人在巴勒斯坦得到一块立足之地，这是一个绝好的机会，犹太人不应放弃。尽管面积较小，魏兹曼形容它只有“一块桌布大小”，但只要先站住脚，以后还有扩张的机会，因此赞同此方案。而反对派主要是老一辈的锡安主义者，他们坚持不能接受任何面积小于巴勒斯坦的犹太国。而那些已经脱离锡安组织、另立山头的修正主义派别，也激烈地反对皮尔的建议。经过长达两周的激烈辩论后，以魏兹曼为首的一派最终取得胜利，犹太人表示接受英国政府提出的“分治方案”。

同年9月8日，在犹太人已经同意“分治方案”之后，巴勒斯坦的阿拉伯人以及周边阿拉伯国家（除也门外）的400名代表在叙利亚的布鲁丹（Bludan）召开会议，讨论“分治方案”。在会议中，阿拉伯人固守一贯的立场，坚持巴勒斯坦不容分割，拒绝接受分治方案。

鉴于双方意见无法统一，英国政府只得放弃皮尔计划。

随后，阿拉伯人再次开始反抗活动，而周边的阿拉伯国家也跟着摇旗呐喊，予以声援。此时，纳粹德国和意大利法西斯政权也唯恐天下不乱，不仅在舆论上支持阿拉伯人起义，而且向巴勒斯坦的阿拉伯人提供大量资金和武器装备。巴勒斯坦的局势更加动荡，问题也更加复杂了。

1939年初，欧洲的国际局势变得极为紧张，希特勒已撕毁《慕

---

① ［英］阿伦·布雷格曼著，杨军译：《以色列史》第一章，东方出版中心2009年版，第30页。

尼黑协定》，将战火燃烧到捷克地区。时任英国首相的张伯伦（Arthur Niville Chamberlain，1837—1940年）已经预感到一场世界大战即将来临。而此时的巴勒斯坦仍是一个动荡不安的地区，英国政府清醒地意识到，战争一旦爆发，那么巴勒斯坦地区的稳定对英国来说将是至关重要的。

1939年2月，张伯伦在伦敦的詹姆斯宫召开了一个有关巴勒斯坦问题的圆桌会议，除巴勒斯坦地区的犹太人和阿拉伯人参加外，还邀请了周边的阿拉伯国家代表参加会议。此次会议目的是安抚阿拉伯人，争取阿拉伯人的好感，以遏制阿拉伯人亲轴心国的倾向，确保阿拉伯地区的石油资源，以及英国在中东交通运输线的畅通，一旦战争打响，这些对英国有极其重要的战略意义。然而，会议没有取得预期的效果。

1939年5月17日，英国政府发表了关于巴勒斯坦问题的白皮书。在白皮书里，英国政府单方面修改了"扶犹排阿"的政策，建议结束委任统治，提出10年内在巴勒斯坦地区建立一个独立的、阿拉伯人占优势的巴勒斯坦国的计划。在这个计划中，犹太人将在巴勒斯坦得到一块属于自己的土地。为此，英国政府认为首先要订立一部保护犹太人权利的宪法，其次要限制犹太移民的人数，提出在前5年内，将犹太移民限定在7.5万人之内，以后再根据阿拉伯人的意见，做出相应的调整。此外，将犹太人购置土地，限制在一个相对较小的范围内，禁止将阿拉伯人的土地转移到犹太人的手中。总之，"犹太民族家园"不得再任意扩大自己的地盘，未来的巴勒斯坦将是一个阿拉伯人的国家。

白皮书一出笼，立即遭到犹太人的强烈反对。运动中的多数派，正式通过了一个纲领，宣称自己的奋斗目标是建立一个犹太人的国家。也有一些人提出建立一个允许自由移入的犹太·阿拉伯双重民族的国家。而犹太锡安组织中的一些极端分子，则干脆成立了一个犹太军事恐怖组织"伊尔贡"，对英国驻巴机构及阿拉伯人进行恐怖活动。他们试图用这种极端的手段来扫清障碍，达到自己的目的。然而，恐怖主义的猖獗活动最终导致了英国和犹太锡安运动关系的彻底破裂。

紧接着，第二次世界大战爆发了。当时不会有人想到，灾难马上就要降临到犹太人的头上了。更不会想到，正是这场灾难，正是600万犹太人的鲜血和生命，最终使犹太人建立自己国家的梦想变成了现实。

第八章　宗教信条、仪式习俗及其他

人们很难对犹太人的宗教信条和礼仪等做出简洁的概括性介绍。正如我们所看到的，犹太人经历了漫长的岁月，在不同的历史阶段中，犹太人对其精神信仰的认识和理解是不断发展和变化的。理性主义和神秘主义的认识肯定是不同的，不同教派之间也有很大的差异性。在现代社会的挑战面前，传统派和自由派之间存在明显的分歧。因此在这里，我们只能对传统的正统派犹太教做简要的介绍，因为数百年以来，它一直是犹太教的主要形式。

在现今的社会里，许多人并非正统派，而是改革派或保守派的成员，他们都有自己的习俗和礼拜仪式。但万变不离其宗，这些不同的习俗和仪式最终还是来源于《希伯来圣经》。除此以外，有许多犹太人根本不信仰任何宗教，但犹太人的习俗、礼仪和节日仍然对他们产生着潜移默化的影响。

一、基本信条

1. 神是唯一的

神是唯一的，这是犹太教的基本信条，也是犹太人信仰的特点。

祈祷是犹太人表达对神坚信不疑的一种方式。最重要的祈祷词是“示玛”（Shema）。虽然很短，却是犹太教最早的信条，也是对犹太教最简洁的概括。每天早上起床、晚上睡觉以及临终前，绝大多数的犹太人会满怀信心地诵念示玛：“以色列人啊，你要听！耶和华——是我们的神是唯一的主。你要尽心，尽性，尽力爱耶和华——你的神。”

这就是最高的真理，就是《希伯来圣经》中最主要的信息，也是神赋予犹太人独有的洞察力。《申命记》里接着写道：“这是显给你看，要使你知道，唯有耶和华——他是神，除他之外，再无别神。”

在希伯来语中，神写成 YEWH 或 YHWH，由于该词没有元音，无法读出声音来。学者们由此推测 YEWH 可能读作“耶和华”或“雅赫维”。有学者指出：“雅赫维”是犹太人的读法，而基督教徒通常读作“耶和华”。《摩西十诫》中告诫犹太人：“不可妄呼耶和华，你主的名。对妄称耶和华名的，耶和华必不以他为无事。”

为了避免触犯这条戒律，保持对神的敬畏，犹太人不敢直呼神的名字，而称神为“阿东乃”（adonai），意思是“我的主”。有时侯也用别的词来指代神，如“众神之长”（Elonim）、“权能者”甚至“那名字”等。在后来的口传律法集中，则用“舍金纳”一词来表现神显现时的不同凡响的情景。

有学者指出，为了避免让神成为主语，《七十士译本》及后来口传律法集的作者，修改了《圣经》中某些对神拟人化的描述，而采取被动的形式如“在神的面前，这件事被看见”，以此来突出神的超越性。

犹太教的一神观是经过了长时期的酝酿过程才逐步形成并确立的。在后来漫长的历史岁月中，在不同的文化背景下，一神观以不同的方式存在。在基督教发展出三位一体的信条后，犹太教更强调神性的统一，更强调神是无形的、是非人格化的最高存在，以此来反对世俗的地方神灵。

在纳粹大屠杀后，学者们进行了深刻的神学反思，不再强调神是一切苦难的救助者了。但犹太教的基本信条并没有改变，神仍然是唯一的主，是“世间万物的创造者”。犹太人仍然认为神无处不在，即使在苍茫的黑夜。但是对神唯一性的隐喻的理解是很难用语言来表述的，它取决于每个人感官所能接受的程度。正如 11 世纪西班牙著名诗人、神秘主义哲学家加比罗尔所写的："无人能识透——你深奥莫测的独一的神秘性。"①

20世纪的犹太思想家亚伯拉罕·约施华·赫思希尔试图对神的唯一性做出解释，他将独一的思想与永恒联系在一起。他说："独一在永恒之中……过去和将来无分别……现在继续到永远。"②

但永恒是什么？什么是永恒？人们还是不知道。对终极永恒的探索，是人类所有的哲学、所有的神学、所有的科学、所有的艺术探索的目标。但是随着科学的发展，人类距离这个目标似乎不是越来越近，而是越来越远了。

2. 神是万物之源

在《圣经》首卷《创世纪》中，以这样的句子开篇"起初神创造天地"，接下来讲述神如何劳作6天，创造天地万物，最后造人的故事。但《创世纪》究竟要告诉人们什么？它意味着什么呢？对此，无数学者和俗众讨论了千百年，仍然没有一个令人信服的答案。最终，大多数人还是同意犹太人的观点：世界是由神创造出来的，神是万物之源。

《圣经》告诉我们，人类就像他们的创造者一样，被赋予了自由的意志，因此人有在善恶之间进行选择的能力。有人甚至将神和人之间的关系比喻为一种伙伴关系，认为历史就是神与人之间的关系不断发展的一个过程。神学家指出，创世并不是一个历史事件，而应将它看成一个不断发展的过程。每一粒发芽的种子，每一次天气的变化，每一个新生命的诞生都表明神与宇宙有着千丝万缕的联系，同时神又超越了他所有的创造物。在《以赛亚》书中，神有这样的话："我的意志非同你们的意志，我的道路非同你们的道路。天怎能高过地？照样，我的道路高过你们的道路，我的意念高过你们的意念。"

根据《创世纪》对神创世的描述，神每天干完了活儿，他看着都以为是好的。学者认为这恰是神自身本性的一种反映。正如《诗篇》所写的

---

① Mary Pat Fisher, Living Religion, Prentice Hall Inc, 2000, p. 252.

② Ibid.

“神有恩惠，有怜悯，不轻易发怒，大有慈爱。”但由此产生了一个问题，既然神是万物之原，大有慈爱，那么邪恶是如何产生的？纵观整个犹太历史，人们对这个问题一直在进行严肃认真的思考，并产生了各种不同的答案和结论。但所有的回答，都只是人们的推断和想象而已。

3. 要爱神

在犹太教中，“要爱神”——这是神对人类最重要的诫命。

《圣经》中有许多地方都劝戒人们要爱神，其中最经典的一句话就是“你要尽心、尽性、尽力爱耶和华——你的神”。在犹太教的任何一个传统仪式上，要爱神都是最主要的内容。人们不仅将这句话时时刻刻牢记在心上，还要认真地把它教给自己的孩子们。

即使像迈蒙尼德这样伟大的理性主义的思想家，也认为爱神是第一位的。他强调一个人可能会由于自私或害怕，例如接受世俗的祝福或避免涉及来生问题而不敬爱神，但也应当研习《托拉》并认真地履行“要爱神”的诫命。

4. 神圣的人生

在《创世纪》中，造人是整个创世过程的高潮，人是神按照自己的形象造出来的，因此犹太人将人生看得极其神圣。然而，犹太人并没有因为这样的一句话，就简单地将神视为一个人的模样，而是对其做出一种道德上的解释，即人被赋予了能映射出神的种种品质的能力，如正义、智慧、公正和仁爱等。既然所有人都是男女始祖的后代，那么所有人在本质上是平等的，在本质上也应当是完美的。因此，人在推进社会进步的同时也将不断提升自己的精神境界。

但人和神毕竟是不同的，神在给人以自由意志的同时，也限制了人的神性，人必须服从于神。因此《塔木德》中有这样的话，如果我们受苦，就应当好好地检讨自己的所作所为，是否符合神的要求。当代的犹太神学家马丁·布伯（Martin Buber，1878—1965 年）认为，人和神之间应当是一种互动的关系。他说：“你深知在你心里，你需要神超过了其他的任何东西。但你也许并不知道神也需要你……如果说神不需要你，你也不需要他，那他为何而存在呢？那你又为何而存在呢？因此，你需要神，也是为了神需要你。”①

犹太人认为人的生命是神圣的、是高贵的，并非低级和令人厌恶的。犹太教赞美人的生命，认为婚姻中的性生活是神圣的，逾越节的夜晚是最神圣的做爱时光。由于犹太传统严格保护其血统的纯正性，因此认为男女通奸是一种最恶劣的亵渎神的行为，因此受到严厉的谴责和严格的禁止。犹太人认为人的躯体是崇高而美好的，他们从不鄙视人的躯体，从不自残。因为只有通过身体，灵魂才得以存在于世间，人的身体和灵魂是一个不可分割的整体。

5. 苦难和信仰

犹太传统将世界描述为是由一个全知全能的人格化的神创造并管理的，他为了唤醒正义，惩恶扬善而介入人类社会。但犹太教难以回答一个重要的问题，那就是邪恶是如何来到人间的？为什么无辜善良的人们总是受苦受难？《圣经》中的寓言故事《约伯记》，就挑战性地提出并讨论了这个重大的命题。

约伯是古代以东的一个有钱人，家资丰饶，牛羊成群。他敬畏神，远离恶事，是一个完全正直的人。有一天，撒旦和神聊天，提到了约伯。撒旦说：“约伯敬畏神，岂是无故的呢？你岂不是四面圈上篱笆团护他和他的家，并他的一切所有的吗？……你且伸手毁他一切所有的，他必当面弃掉你。”听了这话，神觉得可以一试，便对撒旦说：“凡它所有的都在你手里，只是不可伸手加害于他。”撒旦听了，便退下来。在后来的基督教中，撒旦是执掌地狱的恶魔。此时，他只是侧立于神旁的一个普通天使而已。

于是，灾难开始降临到约伯身上。先是来了一群强盗，掳走了所有的牲畜。随后，天上降下火来，烧死羊群和仆人。接着狂风从旷野吹来，击打房屋的四角，房倒屋塌，约伯的 7 个儿子和 3 个女儿全被压死了。一

---

① Mary Pat Fisher, Living Religion, Prentice Hall Inc, 2000, p. 254.

天之内，3 场灾难降临，万贯家产顷刻间化为乌有，特别是孩子们的死，令约伯痛心不已。但即使丧失了一切所有，约伯并不犯罪，也没有任何对神的谴责和不满。

过了些日子，撒旦又对神说："人以皮代皮，情愿舍弃一切所有的，保全性命。你且伸手伤他的骨头和他的肉，他必当面弃掉你。"

神同意继续考验约伯。不久，约伯的身上长满毒疮，奇痒疼痛无比。他跳进炉灰中，用瓦片来刮身体，以减轻痛苦。他开始诅咒自己不该活在世上，他不明白自己为什么受那么多的苦难，他究竟什么地方做错了？即使这样，约伯也不以口犯罪，没有说神的一句坏话。

约伯的 3 个朋友来看望他，他们无法用语言来安慰此时的约伯。于是，几个人在地上坐了 7 天 7 夜，对人生的苦难问题进行了深入的讨论。朋友们认为神是奖善惩恶的，约伯遭此大难，必定是罪有应得。但约伯坚决否认自己有罪，并质疑为什么好人总是受苦受难，而坏人却财运亨通？经过长时间的辩论后，约伯为什么遭此大难的问题依然没有答案。

最后，神在旋风中显身，回答了约伯的问题。神说："我立大地根基的时候，你在哪里呢？……是谁定地的尺度？是谁把准绳拉在其上？地的根基安置在何处？地的角石是谁安放？……"并告诉约伯："敬畏主就是智慧，远离恶就是聪明。"

约伯终于明白人的受难并不都是神对罪人的惩罚，也是神对人的一种考验。忠诚，这就是唯一的答案。于是，约伯自责忏悔。

约伯的故事以喜剧收场，耶和华使他从苦境中转回，赐给他更多的财富，让他重新建立幸福的家庭。约伯又活了 140 岁，才满足地死去。

对于这个故事的寓意，人们争论了数百年之久。拉比们的各种解释，归根到一点就是：全知全能的神所做的一切都是对人有好处的，即使有时侯人们还理解不了这种方式。正如《约伯记》中所说："神所惩治的人是有福的！所以你不可轻看全能者的管教。"

在这个信条中，神的所作所为都是正确的，合乎时宜的，就像：一个牧羊人照看他的羊群，而不管外面的天有多黑。

纳粹大屠杀后，对神的信仰面临着极大的挑战。人们传统上认为神是正义的，他赏罚分明，至仁至善。然而，如果神真的全知全能，他肯定知道纳粹“最后解决”的屠杀计划，也完全有能力去制止这种暴行，可他为什么没有这样做呢？这与他无限的同情心是不相符的。人们一直在思考，一直在努力解决这个令人尴尬的问题。然而，对于大多数犹太人来说，这是个根本无法解决的问题——因为神的路不可预测。

在我们生存的这个世界上，正是由于有了邪恶的存在，神学才保持了最高的神秘性。

6. 神的选民

从宗教方面来说，犹太人是唯一长期与神保持对话的民族。据说，神原本打算与70个民族共同承担神圣的律法，但只有半游牧的以色列部族响应了他的召唤。也就是说，以色列人是唯一响应神召唤的人。以色列人与神订立盟约，成为神的选民。直到今天，人们在犹太会堂里，经常会诵读以下的经文：“耶和华——我的主，你是万物之主，你赐福于我们，你从万民中选择我们，并授予我们以律法。”①

犹太人自称是神的选民，似乎是在炫耀一种民族的优越感。然而，《圣经》告诉人们神选以色列人做选民，并非因为他们是优秀民族，也并非他们的美德和善行。在《申命记》中，摩西告诉以色列人：“耶和华专爱你们，拣选你们，并非因你们的人数多于别民，原来你们的人数在万民中是最少的。只因耶和华爱你们……就用大能的手将你们领出来，从为奴之家救赎你们脱离埃及法老的手。”耶和华赐地为业“并不是因你的义”，让以色列人做选民“也非你们的义”。韦伯认为，这是对犹太人英雄夸耀一种最强烈的拒斥。神选择以色列人为选民，反而是因其恶德和恶行。因此，神通过颁降《托拉》，要他们只崇拜一个神，并告诫他们：“要留意遵守耶和华——你们主所吩咐的诫命、法度、律例。耶和华眼中看为正、看为善的事，你都要遵行，使你可以享福。”

因此，尽管犹太人是神的选民，但神不会偏袒他们，只要违背了与

---

① Dan Cohn Sherbok, Judaism, Calmann & King Ltd, 1999, p. 77.

神的契约，必然要受到惩罚。在犹太教中，神和犹太人的关系是建立在契约之上的，神和选民之间是一种契约关系。《出埃及记》说得很清楚，做选民的前提是“遵守我的约”。为保持这种关系，犹太人必须履行神的诫律，遵守神与选民之间这种明确的契约关系。保持血缘的纯正，维护选民的纯洁性，成为以色列与其他民族隔绝的原因之一。而守安息日、行割礼、遵守饮食禁忌都不断地强化了这种选民意识。因此，与神立约的巴勒斯坦故土与选民之间存在着一种特殊的联系，许多人坚信死后埋葬在故土，是弥赛亚降临时首先复活的必要条件。

对犹太人来说，不断强化与神的契约关系是十分重要的，因为一旦背弃了契约的规定，不履行神的诫命，就会招致神的种种惩罚。此外，犹太传统也告诉人们，作为神的选民既有神圣的责任，也有特殊的荣誉。因此，尽管犹太民族历尽苦难，长期漂泊在异国他乡，他们对神并没有半点怨言。究其原因，是他们违背了神的意愿，是神对他们不忠诚于盟约的惩罚。

二、宗教仪式

1. 行割礼和赎出仪式

按照传统，犹太的男孩子出生后的第8天要行割礼。如今，这个习俗仍然为犹太人所守。

这个传统源自《圣经》，神对亚伯拉罕说：所有的犹太男子都要行割礼，作为立约的标志。割礼就是用石刀割破阴茎上的包皮。对犹太人来说，行割礼是一件极其重要的事情。因为行了割礼，就表明这个人已经成为神的“选民”。行割礼前要有一个简短的仪式，通常会邀请亲朋好友来参加。父亲要致祷词：“祝福你，我主耶和华，你是万物之王，你用诫命使我们圣洁，你命令我们让我们的儿子加入亚伯拉罕的约中。”[①] 此时，参加仪式的客人要回答道：“正如这个孩子要加入盟约一样，他也将接受

---

① Dan Cohn Sherbok, Judaism, Calmann & King Ltd, 1999, p. 90.

《托拉》的约束，进入婚姻殿堂而成为一个良善的人。”①

施行割礼时，父亲要将孩子紧紧地抱住，由专职的割礼师（称为“莫海尔”）来实施手术。割礼师要经过严格培训后才能从事这个职业。割礼完毕，要当众宣布孩子的希伯来语名字。仪式后通常还有一个小型的宴会，招待前来参加仪式的宾客。

行割礼已经成为一个重要的犹太习俗，深深地扎根在犹太社会中。如今，即使世俗的犹太人也会给他们的孩子行割礼。所不同的是，他们会带孩子到医院去，由一名医生来完成割礼手术，而不是在犹太教的宗教仪式上由割礼师来完成。对改宗犹太教的外族男子而言，行割礼是他们入教的必要程序，即入教的仪式。行割礼后他们就成为犹太教徒了，同时也具有了犹太人的身份。

女孩子出生后，要在第一个安息日里将孩子抱到犹太教会堂，在正规的宗教仪式上为婴儿举行一个简短的祝福，将此记录在案后，女婴就获得犹太人的身份了。这与行割礼的隆重仪式相比显得过于简单了。近年来，犹太女权运动的积极分子一直在寻求一种特殊的方式，来庆祝女婴成为神的选民。

如果母亲生的头胎是男婴，那么在孩子出生后的一个月还要举行“赎出仪式”。按照传统的说法，头生子是属于神的，因此父母亲必须要将他“赎出来”才行。在赎出仪式上，父母亲只要象征性地付给祭司一些钱或银制的小物件就行了。祭司在婴儿的上方用手将钱握住，并说“这就代替那个，这是交换那个的代价，用这来赦免那个”。随后，祭司为婴儿进行祈祷，并给孩子以传统的祝福。

如今，改革派犹太教不举行赎出仪式，因为他们不相信这些祭司们的话。而且这种做法对女孩子来说，似乎也显得不太公平。

2. 成年礼

根据犹太律法，父母亲有教育自己子女的责任，特别是希望男孩能接受正统的教育。许多孩子从很小的时候起，就随父亲读书认字，诵念

---

① Dan Cohn Sherbok, Judaism, Calmann & King Ltd, 1999, p. 90.

《托拉》，接受最初的教育了。

按照犹太习俗，男孩到13岁就是一个成年人了。从此以后，他就必须履行诫命，在参加犹太教会堂的活动时，也会被计入法定人数中。当男孩到达13岁时，人们会称他为“巴尔·米兹瓦赫”（Bar Mitzvah），意思是“诫命之子”。

到年龄的男孩会在犹太教会堂里的晨祷上集体举行成年礼。仪式很简单，在拉比发表演说后，将男孩依次叫到诵经台上来，每人诵读一段希伯来语的《托拉》经文就可以了。这对一个正在接受犹太教育的正统派孩子来说，这不是件难事。但对于不太熟悉希伯来语的孩子们来说，就需要有专门的辅导员来帮助他们，以便使他们与其他同伴一样，能在台上流利地诵念那段经文。

对孩子和家庭来说，举行成年礼是一件大事，因此在集体仪式结束后，各家通常会单独举行一个简单的庆祝仪式，这是一个有酒、有甜饼或甜面包的祝福仪式。参加仪式的客人们会向小主人赠送礼品，而父亲则要送孩子一条祈祷披肩，这标志着孩子要参加正式的宗教仪式了，同时也表示他要开始遵守《托拉》的613条戒律了。

改革派犹太教认为，最好让男孩和女孩都在宗教学校里学习到16岁，而不是早早地举行成年礼仪式。然而，在社会舆论的压力下，现在的男孩和女孩都有了自己的成年礼。

女孩的成年礼在12岁时举行，她们被称为“巴特·米兹瓦赫”（Bat Mitzvah），意思是“诫命之女”。她们的成年礼在各个方面和她们的兄长都是一样的。在现代正统派犹太教里，也有一个女孩的成年礼，只是不用诵读《托拉》的经文。但严格的正统派犹太教对女孩的成年礼仍然很少关注。对改革派而言，这样做仅仅是一种让步，保守派和现代正统派也是如此。

3. **婚礼**

结婚是人生的一件大事，对犹太人来说也是如此，犹太人没有独身的传统。严格的正统派犹太教徒的子女，一般在20岁左右就结婚成家了。

在丈夫完成宗教教育之前，小两口通常靠父母亲的供养维持生活。

而在非正统派中，情况就没有这么简单了。年轻人经常要远离家庭，在世俗的大学里接受高等教育或进行长期的职业培训，这会使他们与所在的社团关系逐渐疏远，因此他们经常会选择非犹太人的伴侣结婚。如今，这种与非犹太人之间的通婚现象，已经对散居区的犹太社团构成了极大的挑战。

20 世纪 80 年代后期，在美国犹太人的婚姻中，有一半以上属于不同民族间的通婚。一般地说，这种婚姻所生的子女不会成为犹太教徒，他们与犹太社团也没有任何联系。

但任何事情都不是绝对的，有些非犹太人的配偶也会选择皈依犹太教。这种情况大多数是一个犹太男孩与一个非犹太女孩恋爱，他想和她结婚，但又想要自己的孩子具有犹太人的身份。此时，如果女孩子要和他结婚，就会皈依犹太教，因为只有这样，他们的孩子们才能拥有犹太人的身份。

正统派也接受皈依者，但他们坚持改宗者必须是真正愿意做一个犹太教徒，而不仅仅为了结婚的需要。对此类情况，非正统派运动则显得更加宽容，他们认为只要犹太教存在一天，就应该对所有的皈依者持欢迎的态度。因此，在改革派等非正统派的犹太教会堂里，可以为皈依者们举行正式的改宗仪式，以满足人们的现实需要。在 20 世纪改宗犹太教的信徒中，绝大多数人都是通过改革派和保守派犹太教会堂而得以成功的。但正统派犹太教仍不承认他们是犹太人。

如果男女双方都是犹太人，事情就好办多了。准备进入婚姻殿堂的男女，首先要举行定婚仪式，就是说要有一份正式的婚契，犹太人称之为“科图巴”，上面要有证婚人签字，这是一份关于婚姻的法律契约。婚契经常制作得十分精美，夫妻双方会作为纪念品予以珍藏。现在有越来越多的年轻人更喜欢自己定制科图巴，以使婚契成为能够展示两人个性的一件艺术品。用这种方式，他们可以制作出一件能够印证彼此之间互相忠诚的、独具一格的个人物品。

虽然在每个犹太教会堂里都有专供举行犹太婚礼的礼堂，但婚礼也可在其他适宜的地方举行。在时间上也没有什么特别的规定，但安息日和斋戒日是不能举行婚礼的。

犹太婚礼通常在婚棚下举行，婚棚是双方父母亲为新人们准备的举行婚礼必不可少的物品。在婚礼上，主婚人要向前来参加婚礼的来宾展示正式的婚契。随后新娘和新郎要共饮一杯酒，接下来新郎将结婚戒指戴在新娘的手指上，并说："看啊，根据摩西和以色列人的律法，我用这枚戒指和你成婚。"[①] 然后是对新婚夫妇的 7 种祝福。最后，以新郎踩碎一个杯子来结束整个婚礼。这一习俗的出处虽然不详，但人们将它理解为：即使在婚礼这样的喜庆场合，犹太人也不能忘记耶路撒冷圣城被毁坏的历史。

犹太人的婚礼是一件极其喜庆的大事。整个婚礼处在喜气洋洋、欢声笑语、兴高采烈的气氛中，到处洋溢着爱心、祥和及友情。

与中国人一样，犹太人极其重视家庭生活，不提倡独身，认为人丁兴旺的大家族是一种福分。一般来说，犹太人是不准离婚的，离婚对犹太人来说是一个悲剧。

犹太人以稳固的家庭生活而闻名于世。

4. 葬礼

生老病死，是每个人必经的阶段，无人能幸免。当人的生命走到尽头时，犹太传统对临终之人会表现出最大的尊敬和关心。人们会劝导濒死之人向神做最后的忏悔，最理想的临终遗言应该是示玛祷文中的："以色列人啊，你要听！耶和华——我们的主是唯一的主。"

犹太律法规定，人死后要尽快安葬，最好在去世的当天，但必须遵循对死者尊重的原则。在正统派犹太教里，绝不允许将死者孤零零地抛下不管。在安葬之前，要对死者进行仪式沐浴，穿上简单的亚麻布或棉布做的寿衣，并用非金属的棺木装敛。

葬礼通常在犹太教会堂举行，仪式十分简单。在葬礼上，死者的儿子要诵念"卡迪什"。随后，前来参加葬礼的人们在拉比的带领下，步行

---

① Dan Cohn Sherbok, Judaism, Calmann & King Ltd, 1999, p. 93.

到墓地，进行祷告后将棺木放低，缓缓地落入墓穴中，然后封土。在葬礼上通常还会念诵赞扬死者美德的颂词，仪式的最后部分也是诵念卡迪什，赞美神的伟大并祈求和平。

葬礼结束后，亲人回到家里便开始为期7天的悼念期，这段时间称为“息瓦”。在哀悼期间，社区里的人们都会前来吊唁，以表达他们对死者的哀思。在此期间，家人除了到犹太会堂外，不得离家外出，每天要诵念三遍卡迪什，与每日的祈祷同时进行。接下来的30天，虽然还要继续念卡迪什，但悲伤的程度已经有所减轻，而悼念者也逐渐恢复了正常的生活。但如果死者是父母亲，则需要念一年的卡迪什。

犹太传统规定，必须要达到10个法定人数时才能够念诵卡迪什。因此在这段时间里，犹太教会堂的祈祷人数必须强行达到10人。以后，每到死者的希伯来历法的忌日，都要举行悼念仪式。死者的一周年忌日称为“亚呼兹特”，人们要点燃一支蜡烛让它整整亮一天，以示纪念。在犹太传统中，对死者最好的纪念就是让他们活在心里，并通过每年的正规仪式永远地记住他们。

与正统派犹太教相比，改革派有时候偶尔会选择火葬，有时侯他们也念诵卡迪什。尽管不同教派的葬礼有所不同，但在死者的周年忌日点燃蜡烛这个习俗却广为流传，即使最世俗的犹太人也不例外。

三、祈祷与习俗

1. 祈祷仪式

对传统的犹太人而言，每天睁开眼睛前就要祈祷，感谢神将灵魂归还给他。起床后，要用清水洗手，每次用餐前和每次祈祷前都要用水洗手，称为洗手礼。

祈祷是犹太教仪式中的一个重要内容。祈祷一词本身包含了两个层次的内容，即自省和反省。一般来说，祈祷的过程可分成两个阶段，一是诵念祷文及对所念祷文的理解，二是通过心灵来领会、体验神的存在。赞颂、忏悔、向神祈求，请求神的宽容等都在祈祷的范畴之内。迈蒙尼德认为：只有向造物主的祈祷才是正确的，除此之外，不能向任何其他的存在物祈祷。也有人认为祈祷是连接天上和地下的“雅各之梯”。

尽管祈祷在犹太教中如此重要，但在很长的时间内，犹太教的宗教仪式并不统一和规范，存在着很大的随意性。直到公元前100年左右，雅乌内犹太经学院的院长迦马列二世才完善了犹太教的祈祷仪式，确立了仪式的基本内容和形式，使之有了固定的模式。2000年来，由迦马列二世确立的祈祷仪式并无大的变化，一直沿用到今天。

在正统派犹太教会堂里，每天要举行3次仪式，分早中晚，即天亮前的晨祷、午后的午祷、天黑以后的晚祷，这与当年耶路撒冷圣殿供奉牺牲的时间是一致的。举行仪式时必须要达到法定的教徒人数，即至少有10名年满13岁以上的男子参加才能举行集体仪式，传统上妇女不计入这种法定人数之内。如今，在会堂举行仪式时经常达不到这样一个必须的人数，于是那些坚持男女平等的非正统派犹太教已经将妇女也计算在内了，而大部分改革派犹太教会堂早已不再举行每日的祈祷仪式。

祈祷仪式的核心是两个祈祷词，一个是示玛祷词，另一个是阿米达祷词。

（1）示玛祷词（Shema）

示玛祷词（希伯来语意“听着”）是最重要的祷词，只能在晨祷和晚祷时诵念。它取自《申命记》，按内容可大致可分为3段。首段是：“以色列啊，你要听！耶和华——我们的神是唯一的主。你要尽心，尽性，尽力爱耶和华——你的神。”

在这段经文中明确提出了“神是唯一”和“要爱神”的信条。接下来是：“我今日所嘱咐你的话都要记在心上，也要殷勤教训你的儿女。”

因此，犹太孩子从学说话的那一刻起，首先学说的就是示玛中的第一句话。在说这句话时，要微闭双眼，右手轻放在双眼之上，并大声呼喊。而且这句话被谱成歌曲，孩子从很小的时候起就学会唱这首歌。可以说，以色列人的第一句话和第一首歌就是示玛。

示玛祷词的随后一段是：“无论你坐在家里，行在路上，躺下，起来，都要谈论。也要系在手上为记号，戴在额上为经文，又要写在你房屋的门框上，并你的城门上。”

为此，犹太人在额头上捆上经文护符匣，将写有示玛祷词的麦朱扎挂在自家门框上，来履行这条诫命。

• 经文护符匣（Taffint）

经匣的音译为“塔夫林”希伯来文的意思是“祈祷”。这是个约 2 英寸见方的黑色小盒子，里面叠放着一块写有《圣经》段落的羊皮纸，经匣通常用带子固定在身上。祈祷时要佩戴两个经匣，佩带时有严格的规定，一个匣子固定在前额的正中部位，而另一个则缠绕在左臂正对心脏的地方。此外，经匣带子缠绕的方向也有不同的习惯。生活在穆斯林地区的塞法尔迪犹太人常按照顺时针的方向绕，而欧洲地区的阿什肯纳齐人正好相反，他们按逆时针方向缠绕。

按照犹太教的规定。除了安息日和节日外，凡年满 13 岁的成年男子，在每天的晨祷时都要求佩带经匣。正统派犹太教中只有男子才佩带经匣，而今在改革派中，有些妇女特别是女拉比有时侯也会佩带。

• 麦朱扎（Meauzah）

麦朱扎的希伯来语意思是“祝福”。它是另外一种装有羊皮纸经文的小扁盒子，羊皮纸上用希伯来文写着示玛的前两段经文，然后将它固定在自家门口右侧的门框上，高度大约在门框的 2/3 处。凡是与犹太教稍有联系的犹太人，几乎都会在自己家的前门口挂上麦朱扎。而极端正统派犹太人更是将麦朱扎挂在家里的每一扇门上，只有浴室门除外。麦朱扎不仅是犹太人住家的标记，在当今的以色列，所有国家机关、公共场所的房间门口上也都悬挂着麦朱扎。

经匣和麦朱扎都是看得见的标记，它时时刻刻提醒犹太人要忠于神，要牢记作为神的选民应尽的职责。

有学者讲述了二战后发生的一个真实故事，从中我们可以感知示玛祷词是如何深入犹太人心的。

在二战期间，犹太人惨遭屠戮，基督教会收养了一批年幼的犹太孤儿。为了保护他们，教会隐匿了他们犹太人的身份，将他们培养为基督教徒。战后，以色列方面派人到欧洲认领这些孤儿。但基督教会却不愿意让孩子们走，便说他们不是犹太人，这让来认领的以色列军官一时不知如何是好。正在为难之际，一名以色列官员突然用双手遮住双眼，然后高呼："示玛！以色列啊，你要听！"话音刚出，令人震惊的一幕出现了，隐藏在孩子们心底深处的记忆猛然间复活了。所有的孩子立刻手捂双眼，大声地接着诵念下去："耶和华——我们的神是唯一的主……"这一来，教会人士无言以对，只能眼看着以色列人接走了所有的犹太孩子。①

（2）阿米达祷词（Amidah）

"阿米达"的意思是"站立"，传统上的阿米达祷词是要站着诵念的，这是公共聚会时的祷告，包括 18 个祝福。学者们认为，这些祝福大多源于基督教时代以前，但现有的全部祝福形式出现在公元 70 年之后。迦马列二世要求每日要诵念 18 个祝福，其基本的结构由 3 个部分组成，即：开始是 3 个对神的称颂和赞美；中间部分是 12 个祈祷，感谢神的种种恩惠；最后是 3 个祈求祷告。虽然祝福的具体词语有所变化，但基本的内容一直延续了下来。阿米达祷词的第 18 个祝福是："求你把你的平安赐给以色列你的子民、你的城市和你的产业，求你祝福我们、我们所有在一起的人。哦，主啊，你赐下平安，你是当受称颂的！"②

如今，改革派已经将对和平的祈祷加以扩展，不仅为以色列国，也为全世界祈求和平。

与示玛祷词不同，每日的早中晚 3 次祈祷都可以诵读阿米达祷词。

在每天的祈祷仪式中，除了上述两种祷词外，还有卡迪什祷词和阿勒努祷词等。

- 卡迪什祷词（Kaddish）

卡迪什祷词表达了人们对在地球上建立神的王国的渴望心情，它主要在礼拜仪式的结束时诵念。如果是哀悼仪式，则放在最后由死者的家

---

① 范雨臣、张零贵：《生活在约旦河西岸》，中国广播电视出版社 2006 年版，第 137 页。

② ［美］弗格森著，李丽书译：《古希腊—罗马文明：社会、思想和文化》，华东师范大学出版社 2012 年版，第 664 页。

属来诵念。对犹太人来说，亲人去世后，要为死者诵念一年的卡迪什，这是一种宗教责任。传统上卡迪什必须达到法定人数时才能够诵念，所以在此期间，必须保证每天有10个人参加祈祷仪式。

● 阿勒努祷词（Alenu）

阿勒努祷词是声称神的统治已经遍及了全世界，是整个仪式的结束语。

一般来说，犹太教的宗教仪式要求参加者必须精神集中，对姿势没有特别的规定。例如举行阿米达祈祷时，只要肃穆站立，双手叠放胸口，面朝耶路撒冷圣城的方向就可以了。也有行鞠躬和跪拜礼的，但只限于某些特定的场合，一般不会采用。

为了加强礼拜仪式的气氛和效果，犹太教会堂很早就有了“哈赞”即礼赞员。他们主要负责宗教仪式的程序，并在仪式中领唱赞美诗和颂歌。赞美诗除了取自《圣经》中的《诗篇》外，还来自许多著名诗人的作品。公元7世纪著名诗人以利萨·卡里尔，11世纪著名的西班牙诗人所罗门·加罗比尔和犹大·哈列维的许多诗歌都在各地的教会堂里长期传唱。

在宗教仪式中唱颂歌已有很长的历史了。到中世纪时期，规模宏大的交替合唱进入犹太教会堂。18世纪后，哈西德教派开始将东欧的民间音乐引入礼拜仪式中，在音乐的伴奏下，信徒们载歌载舞，以求进入一种痴迷的状态。19世纪，现代犹太教会堂里开始有了合唱指挥，并使用管风琴伴奏。如今，音乐已经成为犹太教徒表达心声的一种必不可少的方式了。

虽然犹太教会堂是主要活动场所，但家庭仍然是宗教生活的真正中心。由于妇女承担着家庭主妇和母亲的重要角色，因此一般不要求妇女履行有明确时间规定的戒律，例如她们不必参加每天的祈祷仪式等。

2. 日常服饰

在正统派犹太教中，每个人日常生活的各个细节都受到戒律的约束，穿衣戴帽都有讲究。

（1）室内便帽

犹太男子最易识别的标志之一就是头戴室内便帽，即亚姆路克（yarmulke）或称卡巴（kippah），这是一种针织的或钩编的小圆帽，用来遮盖在头顶上，以表示对神的敬畏。同时人们也相信头戴卡巴的人，会得到神的护佑。犹太戒律要求，每个男子起床后，就必须要时刻头戴卡巴，因此严格的正统派整天都会戴着它，而非正统派只在教会堂祈祷时才戴。卡巴可以有各种颜色如黑色、蓝色或白色，也可以织成各种颜色组成的图案。严格的正统派一般只戴黑色的卡巴，而其他犹太男子则有更多的选择。因此，卡巴也是男人们喜爱的装饰物之一。

有趣的是这个习俗的历史并不久远，仅仅可以追溯到12世纪。有学者认为，犹太人戴卡巴的目的很可能只是为了与基督教徒相区别，因为基督徒在祈祷时头上是不戴任何东西的。

（2）祈祷披肩

犹太戒律要求，以色列人应该“在衣服边上做繸子……好叫你看见就记念遵行耶和华一切的命令”，犹太人通过披戴祈祷披肩（talit，即塔利特）来履行这条戒律。

披肩分为大小两种。大披肩是一个1.5米见方的方巾，只能用一种面料做成，可以是羊毛、细麻布或棉布。犹太戒律中有“不可穿羊毛和细麻两样掺杂料做的衣服”，因此不得使用混纺面料。在大披肩的四角，各有4个小孔，用4股线的线绳从孔中穿过，穿过来就是8股线了。将这8股纱线编在一起，打5个结，形成一根穗子，这样在4个角上，就有了4根穗子。希伯来语的词汇都是有数字含义的，而穗子的希伯来字母代表的数字是600，加上8股线，5个结，据说象征了《托拉》中的613条戒律。大披肩底色为白色，垂直的左右两边为毛边，制作时要将裸露的毛挽成一个个小结。在披肩的两边，允许织出其他颜色的条纹图案，但不得超过3种颜色。现在以色列的蓝白色国旗，两边各有一条蓝色的宽条纹，就取自祈祷披肩的式样。

小披肩由一块长方形白色的布料做成，四个角各有一个圆孔，绳穗从孔中穿过，中间留有领口。穿小披肩时，头伸进领口，前后两片如同一件背心，四个穗子自然下垂，有时候会露在衣服的外面。而露出衣外的穗子便成了正统派犹太教徒的一个特征。

犹太教规定，年满 13 岁的成年男子在每天的晨祷时必须要披上塔利特，因为晨祷是一天中最重要的祈祷。对现代正统派和改革派犹太教徒来说，塔利特只是一件仪式用的披肩，祈祷时他们会把它披在肩上。以前只要求男子披戴，而今在改革派中男女都可以使用。正统派犹太教徒会整天都穿着小披肩，虽然有时侯穗子会在裤子上方或塞进口袋时露出一点儿，但通常它们是看不见的。

尽管祈祷披肩的样式有严格的规定，但仍然为制作者留下了一定的创作空间，因此披肩也是人们喜爱的礼仪用品之一。

正统派妇女的穿着打扮主要以端庄为特征，不得露出小臂和小腿，已婚妇女的头发不得外露，整天都要用头巾将头部遮盖住，特别是哈西德教派更是如此。许多正统派妇女，会用戴假发的方式来履行这条诫命。此外，男人不得穿女人的衣服，女人也不能穿男人的衣服，也是规矩。这就是说，正统派犹太教的年轻女人不能让别人看见她穿裤子之类的男装。而且，无论在什么场合，正统派妇女都不得与非家庭成员的异性坐在一起。

3. 饮食禁忌

犹太人的饮食法也是犹太人有别于其他民族的一个显著特征。犹太饮食法来源于《圣经》。在《利未记》里，神对摩西和亚伦说："我是把你们从埃及地带出来的耶和华，要做你们的神；所以你们要圣洁，因为我是圣洁的。"

按照《利未记》第 11 章和《申命记》第 14 章的规定，犹太人将食物分为"洁净"和"不洁净"两种。"洁净"的食物是可以吃的，"不洁净"的食物不但禁止食用，而且不得碰触。

犹太饮食法不仅规定了哪些种类的食物是完全禁止食用的，甚至允许食用的动物也必须用特殊的方法宰杀。对可食动物的宰杀有严格的规定，必须要由经过资格认证的专业犹太人屠宰师来完成。

此外，肉制品和奶制品不能同时食用。由于食物细小的微粒会渗透到陶瓷器皿和刀叉餐具里，为了维护家庭的宗教纯洁性，确保所食之物完全符合饮食法的规定，细心的家庭主妇会配备不同的砧板和厨房用具，洗碗池、沥水板和操作区也必须分开，以防止肉品和奶品混合。

由此可知，食物成品是不能进入犹太人的厨房的，除非能保证它们是可食之物——按照规定的要求进行宰杀，奶品与肉品没有混放在一起。如今，许多成批生产的食品已经带有公认的权威部门颁发的合格证书，以证明每一道加工工序都已经通过了检验。

对于犹太饮食法，事实上《托拉》中没有任何解释。有人认为饮食法与穿衣戴帽等生活中的其他戒律是一样的，都是神为他的选民制定的与众不同的特殊标志。

现今，在犹太社团里，人们对饮食法有着各自不同的理解和认识。对极端正统派而言，只有得到犹太权威机构认可的食物才能够食用，而现代正统派中的大多数人会接受任何食品权威机构的意见，也有些人会在自己的生活中采取各种变通的办法。

根据《创世纪》中的描述，人类的始祖是素食者，只是到大洪水以后，神才允许人类吃肉类食品。尽管犹太饮食法有这么多清规戒律的约束，许多犹太教权威人士还是告诫人们，在救世主到来之时，人类将回到原始的素食主义。

如今，保守派和改革派越来越重视饮食戒律了，而素食主义无论是出于宗教原因还是为了健康，其影响力都在不断扩大。

四、节日和圣日

可以说，犹太教传统的安息日、各种节日和斋戒日形成了一种有规律的节奏，传统犹太人一年的生活完全处于这种节奏的控制之下。与许多民族的节日多是与季节有关不同，犹太人的节日大多数与特定的历史事件密不可分。因此对犹太人来说，庆祝节日就是在回顾历史。

犹太历法是以阴历为基础的，因此每一年的节日都不会在同一天。

12 个犹太月总共有 354 天，为了与阳历保持一致，欠缺的天数就通过闰月的方式加以解决（大约每 19 年有 7 个闰月）。这样一来就保证了每年的节日大致在相近的时间内，尽管不是在世俗年的同一天。

1. **安息日**（Sabbath）

守安息日成为犹太人与其他民族区别的重要标志。这一天是休息的日子，也是大家聚会的日子，在每个安息日，犹太教会堂都举行隆重的宗教仪式。

《创世纪》讲述神用 6 天时间创造世间万物，第 7 天休息的故事。当摩西在西奈山接受《十诫》时，神再次告诫以色列人“当纪念安息日，守为圣日”。于是，安息日成为犹太人的休息日。

犹太人的一天是从黄昏开始的，因此安息日从星期五的日落时开始直到星期六日落时为止。尽管一年 12 个月中共有 52 个安息日，但它仍然被看作是除赎罪日外最神圣的日子。

安息日大约在太阳落山前 40 分钟就开始了。时间一到，人们会停止一切工作，包括开车、接听电话等。大家将各种工作、计划以及种种烦心事都抛到脑后，全身心地迎接安息日的到来，在平和、愉快的氛围内度过这一美好时光。

以家庭为中心度过安息日，是犹太人最重要的习俗。家庭主妇早早就为全家人准备好丰盛的晚餐。在晚餐开始之前，母亲会事先点燃安息日蜡烛，给安息日之夜带来光明。在点燃蜡烛时，她们还会用希伯来语念诵传统的安息日祷词：“祝福你，我的上主，宇宙之王，你用诫命使我们圣洁，你命令我们点燃安息日蜡烛。”①

当男人们从犹太教会堂做礼拜回来时，一进门大家会互相用希伯来语问候“安息日好！安息日好！”

此时，30 支蜡烛已经点亮，餐桌上烛光摇曳，安息日晚宴就要开始了。

在安息日晚餐上，父亲会举起酒杯念诵祝福词，并将丰盛的食物分

---

① Dan Cohn Sherbok, Judaism, Calmann & King Ltd, 1999, p. 16.

给大家分享。

在安息日期间，为了履行诫命，人们不干活、不拿钱、不开关电灯、不采摘花草、不以车代步、不点火做饭等等。为此，在大多数正统派犹太人家里，电灯能自动调节灯光的亮度。安息日是一个与朋友和家人团聚、分享快乐的时光，也是研习《托拉》、阅读《圣经》、参加公共祈祷仪式的好日子。整整一天的休息，人们有了焕然一新的感觉，并将这种新的精神面貌带到新的一周去。

星期六的晚上，人们会以“哈达拉”（Havdalah，意为“分离”）仪式来结束安息日。这是一个有酒、有香坛、有祝福，特别是有点燃的蜡烛的仪式。香坛使人神清气爽，烛光象征着安息日的结束，祝福是对神的感谢。简短的哈达拉仪式结束后，人们又重新回到繁忙而劳碌的世俗生活中去了。

对今天的犹太人来说，传统的限制似乎显得狭隘和过时了，已经很少有人像正统派犹太教徒那样过安息日了。但不管怎么样，犹太教的所有派别都或多或少地保留着安息日的传统。分享安息日晚宴，参加犹太教会堂的仪式，全家人聚在一起聊天，这一切都为人们繁忙的日常生活提供了片刻的安宁，也是人生中一段祥和的小插曲。

2. **逾越节**（Pesach）

犹太人每年要庆祝 3 个朝觐的节日，根据《申命记》所述：“你一切的男丁要在除酵节、七七节、住棚节，一年三次，在耶和华——你主所选择的地方朝见他，却不可空手朝见。”

在圣殿尚存时，每到这些日子，成百上千的犹太人都要到耶路撒冷圣殿供奉牺牲。这 3 个节日都与农业丰收和犹太历史上的重大事件有关。

逾越节也称除酵节，是犹太历史中最古老和最著名的节日，节期自犹历 1 月 14 日晚直到 21 日晚共有 8 天，大约在公历的 3—4 月间。此时，正是春天到来之际，因此它首先是一个庆祝大麦丰收的节日。同时，逾越节也是纪念以色列人从埃及人的奴役下获得解放的节日。当年，为了将以色列人从埃及解救出来，神降了 9 种灾难到埃及地，仍未达到目的，于是神降临第10种灾难——将埃及所有的头生子杀死。以色列人被告知将羔羊的血涂在自家的门柱上，死亡天使看到就会越过他们的家门。这就是逾越节的来历。

以色列人听到让他们走的消息后，急忙回家收拾东西。由于走得太匆忙，只能带着没发酵的面团上路了。他们将面团顶在头上，是沙漠炽热的太阳光将它们烤成饼的。为了纪念此事，在节日期间，严格遵守戒律的犹太人只吃不发酵的食物。此外，在节日前夕，他们会将整所房屋来个彻底的大扫除，并为逾越节晚宴摆上专用的餐具和器皿。

与活动中心在犹太教会堂的大多数节日不同，逾越节的高潮是全家人聚在一起的逾越节家宴。逾越节家宴称为“西德尔”，在节日的第一天晚上进行。在席间，主人要再一次讲述耶和华救助以色列人出埃及的故事。除了节日祝福，诵念赞美诗外，家宴上还要吃一些特殊而有象征意义的食品。

在家宴上，要吃一种未发酵的薄饼——马扎，以纪念在匆忙逃离埃及时，来不及烤面包的事情。苦菜要蘸着盐水吃，以使人们想起在埃及所受的奴役，苦菜是苦难的象征，而盐水代表了眼泪。餐桌上还有一种叫查罗塞特（charost）的食品，它是一道水果和坚果混合的甜品，形状很像以色列人在埃及受奴役时做的砖坯。而鸡、西芹和其他新鲜蔬菜则代表了春天欣欣向荣的生命，寄托着人们对春天和美好生活的向往。

在吃饭的过程中，每人要喝4杯葡萄酒。喝每杯酒都有固定的内容，或祝福，或诵念祷词。在喝完第二杯酒后，孩子们会仪式性地提出一些问题如“为什么要吃马扎?”“为什么要吃苦菜?”大人则要认真做出回答，将其作为一种基础的宗教知识教育。当第四杯酒喝完后，所有的食物要吃完，至此家宴结束。

逾越节家宴充满了生动形象的对照物，使人回想起犹太人曾经历过的苦难，同时它也是一个全家团聚的时刻，经常给人们留下美好的童年回忆。因此，即使最世俗的犹太人也会参加逾越节的家宴。

3. **七七节**（Shavuot）

七七节即沙夫幼特节，在逾越节后第七周（大约犹历3月6、7日）

庆祝，故名七七节。又因为距逾越节为第50天，所以也称五旬节。七七节最初只一个夏初庆祝丰收的节日，此时大麦已经收割完毕，第一批水果也已采摘。如今，在以色列的集体农庄基布兹里，仍然保留着将第一批水果奉献给神的古老传统。

七七节也是纪念摩西在西奈山接受《托拉》的节日，从这个意义上说，它是犹太教真正的生日。因此，在七七节吃奶制品早已是惯例了，因为《托拉》像奶一样，滋养着每一个人。节日期间，人们会在家里摆放花卉，并用各种绿色植物和鲜花装扮犹太教会堂。

七七节的重点是颂念《托拉》，在犹太教会堂举行的仪式上，要诵念《十诫》。许多人在家里也会默读《托拉》，并互赠《托拉》——这是神与犹太人之间的一份契约。此时此刻，也是孩子们完成正规的宗教教育，从犹太教会堂的宗教学校毕业的日子。

4. **住棚节**（Sukkot）

住棚节即苏库特节，亦称结庐节。在每年的秋季庆祝，从犹历7月15日开始（大约公历9—10月），持续7—9天。最初这是一个农业庆丰收的节日，人们用树枝搭成简易小棚子，在里面住上几天。

住棚节也是纪念犹太人出埃及后在荒原上流浪的节日。《利未记》中有："你们要住在棚子里七日，凡以色列家的人都要住在棚里，好叫你们世世代代知道，我领以色列人出埃及的时候曾使他们住在棚里。"

节日期间，人们要在户外搭建一个临时用的小棚子，并在里面住7天。

对于如何搭建小棚子，《密什那》中有详细的说明。通常这只是一种仪式行为，天气较冷时，人并不一定要在里面过夜，但正餐必须在住棚里边吃。如今，为了深入体验住棚节的意义，有些人真的会住进去了。

住棚的墙壁可使用石块、木板和棚布，但顶蓬必须要用细树枝、芦苇、藤条和小树等植物搭建。在这种屋顶下过夜，人在里面可以仰望苍天，遥看星空，与大自然直接对话。这使人深切地体会到人们精心构筑的世俗物质世界和亘古永恒的浩瀚宇宙相比是多么的短暂，而人又是何等的渺小！

这个脆弱的住棚也在提醒人们要坚定自己的信仰，因为他们真正的家在神那里。它也提醒人们牢记，在犹太人离开埃及返回许诺地迦南时，是神一路上护佑着他们的祖先。

《密什那》还告诉人们，怎样用棕榈树枝、柳树枝和桃金娘枝扎成卢夫卡。在节日期间，人们会为和平而祈祷。参加者一手拿着卢夫卡，一手拿香橼（一种像柠檬样的植物果实），朝犹太教会堂的四面八方挥动，以赞美神并承认他是世界永恒的中心。如今在以色列国，每到住棚节前夕，政府都会派人将修剪下来的树枝分给大家，供搭建住棚使用。

住棚节的最后一天也称圣法节。每年要诵读一遍的《圣经》，在这天正好读完，同时新一轮的诵念也随之开始了。早上读完最后一段《圣经》后，接下来就开始念《圣经》的第一段，以此来象征对《托拉》连续不断的诵读和学习。

这也是一个喜庆狂欢的时刻。这一天，男女老少都会到犹太教会堂去参加庆祝仪式，人们将《托拉》从约柜中请出，在一片欢呼声中，围绕着人群传递10圈。在第二圣殿时期，狂热的活动甚至包括烧毁祭司的旧袍。如今，庆祝活动已经不再局限于犹太会堂了，许多城市都移到广场上进行，人们手捧经卷，载歌载舞连续欢庆几个小时，已是很平常的事了。

5. **灯节**（Hanukkah）

灯节即哈努卡节，也称净殿节，从犹历9月25日（即公历12月）开始，一直持续8天。此时已近冬至，是一年中黑夜最长的时候。每到灯节，犹太教会堂和家家户户都会点亮九连大烛台。孩子们围在父亲身旁，看着他隆重地将银质烛台中间的主蜡烛点燃。以后每个晚上，要从这个蜡烛引火，增点一支分烛，以象征光照的时间逐渐地延长。到节日的最后一天，8支腊烛全部点亮。

哈努卡节也是纪念马加比率领义军战胜塞琉古军队，恢复圣殿祭祀的节日。传说当起义军到达圣殿时，他们发现只剩下一桶纯净的橄榄油了，上面还有大祭司的封印。通常，一桶油只能燃烧一天，但是奇迹发生了，这桶油足足燃烧了 8 天。后人以庆祝节日的方式来缅怀先辈不畏强权、忠于信仰的精神。

每到此时，人们都会到犹太教会堂参加仪式，诵念赞美诗，请亲朋好友到家里共同分享丰盛的晚餐等。以前在节日里，大人会给孩子们一些坚果和零花钱，孩子们用坚果的壳儿做游戏。如今，大多数家庭会在节日的每个晚上送孩子一个小礼物，作为对孩子们学习的奖励。

由于哈努卡节在时间上与基督教的圣诞节十分接近，因此如今特别受到人们的重视。

以色列国在节日期间，经常会举办各种体育活动，其中尤以火炬长跑最为著名。

6. 普珥节（Purim）

“普珥”一词的意思是“抽签”，也称以斯帖节。在犹历 12 月 15 日（公历 2—3 月间）进行。这是一个纪念犹太人免遭迫害的节日。

《以斯帖记》中说，波斯大臣哈曼向国王亚哈随鲁进谗言，要杀死所有居住在波斯的犹太人，昏庸无道的国王听信了他的话，下了处死犹太人的命令。哈曼用抽签的方法将屠杀犹太人的日子定在 12 月。而此时身为波斯王后的以斯帖和其堂兄末底改，设法在国王面前揭露了哈曼的诡计，使国王知道自己受了哈曼的骗，犹太人是无辜的。最后，犹太人脱离了危险，欺君的哈曼也受到死刑的处罚。

学者们认为，该节日与地中海神话中的春神和丰收女神埃斯塔可能有某些联系。在节日的白天，犹太教会堂里会举行仪式，诵念《圣经》中的《以斯帖记》，每当读到哈曼和他儿子的名字时，孩子们会用脚用力跺地，发出咯咯的跺脚声和各种口哨声，以示谴责。

在如今的普珥节里，人们聚在一起，喝酒聊天，尽情娱乐。还会有各种露天表演的庆祝活动，其中最为吸引人的是化装舞会，年轻人穿着各种各样的服装，头戴面具，模仿《以斯帖记》中的各个人物，手舞足蹈，尽情欢乐。

7. **新年**（Rash Hashanah）

犹太年是从至高圣日新年开始的，新年是万象更新的时刻，在犹历7月1—2日（公历9—10月，大约秋分前后）庆祝。《密什那》告诉人们，在新年到来时，所有的人都要在神的面前通过，接受审判。因此，犹太新年也叫审判日。

从新年前30天开始，是为期40天的敬畏日。在此期间，每天犹太教会堂的晨祷会吹响"朔法尔"。朔法尔是一种羊角号，只能用未阉过的公羊角做成。羊角号能够发出种种神秘、怪异的声音，提醒人们他们是站在神的面前，同时它也在呼唤人们去忏悔。

在新年除夕之夜举行的宗教仪式上，人们念诵的祷文应当有以下的内容：所有人都应当牢记神的功绩，作为神的子民应当感到无比的荣耀和喜悦，以及正义终将胜利，所有的邪恶将烟消云散，等等。

宗教仪式的最后一个程序，是再次吹响羊角号，宣告新的一年开始了。

新年，是新的一年的开始，也是全家人团聚的好时光。在晚餐时，人们会吃蜜饯或蜂蜜面包，以示来年生活甜蜜。大家也会在这一天互赠礼品，互相祝福。

新年吹响的羊角号，表示一种不可思议的声音在召唤人们去忏悔，正如伟大的哲学家迈蒙尼德所指出的，羊角号正在"唤醒你——罪人，反省你的行为，记住你的主，摈弃罪恶回到神那里"。①

《密什那》告诉人们：在最后的审判时，只有极少数人被认为是完全的义人，另一些人会当作不可救药的邪恶之人被立即抛弃，而绝大多数人则处于中间的位置。因此，在新年之后，紧接着的是为期10天的忏悔日。

新年，也是忏悔十日的开始。

① Dan Cohn Sherbok，Judaism，Calmann & King Ltd，1999，p. 89.

8. 忏悔十日（Ten days of Penitence）

忏悔十日是指犹历7月1—10日，这是一年中最严肃的10天，最后一天也叫赎罪日。到了赎罪日，历时40天的敬畏日才告结束。由于大多数人都有不同程度的罪恶，因此神给人们10天的时间来进行忏悔，并在赎罪日的大斋戒中净化自己。

在忏悔十日中，人们要对自己一年的所作所为进行反思和检讨，并请求别人对自己的不当之处予以谅解。通常是互相请求原谅，因为一个人如果不能够宽恕别人，那么他在神的面前也得不到宽恕。

犹历的7月10日是赎罪日（Yom kippur），这是犹太人所有节日中最为神圣的日子，也是最严肃的一天。它用赎罪的方式，使人们尊重并强化与神的神圣盟约。

在赎罪日，犹太教会堂全天都举行宗教仪式。在晚祷仪式上，拉比会穿上象征圣洁的白色袍子，主持神圣的约柜开启仪式。当《托拉》经卷从约柜里请出来后，拉比恭恭敬敬地手捧《托拉》经卷，而参加仪式的会众则面对已经开启的约柜，齐声高唱赞歌，此时仪式的气氛达到高潮。

在圣殿时期，只有这一天大祭司才能进入耶路撒冷圣殿的至圣所，呼唤主的神圣名号“耶和华”，请求他饶恕世人的罪过。

传统上，人们要在赎罪日斋戒一天。每个成年犹太人（无论男女），从太阳落山到第二天黄昏要斋戒一天，通过斋戒来表示赎罪。在斋戒期间，人们停止工作。犹太人斋戒的内容不仅禁止吃喝，还包括禁止涂油、禁止房事、禁止沐浴、禁止穿皮革制品。

在赎罪日这一天，严格遵守戒律的犹太人会一整天都待在教会堂里，向神祈求宽恕。即使较为世俗的犹太人，他们也会参加犹太教会堂的新年和赎罪日的礼拜仪式。即使那些在其他时间从不到教会堂去的人，也会被赎罪日隆重的仪式和传统的象征所深深吸引。因此，每到这一天，犹太教会堂里总是挤满了人。

赎罪日结束时，犹太教会堂里再次响起信徒们嘹亮的圣歌，最后吹响羊角号，号角的神秘声音表示神已经宽恕了世人的罪过，新的生活又开始了。

9. 现代节日

以色列建国之后，除了传统的节日外，又增加了一些新节日，较为重要的有：

（1）以色列独立日

这天是以色列国的国庆节。遵照联合国安理会的决定，1948 年 5 月 14 日以色列国诞生。从此以后，以色列成为一个拥有独立主权的民族国家。每到这一天，官方将举行各种庆祝活动。

（2）大屠杀纪念日

犹历 1 月 27 日，是悼念纳粹大屠杀中死难的 600 万犹太人的日子。这一天，以色列政府会组织群众集会，会上常用意第绪语高唱犹太抵抗运动的歌曲来缅怀烈士。正统派犹太人会斋戒一天，所有的犹太家庭都会点燃蜡烛，诵念卡迪什，以悼念死难者。

（3）植树节

犹历 11 月 15 日。原来这是一个庆祝春天到来的节日，此时冬季结束，万物开始复苏。传统上在这一天，人们要品尝 15 种不同的水果和植物。以色列建国后，将这一天定为植树节，以帮助荒凉的沙漠披上绿装，恢复生机。

（4）阵亡将士纪念日

犹历 12 月 7 日，传说是摩西的诞辰日和忌日。通常人们会禁食一天，在家里点燃蜡烛，以示纪念。以色列建国后，将这天定为阵亡将士纪念日，以纪念为国捐躯的烈士们。

（5）斋戒日

除了节日外，犹太教还有众多的斋戒日，来纪念历史上的重大事件。主要的斋戒日有：

- 阿布月 9 日

即犹历 5 月 9 日，又称悲哀日。不知是出于巧合，还是什么原因，犹太历史上的几个重要事件，例如公元前586年耶路撒冷圣殿被巴比伦人毁坏，公元70年第二圣殿被罗马人摧毁，1492年西班牙国王费迪南德将犹太人驱逐出西班牙等，都发生在这一天。

许多人认为这一天是犹太人最不幸的日子。每到这一天，犹太教会堂里的所有装饰物都被取下来，人们会斋戒一天，同时避免参加任何娱乐活动。

- 塔穆兹月17日

即犹历4月17日的斋戒日，纪念耶路撒冷城墙被巴比伦人和罗马人破坏的日子。

- 提维特月10日

即犹历10月10日的斋戒日，纪念巴比伦人围攻圣城耶路撒冷的日子。

斋戒的内容有五禁，即禁止饮食、禁止沐浴、禁止涂油、禁止房事、禁止穿皮革制品。总体而言，犹太教并不是特别强调苦行的宗教。但是，通过每年的斋戒日，不仅使虔诚的信徒锻炼了身体的内在机能，同时也使人们共同分担长期以来降临在犹太人身上的苦难。

五、犹太艺术

《十诫》第二条规定："不可为自己雕刻偶像，也不可做什么形象仿佛上天、下地，和地底下、水中的百物。"

这条诫命是犹太教禁止任何形式的偶像崇拜，反对制作任何与神有关的形象的依据。与拒绝任何形象化艺术的穆斯林相比，犹太人始终没有穆斯林那样严格的要求，他们只是笼统地反对在宗教范畴内绘制人的形象和面貌而已。

然而，犹太人有十分精良的传统手工技艺。在许多地方，特别是中东和北非地区，犹太人一直是杰出的金属工匠。一般来说，犹太人在制作仪式用品上出手极其慷慨大方。通常，每个犹太家庭都要在自家的门框上挂一个麦朱扎。麦朱扎可用银、木、玻璃和水泥等材料制成，形状各异，极具特色。同时，各家都备有一些酒杯和蜡烛灯台，这些都是庆祝安息日时的必需用品。由于《圣经》中没有具体规定这些物品的材料和样式，因此，它们可以用各种不同的材料做成，工匠们也可以充分发挥自己的想象力，将这些器物制作成各种精美的工艺品。

犹太教会堂是保管《托拉》经卷的场所。《托拉》经卷的制作有严格的规定，必须用希伯来文工整地书写在羊皮上，不得写错和涂改。羊皮必须是完好无损的公羊皮，使用的墨水必须从植物中提炼制取。当全部经文写好后，便将羊皮一张张缝连起来，然后两端固定在两个木轴上，这样经卷就做好了。

《托拉》经卷是每个犹太教会堂的必备物品。经卷通常放在金属盒内或布封套里，这些用具都装饰得华贵富丽，木制的卷轴两端还附有精美的金属饰件。犹太教会堂里经常会悬挂一些钟状物品，使人联想起圣殿时期祭司们身穿的法衣。有时侯，也会挂一些王冠样的东西，以象征《托拉》。因为在犹太人的生活中，《托拉》才是真正的统治者。在《托拉》经卷封套的上方，时常悬挂一个银制的胸铠或盾牌，有时候上面还刻有《十诫》。毫无疑问，这些物品都是光彩夺目的银制工艺品。

犹太人将《托拉》经卷视为圣物，因此在阅读时不能用手来指点字句，触摸经文，认为这是一种亵渎神灵的行为。在阅读经卷时，人们必须用指经标来代替手的动作。指经标大多为银制的，也有木制的或其他金属做成的。其形状像人的手臂，经常仿制成人手在指物时的各种不同的姿势，以方便使用。

在犹太人使用的所有器物中，最具特色的当属七连烛台了，它原是耶路撒冷圣殿里的用品。与灯节使用的、可以做成任何形状的九连烛台不同，七连烛台必须是轴对称的形状，中间为主枝，两边各有一小枝，相连成枝状。七连烛台大多为纯银制造而成，是安息日的主要用品。公元70年，耶路撒冷圣殿遭到洗劫后，它被罗马人作为战利品带回罗马，提图斯凯旋门上有它的浮雕。

由于“七”在犹太传统中有“全”、“满”的含义，烛台代表了光明，由此衍生出“神圣”的寓意。七连灯台一直是犹太教的重要标志。

考古发现，在公元前1世纪的钱币上，已经刻有七连烛台的图案了。在整个犹太教历史中，它以各种形式出现，而人们也用不同的方式来理解它。

如今，七连烛台是以色列国徽上的图案，以色列所有官方文件的印章上都有它的形状。随着犹太人的足迹，七连烛台的图形也绘制在世界各地犹太教会堂的建筑上，成为犹太教会堂的重要标志。

六、犹太教会堂

犹太教会堂，产生于公元前6世纪。当犹太人被掳往巴比伦之后，由于远离了耶路撒冷圣殿，没有了向神表达忠诚的场所。于是，人们在拉比的领导下，聚集在一起研读经典，讨论问题，犹太教会堂开始有了雏形。在第二圣殿时期，圣殿与会堂并存。巴勒斯坦犹太人继续在圣殿献祭，而犹太教会堂成为散居在外的犹太人的精神中心。直到第二圣殿被毁之后，犹太教会堂才成为犹太教唯一的活动场所。

犹太教会堂与耶路撒冷圣殿有本质的不同。

犹太教会堂不再是神的庙堂，它是信徒们聚集在一起，举行各种宗教仪式的地方。为了能够容纳众多的信徒，犹太会堂一般比较宽敞。在希伯来语中，犹太教会堂称为比特—哈肯塞特，意思就是“大会堂”。

东欧操意第绪语的犹太社团，经常将犹太教会堂描述为一座“朔尔”，意思是“学校”。可见，犹太教会堂不仅是信徒们祈祷的地方，也是研读经书的场所。

如今的犹太教会堂里，通常都设有学校和慈善机构，成为犹太社区的宗教、文化和教育中心。

犹太教会堂的内部设施一般比较简单。

约柜是整座会堂的核心，是会堂中最神圣的地方。这是个装饰得富丽堂皇的柜子，里面存放着《托拉》经卷，安放在会堂距离耶路撒冷圣城最近的位置上，祈祷时大家要面向约柜的方向。《托拉》经卷是手写的希伯来文的《五经》，在每天的早祈祷中都要诵念《托拉》。

位于会堂正中央的诵经台，是一个木制的桌台，供拉比主持各种仪式和布道时使用。犹太教会堂里的宗教物品还有长明灯、七连烛台等。由两个等边三角形组成的大卫星是犹太人和犹太教的标志，据说它最早出现在大卫王的盾牌上，所以也称大卫盾。以色列的蓝白条纹国旗的正中部分就是一个大卫星图案。大卫星图形简单，却能强烈地表达犹太人的民族意识。此外，在犹太教会堂里没有任何偶像。

任何一个犹太男子（非正统派也包括女人在内）可以参加所有或部分祈祷仪式，但注册属于该会堂的成员就必须定期前来诵读经文。在正统派的犹太教会堂里，女人的座位与男人是分开的，其目的是既能让她们做祈祷，又不会分散男人的注意力或干扰他们的祈祷。

犹太教会堂没有固定的建筑模式，一般会按照所在国的建筑式样来修建犹太教会堂。因此，建于中世纪的欧洲犹太教会堂常显示出罗马风格，或者是哥特式建筑。在17—18世纪的波兰农村，犹太教会堂经常是一些屋顶上盖瓦的简易木头房子。中国明清时期的开封犹太教会堂，其建筑风格酷似庙宇。到19世纪，一些富裕的犹太社区建起了各种雄伟壮观的犹太教会堂，摩尔式、埃及式、哥特式和古典式应有尽有。

在犹太人的故乡以色列，一些历史悠久的犹太教会堂遗址已经发掘出来。1932年，考古学家在幼发拉底河畔发掘出建于公元3世纪的杜拉—欧罗普斯犹太教会堂。在加利利湖的西北岸，发现建于公元3—4世纪的迦百农犹太教会堂，它具有早期犹太教会堂的建筑风格，是以色列国内保存最为完好的古会堂遗址。而建于公元6世纪初期的贝特—阿尔法犹太教会堂，位于加利利附近的山谷中。该会堂虽遭到地震毁坏，但从残存的三块马赛克拼花地板上，仍可以看到黄道十二宫的图案及四季的标志。这些图案出自名家之手，绘制者留下了他们的姓名及日期，成为古代犹太教艺术中具有特殊历史价值的文物。

此外，在犹太人散居的埃及、西班牙等地也有新的发现。1896年，在开罗的以斯拉犹太教会堂里，发现大量古代和中世纪的希伯来文手稿。这些犹太教会堂，不仅是研究古代建筑史不可多得的文物，也是研究犹太教和犹太艺术的宝贵历史资料。

尽管历经了两次世界大战的洗礼，许多中世纪的犹太建筑被毁于一旦，但仍有一些著名的犹太教会堂幸免于难，保留至今。在埃及的开罗、西班牙的图兰多、捷克的布拉格、乌克兰的利沃夫、意大利的威尼斯和罗马都有著名的古代和中世纪的犹太教会堂保存下来，成为众多游人观览的名胜古迹。

进入20世纪后期，美国的犹太教会堂开始向现代化楼厦的方向发展。坐落在宾夕法尼亚州埃尔肯斯公园里的犹太教会堂就是杰出的典范，它由著名建筑师劳埃德·怀特设计，是一个完全现代化的建筑。

第九章　现代的以色列国

20 世纪是人类社会发生巨大变革的时代，两次世界大战给欧洲乃至整个世界带来了巨大的灾难，也给世界各国人民留下了极其深刻的印象，让人们至今难以忘怀。

第二次世界大战中，600 万犹太人被屠杀的消息一经披露，立即震惊了整个世界，引起全世界人民的密切关注。对于犹太人的同情和怜悯，使犹太锡安主义思想得到了广泛的赞同和支持。加之大国对中东事务的介入，以及各种政治势力和国家利益的纠结与平衡，终于使犹太人有了实现建国梦想的机会。

然而，面对新建立的以色列国，犹太人却有着完全不同的两种态度。虽然犹太锡安主义者提出在巴勒斯坦建立犹太人的国家是以《圣经》为依据的，但这些人却要建立一个完全世俗化的民族国家。那些正统派犹太教徒则要求按照神的意志，建立一个以《托拉》为准则的神权国家。

今天的以色列虽然是一个现代国家，但宗教依然是一个绕不开的话题。犹太教以它特有的方式影响着人们的思想和行为，并不断对以色列的政治产生重大的影响。

一、二战时期纳粹屠杀犹太人

人类进入 20 世纪后，欧洲列强之间的利益争夺终于酿成第一次世界大战，大战之后参战双方两败俱伤，欧洲各国处于严重的经济衰退之中。

德国因为是战败国，情况尤其糟糕。在1930—1933年间，德国的失业人数达到600万，国内政局动荡不安。在经历了几届无能而短命的联合政府后，野心家阿道夫·希特勒（1885—1945年）最终攫取德国总理的宝座。没过多久，这个野心家、阴谋家就让欧洲再一次陷入新的世界大战中。对犹太人的大屠杀是这场战争中最恐怖的一幕，也是人性中正义与邪恶的一次大较量。

1. **时代背景**

希特勒原来只是德军中的一名士兵。他于1919年加入“德意志工人党”，次年，他改组该党，更名为“民族社会主义德国工人党”，自任党魁。“民族社会主义”一词的缩写为“Nazi”音译“纳粹”，故该党简称“纳粹党”。希特勒的理论是一种反共反犹思想的混合物，他秉承张伯伦“雅利安种族优越论”的腔调，具有一种病态的反犹心理，他坚持认为所有的犹太人都是“堕落的寄生虫”。

1923年，希特勒在狱中写成《我的奋斗》一书。他声称正是由于犹太人的背信弃义，才使德国在第一次世界大战中失败，他认为犹太人作为一个“邪恶的民族”，正在寻求机会来“统治世界”。

希特勒领导下的纳粹党，为了赢得民众的支持，转移民众的视线，便将德国正面临的所有问题全部归罪于犹太人。他们大肆宣扬“种族优越论”，声称只有剥夺犹太人在德国生活的权利，将他们赶出这个国家，德国才能“恢复健康”。这种为了“种族健康”，必须驱逐犹太人的论调大行其道，公开传布。

看见张贴在墙上的公告，许多犹太人心里已经明白：这里再也不是他们的家园了。只有设法离开这个令人恐怖的地方，才是唯一的出路。许多人留下无法携带的家产，远走他乡。但还是有不少人留了下来，他们或因各种原因一时走不了，或者对纳粹党还抱有一丝幻想，希望这种局面不会持久下去。然而，他们不会想到，纳粹的反犹活动才刚刚开始，更疯狂的迫害还在后头。

1935年9月，在纽伦堡召开的纳粹党代表大会上，通过了两部反犹法令，一部是“帝国公民身份法”，另一部是“保护日耳曼血统和德国荣誉法”，加上后来补充的13部法令，构成所谓的“纽伦堡法”（Nuremberg Law），为日后纳粹疯狂的反犹行动提供了法律依据。根据“纽伦堡法”，犹太人不再是德国公民，他们被剥夺了选举权和被选举权等公民权利，成为不受法律保护的“属民”，他们不得与德国公民通婚或发生性关系，并强迫犹太人进行财产登记。

为了具体落实反犹计划，早在1933年希特勒就指示议会通过“授权法”，将处置犹太人的生杀大权交给心腹干将戈林。当时戈林任国会议长，他后来与戈培尔、希姆莱和海德里希并称为希特勒的“四大干将”，是纳粹反犹政策的主要执行者。从此，纳粹的反犹行动逐步升级，并随着德军的进攻而扩散到欧洲各地。

1938年，德军入侵奥地利，使这里的犹太人处于同样的反犹法律下，犹太人的店铺被“日耳曼人”强行接管。居住在德国的波兰犹太人在受到围攻后，被押送到波兰边界，但波兰政府却拒绝他们入境。而此时，德国国内的反犹活动也达到了高潮。

1938年11月7日，发生了一个犹太青年行刺德国驻巴黎使馆官员的事件。随后，德国政府便以此为借口，掀起大规模的反犹浪潮。9日晚上，在德国当局的授意下，大批犹太人的商店和犹太教会堂遭到暴徒的洗劫。该行动持续了2天1夜，191座犹太教会堂被毁坏，7500家犹太店铺遭到打砸抢，其余则被政府占用。在短短的2天里，300多人被杀，数千人被关进监狱，这就是著名的“水晶之夜”事件。之所以称为“水晶之夜”，是因为被打碎的店铺玻璃散落在地上，在灯光的照射下，似水晶般闪闪发光。遗憾的是，如此浪漫的名称，指的却是一场令人发指的恐怖事件。

“水晶之夜”事件，标志着纳粹的反犹活动已经由民间举动转变为政府有组织的行为，它是纳粹反犹的一个重要转折点。该事件发生后，德国政府颁布命令，要求犹太人在公共场合必须佩带有大卫星图案的袖章，并在犹太人的护照上加盖“J”字样，使之与其他人区别开来。在这种情况下，德国犹太人已经不能再指望纳粹的怜悯了，他们必须尽快和家人一起离开这里。到1939年，共有50万德国犹太人，15万奥地利犹太人逃离了家园。

但是，从纳粹德国逃出来的犹太难民，却没有几个国家愿意收留他们。此时，美国正处在经济大萧条时期，许多人失业找不到工作，美国政府只同意接受极少数的新移民。而英国，由于阿拉伯人的反对，他们早已缩减了在巴勒斯坦的犹太人定居点。西欧各国也出于自身利益的考虑，不愿意再接收新的难民。国际社会的这种态度，使准备前往这些国家的犹太家庭陷入困境之中。要想将孩子们送到国外，也只能送到远方亲戚那里，或者干脆把孩子交给人贩子。因此，大多数家庭出于无奈，只得继续留在当地。

2. 对犹太人的大屠杀

1939 年 9 月 1 日，德军入侵波兰，第二次世界大战正式爆发，美国政府有计划安排犹太移民的努力随之被搁浅了。占领波兰后，德军闪电般地迅速侵入法国、丹麦、挪威、比利时、荷兰，数百万犹太人被置于德军的铁蹄之下，而此时他们已经无路可退了。

德军占领欧洲后，在所有占领区继续推行反犹政策和法令，有组织地迫害犹太人。在数百万犹太人聚集的波兰，所有犹太人被迫搬入城镇中特定的隔离区，华沙 50 万犹太人被赶进一个不到 3 平方公里的区域内，许多人疾苦而死。在维也纳，当局采取敲诈手段，迫使近 10 万犹太人倾其所有换取一纸出境许可证，以逃离纳粹的迫害。而德国柏林，则设立了专门的“犹太人出境办事处”，逼迫犹太人交纳一定数目的金钱后，允许他们出境。在 1933—1939 年间，近 30 万犹太人就是通过这种方式逃离了德国。对于那些无力离开这里的犹太人，德军便将其中年轻力壮的青年人抓起来，强迫他们干粗重的体力活。这些如同奴隶一样的劳工每周要劳作 7 天，过着衣不遮体、食不裹腹的悲惨生活。

1941 年 6 月，德军突然袭击苏联。希特勒下令将德占区的俄国犹太人全部杀光，并指派“党卫军特别行动队”专门执行屠犹任务。特别行动队的首领海德里希将队伍迅速扩展到 4 个分队，每队 500—1000 人不等，将他们分散到德军占领的每一个城镇。在那里，他们先将所有的犹太人集中关押起来，然后押到郊外枪杀。据报道，从 1941 年 10 月到 1942

年 11 月，仅仅一年时间，120 万无辜的犹太男女和孩子们就这样惨死在纳粹的枪口下。然而，对纳粹而言，这还不够。

1942 年 1 月 20 日，纳粹在柏林附近的万塞召开秘密会议，提出“最后解决”犹太人的问题，即从肉体上灭绝犹太人。为达到此目的，德国人在欧洲建立了一个集中营和灭绝营的网络。1939—1941 年间，仅东欧就建起近 100 座集中营。在执行灭绝计划时，他们首先将犹太人集中起来，赶进大城市里的隔离区，然后将隔离区的犹太人用牛车从欧洲各地送到集中营去。因为车里的人太多了，以致许多人在路上就死掉了。在波兰的切尔姆诺（chelmno）、奥斯维辛（Auschwitz）、索比堡（Sobibor）、迈达内克（Majdanek）、特雷布林卡（Treblinka）和贝尔塞克（Belzec）集中营里，年轻人和健康人被挑选出来，大部分被安排去干各种苦力活，有的则送到实验室，充当人体实验品。而那些年老体弱、无利用价值的人，则在手上编号后，被直接送到毒气室。劳工们受尽了奴役，即使不累死，也要整天提心吊胆，一旦他们不堪劳作了，同样会被处死。

在集中营里，毒气室不仅是屠杀犹太人最有效的工具，也是用来解决德军中的厌战分子、波兰和苏联共产党战俘的秘密武器。这些集中营中规模最大的是奥斯维辛集中营，它位于波兰南方的克拉科夫附近。1940 年，在希特勒心腹干将希姆莱亲自监督下，建成了这座臭名昭著的集中营。该集中营能够关押 14 万名囚犯，有 7 座焚尸炉，每天可以处理 1 万具尸体，整个过程以极其残忍的方式进行。甚至在德国败局已定的形势下，仍然有许多犹太人被运到这里来。人们普遍认为，在这场惨绝人寰的大屠杀中，死难的犹太人总计达到 600 万人，相当于战前欧洲犹太人的 2/3，全世界犹太人的 1/3。

3. 反抗和救助

在纳粹德国大规模屠杀面前，犹太人虽然处于羔羊待宰的弱势地位，但仍然有许多人以外逃或自杀的方式表示反抗，更多的人则拿起武器走上战场，与敌人拼死血战。据统计，在整个战争期间，大约有 160 多万名犹太人加入盟军部队或各国游击队，为最终的胜利而战。在隔离区和集中营里也发生过小规模暴动，华沙“隔都”曾发生过持续几周的反抗德国人强权的斗争。但令人叹息的是，他们的反抗没有得到社会上的任何支持和反响，最终被残酷镇压，继而无声了。

然而，即使在最黑暗的时刻，人性的光辉没有泯灭，尽管在暴行面前，它是那样的微弱。在纳粹开始驱逐犹太人之时，世界各地的犹太社团立即行动起来，开展营救工作。它们在各地建立起临时办事处，为要求出境的犹太人提供资助，先帮助他们办理离境手续，然后再获得美国及其他国家的入境签证。在危急的时刻，各国的红十字协会都尽全力营救犹太难民。在战争期间，红十字会员利用特殊的身份，深入各地，甚至直抵战场，救助了无数难民和伤病员。尽管有宗教上的偏见，但在纳粹的暴行面前，梵蒂冈天主教廷依然庇护了数百名犹太人；法国、荷兰、比利时的基督教堂成了隐藏犹太人的场所，一些修道院出于仁慈之心，保护了数千犹太人的性命。

面对纳粹疯狂迫害犹太人，一些国家的驻外使节曾尽一己之力来帮助处在危难中的犹太人。

1937—1940 年，何凤山先生担任中国驻维也纳的总领事。当犹太人面临困境时，他不顾危险，毅然向奥地利犹太人发放了数千张进入中国的签证，使他们获得生的希望。1999 年，在《何凤山与生命的签证》一文中，作者向人们讲述了一件真实的事情。当时，17 岁的犹太青年埃里克·戈尔德施陶伯，为了让家人逃离纳粹的迫害，在 50 多个国家的领事馆之间奔走，希望得到离境的签证，结果均遭拒绝。在绝望之时，他来到中国领事馆，得到了何凤山先生的帮助。1938 年 7 月 20 日，埃里克拿到中国领事馆签发的 20 份入境许可证。在购买船票准备离开时，其父突然被当局逮捕，因持有中国的签证，几天后便被释放，全家才得以逃往上海，成为二战中的幸存者。何凤山先生签发的是“生命的签证”，它拯救了数千人的生命。直到 1997 年 9 月何凤山先生逝世后，他的义举才为国人所知，被誉为“中国的辛德勒”。①

---

① 潘光主编：《犹太研究在中国三十年回顾：1978—2008》，上海社会科学院出版社 2008 年版，第 292 页。

当德军占领波兰，大批波兰犹太人逃到立陶宛时，日本驻立陶宛考纳斯的总领事杉原千亩先生也向他们发出大量到日本的中转签证。使他们得以在德国入侵苏联之前，逃离这里。

1941年4月，德军占领匈牙利，70万犹太人面临死亡的威胁。在纳粹的大屠杀中，60万匈牙利犹太人被害。在极其艰难的情况下，瑞士外交官瓦伦堡（Raoul wallerderg）以中立国使节的身份前往匈牙利，以发放护照的方式拯救了上万名犹太人的生命。

还有德国实业家辛德勒，他救助犹太人的事迹被写成小说，搬上银幕，广为人知。人们将永远铭记这些人的名字，他们的义举永留史册。

在欧洲的每一个地方，都有普通老百姓冒着极大的危险救助犹太人。他们用各种方式藏匿犹太人，帮助他们出逃，甚至收养犹太儿童，人性在他们身上闪烁出夺目的光辉。希拉里·克林顿在《亲历历史》一书中，记述了她1996年访问华沙时会见犹太人的情景："有二十个人等候在罗纳德·L-劳德基金会犹太社区中心的会议室里，他们近年才得知自己是犹太人，一位50多岁男士的养母告诉她，他的亲生父母当年为了使他逃脱大屠杀，而把他托付给她。"① 波兰媒体报道希拉里的访问后，劳德基金会接到许多波兰乡下犹太人的电话和信函，述说他们类似的经历。我们不难想象，在这些幸存者的背后，都有一位伟大的异族母亲用博大的胸怀和深切的爱将犹太人的儿女培育成人。

二战后广为流传的《安妮日记》，是13岁的荷兰女孩安妮·弗兰克在二战期间的真实记录。尽管在纳粹占领时期，德国人用金钱来收买那些卑鄙的告密者，以获取犹太人居住地的信息。但在好心人的帮助下，安妮和她的家人以及其他共11人，在一个小阁楼的密室里藏匿了2年之久，直到1944年盟军在诺曼底登陆后，他们才获得自由。安妮的日记将这个小女孩的感悟和思考留给了后人，它不仅震撼着人们的心灵，也激起更多的人深刻的反思。

犹太人是一个知道感恩的民族，他们从没有忘记那些在危难时刻曾

---

① ［美］希拉里·罗德姆·克林顿：《亲历历史——希拉里回忆录》，译林出版社2003年版，第313页。

经帮助过他们的人。1948 年建国后，以色列议会颁布了一项法令，授权以色列政府代表犹太人向所有在大屠杀期间救助过他们的非犹太人及其家庭表示感谢，并向他们授予勋章和奖金。截至到 1990 年 5 月 1 日，共有 8600 多人接受了以色列政府颁发的勋章和奖金，但这仅仅是曾经向犹太人伸出援手的众多人中的一部分。岁月的流逝没能让更多的人留下他们的姓名和容颜，但他们同样得到后人的尊敬和怀念。

4. 对历史的反思

毫无疑问，希特勒及纳粹党是这场大屠杀的策划者和推行者，但大屠杀也是对各国政府、对人类良知和正义的一次无情拷问。面对纳粹德国疯狂的反犹政策，许多国家表现出的无情和冷漠，令今天的人们感到震惊和不解。

1938 年 7 月，面对纳粹愈演愈烈的反犹行动，在法国的埃利昂曾经召开过一次国际会议，专门讨论犹太难民的问题，32 个国家派代表出席了会议。在会上，许多国家的代表慷慨陈词，对纳粹的暴行予以谴责，对难民的遭遇深表同情，但是却没有人提出任何具体的措施和行动。除了拉美国家多米尼加外，竟然没有一个国家明确表示愿意接纳犹太人。1939 年，英国发表了白皮书，为平衡与阿拉伯人的关系，他们将犹太人进入巴勒斯坦的大门关闭。同年 5 月，美国拒绝载有 900 名欧洲难民的“圣路易斯号”轮船靠岸。1940 年，美国国会否决了向难民开放阿拉斯加的提案。1941 年，美国国会拒绝接受 2 万名犹太儿童入境。究其原因，除了国内严重的经济危机，使英、美等大国自顾不暇外，对纳粹暴行的恐惧，不想因此得罪德国，而只求自保，也是一些中立国家拒绝伸出援手的一个重要原因。

而如果没有欧洲各地众多民众积极或消极地参与，这场大屠杀也不可能如此“顺利”地进行。

令人更加费解的是，在纳粹屠杀犹太人的暴行面前，外部世界所表现出来的麻木和冷漠。在整个战争时期，同盟国没有采取任何有效的措施来保护犹太人的安全。英国首相温斯顿·丘吉尔曾经呼吁轰炸毒气室，认为这是可以实现的军事行动，但他的提议没有得到英国国会的批准，也没有得到美国政府的响应。美国政府甚至要求犹太团体不要公布大屠杀的实际死亡数字，以免美国被犹太难民所包围，干扰了其对整个战争所做的部署。

直到1943年，迫于舆论的压力，以及美国犹太人在财政上提供支持的前提下，美国政府才改变了政策，迅速采取有效措施，营救了20万犹太人。事后，许多历史学家认为如果当时同盟国以强硬的手段坚决制止纳粹的屠犹计划，很有可能会迫使希特勒停止或放缓“灭绝政策”执行的速度。但历史没有“如果”，这一页已经翻过，残酷的现实只能让后人警醒反思，提示人们不要让历史的悲剧再次重演。

2008年1月11日，美国总统乔治·布什（2000—2008年）访问中东，希望在卸任之前能够促进中东和平进程的发展。在耶路撒冷参观二战大屠杀纪念馆时，布什总统不禁潸然泪下，他表示当时的美国政府应该轰炸奥斯维辛集中营，解救那里的犹太人，来阻止这场恐怖的大屠杀。

如今，二战结束已经过去近70年了，但它仍是人们心头挥之不去的阴影，它时时不断地唤起人们痛苦的回忆，成为影视作品、文学创作一个长久的话题。

二、以色列国的建立

1. 二战时期的巴勒斯坦

欧洲爆发的战争，为巴勒斯坦的犹太人提供了一个发展的机遇。由于外部物资输入的减少，以及同盟国作战的需求，这里的犹太社团开始将发展经济放在了首要的位置。他们大力挖掘生产、技术潜力，积极发展工业，改进农业，使经济得到全面繁荣。二战期间，巴勒斯坦有3万犹太人加入英军，直接参战，在战争中积累作战经验。此时的中东是盟军重要的战略基地和对苏供应通道。在为盟军中转物质的过程中，犹太社团截留了大批武器，私自建立了一个装备齐全的军械库。尤为重要的是，战争阻隔了大批移民的进入，使犹太社团能够集中力量，将原有的移民凝聚为一个空前团结的整体，为日后建立自己的国家打下良好的基础。战争结束后，国际社会对二战的幸存者给予了极大的关注和同情，由于幸存者的庇护问题一直没有得到有效的解决办法，人们再次将目光投向巴勒斯坦。

1945 年 7 月，英国举行了二战后的第一次大选。英国工党获胜，成为执政党。战争中做出巨大贡献的温斯顿·丘吉尔败选，由克莱门特·艾德礼（Clement Attlee，1945—1951 年）接任首相。形势似乎对锡安运动有利，因为此前工党曾做出一些亲锡安运动的决议，这使得锡安主义者们对工党政府充满了期待。但不久，英国的中东政策便明朗化了，依然坚持 1939 年白皮书的原则：争取阿拉伯人的支持，建立以英阿联盟为基础的中东新秩序。因此，进入巴勒斯坦的犹太移民人数仍然受到严格的控制。

但此时，中东地区的政治势力开始发生了微妙的变化，美国开始以一个大国的姿态介入其中。从此，中东的局势变得更加复杂，逐渐成为大国角逐的战场。

2. 美国与巴勒斯坦

美国与巴勒斯坦相距遥远，直到 19 世纪末期，美国才开始与巴勒斯坦有了一些联系。此时，一些美国人来到巴勒斯坦，他们开办学校、传教、办慈善事业等，其服务对象既有犹太人也有阿拉伯人。在一战期间，出于人道主义和对在那里的美国公民的关照，美国舰队曾帮助被土耳其驱逐的犹太人，将他们从雅法运送到埃及的亚历山大城。此外，美国也曾向耶路撒冷的犹太人输送过粮食、汽油、药品等物质。除了这些人道主义的援助外，美国在那里没有自己的利益。

一战以后，美国在中东的地位开始发生变化。1917 年 4 月，美国对德宣战，但并未对奥斯曼帝国宣战。然而，战后欧洲列强对奥斯曼帝国领土的瓜分，引起美国人对中东地区的关注。一战的胜利国法国和英国为争夺原属于奥斯曼的叙利亚和巴勒斯坦，展开了激烈的竞争，英、法两国都试图拉拢美国人，要求美国给对方施加影响力。从此，美国的影响便成为日后巴勒斯坦问题中的一个持久因素。

虽然当时的美巴关系依然保持在对那里的美国公民提供帮助上，但此时的美国公民已有了很大的变化，他们不再是传教士和慈善家，而是商人和企业家了。一战后，石油成了世界上重要的能源，石油储藏量巨大的中东地区成为新的财富聚集地，美国企业也加入了淘金的行列。美国石油公司在中东的扩张，使美国开始在这里有了重要的经济和政治利益。

一战后，一些美国的石油公司开始要求美国政府出面，为他们在英法控制的中东地区争取到同等的竞争机会。1920 年，在美国政府的干预下，一批美国公司取得了伊拉克石油公司 23.75% 的股权。从此以后，美国政府开始为本国的私人企业寻求进入中东的机会，不断要求中东国家对美国开放门户，以便与英法的石油公司展开竞争。就这样，美国的势力开始进入中东地区。

美国的到来打破了英国委任政府在中东地区的垄断地位。1924 年，美、英两国签订了一个条约，对两国在巴勒斯坦地区的关系做出调整。从此，在保护美国企业和传教士的名义下，美国政府对委任统治的所有政策开始拥有发言权。

1933 年，一些美国公司从沙特国王手中获得大片油田的开采权。到 1940 年，这些油田已进入大规模生产的阶段。而随着美国国内石油资源的枯竭，美国政府开始对中东有了更大的兴趣。1944 年，美国内政部部长伊克斯向有关公司建议，由美国政府出钱，铺设一条阿拉伯油田至地中海东岸的输油管路。然而，为了不让自己的利益受到侵害，这些美国公司拒绝了政府的建议。结果，他们自己出资数亿美元，铺设了这条管路，将滚滚财源留在自己的手中。

1939 年英国白皮书发表后，美国众议院外交委员会的大多数成员以及 28 名参议员，对英国限制犹太人进入巴勒斯坦的做法表示抗议，他们要求英国政府保障犹太人有向巴勒斯坦移民和购买土地的自由。美国人认为白皮书违背了英、美两国 1924 年的条约，并将“保卫犹太人在巴勒斯坦的利益”视为“美国道义上的责任”。①

---

① ［美］纳达夫·萨弗兰著，北京大学历史系译：《以色列的历史与概况》，人民出版社 1973 年版，第 73 页。

1943—1945 年，美国国会通过一系列决议，支持犹太人无限制地向巴勒斯坦移民，支持在那里建立犹太人的国家。1944 年 3 月 9 日，美国总统罗斯福（1933—1945 年）发表声明，表示："美国政府从未赞成过 1939 年的白皮书……一俟将来作出决定，凡寻求犹太民族家园的人均将得到完全公正的待遇。"①

与此同时，罗斯福总统向沙特阿拉伯国王伊本·沙特（1932—1958 年）做了含义暧昧的许诺，说他在未与阿拉伯人和犹太人充分协商之前，不会采取任何可能危害阿拉伯人的行动。

二战之后，美国凭借着强大的经济和军事力量，以大国的姿态登上世界的政治舞台。为了赶走英国，取代其在中东地区的霸主地位，美国开始直接插手中东事务。1945 年，杜鲁门（1945—1952 年）总统向英国施加压力，要求巴勒斯坦接纳纳粹集中营的 10 万幸存者。学者们认为，这是美国介入巴勒斯坦问题的开端。从此，美国便成为中东地区的一个不可忽视的力量，至今依然在那里发挥着极其重要的作用。

3. 委任统治结束和联合国分治方案通过

自 1939 年英国发表关于巴勒斯坦的白皮书后，犹太锡安运动与英国委任政府之间的关系就一直处于紧张状态。而美国的介入，使该地区的政治局势变得更为敏感而复杂。

（1）毕尔特莫会议

1942 年 5 月，犹太锡安运动在纽约毕尔特莫（Biltmore）饭店召开一次特别会议，600 多名来自美国和世界其他地方的犹太锡安主义者参加了会议。犹太代办处执行主席本·古里安主持会议，经过 6 天的激烈讨论后，会议通过了一项称为《毕尔特莫纲领》的决议。该决议要求英国废除 1939 年白皮书，取消对犹太移民的限制，授予犹太代办处更多的权力，由其负责购买土地以及管理移民入境的各项事宜。会议还提出要建立一支自己的军队，保卫犹太人的权益。

更重要的是，此次会议第一次明确提出将在巴勒斯坦建设"犹太人

---

① 于晓红编著：《20 世纪十大局部战争》，内蒙古人民出版社 2002 年版，第 19 页。

的民族国家”，这与犹太锡安运动原来的“犹太人的民族之家”的目标已经是两个完全不同的概念。对于这种变化，与会代表有不同的意见，左翼的少数人认为在当时的条件下，提出建立“民族国家”的时机还未成熟，因此持反对态度。他们主张建立一个允许犹太人自由进入的犹太—阿拉伯的双重民族国家，但这种意见被大会否决。

此次会议显示以本·古里安为首的亲美派开始占据上风，以魏兹曼为代表的亲英派逐渐遭到冷落，犹太锡安运动开始走上了一个新的发展阶段。

为了扫清复国道路上的障碍，锡安主义者开始将斗争的矛头指向英国政府。此时，另一位重要的领导人梅纳赫姆·贝京开始登上了历史的舞台。

（2）梅纳赫姆·贝京

梅纳赫姆·贝京（Menahem Begin，1913—1992 年）是波兰犹太人，出生于富商之家。在华沙大学学习法律期间，他结识了弗拉基米尔·亚伯廷斯基，并加入他领导的修正主义党。该党属于以色列政坛中的右翼，主张在约旦河两岸建立犹太人的国家，反对由大卫·本·古里安领导的温和的“马帕伊”（后以色列工人党）。“马帕伊”主张建立温和的社会主义社会，并接受委任政府在约旦河西岸建立“犹太民族之家”的主张。

1939 年 9 月，苏联红军占领波兰东部后，贝京曾被苏军抓住，关押在西伯利亚的监狱里。1942 年，贝京获得释放。随后，他乘船前往巴勒斯坦。在巴勒斯坦，贝京接受了英国军队的训练，但不久，他离开军队，加入主张以暴力回击阿拉伯人的激进组织“伊尔贡”，并很快在“伊尔贡”展露头角。

1943 年，贝京出任全国军事组织“伊尔贡”的司令。此后，在他的领导下，“伊尔贡”不断用恐怖手段来反对英国委任政府，英犹进入全面对抗的阶段。

1944 年 11 月底，发生了英国中东事务大臣莫因勋爵被暗杀的事件。

1945 年，美国总统杜鲁门向英国首相艾德礼呼吁，要求接纳 10 万犹太幸存者。对此英国政府提出了一些先决条件，首先要求拆除巴勒斯坦所有非法的军事设施，解除非法军事武装，同时要求美国提供财政和军事上的支持。为此，美、英、犹太人和阿拉伯人之间展开了多次磋商，但始终达不成共识。于是，巴勒斯坦局势再次紧张了起来。

1946 年 6 月 22 日，“伊尔贡”组织策划了耶路撒冷大卫王饭店事件。大卫王饭店是英国委任政府秘书处和英军司令部所在地，恐怖主义分子炸毁了位于该大楼英国委任当局办公的一侧，造成 91 名平民丧生，其中包括 15 名犹太人。该事件的发生，不仅震惊巴勒斯坦，也使魏兹曼与贝京之间发生严重的分歧。自 1920 年起，魏兹曼一直担任世界锡安组织的主席，他始终坚持与英国当局保持友好合作的关系，以争取国际社会对锡安运动的支持。但贝京采取的恐怖袭击方式，显然将恶化与英国的良好关系，这也是国际社会所不能容忍的。

恐怖袭击一周后，巴勒斯坦的英军开始反击。他们出动大批军警，搜捕恐怖分子。结果，英军逮捕了近 800 名嫌疑犯，发现一些军火库，但没有抓到事件的策划者——“伊尔贡”的头目贝京，他成功逃脱了。尽管锡安运动的领导层反对这种恐怖袭击的方式，但恐怖活动仍在继续进行，不久又发生 2 名英国陆军中尉被绞死的事件。

锡安运动中的一些极端组织不仅继续从事破坏活动，骚扰委任当局，同时在各地组织犹太人，私自将未经许可的移民引入巴勒斯坦。对此，英方的对策是：命令海军舰艇封锁巴勒斯坦西海岸，对企图“非法”入境的犹太人实施拘捕。据统计从 1945 年 8 月到 1948 年 5 月间，共有 58 艘“非法”移民船只运载近 7 万名犹太人从欧洲前往巴勒斯坦，其中有 5 万人被英国军方截获，有的被放逐到塞浦路斯的难民营，有的则直接被遣送回原居住国。

“伊尔贡”等极端组织的恐怖活动，最终导致了英国委任统治的结束。为日后以色列国的建立奠定了基础。此后，贝京一直活跃在以色列政坛。1948 年建国后，贝京曾先后担任统一工人党（Mapam，马帕姆）及赫鲁特党的首领，继续在议会和政府发挥作用。

20 世纪 70 年代初期，贝京将几个小党派联合起来，成立利库德集团。该组织主要面向塞法尔迪犹太人以及俄罗斯移民，代表城市中下阶层民众的利益和诉求，在巴以问题上坚持强硬态度。在 1973 年 12 月的大选中，利库德集团成为工党最大的挑战者。1977 年 5 月，以色列议会举行第九次大选，利库德集团得到 43 个席位，而工党仅获得 32 席。工党首次在竞选中失败，被迫放弃执政党地位。贝京成为新一届政府总理，以色列进入贝京时代（1877—1983 年）。

（3）委任统治结束

1946 年 12 月，第 22 届世界锡安组织大会在伦敦召开。大会选举本·古里安担任该组织主席一职。从此，美国便取代英国，开始在犹太复国问题上扮演极为重要的角色。

对英国来说，20 多年的委任统治是个劳民又伤财、费力不讨好的事情。美国的介入使局势变得更加复杂，巴以之间的问题愈发难以解决了。尽管英国不甘心这样退出中东地区，但恐怖袭击的不断发生，使英国人已经没法再待下去了。1947 年，英国终于痛下决心，将委任统治大权交给成立不久的联合国。

1947 年初，英国通知美国准备解除对土耳其、希腊和伊朗的责任。美国随即发表声明，表示美国将承担对这些地区安全的责任，并称将在世界各地遏制共产主义的发展。从此，中东地区纳入美国全球战略的轨道。同年 4 月 28 日，巴勒斯坦问题首次提交联合国特别大会进行讨论。

大会决定成立一个联合国特别委员会（UNSCOP），对巴勒斯坦问题进行全面的调查和评估。该委员会由 11 个国家的代表组成，这些国家与巴以均无直接的利害关系，代表成员中包括 6 名外交官、4 名法官和 1 位教授。6 月 14 日，委员会成员抵达巴勒斯坦，走访各地，召开会议，了解犹太人和阿拉伯人的诉求。此时的犹太人再次表现出灵活的策略，他们绝口不提毕尔特莫决议，即在整个巴勒斯坦建立犹太人国家的要求，而同意将巴勒斯坦一分为二，犹太人在所分得的土地上建立自己的国家。

对于特委会的调查，阿拉伯联盟表示愿意合作，派代表出席了在黎巴嫩召开的会议。但巴勒斯坦的阿拉伯人再次判断失误，显示出其保守、不变通的特性。由于特委会授权中，没有包括结束委任统治和关于巴勒斯坦独立的内容，阿拉伯最高委员会声称抵制联合国的调查，从而再一次失去向全世界表达阿拉伯人意愿和诉求的机会。

在巴勒斯坦调查期间，特别委员会亲眼目睹了犹太移民的遭遇。7月18日，一只满载着4500多名大屠杀幸存者的轮船，缓缓驶入沿海的港口，却遭到英军的拦截。英军不允许轮船靠岸，命令他们必须返回其出发地——法国马赛港附近的小城。英国士兵对待这些移民的粗暴态度，给特委会成员留下了深刻的印象，使他们对犹太人的处境深感同情。正是这次亲眼所见，使特委会的大多数成员坚定了一个信念：委任统治必须结束。

8月31日，特别委员会结束调查后，向联合国提出了两个解决方案。大多数成员同意结束委任统治，建议将巴勒斯坦分割为三个部分，一个“阿拉伯国”、一个“犹太国”和“耶路撒冷国际区域”。并建议制定一部宪法，首先成立一个将三者维系在一起的经济同盟，然后再各自建立独立的国家。该方案提议将巴勒斯坦55%的土地划分给犹太人，以便为未来的新犹太移民留下足够的生存空间。

另一个方案是印度、伊朗和南斯拉夫代表提出的，被称为“少数人的报告”。他们提议建立一个“巴勒斯坦邦联国家”，由两个享有同等自治权的国家即“阿拉伯国”和“犹太国”组成，耶路撒冷作为邦联政府的首都。邦联政府只掌握外交、国防和移民大权，其余完全交由自治政府决定。

在此期间，阿拉伯人也提出了自己的解决方案。他们坚持30年来的一贯立场，不在犹太人的问题上做任何妥协。阿拉伯人要求在巴勒斯坦建立一个独立的主权国家，即阿拉伯国家。犹太人可以作为一个少数民族在这里生活，并享有一定的自治权，但涉及移民等问题必须经立法机构批准，而立法机构无疑是阿拉伯人占有统治地位的。于是，在巴勒斯坦问题上出现了第三种解决方案。

1947年9月，联合国成立了一个专门委员会，分3个小组，对特别委员会的报告进行专项讨论。第一组详细研究“多数人的报告”，对两个独立国家的边界进行划分和确定。在讨论的过程中，犹太代办处的代表出席了所有的会议，充分表达了犹太方面的意见和建议。第二组研究

“少数人的报告”，阿拉伯国家的代表参加了这个组的讨论。他们对分治方案提出质疑，坚持建立一个独立的巴勒斯坦国家的立场，对第二方案给予否决。而负责协调双方不同观点的第三组，只能是毫无作为。

11月24日，专门委员会对两个小组提交的报告进行投票表决，结果，第一小组的报告获得通过，第二小组的报告被否决。随后，专门委员会将分治方案提交联合国，由联合国大会进行最终的表决。

（4）分治方案通过

分治方案提出后，美国政府和国内各界对分治方案存在不同的意见，他们都抓住有利于自己的一面向总统施加压力。在权衡利弊后，杜鲁门总统做出决定，他认为分治方案符合美国让大量犹太人进入巴勒斯坦的政策，在犹太人的支持下，该建议实行起来较为简单。虽然也考虑到阿拉伯人的反抗，但杜鲁门认为暴力是可以控制的，他相信经过一段时间的磨合，两个国家终将会消除隔阂，和平地相处。

有着长期委任统治经验的英国，对阿拉伯人有更为深入和透彻的了解，因此英国坚决反对分治的建议。在英国和美国的意见尖锐对立之时，二战后的另一个大国插了进来，这就是苏联。此时的苏联代表，一反往日的反犹太立场，表现出积极的姿态。这是因为苏联在权衡利弊后，认为犹太人是巴勒斯坦一支反对英帝国主义的力量。因此，苏联代表葛罗米柯（后任苏联外交部部长）在联大发言中支持“分治方案”，认为分治“符合两个民族的根本利益”①。

为了得到美国的支持，魏兹曼写信给杜鲁门总统，向他保证未来的以色列国不会倒向苏联这一边，以消除美国对苏联支持犹太人的疑虑。随后，美国便立刻开始利用自己的影响，通过各种外交途径，向一些拉美国家施加压力。对此，贝鲁特美国大学教授史蒂芬·彭罗斯尖锐指出：“为使联合国大会通过联合国特别委员会多数方案而施展的政治计谋，成了美国外交政策史上更加肮脏的一页。”②

此时，锡安运动的头目们四处活动，利用各种途径，积极展开外交

---

① 于晓红编著：《20世纪十大局部战争》，内蒙古人民出版社2002年版，第22页。
② 杨辉：《中东国家通史 巴勒斯坦卷》，商务印书馆2002年版，第154页。

活动，以争取更多国家对犹太人的支持。

1947年11月29日，在苏联和美国的支持下，联合国大会以33票赞成、13票反对、10票弃权的结果，通过联大《关于巴勒斯坦将来治理（分治计划）问题的决议》，即联合国181（2）号决议。该决议结束了英国对巴勒斯坦地区的委任统治，要求英军在1948年8月1日前撤离巴勒斯坦；在巴勒斯坦建立一个犹太国和一个阿拉伯国，耶路撒冷作为国际区域；在英军撤离后的两个月内，犹太国和阿拉伯国分别建立。并决定成立一个五国委员会，负责过渡时期的行政管理。该决议还具体划分了两个国家的领土和边界。

当时，巴勒斯坦地区有130万阿拉伯人，占人口总数的2/3多。分治决议中“阿拉伯国”的领土仅占总面积的约43%（约1.15万平方公里），而且大多是不相连接的贫瘠丘陵。犹太人仅60万，当时他们实际占有的土地不到7%，分治决议却将约57%的土地（约1.52万平方公里）分给他们，使其领土一下子扩展了7倍，其中包括平坦肥沃的沿海平原。

这个方案显然有利于犹太人。通过多年的外交努力，犹太锡安主义者终于如愿以偿，他们立即表示接受分治方案。但这个决议对阿拉伯人来说显然是不合理不公正的，因此遭到阿拉伯国家的坚决拒绝和抗议。阿拉伯高级委员会宣布分治方案“违背了阿拉伯人与生俱来的权利”，而他们的要求是应当受到联合国宪章保护的。同时阿拉伯人也告知世界：联合国的分治决议“将导致动乱、流血甚至第三次世界大战”。但是，阿拉伯人的诉求没有得到联合国应有的关注。

联合国分治方案的通过，使全世界的犹太人欢欣鼓舞。在巴勒斯坦建立一个以色列国，是犹太锡安主义运动取得的重大胜利，但是它必然会遭到阿拉伯国家的强烈反对。有学者指出，联大181（2）号决议：“不仅违背了公认的准则和已经建立的法律惯例，而且违反了联合国宪章。”①由此，联合国大会的决议成为中东危机的导火索，它酿成的苦果一直持续到今天。

---

① 杨辉：《中东国家通史　巴勒斯坦卷》，商务印书馆2002年版，第154页。

4. 以色列国的建立

联合国分治方案的通过，表明英国的委任统治正式结束了。1947 年 11 月，英国宣布：英军将在 1948 年 5 月 15 日前撤出巴勒斯坦地区。英国再也不想为巴勒斯坦的事劳神费力了。但分治方案并没有立即付诸实施，巴勒斯坦的局势变得越发复杂起来。

（1）阿拉伯人和犹太人的对抗

分治方案遭到阿拉伯人的坚决反对。联大会议后的第三天，巴勒斯坦的阿拉伯人便开始了为期 3 天的大罢工，对分治方案表示抗议。大罢工很快发展为两个民族的全面冲突，阿以之间的战争由此爆发。

1947 年 12 月 8 日，即联大通过分治方案的第 10 天，阿拉伯联盟成员国的总理和外长们齐聚开罗，商讨对策。会议共开了 11 天，与会代表坚持一贯的立场，决不允许在巴勒斯坦建立一个犹太人的国家，犹太人只能作为阿拉伯国家的一个少数民族存在。会议结束时发表的声明，表达了阿拉伯人民反对联合国分裂巴勒斯坦的坚定决心，并发出誓言将“遵照真主的意愿，决战到最后胜利”。①

随后，巴勒斯坦的阿拉伯人和犹太人进入公开对抗时期。在周边邻国的支持下，阿拉伯人开始了武装反抗，在耶路撒冷阿拉伯人和犹太人混居地区，发生了多起暴力事件。1947 年 12 月，海法炼油厂的 39 名犹太人被杀，1948 年 1 月又有 36 名犹太人死于暴力。

面对同胞被杀害的现实，在贝京的领导下，“伊尔贡”再次将矛头指向阿拉伯人。随后，以暴制暴的恐怖事件接连不断地发生。

1948 年 2 月，“伊尔贡”成员枪杀了十几个阿拉伯人和两名英军士兵。此时的英军已经没有任何顾忌了，一队英军士兵开着装满炸药的汽车冲进了耶路撒冷的犹太人街区，炸死 60 多名犹太人。

与此同时，锡安组织确立了“用武力夺取领土”的政策。他们不仅迅速将分给犹太人的土地抢到手，而且不断占领属于阿拉伯人的地盘。在 1948 年 4 月 19 日—5 月 14 日期间，犹太人相继占领了太巴列、海法、

---

① 杨辉：《中东国家通史　巴勒斯坦卷》，商务印书馆 2002 年版，第 155 页。

雅法、贝桑、阿克等阿人地区以及耶路撒冷的阿拉伯区。也就是说，在宣布建国之前，犹太人已经将分给巴勒斯坦国的大部分土地据为己有。为了在巴建立一个属于自己的国家，犹太人一如既往地将所有占领地内的阿拉伯人驱赶出去。

1948年4月9日，“伊尔贡”在贝京的指挥下，血洗了耶路撒冷附近的一个阿人小村庄代尔亚辛（Deir Yassin），全村110名村民被杀，其中包括妇女和儿童。制造这样一起血案的目的，就是为了营造一种恐怖的气氛，逼迫更多的阿拉伯人逃离家园，以便安置新来的犹太移民。作为对这次惨案的报复，阿拉伯人随即袭击了耶路撒冷的一家医院，77名犹太医护人员无辜丧生。

双方的冲突一直持续到次年5月。与此同时，在整个中东地区，阿拉伯人的反犹情绪也在日益高涨。

1949年，在叙利亚的大马士革发生新的“血祭诽谤”事件。有人控告该城的犹太人杀牲祭神，从而使大批犹太人的安全受到威胁。在反犹呼声不断高涨的形势下，许多长期生活在阿拉伯国家的犹太人感到了恐慌。对他们而言，向许诺地迁移便是最好的选择。

在此期间，大批犹太人涌入巴勒斯坦，回到犹太人曾经的家园。与此同时，大约15万阿拉伯人被赶出家园，成了难民。

（2）形势的变化

为了维持巴勒斯坦地区的稳定，联合国决定派遣一支警察部队来实施分治方案。庞大的联合国部队中包括苏联军队，对于苏联参加联合国军，美国表示坚决反对。而此时，美国军方也向总统施压，告诉他美军派不出必要的军队。在这种局势下，杜鲁门总统接受了国务院的劝告，授权美国驻联合国代表宣布：分治方案不可行，建议联合国在巴勒斯坦成立托管政府，以维持该地区的稳定。

美国态度的改变，在巴勒斯坦引发了一连串的连锁反应。首先，阿拉伯人和犹太人都看到了武装斗争的威力。此外，犹太人得到苏联的军事支持，苏联人给他们运来武器，让犹太人武装起来，与阿拉伯人抗衡。此时的英国政府再也不想卷入这个是非之地了，指示英军从巴勒斯坦撤出。英军撤出后，犹太人没有了约束，更加有恃无恐地发动对阿拉伯人的攻击，将分治方案中分给犹太人的土地从阿拉伯人的手中夺过来，置于自己的控制之下。

对锡安主义者来说，此时不仅外部环境十分危急，内部形势同样不容乐观。左翼势力认为现在不是建国的时候，坚持只有当犹太人足够强大时，才能建立犹太人的国家。而右翼也反对建国，因为在分治方案中，犹太历史上最神圣的地方如耶路撒冷老城、撒马利亚以及位于约旦河西岸的犹大地，都没有划归犹太人所有，而犹太人得到的地中海沿岸平原，在历史上却从未发生过任何神圣的事件。因此，他们认为建国是一个神圣的事业，国土中如果没有这些历史上的圣地，这个国家就没有成立的必要。

（3）以色列国宣告成立

尽管犹太人处在这种内外交困的险恶环境中，但在世界锡安主义组织的领导下，建国的事情仍在紧锣密鼓地进行。由 38 人组成的临时议会，选举大卫・本・古里安为以色列国的首任总理。随后，本・古里安做出了一个果断的决定。他不顾美国国务院的劝阻，于 1948 年 5 月 14 日，即英国撤离巴勒斯坦的这一天，在特拉维夫向全世界宣告以色列国成立，并向全世界发表了《以色列独立宣言》。

以色列国成立的仪式简短而庄严。仪式在原特拉维夫市长官邸的大厅里举行，大厅的墙上悬挂着西奥多・赫兹尔的巨幅画像。下午 4 点，在安息日到来之前，本・古里安走到台上，由移民组建的交响乐团开始演奏国歌《希望》。随后，本・古里安向 200 个参加仪式的人士宣读了由他亲自撰写的宣言。这个仅 1027 个字的宣言，在简短地回顾了犹太人漫长的历史后，本・古里安郑重地说："我们宣布犹太国在巴勒斯坦成立，它的名字叫以色列国。"①

由于时间仓促，"独立宣言"甚至没有事先写成正规的文件。在念完宣言后，参加仪式的所有议员将自己的名字签在一张空白的羊皮纸上。一周后，才聘请一位《圣经》抄写员，将"独立宣言"用古体希伯来文

---

① ［英］阿伦・布雷格曼著，杨军译：《以色列史》，东方出版中心 2009 年版，第 45 页。

字誊写下来，作为珍贵的历史文献予以保存。

就在以色列举行建国仪式之际，联合国大会正为巴勒斯坦建立国际托管的提案展开辩论。在华盛顿，杜鲁门总统与国务卿乔治·马歇尔也因以色列建国一事发生了激烈的争论。马歇尔坚决反对承认以色列国，而杜鲁门总统则同情犹太人的遭遇，更重要的是，在即将到来的大选中他需要犹太人的选票。为了获得连任，他现在必须站在犹太人一边。

因此，在宣言发布仅10分钟后，美国总统杜鲁门甚至事先没有通知有关的外交部门，就独自宣布承认以色列国。而此时，美国驻联合国首席代表沃伦·奥斯汀正在联大发表一个支持巴勒斯坦托管的演说。当得到新的消息后，他立即中断演讲，随即向大会宣布：美国政府即杜鲁门总统刚才已经承认了这个新的国家。3天后，苏联也宣布承认以色列国。

就在本·古里安宣布以色列国建国之后的几小时，英国第七任驻巴勒斯坦高级专员阿兰·坎宁坦（Alan Camnightan）中将，在夜色苍茫中离开了其在耶路撒冷的官邸，登上皇家海军的舰艇，返回英国。至此，英国在巴勒斯坦长达20多年的委任统治结束了。

有学者指出，当时古里安宣布以色列国的成立，虽然显得有点仓促，但却是抓住了时机。由于阿拉伯人激烈的反抗，使国际局势正朝着不利于以色列建国的方向转变，如果当时不及时宣布，犹太人很可能将失去建国的机会。其次，如果以色列国没有建立自己的国家，它就无法接受大量的移民，没有移民的到来，以色列的犹太人社团必将自行萎缩，最终阿拉伯人会成为这里的主人。到那时，犹太人将沦为一个少数民族，建国只能是一个永远无法实现的梦想了。

新的国家宣告成立了，对许多犹太人来说，这是圆了一个持续了两千年的宗教梦想。

每年在逾越节的晚餐结束时，人们都会相约“明年耶路撒冷见！”自从公元1世纪犹太人丧失了对巴勒斯坦地区的主权后，已经过去了1800年的时光。直到20世纪，这个梦想才第一次变成了现实。

三、现代的以色列国

1. 以色列的国民

（1）早期的移民

以色列国在成立之前的几十年里，巴勒斯坦出现过五次移民高潮，即五次“阿利亚”。这些移民绝大多数来自俄罗斯和波兰、德国等中欧和东欧地区，他们是阿什肯纳齐犹太人。早期的移民大致可以分为两个部分，前三次的移民是有选择的，当许多人逃往美国和欧洲其他地方时，他们自愿来到巴勒斯坦。这些人是犹太锡安运动的热烈拥护者，他们怀着美好的理想，返回故土，决心用自己的双手建设理想的家园。第四次“阿利亚”和二战前夕进入巴勒斯坦的移民，则别无选择，此时欧洲和美国的大门向他们关闭，只有巴勒斯坦一条路可走。为了生存，他们只得来到巴勒斯坦。这两批移民人数众多，总计达到 30 万人左右。他们大多受过良好的教育，许多人是工程技术人员、企业家、金融家、商业精英，还有学者和教授。虽然对巴勒斯坦的艰苦生活环境缺乏思想准备，但他们依然能以一颗平常心融入当地的犹太社团中，用自己的专长为犹太人的民族家园增添力量，并有力地推动了巴勒斯坦的工业、商业以及科学技术的发展。因此，在英国委任统治时期，巴勒斯坦的政治、经济以及文化教育都已经有了相当的发展，为日后以色列国的建立奠定了必要的基础，

以色列国成立后，立刻掀起新一轮大规模的移民浪潮。此时，那些滞留在各国难民营中的、纳粹大屠杀的幸存者有了最终的归宿，他们满怀着对未来美好的希望，踏上了祖先的故土。到 1949 年 7 月，52 个难民营的所有成员被运抵以色列。此外，还有大批移民开始涌入新成立的以色列国，他们中有英国撤退前驱赶到塞浦路斯的非法移民，有来自土耳其、保加利亚、南斯拉夫、波兰和罗马尼亚的犹太人，总数达 32 万人之多。1948—1952 年间，以色列国接受了近 70 万新移民，使人口数量翻了一倍还多。

以色列国建立后，颁布了《回归法》。对境外犹太人的回归权力做出明确规定：每个犹太人都有权移居以色列，每个有移居以色列意愿的犹太人都有权获得移民签证……也就是说，以色列政府欢迎所有返回祖国定居的移民的到来。然而，严酷的现实却不容乐观，众多人口的突然涌入，使新生的政府承受着巨大的压力。移民中一些有钱人住进了城市，但更多人只能依靠政府的安置。先期到达的人还可以安置在逃离的阿拉伯人的房屋或公寓里，但更多的后来者则不得不长期居住在安置营里，这使大家深感苦恼。

在建国前，90% 的移民是来自欧洲各国的阿什肯纳齐人，他们多是受过教育的专业人士，讲俄语、波兰语、德语或意第绪语。建国后大量进入以色列的移民中，有一半是来自东方的犹太人，主要是生活在阿拉伯各国的塞法尔迪人，他们中很少有人接受过正规教育，他们用阿拉伯语交流。除了语言的差异外，这两部分人还存在容貌肤色、传统服饰以及职业和文化习俗等方面的巨大差异。随着大批塞法尔迪人的到来，东方文化逐渐融入以色列社会中，从而淡化了以色列国原有的欧洲色彩，使整个社会向多样化方向发展。

（2）新移民的到来

建立以色列国的目的就是要给流散在世界各地的犹太人以一个安定的家园，没有移民，以色列国便失去了存在的意义。因此，汇集和接受移民是以色列政府的职责和使命。建国后，以色列国开始大量接受来自世界各地的移民，除了二战中的幸存者外，还有从土耳其、伊拉克、叙利亚、黎巴嫩、伊朗、也门和北非各国迁移而来的大批塞法尔迪人，以及埃塞俄比亚的黑人犹太人。

以色列宣布建立自己的国家后，遭到周边阿拉伯国家的一致反对，使生活在这些地方的犹太人处于艰难的境地。为了解救他们，或者以此为借口召集更多的犹太人来到以色列，1948 年 12 月—1950 年 9 月，以色列发动了大规模的“魔毯行动”。该行动分两个阶段进行，目的是将居住在阿拉伯半岛的犹太人带到以色列。首先，以色列政府派出大量人员进行宣传和鼓动，陆续将 5 万名犹太人集中在半岛最南端的亚丁。随后，以色列航空公司出动了220架次的飞机，分期分批地将这些人接到以色列。

为了将居住在伊拉克的犹太人召回来，以色列总理本·古里安与伊拉克首相特使进行了长时间的谈判。伊拉克方面始终不肯松口，最后以色列开始动用金钱攻势，当大笔金钱汇入首相的银行账户后，犹太人终于获准离开伊拉克。就这样，航空公司的飞机再次出动，将12.3万名伊拉克犹太人接到以色列。但是，仍有2.5万名犹太人拒绝到以色列来，他们选择继续留在伊拉克。

有学者指出，当时造成犹太人大批出走的，并非出于当地政府的迫害。从历史上看，伊斯兰教对于其他宗教一般持宽容态度，特别对基督教和犹太教徒，并不视他们为异教徒。由于以色列的建国激起阿拉伯人的愤怒，这才使当地的犹太人缺少了安全感，这只是他们出走的一个原因。另一个重要的原因还在于以色列暴力分子的骚扰，据说他们经常将手榴弹扔进当地的犹太人居住区，人为地制造紧张气氛，迫使这些人离开原居住地，前往以色列。

（3）埃塞俄比亚犹太人

以色列建国后，敞开大门接纳所有回归的犹太人。但犹太人的回归之路并非完全通畅，如埃塞俄比亚的黑人犹太人，他们的回归路便充满了艰辛。

埃塞俄比亚犹太人也称“法拉沙人”（Falasha，意“黑色犹太人”），他们居住在埃塞高原塔纳湖北部的贡德尔（Gondar）地区，以农业为生，也从事畜牧业。他们说库希特语，属当地土著阿高人中的一支。没有人知道他们真正的起源，有的只是一些猜测和传说而已。一种说法认为他们是古代散失的10个部落中“但人”的后裔，还有一种说法是公元前586年，当犹太人被掳往巴比伦时，有一部分犹太人逃往埃及。后来，其中一些人进入埃塞俄比亚，法拉沙人就是他们的后裔。由于古代的犹太教也曾在非犹太人中传教，因此还有人认为，如同使徒曾将基督教传到埃塞高原一样，法拉沙人可能是皈依了犹太教的当地人。尽管外界对他们有种种猜测，但法拉沙人却自称是所罗门王与示巴女王之子的后代。

法拉沙人有犹太教的圣典《托拉》，但没有口传律法《塔木德》。《塔木德》编纂于公元450年左右，由此可知法拉沙人的历史是相当早的。早在16世纪，犹太教权威们就已经注意到在埃塞俄比亚的高原上，有一些黑人自称是犹太人。对于法拉沙人是否是犹太人，宗教界极为重视，对他们进行了全面的了解和考察。1908年，45个国家的大拉比一致认为法拉沙人是犹太人。

以色列建国后颁布的《回归法》对于法拉沙人具有重要的意义，如果他们是犹太人，他们就有权回到祖先的故土。因此，法拉沙人的身份再次引起人们的关注。1972年，以色列塞法尔迪人的大拉比宣布法拉沙人是犹太人。1975年，以色列的阿什肯纳齐人大拉比也宣称，承认法拉沙人是犹太人。同年年底，以色列移民委员会正式通知法拉沙人，承认他们是犹太人，具有向以色列移民的资格。从此，以色列国向黑皮肤的埃塞俄比亚犹太人敞开了大门。

1977年，贝京担任总理后，开始与埃塞俄比亚政府秘密商讨犹太人回归之事，并与该国总统门格斯图·海尔·马里亚姆（Mengistu Haile Mariam）达成协议。以色列愿意出售军火给埃塞政府，作为条件，埃塞政府同意犹太人乘坐以色列返航的飞机，将他们送到以色列。不久，121名法拉沙人平安抵达以色列。但此事被媒体曝光后，引起以色列民众的强烈不满，他们反对向埃塞俄比亚政府提供军事装备。在这种情况下，法拉沙人回归的协议只得暂时中断。

既然移民已经开了头，随后就不断有人陆续离开埃塞俄比亚，来到以色列，回归的人数呈逐年上升的趋势。但埃塞政府并不希望自己的国民外流，于是采取严格的措施，禁止犹太人离开国家，并禁止在埃塞教授和学习希伯来语。随后，一些违反禁令的法拉沙人还被扣上“间谍”的罪名，受到当局的囚禁。

1983年，埃塞俄比亚国内发生严重的饥荒，埃塞政府呼吁国际社会给与经济上的援助。以色列认为这正是一个好机会，便向美国提出要求，希望以经济援助作为交换条件，让埃塞政府允许犹太人离境。在美国的压力下，埃塞政府接受了这个具有要挟性质的条件。

埃塞政府同意法拉沙人离开后，以色列便派遣使者前往埃塞，带领法拉沙男人和年轻女性穿过埃塞高原，到达设置在苏丹的营地。1984 年底，苏丹的难民营里已经聚集了大约 1 万名等待到以色列的法拉沙人。同年 11 月，以色列开始了一项秘密计划——“摩西行动”，在 45 天里，8000 名法拉沙人乘飞机到达以色列。但“摩西行动”很快受到阿拉伯人的抵制，苏丹在周边国家的压力下，禁止犹太人进入苏丹国境内，“摩西行动”被迫终止。此时，在苏丹的难民营中，还滞留着几百名来不及接走的法拉沙人。后来，在美国的帮助下，这些人终于抵达以色列。但此时，到达以色列的大多是青年男性，所有的老弱妇幼还都留在埃塞，没有出来，而他们占法拉沙人的大多数。面对此情此景，以色列人无计可施，只能耐心地等待，在适当的时候将所有的埃塞犹太人都接到以色列来。

1991 年，埃塞俄比亚红海沿岸的厄立特尼亚地区发生要求独立的反政府叛乱，叛军向首都亚的斯亚贝巴进军，门格斯图总统逃离了该国。此时的以色列总理是伊扎克·沙米尔（Yitzhak Shamir），这位资深的摩萨德高级特工，以敏锐的职业嗅觉意识到解救法拉沙人的时机已经到来。于是，以色列立即实施“所罗门行动”，出动 34 架次大型客机和运输机，将近 1.5 万名法拉沙人接送到以色列。到 2000 年，埃塞俄比亚犹太社团的 5 万人全部到达以色列。

然而，作为生活在埃塞俄比亚高原上、以农业为生的黑人，法拉沙人要适应以色列的现代化生活并非易事。他们不仅要学习希伯来语，要适应以色列的环境和生活，而且还经常遭到种族主义者以及极端正统派犹太人的非议、指责甚至羞辱。然而，随着时间的推移，在新的环境中成长起来的法拉沙人，逐渐适应了以色列的生活。如今，他们作为新一代以色列人，正在融入以色列的社会中。

（4）俄国犹太人

20 世纪 80 年代后，苏联人成了移民的主体。1917 年俄国苏维埃政权成立后，对国民离境采取严格的管制措施。在 1918—1923 年间，有 2.5 万名犹太人来到巴勒斯坦。1923 年以后，苏联政府采取完全禁止犹太人离开的政策。20 世纪 70 年代，禁止移民的政策有了松动，一些犹太人开始离开苏联，而且移民的数量呈逐年增加的趋势。令以色列政府烦恼的是，苏联犹太人基本上都是世俗的犹太人，他们更愿意前往美国，而不是这个位于巴勒斯坦的以色列国。

为了让更多的苏联犹太人来到以色列，以色列政府要求美国政府帮忙，拒绝苏联犹太人进入美国，只允许他们到以色列去。但以色列政府的要求遭到美方的拒绝，因为这不符合美国的价值观。但随着大批苏联犹太人的进入，美国需要花费大量的资金来安置他们，从而迫使美国政府修订其移民政策。为此，美国对苏联移民的数量限制在每年 2.45 万人，而且必须到美国驻莫斯科大使馆取得护照才行，不再像以前那样，仅凭苏联政府发放的离境证明，便可以自由地进入美国。直到 2001 年美国才将犹太人的移民数量增至每年 5 万人。

苏联解体后，俄罗斯的国内外政策发生了重大变化，其中一条就是允许犹太人自由离境。仅 1990 年一年，来到以色列的俄罗斯犹太人就达 18.5 万名。随后几年，仍呈爆炸式增长的趋势，70 万俄罗斯人蜂拥而至。很快，俄罗斯犹太人成为以色列最大的群体。而他们的到来，也对以色列社会造成前所未有的巨大冲击。

俄罗斯移民普遍具有较高的文化水平，他们中受过高等教育的人数人约是以色列人的 4 倍，其中不乏优秀的专家、学者、教授以及杰出的艺术家。他们的到来为以色列科学技术的发展、文化艺术市场的繁荣输入了新鲜的血液。但由于专业人士过多，以至于只有 1/3 的人能够从事自己的专业，其他人只得接受政府的培训，改行或者干脆失业。

俄罗斯人的到来，并非受到普遍的欢迎。首先，正统派犹太教徒对他们的身份表示怀疑。有人甚至指出在俄罗斯移民中，有大约 1/3 的人其实并非犹太人，他们中的许多人对犹太教信仰几乎是一无所知。但是，由于俄罗斯移民人数众多，对他们的身份甄别将是一项巨大的工程，因此，也只能听之任之了。

其次，为了吸引俄罗斯犹太人的到来，以色列政府为他们提供了许多优惠的政策，包括购房优惠、减免税赋以及失业补助等，这使得一些早期移民感到失落和不满。而来到以色列的俄罗斯人有十分强烈的优越感。然而他们中少数人的行为却不那么文明，给俄籍犹太人带来了极为不良的影响。

此外，俄罗斯移民中有许多单亲家庭，这在俄罗斯可能并不少见，但对重视家庭生活的以色列人来说，就不多见了。因此，有人指责他们到以色列来只是为了享受这里较高的福利待遇而已。

如今，以色列的俄籍犹太人大约有150万，这是一个很大的群体，大都是90年代后来到这里的，还属于新移民。由于人数众多，在其居住区域自然地形成一种独特的俄罗斯亚文化圈，他们中的许多人依然说俄语，保持着原有的生活习俗。

自从建立以色列国后，以色列的人口一直在急剧增长。1946年，大约有60万人住在这里，而1989年的官方统计数字表明，以色列人口超过了350万人，2006年更是达到680万人。最新数字表明，到2011年，以色列的人口已经达到750万。

在以色列，虽然移民都是犹太人，但其社会、政治、文化背景具有很大的差异性。那些从东欧来的阿什肯纳齐人，认为他们比来自亚洲、非洲、中东等其他地区的犹太人要高一等。因此，以色列国成立之初，其内部的关系十分紧张，两大集团之间，甚至极少通婚。但有一点，尽管移民之间存在种种偏见甚至矛盾，但在以色列国内，来自世界不同地方的犹太人从来没有发生过严重的冲突。这是因为，所有来到巴勒斯坦的犹太人都清楚地知道，在阿拉伯人的反抗面前，只有团结一致，只有维护社会的稳定，他们才有可能在这里生存下去。

此外，在以色列国750万国民中，还有150万阿拉伯人。虽然他们已经成为以色列社会的一部分，但他们的社会地位、经济能力以及受教育程度依然很低。然而，与周边巴勒斯坦的阿拉伯人相比，他们的生活显然要优越许多。

但有一点是不变的，这些生活在以色列的阿拉伯人，他们依然是阿拉伯人。在持续不断的巴以冲突中，他们在道义上和情感上，都是站在阿拉伯人一边的。1987年，巴勒斯坦阿拉伯人起义，得到了以色列境内阿拉伯人的支持，就是一个极好的证明。

2. 战争赔款

建国以后，以色列便面对着接连不断的冲突和战争，同时还要不断接受大批移民的到来。能够做到这点，完全得益于雄厚的资金支持，而这首先要归功于本·古里安的决断和远见。

1951年12月，本·古里安派出特使纳胡姆·戈德曼（Nahum Goldmann）前往伦敦。其任务是就德国战争赔款一事，与德国总理康拉德·阿登纳（konrad Adenauer）举行秘密会谈。戈德曼是以色列最出色的外交家，他是联合国分治方案的主要决策者之一，曾为以色列国的建立立下不朽的功勋。此时，他又肩负起另一项重任，为以色列未来的发展寻求足够的资金支持。在会谈中，戈德曼向德国提出15亿美元战争赔款的要求，以此作为两国进一步商谈的基础。令他没想到的是，阿登纳没有讨价还价，便一口同意了。

更没有想到的是，当1952年1月7日，古里安将此事提交议会讨论时，却遇到以贝京为首的反对派的激烈抗议。他们反对用600万遇难犹太人的鲜血与德国人做这笔金钱交易。他们担心这将损害犹太人的形象，加深人们对犹太人唯利是图、赚钱不择手段的恶劣印象。但本·古里安没有退缩，他坚持自己的意见，他要用这笔战争赔款，来解决国家建设急需的资金。

同年3月，在大会表决这一天，大批抗议者攻击议会大厦，他们将石块、玻璃瓶扔进议会大厅，造成多名警察受伤。最后，政府只得出动军队前来维持秩序。就在这种紧张的气氛中，议会举行了表决。结果，以61票赞成，50票反对通过了战争赔款提议。在野党领袖贝京因为煽动闹事、威胁以色列议会和民主制度，被禁止3个月参加议会会议。

1952年8月，以德代表在海牙附近的一座古堡中，开始双边会谈。9月11日，签订了《卢森堡条约》，条约共包括4个文件，其中3个文件是关于德国向以色列支付赔款的协议。根据这些协议，德国政府将在14年内，向以支付价值为40亿马克（约7.5亿美元）的物资；同意制定一项法律，允许政府对曾在纳粹时期受到迫害的犹太人给予个人补偿；同意向大屠杀的幸存者赔付4.5亿马克。只有一项协议涉及以色列赔偿德国的财产，主要是以色列没收圣殿骑士团的财产。

为了将战争赔款用到最需要的地方，以色列政府设立了专门委员会，负责在全国范围内统一进行资金调配。这批资金的到来，奠定了以色列国最初的工业和农业基础，对发展以色列的经济起到了至关重要的作用。以色列的电力系统、通讯设施、铁路交通因此得到全面的升级改造；新港口的建设，新商船的购入，使航海运输业得到迅速发展。此外，农田水利体系得到扩展，约旦河水被引入干旱的内盖夫沙漠。

在以色列人持久不懈的努力下，昔日的漫漫荒漠正在变成千顷良田。如今的以色列，不仅拥有现代化的工业、现代化的军事力量，也拥有世界上最先进的农业。以色列科学家通过“无土栽培”技术、节水技术和生物科学技术，在沙漠上培育出世界上品质最好的水果、蔬菜以及最优良的奶牛，将这些产品源源不断地供应到国际市场。

正是巨额的战争赔款，使处于困境中的以色列国迈出了国家经济发展的第一步，而本·古里安高瞻远瞩的视野、力排众议的胆识起到了关键的、决定性的作用，不能不为后人所敬仰。

3. 希伯来语的复活

19世纪末期，在犹太锡安主义思想的感召下，一部分犹太人回到了巴勒斯坦的故土。他们回来后，首先遇到的就是语言的问题。作为一个民族，应该有属于自己本民族的语言和文字，但此时的希伯来语只是一种僵死的宗教祈祷语言，根本无法适应现代社会的需要，无法表达现代人的社会、生活和思想情感。因此，有人主张采用其他通行世界的语言来作为犹太人的共同语言。由于回归故土的人们来自世界的各个地方，于是在使用哪一种语言作为国语的问题上产生了不同的意见。

1880年，一个名叫埃利兹·本·耶胡达（Eliezer Ben Yehuda）的年轻人从俄国来到以色列。他坚决反对用其他语言来取代希伯来语，决心要复活希伯来语，使它成为以色列人的日常用语。希伯来语共22个字母，原来都是辅音，没有元音。耶胡达将其中两个半字母作为元音，半个元音是指它既可以做元音，也可以做辅音。这样人们根据音标，就能够准确地发音和拼读。然后他将希伯来语的语法加以系统化和规范化，经过改进的语法，很像俄语的语法，但它只有阴性和阳性的变化，没有中性，因此比俄语更加简单。这样，希伯来语的发音比英语准确，语法比俄语简单，更便于人们掌握。

由于古希伯来语的词汇过少，无法满足现代社会的需要。于是，耶胡达在尽量保留古希伯来语词汇的基础上，大量引进现代英语词汇，并自创了许多新的词汇，来充实希语的词汇库，使之成为具有实用价值的语言。但耶胡达的做法，引起正统派犹太人的不满，他们认为希伯来语是神圣的宗教语言，用于日常生活是对神的亵渎。但耶胡达坚持信念不动摇，待条件成熟后，他便利用一切机会宣传希伯来语，随时随地地与任何人讲希伯来语。他供职的耶路撒冷学校，成为第一所用希伯来语教学的学校。

1884 年，耶胡达创办了一份周刊《哈兹维》，这是第一份希伯来语的出版物。1904 年，他出版了第一本希伯来语词典，后来又出版《古代和现代希伯来语大辞典》。与此同时，致力于推广希伯来语的“希伯来语委员会”和“希伯来语教师联合会”等组织也相继出现。

在他的带动下，有越来越多的人开始用希伯来语交流。耶胡达锲而不舍的努力，使古老的希伯来语终于复活，焕发出青春的活力。1922 年，当本·耶胡达在耶路撒冷去世时，希伯来语已经具备了作为一种语言的基本功能。

如今，希伯来语不仅是以色列国的官方语言，用它来书写正式的官方文件，而且也成为以色列人的通用语言。

4. 以色列的政治体制

以色列是一个现代的民主国家，但在许多方面如议会、政党、宪法、选举方式以及宗教地位等，都与英、美等国家有着很大的不同，具着鲜明的以色列特征，由此形成以色列国独有的政治体制。

（1）议会

以色列是一个代议制的民主共和国，实行一院制，即只有一个议会——大国民议会。议会为国家最高权力机关，共有120名议员。在以色列，议会的候选人由各政党提出，经具有选举权的公民投票选举，最后依据比例代表制的原则，按照各自的票数，产生议会的议员。

以色列总统是国家的元首，但他不参与国家的管理。总统除了有豁免权和指定政党领导人组建政府的权力外，基本上只具有象征性和礼仪上的作用。总统由大国民议会选举产生，任期为5年。议会有选举总统的权力，有质询总统的权力，也可以在3/4议员通过的情况下，罢免总统。

总统通常指派在议会取得多数席位的政党领袖组成新一届政府，由于以色列从来没有任何一个政党在议会取得过超过半数的多数（61票），因此总统只能指派获得席位最多的政党首领来组建联合政府。政府的施政纲领和内阁成员必须得到议会的批准之后，新一届内阁才能成为合法的政府，开始行使职权。早期的议会似乎拥有极大的权力，没有任何法律来规定议会的任期，也没有任何人可以解散议会，议会似乎可以无限期地行使自己的权力。直到1958年，以色列才颁布了“基本法”，规定议会的任期为4年，并明文规定了总统选举的程序以及必要的票数等。

以色列议会是唯一的立法机构，虽然颁布的法律须经过总理、主管部长以及总统的签署才能生效，但他们都没有否决权。从表面上看，以色列议会似乎拥有极大的权力，而实际上，以色列的立法权和行政权的划分界限并不是很分明。政府不仅拥有行政权，在法律上也有广泛的权限。虽然法律规定议会是立法机构，但真正制定法律的实际上是政府以及下属的各个行政主管部门。政府的主管部门有权制定本部门的条例，而这些条例都具有法律的效力，议会只能承认这些条例。但有一点需要指出，就是政府主管部门制定的这些具有法律效力的条令，其解释权在法院，而非制定部门。

以色列政府虽然有很大的权力，但它无权解散议会。以色列政府的各部部长，都是由其所在的政党任命的，而非由政府总理直接任命。因此，总理没有任命部长的权力，也就没有解除部下的职务或要求他们辞职的权力。而造成这一切的根本原因，就在于政府只是一个政党之间松散的联合体。政府中不存在一个处于绝对优势的多数派，内部的相互制约限制了政府的行动和自由。

（2）宪法

尽管以色列是一个现代化的民主国家，但与其他所有现代国家不同，以色列国至今没有一部成文的宪法。因此，有学者调侃道："以色列虽然缺少一部宪法，却能行使民主制度，这与许多新兴的或不算太年轻的国家通过一部冠冕堂皇的民主宪法，而在实际执行中却又是两码事那种习惯相对照，使人颇有新鲜之感。"①

之所以没有制定一部宪法，这与当时匆忙建国有很大关系。在以色列宣布建国的当天，英国委任统治便结束了。当时的情况极为险恶。在宣布建国后第 3 天，由埃及、叙利亚、伊拉克和黎巴嫩组成的阿拉伯联军，便开始从东、西、北方向进入巴勒斯坦地区。外约旦的军队也乘势越过约旦河，通过阿拉伯人的地区，占领了耶路撒冷城的犹太区，与以色列军发生激烈的战斗。

此时，临时政府的首要任务是击退阿拉伯联军的攻击，确保新生国家的安全。在本・古里安的领导下，以哈加纳为骨干的"以色列国防军"正式成立。以军不仅迅速购置了大批武器装备，并成功地招募到一支由美、英、南非志愿者组成的空军部队，从而迅速扭转了战局，取得第一次阿以战争的胜利。由此，临时政府赢得了人民的支持和信赖。

1948 年 11 月，临时政府颁布了选举法令，确定立法机构的人数以及选举方式。随后，颁布一系列法令，这些法令基本沿袭委任时期英国当局的法律体系，只是增删一些条款，并没有做根本的变动。此外，除增设一个高等法院外，以色列国继承了委任政府的司法制度和体制。这是因为在当时的环境下，政府没有精力去考虑更为长远的问题，只能采用一些原有的法律和法规，来维系社会正常的运转。

1949 年 1 月，以色列举行首次议会大选，本・古里安领导的工党取得 57 个席位，其他党派获 31 席，宗教党派 16 席。在 120 名议员中，有 3 名阿拉伯人，其余均为犹太人。

同年 2 月，新议会在耶路撒冷召开会议，约瑟夫・斯普林查成为首任议长。随后，议会选举魏兹曼为共和国第一任总统。魏兹曼就职后，指

---

① ［美］纳达夫・萨弗兰：《以色列的历史和概况》，人民出版社 1973 年版，第 152 页。

派工党首领本·古里安组成第一届联合政府。在内阁中，本·古里安任总理，并兼任国防部长一职。

新政府建立后，立即掀起一轮又一轮的移民浪潮。人口的持续增长，给以色列国带来了巨大的经济压力。加之巴以之间的冲突时断时续，60年来从来没有停止过，建立一部宪法的事情也就始终没有提到政府的议事日程上来。然而，这只是造成宪法缺失的原因之一。以色列始终没有产生一部宪法，最根本的原因是其多党制的政体。

建国初期的领导人将制定宪法的大事寄希望与后人，留待形势好转之后再从容为之，谁知战争从此就不断升级，和平始终没有降临到巴勒斯坦这块土地上。其次，早期的联合政府已经成为以色列政治的常态，制定宪法需要的多数派在政府内部始终没有出现。因此，任何一件事都难以形成统一的意见，而宪法的制定恰恰需要得到多数人的同意。在许多国家很容易做到的事，对以色列来说，却极为困难，甚至可望而不可及。于是，以色列便与英国一样，成为没有成文宪法的少数现代化的民主国家。

以色列虽然长期没有宪法，仅依靠所颁布的基本法律，仍然能够实施政治的民主制，它靠的是什么？靠的就是国内各种政治力量之间的平衡，以及在争取复国的运动中，犹太人形成的团结与合作的精神。然而，对一个国家而言，宪法是国家的基本大法，以色列也不例外。我们可以乐观地预见，巴勒斯坦地区实现和平之日，便是以色列宪法诞生之时。

（3）政党与选举

政党繁多是以色列政治的另一个特点。以色列议会每4年选举一次，至今已有17次大选。但政府却更换了几十届，有的内阁执政不到一年，便维持不下去，只得辞职垮台，干满4年任期的寥寥无几。

这是因为以色列国民来自世界各地，他们都有自己的不同诉求，与犹太锡安组织一样，为了将这些人聚拢在一起，以色列政府只得沿袭委任政府实行的比例代表制的选举方法。议会选举时，由参选的各个政党提出自己的候选人。这些代表不是在所在地选区参选，而是要在全国参选。每个选区也不是只一人胜出，而是所有候选人的选票都有效。在选举结束后，各个政党依据选票的多少，按照所得票数的比例来分配议会中的席位。这种选举的结果，就是没有一个政党能够获得半数以上的席位。因此，以色列的每届政府都是“难产”的，负责组阁的政党领袖要和其他各党派进行长时间的、痛苦的、讨价还价式的谈判，在各自的权力和利益得到平衡后，才能最终组成联合政府。

在建国初期的15年里，本·古里安领导的“马帕伊”一党独大，一直是议会中席位最多的政党。1949—1963年间，共举行5次大选，却产生了11届政府。此期间，本·古里安4次出任总理，其中3次以辞职结束。1963年，年已76岁的古里安第三次辞去总理职务，由利维·艾希科尔接任。1965年6月，古里安离开了马帕伊，组织了一个新的政党——拉菲党，再次参加议会选举，结果仅在议会中获得10个席位。大失所望的古里安从此告别了政坛，与妻子一起回到他熟悉的内盖夫沙漠，过平静的生活。

在以色列，每一次议会选举，总会有20几个政党参选，最终10个左右的党参加议会。以色列的政党构成极其复杂，他们既有政治、经济的不同诉求，还有宗教上的差异。80年代后，随着巴以冲突的不断升级，以及移民种群的多样化，新的政党不断涌现，其中既有俄罗斯移民组建的右翼政党“贝阿利亚”党，也有代表塞法尔迪人的宗教党派“沙斯”党，有主张驱逐以色列境内所有阿拉伯人的“我们的家园”党，也有争取自己福利的“退休者”党……

以色列的每届议会通常会包括各种政治观点不同的左、中、右党派，宗教党派，以及阿拉伯人的政党。从表面上看，这些党派五花八门，诉求各有不同，许多党派也仅有三四个席位，但这并不妨碍他们对政府施加影响力。因为在组成联合政府时，经常离不开这些小党派的支持和参与。

一个缺乏权威性、缺乏凝聚力、更缺乏内部团结的政府，是以色列政党之间权力和利益平衡的产物。因此，尽管政府内部意见相左，政权不断更迭，但国家却始终保持了统一和稳定。就是在这种独特的民主政体下，以色列在政治、经济、文化和军事上都得到迅速发展，成为中东地区唯一的现代化国家。

随着时代的发展，以色列国家日趋成熟，要求改革的呼声开始出现。1977 年5 月，在以色列的第九次议会选举中，执政29 年的工党首次失利，贝京领导的利库德集团获胜，成了执政党。昔日的“伊尔贡”司令成了国家总理，从此以色列政治格局发生了新的变化，巴以冲突也进入到一个新的阶段。

随着巴以冲突的不断升级，新的政治势力开始登上政治舞台。与此同时，宗教的极端正统派势力也在以色列国家中发挥着越来越大的作用。

5. 以色列的宗教机构

以色列立国后，虽然没有一部宪法来规定犹太教的地位，但正统派犹太教仍是官方认可的唯一宗教形式。在以色列，宗教有着特殊的地位，不仅保持了宗教司法制度、宗教法庭、宗教教育体系，还设有宗教事务部，这在西方国家是不可能存在的。以色列的宗教政党不仅在议会占有席位，并且经常参加政府，甚至成为内阁的成员，对政府施加巨大的影响。

（1）米勒特制度

宗教能够在以色列具有特殊的地位，完全源于巴勒斯坦地区的历史。这里曾经长期是奥斯曼帝国的一部分，因此沿袭了奥斯曼帝国的“米勒特制度”（Millet）。米勒特是指“在帝国内的有特殊信仰的集团或民族”。由于奥斯曼帝国是一个多民族、多宗教的国家，除了奥斯曼人信仰的伊斯兰教外，在这里还生活着基督教、犹太教、东正教等不同的信仰团体。

为了对国民实施有效的管理，奥斯曼帝国依据宗教信仰或教派来确定每个人的身份，而非按照种族或人种来确定。除伊斯兰教信徒外，帝国将不同信仰团体的人安排在特定的社区内生活，他们只要交纳人头税，其余与穆斯林并无差别。在这些社区，奥斯曼人允许宗教团体实行自治，保留自己的宗教信仰和传统习俗。在每个“米勒特”，人们可以使用自己的语言，建立自己的教育机构，成立自己的法庭，实施自己制定的法律。这种分教而治的管理模式，被称为“米勒特制度”，这是奥斯曼帝国对国内众多异族实施统治的一种独有的管理方式。

在委任统治时期，英国人承袭了“米勒特制度”，犹太移民也建立起自己的宗教自治团体。在这种自治团体中，设有宗教法庭、拉比总院、宗教学校，并实行犹太教律法。后来的世俗犹太人虽然不信仰犹太教，但也都承认这种现实，并不断地将许多世俗机构附属在这些宗教团体之中。

以色列建国后，在承袭委任政府的机构、法律的同时，也继续保留着“米勒特制度”。因此，以色列允许各宗教团体实行自治，并保留宗教法庭、拉比总院以及犹人教育体系等宗教机构。但随着时代的进步，在实践中仍然发生了许多变化。

（2）宗教机构

在委任统治时期，宗教法庭是巴勒斯坦的宗教社团设置的机构，其审判权只限于具有巴勒斯坦公民权的犹太人，对于外国人以及没有公民权的犹太人则没有强制性。这些人可以自愿接受宗教法庭的审判，也可以选择世俗法庭，按照相关法律进行审判。而建国以后，宗教法庭成为国家司法体系的一部分，其审判权限扩大到所有以色列国民。

拉比总院也是委任时期的遗留物，建国后也成为国家机构的组成部分。拉比总院是培养和委任高级神职人员的地方，也是解释犹太律法的权威机构。虽然拉比们无权创制新的律法条文，但在新的历史时期，对原有的律法需要进行合乎新时代的解释，对一些新问题进行最终的裁决，从而使拉比们拥有广泛的权力。例如，对埃塞俄比亚犹太人的裁定，以及对印度犹太人的裁定就是极好的例证。如果没有拉比们的认定，他们就不可以成为以色列的国民。

与其他西方世界不同的是，以色列设有宗教事务部，专门负责宗教事务。据说，设立宗教事务部的初衷是为了显示以色列对其他宗教信仰的尊重，有专门机构对它们的要求给于关注和帮助。但很快，宗教事务部就成了犹太教的专职部门，致力于犹太教的宗教法庭、犹太戒律的执行以及宗教教育方面的事务。宗教事务部在行政上和财力上给正统派犹太教以极大的支持，成为犹太教全国性的管理机构，由此弥补了犹太教历史上分散而无统一管理的缺憾。

尽管以色列的犹太人来自许多不同的国家，内部还有几个宗教派别，但比例代表制选举法使严格的正统派在许多方面发挥着重要的影响。该选举法使它们能够保留对拉比法庭的控制权，阻止人们以世俗的方式结婚和离婚。它们还接受国家提供的资金帮助，以扶持自己以宗教课程为主的犹太经学院。宗教事务部管理着大批的犹太经学院和学校，而犹太教会堂和宗教法庭则直接由政府提供经费。两名总拉比都是政府官员，一位代表阿什肯纳齐人，而另一位代表塞法尔迪人。

宗教事务部由正统派犹太教掌管。尽管在以色列国内也存在着非正统派犹太教，它们也有自己的犹太经学院和学校，但非正统派在这里举步维艰，不仅得不到政府的资金支持，还经常受到正统派宗教机构的指责和反对。其实，许多以色列人认为世俗学校和正统派犹太教学校的严格分离，使得相互之间更加难以沟通，这对大家都没有什么好处。

以色列除了在国家政府部门设立宗教机构外，在国家的教育体系中，宗教也是一支不可忽视的力量。

（3）宗教教育体系

犹太人历来重视教育，犹太教会堂有兴办教育的传统。建国初期，以色列从英国委任政府手中承袭了四种不同的教育体系。除了当时各级政府办的世俗学校和犹太总工会办的劳工学校外，其余两大系统均为宗教学校，一类是“精神中心”党办的支持犹太锡安主义的宗教学校，另一类则是以色列正教党办的纯宗教性质的极端正统派学校。为了争夺生源，这四类学校不断展开激烈的竞争。

建国以后，以色列政府通过了一项关于国家实行初等义务教育的法令，承认上述四类学校的合法性，并向所有学校提供教育经费。1953 年，国家再次颁布法令，除了正教党所开办的学校外，其他三类学校合并为一个体系，纳入国家教育体系中。为了满足不同的需求，在国家的教育体系中指定一些学校开设宗教课程，家长可以在世俗学校和宗教学校间进行选择，送孩子上世俗的国民学校或宗教学校。而由极端正统派开设的学校，符合办学条件的，国家也给予一定的资助。

在以色列，各类宗教学校大约有 1000 多所，其类型繁多，大小不一。

有的学校有一两千名学生，而最小的学校可能只有几个人，学生绝大多数是年轻人和儿童。宗教学校在以色列具有重要的作用，它们肩负着向新移民传播犹太教和犹太文化的重任。许多学校除了学习希伯来语、犹太教经典外，也开设数学、物理等课程，但有些学校依然坚持传统的教育方法和教育理念，拒绝开设宗教以外的现代课程。

为了吸引学生前来学习，许多正统派学校对来上课的学生发放补贴，甚至免费吃住，所需经费一部分来自政府的资助，更多地则依靠海外犹太组织的捐款。这些学校的学生，毕业后一般无法从事技术性的工作，但他们却有着世俗犹太人所没有的强烈的犹太民族意识，对犹太文化有深刻的理解，并有实现犹太教理想的殷切期盼，而这正是以色列国得以生存的最基本的条件。没有这种坚定的信念和强烈的愿望，以色列国就不会建立，也不会在如此险恶的环境中存活，并日益强盛起来。

随着以色列移民数量不断增加，许多新移民并非犹太教徒，特别是随他们而来的家属中，很多不是犹太人。据统计到 2006 年，移民中的非犹太人已达 20 万人。他们来到后，要成为犹太人，就必须皈依犹太教。在以色列，只有通过以色列正统派宗教法庭的考试，才被认可为真正的犹太教徒。考试的题目并不难，难在考试人的学习经历。如果他们没有在正统派的犹太经学院（耶希瓦）学习过，那么他们就没有资格参加宗教法庭的考试，就是考了，也不会合格。

如今，以色列政府依然不承认国外宗教法庭的皈依证明，例如他们不承认那些由美国的改革派和保守派拉比发展的新教徒，认为他们不是真正的犹太教徒。但也有一些不同的意见，认为在美国正统派犹太教学校里学习、并通过正统派法庭皈依考试的人，可以承认他们是犹太教徒。但这也仅是一种意见而已。

6. 宗教政党

（1）“精神中心”党和以色列正教党

在以色列众多的政党中，早期有两大宗教政党——“精神中心”党和以色列正教党，这两个党都具有很长的历史。“精神中心”党（Mizrachi，音译为“米兹拉肯”）创建于1901年，在早期的世界犹太锡安组织中已经有了最初的萌芽。1921年，在巴勒斯坦派生出一个拥护劳工运动的新派别，致力于宗教劳工运动，因此被称为“精神中心”工人党。以色列建国后，“精神中心”工人党逐渐超过了母党，于是两党又联合为全国宗教党。

前巴勒斯坦总拉比亚伯拉罕·以撒·库克认为：无神论的犹太锡安主义的目的，是要重建一个古代犹太人的国家，并将此作为一项神圣的事业，这是“救赎以色列”的一部分。同时他认为以色列的宗教应当是精神价值和实际价值的一种融合，是在世俗的犹太人和犹太教徒之间搭建一座桥梁。库克给具有犹太锡安倾向的宗教团体，如“精神中心”党注入了新的活力。如今，在以色列现代正统派犹太教徒中，大多数人似乎都赞同米兹拉肯运动的价值观。

以色列正教党（Agudat Yisrad）是超正统派的组织，成立于1912年。与赞成犹太锡安运动的“精神中心”党相反，正教党坚决反对犹太锡安主义思想，坚决反对世俗主义的倾向。他们热衷于建立犹太教经学院，在某些城市建立严格的正统派犹太教社团。1922年，在世界劳工运动的影响下，以色列正教党也分化出一支劳工运动的党——以色列正教工人党，他们的宗旨是深入工农民众中，发动信徒与世俗主义做斗争。

以色列正教党的两个党派，都反对锡安主义运动，他们拒绝参加巴勒斯坦移民的犹太社团，而是独立其外。以色列建国后，他们承认了现实，不再反对在巴勒斯坦建立以色列国家，并以政党的形式参加政府。

尽管宗教党派在对待劳工问题上有不同的见解，但在宗教问题上它们是坚定的同盟者。这两大集团的四个党派曾经联合为全国宗教阵线，但是没过多久，又各自拉出自己的队伍，另立山头独立。

自1977年后，随着右翼势力逐渐在政府占据主导地位，一些新的宗教政党被吸收加入政府，在政府发挥重要的影响力。80年代后出现的国家宗教党、塔米党，特别是极端正统派的沙斯党，在政府中开始扮演重要的角色。这些宗教党派经常与极端民族主义政党联合起来，向执政党发出挑战，在议会中投不信任票，迫使多届政府倒台。

（2）宗教党的影响力

在建国后的第一次大选中，宗教党在议会中获得16个席位。在以后的历史中大致在这个数字左右，尽管席位不算多，但它却总能进入联合政府，成为政府的成员。在工党执政的29年里，对宗教党的要求几乎是有求必应，因为宗教党，特别是以色列正教党，它们的目的不在于争夺部长的职位，而是力求严格国家的宗教仪规，对国家相关政策和教育加以控制，强化正统派犹太教的势力，将以色列建为一个神权国家。因此，在建立联合政府的商讨中，宗教党派可能仅要求政府发布一项关于禁止进口猪肉的法令，或者增加一条关于安息日的法规。作为代价，宗教党会自动放弃一个部长的职位，这对工党政府来说，增加一两个宗教方面的条款，对其没有任何伤害，而空出的部长职位，却可以成为与其他政党谈判的筹码，何乐而不为呢？正统派宗教权威正是借助于政府，通过政府发布法规、法令的方式，不断扩大自己在民众中的影响力。

1977年5月，在以色列第九次议会选举中，代表城市中下阶层利益，受到塞法尔迪人欢迎的利库德集团赢得大选。总统按照惯例，指派其首领贝京组建新一届政府。由于利库德集团仅获得45个席位，只能组建联合政府，为此贝京邀请“争取变革民主运动”简称“戴希”党（Dash）加入政府。戴希党在选举中获得12席，其主要成员为退休将军和知识分子，多为中上层的欧洲移民。他们致力于选举改革，主张用选区制取代政党比例代表制，并推动政府更多地关注处于社会边缘的弱势群体。虽然他们的主张并未得到利库德集团的承诺，但该党还是加入了贝京的政府。但此时，组建政府的票数依然不够，于是贝京将目光集中到获得12个席位的宗教党。以色列正教党以四席被邀请加入联合政府。在工党时期，除了第一届政府外，以色列正教党一直拒绝加入政府，后它改变了策略，接受贝京的邀请，但开出的价码却不低。

以色列正教党首先提出要获得教育部、文化部等三个部长的职位，将教育文化的大权掌握在正统派手中。其次，其首领提出要亲自担任议会财政委员会主席一职，以便掌控国家的财政大权和资金流向。此外，希望犹太经学院的学生在年满18岁后，能够免服兵役，继续留在学校学习。之前，已经有800名耶希瓦的学生推延服兵役的时间，政府对其一再迁就。如今，正教党干脆就提出了免服兵役的要求。在工党政府时，经过有关部门的调查核实后，正统派犹太教的女孩子可以免服兵役。现在，正教党提出：只要女孩子宣布自己的宗教信仰不适合兵役，就可以免服兵役，不再需要审查了。此前，如果以色列飞机在安息日到来后才降落，那么就只能停在飞机场，乘客不得下飞机。现在，正教党提出在安息日希望以色列航空公司的飞机停在地面上。另外，还提出不得自由实行流产手术。

对于这么多清规戒律，贝京居然全部答应了。据说，在联合协议的43个条款中，有关宗教事务的占到了30条。正如英国学者阿伦·布雷格曼（Ahron Bregman）指出的："自此次选举后，一种新的势力——极端正统派出现在以色列政治中，其影响在未来的岁月中稳步增长。"①

对于贝京政府而言，之所以选择以色列正教党加入联合政府，是由于正统派犹太教通常会支持政府对内对外的强硬政策，而属于右翼的利库德集团十分需要这种精神上的支持。然而极端正统派并不能代表大多数的以色列国民，因为严格遵守犹太教规生活的只是少数。

在以色列国内，极端正统派的年轻人经常会有一些过激的举动，例如在安息日，他们向不守戒规的过往汽车投掷石子。由于犹太律法禁止挖掘死尸，他们就给考古人员捣乱，阻止考古工作正常进行。这些行为受到世俗以色列人的谴责。

（3）改革的呼声

20世纪末期，随着宗教党派的影响力越来越大，以色列国内要求改革的呼声一直不断。许多世俗的以色列人担心，在极端正统派的左右下，以色列正在变为一个偏执和不宽容的犹太国。

在1999年5月举行的大选中，埃胡德·巴拉克（Ehud Barak，1999—2001年）领导的"一个以色列党"获得胜利。巴拉克是职业军人，18岁就加入以色列国防军，在总参谋部的侦察营接受军事训练，很快成

① ［英］阿伦·布雷格曼著，杨军译：《以色列史》第六章，东方出版中心2009年版，第167页。

为一名优秀的指挥官。1972 年，一架比利时航空公司的飞机被巴勒斯坦人劫持，巴拉克亲自带领突击队成功地解救了 100 多名人质。1972 年 9 月的慕尼黑事件发生后，巴拉克化装为一名阿拉伯妇女，指挥突击队，成功将 3 名巴解组织领导人杀死。1991 年，战功显赫的巴拉克担任以军总参谋长一职。1995 年退役时，他是以军中获得勋章最多的人。半年后，巴拉克加入工党，1997 年成为工党领袖。后来，他将工党与其他两个小党合并，参加议会选举，结果成功获胜，组建了新的联合政府。

巴拉克出任总理后，立即开展外交活动，希望在推动巴勒斯坦地区和平进程上能够有所作为。虽然双方举行了多次谈判，但巴拉克争取和平的努力并没有得到巴勒斯坦解放组织和叙利亚方面的积极响应。在一些原则性问题如难民、定居点、耶路撒冷归属等上，双方各自坚持原有的立场，不肯退让。2000 年 7 月，第二次戴维营会议无果而终，和平进程再次受阻。

在争取和平的努力失败后，巴拉克开始致力于执政的第二个目标，推动社会改革，实现政教分离。2000 年 8 月，巴拉克宣布了他的改革方案，大力推进以色列的世俗化进程。首先一个重要的内容就是取消宗教事务部，将其职能分散，归并到司法部、教育部及其他行政部门中。其次，要求免服兵役的正统派犹太教青年，必须到公共事务部服务两年。另外决定建立民事婚姻制度，使非犹太教徒可以不受宗教法庭对婚姻的约束。他还决定采取措施，允许以色列航空公司的飞机以及其他公共交通工具能在安息日照常运行。此外，他还提出在政府资助的所有学校里都要教授英语、数学等现代学科，宗教学校也不能例外。在改革方案中，巴拉克还提出要完成宪法起草工作。以色列宪法迟迟不能出台，正统派犹太教的干扰也是一个重要的因素。正统派反对制定宪法，认为宪法的制定将会与犹太教律法发生冲突，从而降低了宗教戒律的神圣性和权威性。巴拉克的改革方案得到大多数以色列人的支持和拥护。

但不久，反对党首领阿里埃勒·沙龙（Ariel Sharon）的一次访问使阿以冲突再次升级。2000 年 9 月 28 日，沙龙访问了位于东耶路撒冷的阿克萨清真寺。这里是伊斯兰教的圣地，禁止非穆斯林进入。沙龙是利库德集团内著名的强硬派，他此行的目的是为了提升自己在集团内的支持率，但却由此引发了阿拉伯人的强烈反抗。抗议活动迅速蔓延到整个耶路撒冷和所有被占领土，双方互相报复的流血事件不断发生。10月12日，电视播出了两名以色列预备役军人误入西岸城市拉马拉，结果被愤怒的巴人处死的画面。随后，巴拉克总理下令以军出动飞机、坦克，摧毁约旦河西岸以及加沙的巴勒斯坦军事目标。

10月17日，在美国总统克林顿的斡旋下，巴以双方口头同意停火，但冲突并没有立即停止。在这种情况下，巴拉克政府已经到了倒台的边缘，议会中仅剩下30名支持者。为了维持统治，巴拉克只得邀请沙龙的利库德集团参加政府，但强硬的沙龙要求巴拉克放弃和平计划，这是巴拉克无法接受的。于是，巴拉克又求助于拥有17个席位的极端正统派的沙斯党。沙斯党原来是巴拉克联合政府的成员，由于巴拉克与叙利亚谈判失败后，还继续谋求与阿拉法特会谈，引起沙斯党、国家宗教党以及俄国移民组建的贝阿利亚党等右翼政党的不满，于是，这几个党便一起退出了政府，使政府的支持者由68名减少到42名。此时，巴拉克再次请沙斯党参加政府，沙斯党同意了，但同样提出了高额的价码。沙斯党要求政府给予10亿美元的资金支持，同时要求巴拉克放弃政教分离的世俗革命。为了维系总理的职位，得到议会多数人的支持，巴拉克被迫屈从于极端正统派。在巴以冲突的巨大压力面前，巴拉克不得不放弃世俗化的改革。可没过不久，巴拉克政府还是倒台了。

沙龙挑起的巴以冲突持续4个月之久，双方400人死亡，1万多人受伤。但在2001年的选举中，以强硬著称的沙龙击败温和派的巴拉克，成为新一届总理，利库德集团再次执掌以色列的政权。

从此，政教分离的话题不再提起。

7. 公共宗教仪式

犹太教是一个崇尚仪式和戒律的宗教，有围绕人生老病死的各种仪式，有纪念古代历史的各种节日，有《圣经》中神颁布的各种清规戒律。当散居在世界各地的犹太人聚集在巴勒斯坦后，新的公共仪式便在犹太社团中开始产生。但在委任统治时期，由于犹太社团并不统一，加之许多犹太人与阿拉伯人混居，所以公共仪式还不具有普遍的意义。

以色列国建立后，为了统一全国的公共仪式，政府公布了相关的法令，在全国范围内推广。这些必须严格遵守的法令包括安息日禁止工作和娱乐的戒律。例如在安息日和一些宗教节日，一切公共娱乐场所和商场、酒店、宾馆（少数供外国人使用的除外）都停止营业。政府机关一律停止办公，城市公共交通停止运营；如果船只、飞机在安息日开始后到达以色列，所有乘客和司乘人员就只能待在轮船和机舱内，直到第二天傍晚才能出来。在此期间，军事活动也被限制在最小的范围内。此外，国家颁布法令要求所有公共机构必须遵守犹太教的饮食法，军队也不例外。在全国范围内，除了极少数基督徒聚集的地区外，一律禁止养猪。犹太教的公共仪式在人们心目中具有神圣的意义，不管是谁，如果不遵守，都会导致严重的后果。

1974 年 6 月，伊扎克·拉宾首次出任总理。他上台后，急需解决两大问题，一是重建国防军，二是发展经济。因为在 1973 年 10 月 6 日的赎罪日战争中，以色列军击退了以“收复失地”为目的的埃及、叙利亚和约旦军队的进攻。以色列虽然取得战争上的胜利，但也为此付出了高昂的代价。近 3000 人阵亡，7000 多人受伤，造成的经济损失多达 70 亿美元。

为了使国家恢复元气，拉宾积极谋求和平。1975 年 9 月 4 日，在美国国务卿基辛格的斡旋下，以色列和埃及签订了第二个“西奈协定”。在这个协议中，双方各有退让。以军从西奈占领地后撤 18 英里，包括从西奈油田撤出。埃及军队也后退 4 英里。在双方军事力量之间，由联合国建立一个军事缓冲区，以防止冲突再起。与此同时，美国政府也同意向以色列提供大批新式武器，在 5 年内满足以色列的石油需求。拉宾的外交努力获得了成功，一切都朝着好的方向发展。

然而，一个意想不到的事情却导致了拉宾总理的下台。

1976 年 12 月一个周五的下午，从美国进口的第一批 F－15 战斗轰炸机将要抵达以色列。这是拉宾上台后的一项重大外交成果，为此在机场安排了隆重的欢迎仪式。拉宾总理率领政府全体成员悉数到场，军方所有高级将领也前来迎接。

不巧的是，飞机晚点了。到达机场时，离安息日到来只有不到一个小时了。欢迎仪式已经准备好了，于是按计划照常举行，仪式顺延到了安息日之后才结束。没有想到的是，这样一次小小的延迟，却造成严重的后果。

随后，在议会中只有2个席位的以色列正教工人党，以政府首脑破坏犹太戒律、亵渎圣日的罪名，对政府提出不信任案。对于这一举动，拉宾开始没有理会，他相信人们会原谅他的偶然失误。但出乎意外的是，在议会投票表决的关键时刻，工党的第二大伙伴——国家正教党并没有如拉宾所预期的那样，全力支持政府，而是投了弃权票。这样拉宾只得到57票，比需要的61票少了4票。仅仅4票，议会的不信任案获得通过。

1976年12月21日，拉宾被迫辞职，并宣布第二年5月提前举行大选。拉宾政府的倒台，或许有更深层的原因，但这次超时的欢迎仪式显然是其倒台的导火索。由此，再次显示了极端正统派的实际影响力有多么巨大，虽然他们只有2个席位，就足以让一届政府倒台。从此以后，类似的事件再也没有发生过。

2012年7月26日晚8点，伦敦奥运会举行开幕式。此前，以色列官方发表声明，宣布应邀出席开幕式的以色列总统西蒙·佩雷斯（1923年—）不参加这个隆重的仪式，理由是这天是星期五，是以色列传统的安息日。显然，有了前车之鉴，作为以色列总统，他不想坏了犹太人的规矩。

8. 对中东和平的期盼

自从以色列建国以来，巴勒斯坦地区便成了世界的火药桶，长期冲突不断，不得安宁。

进入20世纪90年代后，在国际社会的积极协调下，巴以双方都付出极大的努力，使巴勒斯坦一度出现了和平的曙光。1996年，巴勒斯坦自治政府建立，被视为“通往完全独立的第一步”。但随后，和平的进程就此止步。在对待巴勒斯坦领土问题上，由于涉及到国家的利益，以色列国内出现了两种不同的意见。一些人出于对巴勒斯坦阿拉伯人的同情，主张归还占领的巴人土地。另一些人则坚决反对归还所占有的巴人土地，认为这片土地是神许诺给犹太人的，决不能让它再落入阿拉伯人的手中。

在1996年举行的以色列大选中，右翼的利库德集团再次上台。以沙龙为首的极右翼主张在被占领土地上修建更多的犹太定居点，要求以《圣经》中神的许诺地为边界，建立一个“更大的以色列国”。然而，让其他人也接受这种观点似乎是很不现实的了。

首先，以色列的国民构成已经发生很大变化。90年代后期，随着苏联的解体，大批俄罗斯犹太人移居以色列。他们中的许多人接受过高等教育，因此发展经济和文化，使他们发挥专长成为当务之急。对以色列而言，要想成为一个独立自主、经济发达的国家，那么和平就是一个不可或缺的重要条件。

新来的俄罗斯移民经过反犹主义的冲击，在苏联之后，对犹太人的宗教信仰早已淡漠了。在正统派犹太教看来，他们中相当一部分人已经不具备犹太人的基本素质了，他们需要过体面的生活，愿意看到国家政治上稳定，经济上繁荣。在以色列，包括俄罗斯裔在内的绝大多数居民不是犹太教徒，他们考虑的首要问题是和平。

此外，在以色列国内，还居住着大批阿拉伯人，他们的人数至少占以色列国民人数的20%，其出生率也要高于犹太人。而这些阿拉伯人，在受教育和就业等方面并未享受与犹太人同样的权利。这种不平等的状况，也只有通过发展经济加以改善。因此，实现巴以和平就是一个十分现实的问题。

早在1967年6月战争以后，已经卸任的以色列第一任总理大卫·本·古里安就曾建议，除了东耶路撒冷和戈兰高地外，应当将以军占领的原属于叙利亚和埃及的土地归还给阿拉伯人。他说：“对以色列最大的考验，不是在它的疆域之外与敌对势力进行斗争，而是在于能否成功地从占以色列国土百分之六十的荒地上收获更多的东西。”①

---

① ［美］尼克松著，刘湖等译：《领袖们》，知识出版社1985年版，第387页。

但本·古里安的忠告没有得到政府和民众的支持和响应。极端分子的一意孤行使巴以之间不断爆发更大的冲突。

进入新世纪的十几年里，以色列政坛一直是右翼的利库德集团当政.他们以强硬的姿态对待巴勒斯坦问题。2000 年 5 月，以色列海军秘密进行的潜射核巡航导弹发射成功，从而使以色列成为继美俄之后，拥有“三位一体”全面核攻击能力的国家。在整个中东地区，以色列已经成为拥有核武器的、绝对的军事强国。在这样的背景下，虽然重新启动了和平谈判，但结果可想而知，毫无进展。

2008 年 1 月，即将卸任的美国总统布什来到中东，试图游说巴以领导人，希望在他离任之前能够达成一项永久和平协议。但和平的路似乎依然很长，以方要求巴武装力量停止对以色列的恐怖袭击，声称“恐怖行动不停止，和平就不会存在”。而巴方则坚持以色列必须中止在约旦河西岸修建新的犹太定居点，停止对约旦河西岸和加沙地区的军事行动，结束自 1967 年以来对巴勒斯坦领土的占领。

布什总统明确指出，以色列和未来的巴勒斯坦国和平共存符合双方的利益。但和平意味着让步。为此，以色列必须拆除约旦河西岸的非法定居点，而巴方要解除非法武装。双方能否让步，让到什么程度，还需要时间的检验。

尽管前路漫漫，但实现和平是人类永恒的理想和期待，相信巴以也不会例外。

第十章　世界各地的犹太社团

自公元前6世纪“巴比伦之囚”开始，犹太社团就开始在巴勒斯坦以外的地方生存，至今已有2500年的历史了。1939年第一次世界大战前，全世界约有犹太人1650万，其中750万人生活在东欧和俄罗斯，200万人在西欧，100万人在亚洲，非洲50万人，而生活在美洲新大陆的犹太人已经达到550万人。

在纳粹大屠杀的灾难发生后，数字告诉人们一个残酷的现实：到1948年，全世界的犹太人已经减少到1150万人了。此时，约有600万犹太人生活在美国，西欧的犹太人仅剩100万，东欧还不到100万人。另有约200万人生活在苏联，约50万生活在新成立的以色列国。以色列国建立后，其人口不断增长，使世界犹太人的分布逐渐形成新的格局。

一、美国的犹太社团

如今，世界上规模最大、最为富有和最具实力的犹太社团都在美国，美国成了犹太人的家园。它们所占据的地盘甚至比整个以色列国还大，就规模而言，以色列只能屈居第二。1994年，犹太人只占美国国民人口总数的2%，但他们在美国却成为一支不可忽视的力量。美国犹太人正以昂扬的斗志，迈入美国主流社会，进入精英阶层。而他们的传统信仰——犹太教也在美国这个多元化的社会里得到充分的发展。

1. 犹太教现代正统派

如今在美国有600万犹太人，他们中有300万人参加犹太教会堂的活动，其中约30万是严格的正统派教徒。大多数美国犹太人并不自称是正统派，他们中的绝大多数人属于一个称为现代正统派的派别，有时也称为新正统派。

新正统派的信徒们认为做一个严格遵守犹太律法，同时又熟悉现代社会的人是完全可能的。在他们的会堂里，每日的祈祷仍然有条不紊地进行，男女的座位是分开的，参加仪式的信徒们穿着传统的正式服装。大多数男人会整天（除了吃饭和睡觉）戴着无沿的便帽。

许多现代正统派依然严格执行犹太食品管理法（卡什鲁特法）。然而，有些人对此采取了变通的办法，他们在家里严格遵守犹太饮食法的规定，出了家门便不然。他们的孩子也会在犹太学校里学习，但他们大多会选择那些同时传授世俗知识和宗教知识的学校上学。孩子们毕业后也都希望能够进入普通的大学，继续深造。

与严格的正统派不同，现代正统派教徒可以自己选择婚姻伴侣，并希望能在社团内部找寻。他们通常在25岁左右结婚，一般不会要许多孩子，而且妻子也尽可能要有一份自己的工作。

尽管对现代社会做出了许多让步，但现代正统派仍然继续向人们灌输这样的信条：犹太律法《托拉》是神的话语。它是摩西在西奈山，由神最早颁降给先知摩西的。现代正统派的创始人参孙·拉菲尔·希尔施（Samson Raphael Hirsch，1808—1888年）这样表述："如果我们的宗教这样命令我们，我们就应该拒绝所有的文明与进步。毫无疑问，我们将遵循这个诫命。因为我们相信我们的宗教是真正的宗教，这是神的话。在神的面前，所有的考虑必须让位。以色列人必须以神赐予的律法——这个永远不变的试金石来判断每一件事情，对他来说，凡是通不过这种检验的任何事情都是不存在的。"

在以色列国，正统派犹太教控制了国家的宗教机构，并对政府施加重要的影响。而在欧美各国，正统派同样有着强大的势力。

2. 超正统派

在现代的美国，犹太人具有两种不同的倾向，一些人拥护自由主义的犹太复兴运动，而另外一些人则无视宗教信仰的存在。哈西德派在美国的发展，应该看成是一个奇迹。

18 世纪在东欧兴起的超正统派哈西德教派，在美国也得到蓬勃发展。哈西德是一个神秘主义教派，从中又分化出许多不同的小派别，其中的路巴维彻—哈西德派尤其著名。

该教派起源于立陶宛一个名叫路巴维彻的村镇，拉比们说他们的世系可追溯到巴尔·舍姆·托夫，即哈西德运动的创始人巴施特。据说巴施特曾秘密地开启谢尔·扎尔曼拉比（Schneur Zalmann，1745—1812 年），使他成为哈西德教派的接班人。但谢尔·扎尔曼拉比的传教活动进行得并不顺利，他受到非哈西德教派的犹太人和反犹主义的非犹太人两方面的反对，并一度被俄国沙皇监禁。传说他具有一种超凡的神力，因此有许多高官前来请他祈神求福，不久便被释放了。谢尔·扎尔曼离世后，他的继承者在名字前都冠以“谢尔松”（Schneerson）的字样，意思是“谢尔之子”，以示一脉相传的传承。

20 世纪，正是在路巴维彻—哈西德教派中，诞生了近代享有最高声望的拉比，他就是第 7 任路巴维彻拉比曼纳汉姆·门德勒。

曼纳汉姆·门德勒拉比（Menachem Mendel Schneerson，1902—1994 年）出生于乌克兰一个大拉比之家，5 岁便随父参加犹太教会堂的活动。还在幼童时他就表现出非凡的才能和智慧，据说一篇很长的祈祷文，他只要听一遍就能够背诵下来。17 岁时，门德勒已经将全部《塔木德》近 12000 页的内容全部牢记于心了。

1929 年，第 6 任路巴维彻拉比约瑟夫·伊萨克（Joseph Isaac Schneerson）获释出狱后，决定带领全家离开苏联，移居到波兰去，他的请求得到了政府当局的批准。拉比打算将他最得意的弟子门德勒一起带走，但因门德勒不是其家庭成员，他的出境要求被拒绝。于是，拉比向官员解释说门德勒是女儿的未婚夫，并立即为他们举办了婚礼。这样，门德勒随同岳父全家顺利到达波兰。后来，门德勒来到德国和法国，在柏林大学和巴黎的大学里学习哲学和数学。二战期间，他们离开被德国占领的法国，移居意大利，后又辗转到西班牙，1940 年来到美国。

到美国后，门德勒作为一名工程师在美国海军服役。二战后，他开始从事宗教教育工作，并致力于在美国推动路巴维彻—哈西德教派的发展。1950 年，第 6 任拉比去世后，门德勒继任为第 7 任路巴维彻拉比。

此时，作为一个新宗教领袖，门德勒必须面对一个严酷的现实即人们对宗教的漠视。有人告诉他，没有必要再强调对传统教义《托拉》的学习，因为许多居住在美国和加拿大的犹太人早已放弃传统信仰，过着世俗的生活。有个拉比对他说："让我手心里长毛，都比让犹太人学习《托拉》来得快些。"但门德勒坚信，《托拉》仍然在犹太人的心中具有极大的感召力，它是许多无视犹太教规的人重返传统精神的本源。他认为，对付社会上的一切不良现象，最好的办法就是实行传统的戒律，使人们更加依附于神。

为了教化世俗的犹太人，门德勒制订了一套自信满满的发展计划，他给一些信徒配备了现代通讯设备，将他们派到那些有犹太人居住的、与宗教隔绝的地区，他自己则通过儿部电话与信徒们保持联系。在门德勒拉比的领导下，哈西德教派在美国得到迅速发展。起初，哈西德成员被视为行动古怪的极端分子，因此受到人们的排斥。而今，身穿传统服装的哈西德们已经成为犹太人的典范，赢得"上等犹太人"的赞誉。而随着哈西德教派的发展，有关门德勒的传奇故事也随之传遍世界各地。

人们相信，门德勒的祈祷具有神奇的效果，据说一个以色列女孩，在准备做心脏手术之前，其父在亲友们的劝说下向门德勒发出求助：请他为孩子祈祷。不久，门德勒发回一条传真，告诉他孩子不用做手术，胸腔膈膜上的洞会自动愈合。对此，这位父亲只能报以无奈的一笑。但几天后，在手术前的例行检查中，医生惊奇地发现女孩的心脏正常了，手术不用做了。类似的故事不胜枚举，以致人们无法相信这是真的，但更多的人相信这些传言全都是真的，因为许多当事人依然健在。①

---

① 范雨臣、张零贵：《生活在约旦河西岸》，中国广播电视出版社 2006 年版，第 159 页。

门德勒成为20世纪最有影响力的拉比当然不是靠他的“神功奇迹”，而是他“与时俱进的现代犹太理念”。他一生勤于笔耕，写有37卷巨著，他用现代的观点来解读传统的经典，使之为现代人能够接受和理解。门德勒是路巴维彻拉比中唯一受过世俗高等教育的人，他精通10种语言，善于将哈西德教派的正统教义与现代社会的实际完美地结合起来，因此取得了奇迹般的效果，得到美国主流社会的肯定。

1994年，在没有任何征兆的情况下，第7任路巴维彻拉比与世长辞。他的突然离去，使他的信徒们大为震惊。由于他在信徒心中具有的崇高威望，因此有些人相信，第7任拉比就是人们期盼已久的弥赛亚，他将死而复生，最终结束犹太人飘泊的命运。

同年9月，美国国会决定追授门德勒一枚国会勋章，以表彰他在美国长达半个世纪中所做出的巨大贡献。遗憾的是，在门德勒漫长的一生中，他从来没有到过犹太人的圣城耶路撒冷。为了弥补这个缺憾，以色列人在耶路撒冷仿建了他在美国的故居，让他永留在耶路撒冷的圣城里。如今，人们可以看到门德勒拉比的巨幅彩色照片悬挂在以色列的许多公共场所，以色列人用这种独特的方式，来纪念这位20世纪最伟大的犹太教拉比。

3. 犹太教改革派

18世纪犹太启蒙运动的发展使犹太人有了更多进入世俗社会的机会。为了更好地表达自己对犹太教本质的认识，犹太教改革派应运而生。19世纪末期，在欧洲产生的改革派犹太教在美国不断发展壮大，成为美国犹太教中一支重要的力量。

改革派认为正统派犹太教日益成为一个“向内看”的宗教，不能适应社会发展的需要，因此主张对犹太教进行改革。他们要求放弃一切与时代不相适应的传统教规、礼仪、习俗等，鼓励宗教多样化，自由思考和个人自律。他们更看重犹太教的伦理道德观，而不是繁复的宗教仪式。他们认为那些涉及动物牺牲、仪式洁净、饮食禁忌，以及犹太人特有的服饰等过时的、繁复的律法细节，无法与《十诫》的重要性相提并论。

20 世纪，改革派犹太教在美国继续发展，特别在妇女解放上取得重大进展。如今，妇女担任拉比已经不是什么新鲜事了。同时，改革派也在不断调整自己，并分化出“温和派”和“激进派”。1937 年，一部分改革派拉比发表了《哥伦布斯宣言》，对一些激进的信条进行修改。他们提倡恢复传统的习俗和礼仪，用希伯来语做祈祷。在社会活动中寻求平衡，反对种族主义，支持民权运动，形成温和派。而激进派仍然主张以当地方言取代希伯来语作为仪式用语，取消过于强调犹太人特殊性的繁文缛节等。如今，美国的改革派以温和派为主。

新派别中有一个后来发展为保守派，它是本世纪在美国发展起来的一个派别。由于社会的发展，犹太人的生活方式必然也会发生一些变化，该派别认为这是可以接受的。但是在积极与外界社会接触的同时，不能够放弃犹太教最本质的精神。它们试图在正统派和改革派之间寻求一种折衷的方案。

改革派和保守派在信条和实践上有着重要的差异，正如它们的名称所显示的，保守派比改革派更不愿意离开古老的传统。尽管保守派在 1983 年就承认妇女有担任圣职的权利，但仍有一些拉比对此不认同。在美国，保守派在纽约建立了美国犹太神学院，该学院是从事犹太教学术研究的中心，也是培养保守派拉比的重要基地。

在其他国家，如英国、法国和匈牙利，围绕着祈祷仪式的细微差别，也出现了各种类似的争论，而且在不同的派别中产生出大量新的用语。在英国，较为传统的组织自称是改革派，而较为激进的则标榜为自由派。实际上，英国的改革派更接近于美国的保守派。

但是，不管这些团体叫什么名字，它们都赞成对《圣经》的考订，承认近代《圣经》研究的成果。信徒们不再相信《托拉》是神逐字逐句传授给摩西的，而将《圣经》看成是古以色列人在不同历史时期各种传统的总集——它肯定具有神秘的灵感，同时，它也是人类思想不断发展的产物。因此，对于那些与现代情感相冲突的犹太律法中的某些条款，非正统派犹太人认为自己有选择的权利，也有拒不接受的权利。

20 世纪，改革派和保守派在美国都得到发展。直到现在，改革派犹太教依然让其成员自己决定是否遵守犹太饮食法。他们主张男女平等，拒绝接受对妇女不利的有关贞洁和离婚的律条。在改革派中，女孩子和男孩子同样接受严格的宗教教育。近年来，改革派和保守派都已经任命了女拉比。

4. 其他现代派别

在美国，还有另外一个犹太教派别得到发展，即“重建主义”，其创始人是莫迪凯·卡普兰（Mordecai Kaplan，1881—1983 年）。卡普兰是美国著名的哲学家和神学家，他从小随家人移居美国，在犹太教神学院执教长达 50 年。保守派认为他的思想过于极端，而拒绝接受他的观点。于是他自立门户，从保守派中分离出来。实际上，他的思想观点与保守派之间的确有很大的差异。

卡普兰认为启蒙运动已经使一切都发生了变化，在理性主义面前必须采取强有力的措施以保存犹太教。卡普兰坚持认为：“只要犹太人坚持《托拉》的传统准则是超自然的启示，那就没有必要对犹太教进行任何结构性的调整。在非犹太教的环境中，犹太教才能更具有活力。”①

他给犹太教下的定义是“一种不断演进的宗教文明”，其内涵包括了文化和精神两个方面。卡普兰认为犹太人是犹太教的核心，他说传统是为人而存在的，而非相反。

卡普兰拒绝犹太人是“被神特别选中的选民”的说法，认为这是一种排外主义的思想，与此相反，是犹太人自己选择做神的子民。他编制了一本新祈祷书，删除了一些有诋毁语言的部分（如贬低妇女和非犹太人），死后复活的信条以及神通过控制自然现象（如下大雨）来奖惩犹太人的段落。

1968 年，该派创办了“重建主义拉比学院”，以培养自己的学者和神职人员。对于犹太教会堂，卡普兰要求将它建成为全方位的犹太人文化中心。在重建派的犹太教会堂里，欢迎妇女参加其中的各项活动。

在美国，重建派犹太教只是一个小组织，人数并不是很多。但卡普

① Mary Pat Fisher, Living Religion, Prentice Hall Inc, 2000, p. 267.

兰本人却大有名气，他一生著作甚多，具有很大的影响力。此外，美国还有一些小的教派，游离于主流之外。

5. **步入美国主流社会**

二战以后，世界进入和平发展的新时期，生活在美国的犹太人有了更多的发展机会。在短短60年内，经过两三代人的努力，如今的犹太人已经成为美国社会的中坚力量，他们在政治、经济、文化、科学等各个领域都取得了骄人的成就，向世人展现出一个优秀民族的风采。

从20世纪60年代起，年轻一代的犹太人以前所未有的规模大批进入享有盛名的美国高等学府和专业学校学习。据统计，1970年哈佛大学在校学生中，有四分之一的人具有犹太血统，而哥伦比亚大学更是达到40%。当这些精英人士毕业后，开始对美国政界和司法界产生重要的影响。

其实早在20世纪初期，已经有犹太人步入政坛。1906—1909年，在西奥多·罗斯福总统政府任商业和劳工部长的奥斯卡·施特劳斯是第一位担任内阁部长的犹太人。此外，在富兰克林·罗斯福和吉米·卡特总统任内，也都有犹太人担任财政部长。中国人最为熟悉的亨利·基辛格博士，曾是尼克松和福特两届政府的国务卿。进入90年代后，犹太人在美国社会的各个方面都做出了积极的贡献。

1992年，克林顿就任美国第42任总统后，他的第一届政府里就有两名犹太人担任联邦最高法院的法官。同年，在美国国会选举中，犹太人在参众两院的席位，是按照实际人口分配比例的5倍。在其第二届政府中，克林顿总统任用6名犹太人担任重要的阁僚。他们是国务卿玛德莱娜·奥尔布赖特、国防部部长科恩、财政部部长鲁宾、国家安全事务助理伯杰、驻联合国大使霍尔布鲁克以及贸易代表巴尔舍夫斯基。其中的奥尔布赖特是二战后来美的捷克犹太人，在美国接受教育。她擅长外交，精通多国语言，除英语外，能用法语、俄语、捷克语和波兰语流利交谈，她曾担任美国驻联合国大使，是美国历史上第一位女国务卿。在2000年的总统选举中，犹太裔参议员乔·利伯曼成为民主党副总统候选人，与戈尔一起与共和党候选人竞选。虽然最终败给乔治·布什总统，但这表明美国犹太人已经开始向最高行政领导人的职位冲刺，同时显示，美国所有的公职都已经向犹太人开放。

据统计，在1960年美国国会仅有10名众议员和2名参议员为犹太人，到1994年已经分别达24名和9名。2006年，犹太人在众议院中占据30个席位，而参议员中有13名犹太人。如今，美国犹太人的影响已扩展至所有领域，成为各行各业的精英人士。

2001年的一项调查表明，犹太人中拥有大学以上文凭的人占58%，远远高于其他族裔。犹太人大多从事各项专业性或技术性的工作。在美国，经过不断的努力和拼搏，绝大多数犹太人已经跻身中产阶级之列，他们居住在城市郊区的别墅里，过着优裕的生活。熟练工人在犹太人中的比例仅占1%。

犹太人在文化、教育界也是英才辈出。如今，在美国东部的名校中，30%的教授是犹太人。在美国，每4名律师中就有1名是犹太人。在美国最有影响力的200名文化名人中，有一半是犹太人。到20世纪80年代初，美国已有100多位学者和科学家获得诺贝尔奖，其中近一半的得主为犹太人。美国电影享誉世界，而几乎所有大制片公司都是犹太人创办的，如著名的华纳兄弟公司、米高梅公司等。此外，犹太人在金融界也是独占鳌头，许多金融巨头为犹太人，其中最为著名的是长期担任美国联邦储备委员会主席的艾伦·格林斯潘、有“股神”之称的乔治·索罗斯。这些闻名世界的人物，充分展示了犹太人的骄人成就，以及他们为美国和世界做出的卓越贡献。

二、犹太人在中国

中国很早就有犹太人居住和生活，他们在开封建立自己的社团，被称为“开封犹太人”。19世纪后半期，随着国内国际形势的变化，中国曾出现三次犹太移民浪潮，即鸦片战争后进入上海的英籍犹太人、20世纪初期进入哈尔滨的俄国犹太人，以及二战期间逃到上海避难的欧洲犹太人。这些在不同时代、不同背景下来到中国的犹太人，在古老的中国留下了他们的身影，也成为中犹友好交往的一段插曲和佳话。

1. 古代开封犹太人

犹太人很早就来到中国，这点已经毫无疑义。但犹太人究竟是什么时候来到中国的，却众说纷纭，一直没有定论。现在可以肯定的是，中国官方典籍首次提到犹太人是在元代，《元史·帝纪》中称犹太人为“术忽”，有学者指出这是阿拉伯语对犹太人称呼的音译。

中国犹太人引起西方关注是在17世纪。1606年6月的一天，耶稣会传教士利玛窦，见到了一位慕名来访的客人。当时的利玛窦是万历皇帝的座上宾，而来者名叫艾田，来自开封。经过交谈，利玛窦惊奇地发现，对方居然是犹太人。利玛窦在《中国札记》中记述了此次会见的情景，艾田告诉利玛窦，在开封城里还有十至二十户以色列人家以及一座很宏伟的犹太教堂，他还说在这座教堂里极为珍贵地保藏着五六百年前传下的卷轴形式的《摩西五书》即《旧约》的前五卷。

利玛窦与艾田的这次会面意义非同寻常。此前，开封犹太人并未受到人们的关注，而利玛窦发现他们后，中国有犹太人的消息很快传到西方，从而引起来华的基督教传教士们的注意。在明清时期，许多传教士或出于关心或只是好奇，多次探访开封，将那里犹太人的生活状况、宗教信仰记录下来。如今，这些材料成为现代学者研究中国古代犹太人珍贵的史料。直到20世纪后半期，开封犹太人才从历史的深处浮现出来，拂去时间的尘埃，渐渐有了清晰的面容。

（1）称谓和教名

开封犹太人在历次重建犹太教会堂时，刻留下了四块汉文石碑。如今除一块碑文剥蚀严重，许多文字模糊不清无法辨识外，其他三块石碑的碑文文字清晰，成为研究开封犹太人的历史物证。这三块碑分别是：明弘治二年（1489年）的《重建清真寺记碑》，明正德七年（1512年）的《尊崇道经寺记》，康熙二年（1663年）的《重建清真寺记碑》。如今，康熙二年时的石碑已经不知去向，仅留下石碑的拓文，而另外的两块石碑则保存在河南省博物馆中，成为珍贵的历史文物。

开封犹太人在这些碑文中，明确记述了他们的来源，如明正德碑记有："自开辟以来，祖师阿躭（亚当）传之女娲（挪亚），女娲传之阿无罗汉（亚伯拉罕），罗汉传之思哈（以撒），哈传之雅呵厥勿（雅各），厥勿传之十二宗派……"[①] 明弘治碑也记载："夫一赐乐业立教祖师阿无罗汉，迺盘古阿耽十九世孙也……"

由此可知，开封犹太人对自己民族的历史是十分清楚的，他们的祖师是亚伯拉罕，亚伯拉罕也是其宗教的创始人。明弘治碑记有："夫一赐乐业……自祖师相传授受，不塑于形象，不谀于鬼神，不仅于邪术……一传而至正教祖师乜摄（摩西）……求经于昔那山（西奈山），入斋四十昼夜……虔心感于天心，正经一部五十三卷，有自来矣。"[②]

学者们认为"一赐乐业"当是"以色列"一词的音译，三块碑文中都出现该词，这是开封犹太人对其信仰最古老、最正式的称呼。除此之外，开封犹太人对其宗教也有别的称呼如"古教"、"天竺教"、"正教"、"天教"、"回回古教"等。到了清朝，常被称为"挑筋教"，该名称源于《圣经》中雅各与神的天使摔跤，从此犹太人不吃"大腿窝的筋"的典故。对于《托拉》圣典，开封犹太人也有多种称谓如"道经"、"大经"、"正经"等。

在古代中国的周边，始终围绕着不同的游牧民族，各种宗教的传入也使各种异族异教的人来到这里。中国史书在不同时期对他们有不同的称呼，对犹太人也一样，如称其为"斡脱"、"术忽回回"、"术忽"、"兰帽回回"等。可能因为犹太人与穆斯林一样不吃猪肉的缘故，外人很难将两者区分开来，就连开封犹太人自己也将他们的犹太教会堂称为"清真寺"。

自17世纪初起，利玛窦发现中国有犹太人存在后，此后的西方传教士便称他们为犹太人，称其宗教为犹太教。直到1821年，我国才正式称开封犹太人为犹太人，不再使用其他名称。

---

① ［法］荣振华等著，耿升译：《中国的犹太人》，大象出版社2005年版，第205页。
② 同上书，第224页。

（2）来华时间和来华之路

对古代犹太人从哪里来、何时来的问题，一直存在各种不同的说法。作为历史物证的三块石碑，虽然表明开封犹太人有共同的起源，但在何时来、从哪来的问题上，却说法不一，令研究者陷入困顿之中。正德碑记有“教自汉时入居中国”，但弘治碑说是宋代，康熙碑则记为周代。正如潘光旦（1899—1967 年）教授所指出的“碑记的年代越近，所说进入中国的时间越远”。

中国学者大多认为犹太人来华是在唐代，而犹太人大量定居开封当是在“北宋中叶”，此时的开封称“汴梁”或“汴京”，为北宋的都城。对于犹太人进开封的具体时间，一直是个争论不休的问题。1993 年，魏千志先生发表论文，经过考证，将犹太人定居开封的时间定为 998 年，得到一些人的赞同。

至于犹太人从哪里来，学界也一直存在“陆路说”和“海路说”两大观点。

学者们认为，犹太人在向地中海沿岸扩散的同时，许多犹太人进入波斯和阿拉伯半岛。其后数百年里，一部分人继续向东北方向移动，进入河中地区的撒马尔罕以及布哈拉等地。因此，有学者认为大约在 7 世纪，犹太人经“丝绸之路”进入中国新疆一带后，大部分定居在此，但有些人继续向东方前进，最终到达中原地区，这就是开封犹太人。

而海路说也有依据，因为居住在波斯和阿拉伯半岛的犹太人，有些人南迁到印度，在阿拉伯海沿岸定居下来。弘治碑记有：“自出天竺奉命而来有七十姓，进贡西洋布于宋。帝曰‘归我华夏，遵守祖父，留遗汴梁’。”[①] 由此推断，开封犹太人当年是带着贡品——印度棉布，从印度西部沿岸乘船来到中国的。

两种推测应当都没错，因为在宋元时期，中国许多城市都有犹太人居住，包括沿海的北京、南京、宁波、扬州、杭州以及洛阳、西安、开封、敦煌和宁夏等内陆城市。他们很可能是在不同时间，通过不同的方式来到中国的。这些城市的犹太人互相之间保有联系，开封犹太社团无

---

① ［法］荣振华等著，耿升译：《中国的犹太人》，大象出版社 2005 年版，第 225 页。

疑是最早、持续时间最长的组织。到18世纪初期，许多城市的犹太人已渺无音信了，大多数人改宗伊斯兰教，剩下的则迁到开封，归入这里的犹太社团。

（3）早期的开封犹太人

开封犹太人留下的碑文，显示了他们在长达700多年的时间内，对祖先宗教的传承和延续。

据碑文记载，开封犹太人的第一座犹太教会堂建于宋孝隆兴元年（1163年）。犹太教会堂是犹太人举行宗教仪式的场所，是犹太人的精神中心。每一个犹太社区都建有自己的犹太教会堂，它的变迁显示了社团兴衰的历史。由于开封地势低洼，在历史上常遭洪水袭击，开封犹太教会堂在其后的500年间曾多次被毁，又多次重建和修复。在此期间，开封犹太人虔诚地对待自己的宗教和文化，保留着祖先的传统和习俗。留下的碑文显示，开封犹太人保留着犹太教中的宗教礼仪和重要节日。他们“惟寅、午、戌三次礼拜。四季之时七日斋”。[①]

开封犹太人将所有的圣日和节日统称为“斋”，遵行一年中有7个节日即逾越节、住棚节等。开封碑文对礼仪、节日和习俗做了简要的说明，对赎罪日是这样记述的：“故于秋末闭户清修一日，饮食俱绝……士辍诵经，农罢耕耘，商贾止于市，行旅止于途。情忘识泯，存心养性，以修复于善。”[②]

1772年8月，耶稣会传教士骆保禄（Paul gozam）记述了他在开封犹太社团看到的情景：2千—3千名犹太教徒极为尊崇耶和华，称之为“天”、“上帝”或“上天”。每逢安息日，他们就在犹太教会堂诵经礼拜，仍遵守逾越节和结庐节等宗教节日。

此外，开封犹太人多次重建和修复犹太教会堂，他们妥善保管《托拉》经卷，显示出对信仰的虔诚。有学者认为，开封犹太人深受波斯影响，其会堂的建筑属于米克达西式（mikdash），即坛庙式风格。整体布局为东西方向的长方形院落，圣堂位于最西端，信徒面向西方——耶路撒

① ［法］荣振华等著，耿升译：《中国的犹太人》，大象出版社2005年版，第224页。

② 同上书，第238页。

冷的方向礼拜。在历次重建和修复中，开封会堂逐渐融入中国文化的元素，到18世纪中期，开封会堂已经成为一个有两进院落，有前后大殿、若干偏殿，院内有牌坊、花墙装点的中国庙宇式建筑，殿内立有中国皇帝的牌位，墙上悬挂着数十幅汉字书写的匾额和对联，门外则有石狮镇守。

1722年，法国传教士孟正义（Jean Domenge）绘制了开封会堂的平面图，才使后人能够一睹该会堂特有的风采。后来，有人依据该图将开封会堂制成模型，其中国式的琉璃大平顶格外引人注目。如今，该模型珍藏在特拉维夫流散博物馆内。1985年，以色列政府发行了印有该模型的邮票，表达对流散在万里之外的开封犹太人的怀念和敬意。有了遥远故土的关怀，那些长眠于中国的犹太人可以安息了。

（4）融入中国社会

19世纪后半期，开封犹太社团发生了巨大的变化。在坚守犹太信仰700年之后，开封人最终抛弃了祖宗的传统，融入泱泱中华民族之中。开封犹太人的同化是一个漫长的、渐进的过程。

从存留下来的三块碑文来看，虽然都是讲述犹太教的起源、发展历史、宗教礼仪和习俗等，但均已经出现不同程度的儒化现象。弘治碑显示了犹太人对儒家学说的认同，除用儒家思想来解释犹太教外，还记载了这样一件事：1423年（永乐二十一年），开封犹太人中一个名叫俺诚的人："以奏闻有功，钦赐赵姓，授锦衣卫指挥，升浙江都指挥佥事。"[①] 这件事被记入碑文，显示出它对犹太人巨大的影响，也表明许多犹太人已经通过习读儒家经典走上了仕途，同时，开始放弃原有的犹太人名字，采用中国人的名姓。尽管如此，弘治碑依然强调并重视遵守犹太传统和习俗。

正德碑则进一步儒化，其撰稿人左唐是江都（扬州）人，进士出身，他在追忆历史的同时，极力宣扬儒家思想，认为："然教是经文，字虽与儒书字异，而揆厥其理，亦有帝行之道，以其同也。是故道行于父子，

---

① ［法］荣振华等著，耿升译：《中国的犹太人》，大象出版社2005年版，第227页。

父慈子孝；道行于君臣，君仁臣敬；道行于兄弟，兄友弟恭……”① 不难看出这段洋洋洒洒、高度儒化了的文字，宣扬的已经不是犹太教的教义，而更像是儒家的伦理思想。该碑文还列举了开封犹太人在政治、经济、文化各方面的贡献。显然，升官晋爵、进入中国上层社会已经成为许多人追求的目标。而立碑的目的也与以前强调传统不同，仅为纪念而已：“刻石于寺，垂示永久；咸之所自俾我后人，其慎念之哉。”②

到康熙年间，距离正德碑已经过去150年了。康熙碑只是重复以前的碑文内容，其目的不在强调遵行传统，而只是为了让后人记住重建会堂的功德罢了。此时，犹太社团发生了很大变化，更多人开始通过科举考试，步入中国的官宦阶层，与汉人通婚已是普遍现象。康熙碑碑文的作者是一位曾任刑部尚书的汉族官吏，而其抄录者，甚至篆刻者都是汉人。悬挂在会堂里的匾额对联，均为汉族官宦或犹太儒生所书，开封犹太社团已经开始摒弃原有的传统，向中国传统文化不断靠拢。

1605年，利玛窦会见艾田时，艾田告诉利玛窦，他因为攻读儒家经典，已经不再学习希伯来语了。不久，年事已高的老掌教致信利玛窦，希望他能接管犹太社团，因为没有合适的人选来接班了。这位老掌教去世后，开封社团再次派人面见利玛窦，告诉他社团里没有人懂希伯来语了。佛教和基督教在进入中国后，为了传教的需要，首先将其经典翻译成中文，使之代代相传。而开封犹太人来到中国后，却始终没有将他们的经典翻译成中文，加之没有像伊斯兰教那样，将阿拉伯语的学习放在重要位置，因此没有人懂希伯来语便意味着犹太人的传承就此中断。

1725年8月，传教士宋君荣（Anoine Gaubil）记下了他的所见所闻：此时的中国犹太人已经不懂《密什那》了，只知道几卷经文的标题，对作者却一无所知。他向这些人出示了一些疏注经文以及一些希伯来文字的圣牌，他们一概不晓。此时的社团大约还有1千名成员，但传教士们发现，即使在最重要的节日，参加宗教仪式的成年人也只有40—50人，而安息日只有必须的10人参加。显然，此时的开封犹太人已经放弃了祖先

---

① ［法］荣振华等著，耿升译：《中国的犹太人》，大象出版社2005年版，第232页。

② 同上书，第125页。

的传统。

1841 年，黄河两次决堤，开封的犹太教会堂与几座穆斯林清真寺一起被毁。此后，清真寺重建，而犹太教会堂却从此不在了。许多犹太人逃离开封，犹太社团锐减到 200 人。为了争夺会堂的地皮和建筑材料，两大犹太家族甚至大打出手，以致多人丧命。在中国持续 800 多年的犹太人社团至此彻底解体。

1850 年，当传教士再次来到开封时，他们发现昔日的犹太教会堂早已荡然无存，只留下一口当年的水井。犹太教会堂保存的 13 部珍贵的手抄本《托拉》经典，也早被觊觎已久的基督教传教士陆续用重金买走，连一页纸都没留在中国。

如今，只有那刻有汉文的石碑和清真寺的水井成为犹太人曾在中国生活的物证。

2. 来华的英籍犹太商人

1840 年的鸦片战争，英国用坚船利炮轰开了中国的大门。英国人控制香港后，大批英籍塞法尔迪犹太商人以此为基地，向中国内地拓展业务。很快，他们看重了上海优越的地理位置，纷纷开始在上海建立公司，逐渐在这里站稳脚跟，成为来华的第二批犹太人。

进入上海的犹太人大多为祖籍巴格达的塞法尔迪人，他们此前在孟买、新加坡等地经商，并加入英国国籍。塞法尔迪犹太人来华的目的只有一个——赚钱。鸦片战争后，这些犹太人利用其英国人的特殊身份，大肆走私、进口鸦片，牟取暴利。在迅速积累起巨额财富后，及时投资房地产。因此，有人讥讽他们靠“两土”（烟土和地土）起家。后来，这些犹商逐步将业务扩展到对外贸易、金融、制造业以及公共事业等方面。在资本不断扩张的过程中，塞法尔迪犹太人形成几个著名的家族财团如沙逊、哈同、嘉道里、安诺德以及埃兹诺等家族。他们对上海的工业、商业、金融业、房地产业以及城市建设均产生了一定的影响，为日后上海现代化发展奠定了基础。其中以沙逊家族最为突出。

沙逊家族是最早参与鸦片走私的犹太商人。第一次鸦片战争后，总部设在孟买的沙逊公司便开始在上海设立分部，利用租借地为掩护，大量走私鸦片。第二次鸦片战争后，清政府同意鸦片作为“洋药”进口，鸦片贸易取得了合法的地位。此后，沙逊公司为了谋取暴利，便大肆地将这种危害人体健康的毒品不断运进中国。统计资料显示，到19世纪70年代末，该公司对华的鸦片贸易额已占总量的20%。

1872年以后，老沙逊之子以利亚·沙逊创建新沙逊洋行，并在上海设立分行。新沙逊将目光投向整个远东，仍以鸦片销售为主业，很快赶超老沙逊行，成为上海最大的鸦片贸易商。到20世纪初期，新老沙逊公司每年向中国进口5千多箱鸦片。自1840—1914年，年平均利润达200多万两白银。

在从事鸦片贸易的同时，沙逊家族开始投资房地产。自1877年购入第一块地皮开始，到1922年该家族在上海已经购置19块地皮，总面积达300亩。20世纪20年代后，鸦片贸易渐衰，犹商开始将投资重点转向房地产。沙逊家族及时调整策略，成立华懋地产公司，进行房地产买卖业务，同时自建公寓大楼出租，后来又相继成立十几家地产公司，并入股上海其他大地产公司。在房地产业，沙逊家族同样取得成功，获得巨额利润。

1949年中华人民共和国成立，沙逊公司在撤离中国前，将大批房产抛售，但仍留有近2000栋房屋，其中有著名的沙逊大厦、华懋公寓、格林文纳公寓以及罗根花园等。

随着实力的增强，沙逊家族也积极将业务拓展到金融、保险领域。1863年，沙逊公司与其他四家洋行一起，在上海成立从事航运保险的保险公司。1864年，汇丰银行创立，老沙逊即为创立者之一。1930年，在香港创立新沙逊银行，并与其他公司合资，创办中国国际信托公司。此外，该家族还参股制造业、食品、钢铁、仓储、公共交通等行业。沙逊公司成为在华犹太人的典型代表。

沙逊公司在中国的发家轨迹为许多英籍塞法尔迪犹太人所效仿，这些家族不仅是房地产大亨，也是金融界巨头。他们的投资范围涉及城市的各个方面，对上海早期城市的发展起了一定的推动作用。

塞法尔迪犹商来华之时，上海的城市建设才起步。在犹商的参予下，确立了上海向静安寺方向西扩的走向，奠定了如今上海市区东西走向的基本格局。为了获取最大的利益，犹太商人热衷于兴建高层建筑，塑造了上海高楼林立的现代城市天际线。此外，各种中西合璧式的办公大楼、公寓、饭店、剧院、花园，也使上海呈现出多样化的建筑风貌，尤其是犹商活动的外滩金融区，成为旧上海的标志和象征。

尽管塞法尔迪犹太人客观上为上海市的发展做出一定的贡献，但他们始终只是一小部分人。他们高高在上，远离中国的普通百姓，生活在一个说英语的小圈子里。虽然他们也积极兴办学校、医院，支持文教福利事业，但其自身对中国文化并无兴趣。

二战以后，中国国内不稳定的政治局势，致使犹太商人大量抛售不动产，将资金撤回香港。到50年代初期，所有犹太人在中国的业务停止，塞法尔迪犹太人全部离开中国。

3. 来华的俄国犹太人

19世纪末至20世纪初期，中国北方也开始热闹起来，大批俄国犹太人相继进入中国，在满洲里、海拉尔、齐齐哈尔、哈尔滨、沈阳、天津、大连、青岛建立犹太人聚居地。此时的北京，也有犹太人居住。

1881年，沙皇俄国爆发反犹太人的大屠杀，许多犹太人逃亡美国、西欧及世界其他地方，也有一些人穿越西伯利亚来到中国。

1896年，穿越西伯利亚，经中国黑龙江、吉林到海参崴的中东铁路开始修建，大批俄国官员、管理人员、工程技术人员以及家属来到中国。在俄政府的鼓励下，许多为追求自由的犹太人也随之而来，他们大多居住在北方城市。1903年，哈尔滨的俄国犹太人已有500人，他们成立了哈尔滨犹太人协会，并建立第一座犹太教会堂，使哈尔滨成为近代中国继香港、上海之后的第三大犹太社团地。那些散居在东北、内蒙古的犹太人，并没有组成自己的社团。随后，一些人继续南下，来到天津、上海甚至香港。

20世纪初期，俄国国内局势动荡，不断发生反犹事件。特别是1917

年十月革命爆发后，大批俄难民经西伯利亚来到中国，形成来华高潮。1920 年，哈尔滨的犹太人已达 1 万多人，而经该地去欧美的犹太人更达数万人。在此期间，哈尔滨犹太人选举产生了社团领导机构——社团委员会，负责社团的各项管理工作。在委员会领导下，社团呈现出兴旺景象，他们建立了自己的医院、学校、图书馆、剧院、食堂、养老院等福利机构，并出版报刊杂志等。此外，他们开办工厂、公司、商店、银行等，并兴建了第二座犹太教会堂。但好景不长，1928 年，随着中东铁路管理权移交中国，哈尔滨犹太社团迅速走向衰落。1931 年日本占领东北后，大多数俄犹太人离开哈尔滨，前往天津、上海等地。

1917 年以后，天津的犹太人已达千人。随后，来此的犹太人不断增多，到 1935 年已经有 2 千—3 千人。天津犹太人以做皮毛生意为主，他们在东北、西北地区收购毛皮后，在天津加工后再销往欧美等地。1939 年，天津建立起犹太教会堂，并陆续有了自己的医院、学校、俱乐部、图书馆、养老院等设施，成为中国第四大犹太人聚集地，也是继哈尔滨之后，以俄犹太人为主的犹太社团地。

19 世纪末期，俄国犹太人开始进入上海。到 1902 年，俄国犹太人建立自己的犹太教会堂——摩西会堂。1927 年，摩西会堂迁到虹口华德路（今长阳路）。1930 年，上海的俄犹太人已达 5 千多人，他们建立了独立的组织——犹太公会。在上海的犹太人还建起犹太锡安主义组织——上海万国商团犹太分队（又称“上海义勇队”），进行军事训练，成为保护其安全的一支武装力量。1932 年成立的上海犹太总会，积极开展各种文化活动，开办文学、美术、音乐、舞蹈、话剧等活动室，活跃人们的生活。此外，还兴建各类福利设施，为有需求的犹太人提供各项帮助，上海的犹太社团呈现出欣欣向荣的景象。

与经商办实业的塞法尔迪犹太人不同，俄国犹太人是为了逃离迫害才来到中国的。他们绝大多数是平民，生活贫困，文化不高，到中国只想过安定的生活。来到中国后，许多人凭借自身的努力，从做小本生意开始，逐渐积累起财富，跻身于中产阶级。俄国犹太人与中国百姓有较为密切的接触，他们积极学习中国语言和文化，愿意融入中国社会，有些人与汉人通婚，希望长留在这里。此外，他们有较强的社团意识，积极参加社团活动。虽然俄国犹太人没有塞法尔迪犹太人那么富有，但由于人数众多，逐渐成为上海犹太人的主流。

俄国犹太人在华期间，也将其文化带到中国，特别是具有浓郁俄罗斯风格的犹太音乐，让中国听众感受到异域文化的特有魅力。此外，一些人还将俄国犹太作家的著作译成中文，介绍给中国读者。在中犹文化交流中，最为突出的是阿龙·阿弗夏洛莫夫（Aaron Avsnalomov），他是著名犹太音乐家。1932 年来到上海后，他先是在唱片公司担任乐队指挥，后结识聂耳、冼星海等中国音乐家，曾热心为电影《风云儿女》主题歌配器。后来，他以中国题材作为创作的主题，用歌舞剧的形式，将郭沫若的著名长诗《凤凰涅磐》、中国古代民间传说《孟姜女》等搬上舞台，并为多首中国古典诗歌谱曲，使其广为传唱。中国著名钢琴演奏家傅聪的导师、俄国钢琴家阿达·勃朗斯坦夫人也是一位犹太人。这些学者和音乐家为中犹文化做出的贡献，成为两个民族友好交往的佳话。

二次大战以后，俄国犹太人与其他外国人一样，离开了中国。

4. 上海的欧洲犹太难民

二战时期，在纳粹的疯狂迫害下，犹太人纷纷逃离欧洲。当许多国家因为种种原因，向犹太人关闭大门时，上海却向他们张开臂膀，迎接他们的到来。

1937 年“八一三”事变后，日军占领上海大部分地区，迫使国民政府的上海市机关撤离，随后租借地里的外国人也相继逃出上海。此时，侵华日军却无法建立起有效的管理机构来控制偌大的上海。在 1937—1939 年间，上海成了一座无人管理的城市，成为外国人可以自由出入的唯一的世界大都市，而这为处于困顿中的犹太人提供了一个理想的避难地。

统计资料显示，在此期间来华的犹太难民达 3 万人，他们全部由海路进入上海，其中有数千人随后前往其他国家。到 1941 年底，留在上海的犹太人仍有 2. 5 万人。来华避难的犹太人与俄国犹太人有相似之处，他们均是被迫来到中国的。刚来时他们处境艰难，只得住中国老百姓的房子，吃中国的饭菜，与中国下层民众有密切的接触。当他们的生存有了保障后，犹太难民便极力恢复他们原有的生活方式。

在犹太难民聚居的虹口地区，犹太人修复了被战争损毁的数十个街区，在这里建起新的住房和商铺，使这里成为他们新的家园。很快，虹口的犹太区里各色商铺林立，饭店、药店、面包店、服装店、理发店、裁缝店……一应俱全。此外，犹太人还兴建工厂，生产肥皂、蜡烛、皮革等生活必需品以及各种食品如香肠、糖果、饮料等。在极为艰难的处境中，犹太人表现出惊人的生存能力，以及乐观进取的精神，令世人赞叹。犹太难民区呈现出来的勃勃生机，也对中国人产生了极大的吸引力，那里独特的文化氛围以及欧式食品给上海人留下了深刻的印象。以致住在虹口区的许多上海人学会了德语，而一些犹太人也能说上海话。尽管中犹民众友好相处，但欧洲难民与华人极少通婚，因为他们知道中国并非其久留之地，仅是一个暂时的避难所而已。

来华的欧洲难民普遍具有较高的文化素质，其中不乏杰出的学者和各类专业人员。他们中有许多医护工作者，据说仅内科医生就有 200 多人。难民中音乐人才也很多，他们排演戏剧、音乐，使上海的舞台在战争期间仍然活跃。一些知名音乐家受聘于上海国立音乐专科学校（上海音乐学院前身），至少有 13 人曾在该校任教，为中国培养出大批音乐人才。著名的德国教授阿尔弗莱德·卫登堡（Alfred Wittenberg）一直在该校任教，直至 1952 年在此病逝。奥地利教授哈尔彭（F. G. Halpern，中文名韩芬）是著名精神分析学家弗洛伊德（1856—1939 年）的学生。她来到上海后，先在国立上海医学院任教，后担任圣约翰大学医学院神经系主任，为中国精神病医学培养出杰出的人才。

二战期间，犹太人深受纳粹德国的迫害，而中国则受到日本人的侵略。在中国抗日战争期间，在华犹太人以各种形式开展反法西斯斗争，他们多次组织游行示威抗议纳粹杀害犹太人的行为，抵制日本建立难民隔离区。在宋庆龄领导的“保卫中国同盟”中，就有多位犹太记者通过创办英文报刊，积极对外报道中国的抗日战争，来自波兰的犹太记者爱泼斯坦就是中国人最熟悉的国际友人之一。

二战期间来到中国的犹太难民中，有些人直接参加中国军队，在前线救护伤员，如奥地利犹太人罗生特是医学博士，1939 年来到上海，1941 年在苏北加入新四军，成为新四军中的第一位外国人。他任新四军卫生部顾问后，不仅培养了大批医护人员，还多次亲临战场救治伤员。同年，奥地利医生傅莱到达晋察冀根据地，参加八路军。他一边在学校执教，一边在极为困难的条件下，建立粗制青霉素的实验室，解决解放区药品短缺的问题。还有德国犹太人汉斯·米勒，这位医学博士不肯留在后方医院，坚决要求到太行山前线战斗。他担任八路军卫生部流动医疗队队长，不仅在前线救死扶伤，也为当地百姓服务。在国民党政府中，同样有犹太人或不顾个人安危为政府传递情报，或在军中担任高级医官，或积极对外报道战事，在不同的岗位上为中国人民的抗日战争做出了积极的贡献。

尽管欧洲犹太难民在中国停留的时间并不长，但与中国人民结下了深厚的情谊。据媒体报道，2014 年 4 月，一个特殊的代表团从美国来到上海，他们是二战时在上海避难的难民及其亲属。查娅·斯莫尔老人向记者讲述了她在上海的经历。1941 年，斯莫尔一家人从波兰来到上海，住在虹口的犹太难民营中。她清楚地记得，有一次她生病了，父亲带她去医院，在难民营门口执勤的日本人举起战刀恐吓他们，那恐怖的一幕至今深留在她的脑海中，成为几十年挥之不去的阴影。她告诉人们，在中国期间，她家请了一位中国阿姨来照料孩子和一家人的生活。查娅对这位中国“姆妈”怀有深厚的情谊，她以中国人惯有的善良和宽容保护着这些来自异国他乡的受难者，使孩子们稚嫩的心灵得到抚慰。1949 年，查娅一家离开了中国，但她始终没有忘记在危难时给与他们帮助的中国“姆妈”和一切善良的中国人。

如今，年已八旬的查娅和弟弟，以及来自阿根廷、加拿大的 20 几位亲戚一起回到上海，随他们而来的还有一张查娅全家与中国“姆妈”的合影，这是珍藏在查娅心中永远的记忆。作为二战的幸存者，他们回上海是为了探访中国妈妈和中国人民，向他们表达心中最真诚的谢意。

查娅讲述了一个动人的故事，这是中国人创造的一个奇迹，它向世人展示了中华民族是如何以博大的胸怀救助另一个民族的。

5. **改革开放后来华的犹太人**

20世纪80年代以后，中国实行改革开放政策。随着对外交流的日益增多，以及外商对华投资额的不断攀升，许多犹太人又陆续来到中国，投资建厂，为中国的经济发展做出贡献。最早来到中国的仍然是塞法尔迪犹太人。

1978年，30年前离开上海的地产巨子劳伦斯·嘉道理重回故里，盛赞中国的改革开放政策。当年，中国准备在大亚湾建立第一座核电站时，遭到一些人的反对，但嘉道理充分理解中央的意图，不仅表示支持，而且积极投资数亿美元，参与合作。1985年，他再次访问中国，受到中国领导人邓小平的接见。1994年2月，大亚湾核电站一号机组正式运行时，前来参加仪式的李鹏总理称赞作为“港方开拓者”嘉道理的功绩。如今，这个投资40亿美元、中国第一座中外合资的核电站，正以最先进的技术、最科学的管理模式，为香港和广东提供源源不断的清洁能源。劳伦斯·嘉道理去世后，其子米高·嘉道理继续其父的遗愿，在上海设立办事处，将公司的业务扩大至中国内地。

1992年1月中以两国建交后，相互交往日益频繁，以色列外交使节、记者、学者、企业家纷纷来到中国。进入21世纪后，随着中国国力的增强，在世界上具有了更大的竞争力，更多的犹太人来到中国。统计资料显示，到2008年在华犹太人总人数已达6千人，其中以上海为最多，达到3千人；其次是北京，约为2千人；广东有1千人左右；还有数百人分布在东部沿海的大中城市里。

改革开放后来华的犹太人主要的是来此工作的外交官员、在中国学习的学生、从事经贸的商人以及办实业的企业家。他们大多分散居住，没有在中国内地建立犹太社团。

中国的改革开放政策，使香港的犹太社团出现了新的兴旺景象。据1989年统计，香港犹太人大约在5千—6千人。其中63.8%的人为近10年来港的，70%在港犹太人为阿什肯纳齐人，他们来自30多个国家，其中39%的人来自美国，27%来自英国，17%来自以色列，其余来自加拿大、印度、澳洲及南非等地。香港犹太人共建立四个社团，分别是改革派、正统派、保守派以及极端正统派社团，他们都建有自己的犹太教会堂。据统计，在犹太教会堂注册的正式成员大约有3千人，其他则是自由人，这些人既不积极参加宗教活动，也不属于这些社团组织。

香港犹太人的整体素质较高，以商人居多，此外为政府官员、学生、医生和教师等，他们为推动香港社会的进步，起到了积极的作用。

三、世界其他地区的犹太社团

如今，欧洲最大的犹太社团在法国，大约拥有60万犹太人。这是一个将两个截然不同的文化融合为一体的群体。在第二次世界大战期间，原有的阿什肯纳齐犹太人社区在纳粹德国占领时被摧毁了，战后大量流入的塞法尔迪犹太人又与幸存者汇集在一起，形成新的犹太社团。如今，法国犹太人有一半以上生活在巴黎。人们一直将法国的犹太社团描述为“全欧洲犹太人中规模最大、最为活跃的中心”。

在二次大战期间，英国的犹太社团完整无损地保留下来。如今有大约30万犹太人生活在英国，其中大部分人属于由一个总拉比领导的正统派联合犹太教会堂，他们虽然声称是正统派，但却不必遵守正统派教徒的生活方式。在政府机关、商业部门、各种专业和艺术领域，一些犹太人已经升迁到有权势的职位上。面对这种情况，现代的英国社会似乎没有表现出明显的反犹迹象。在现今这个多元化的世界，犹太人已经得到了社会的广泛认同。在欧洲的其他国家里，依然还有一些小规模的犹太团体。

在以色列以外的亚洲其他地区，还有差不多50万犹太人。在印度的犹太人是一个特殊的、与众不同的团体。他们自称在“圣经时代”来到这里，并建有几个古老的社团组织。18世纪前，他们似乎从未与外界接触过。在某些地区还保留着一种对白种犹太人和黑种犹太人区别对待的等级制度。直到现在，这些社团之间仍然禁止通婚。

在美国以外的美洲地区，有30多万犹太人生活在加拿大，大约25万人生活在阿根廷，还有数十万犹太人居住在拉丁美洲的其他地方。南非的犹太社团约有 10 万人，还有超过 7 万的犹太人住在澳大利亚。所有这些犹太社团都有自己的特点，有的社团有悠久的历史，但大部分是由二战以后的幸存者建立的。

在北非，有几个历史悠久且具有重要意义的社团组织，然而近年来却大大地衰落了。自从安哥拉从法国殖民统治下获得独立后，大批犹太人离开这里前往法国或以色列。同样大规模的移民也发生在突尼斯。在埃及开罗，具有重要历史意义的犹太社团只剩下了几百人。在摩洛哥，国王甚至多次表态，希望他的臣民生活安定，国家繁荣昌盛，但犹太社区的人数依旧从 20 万人减少到 2 万人左右。

总体而言，犹太社团大多具有国际化的特点。许多犹太人对其所在国有着强烈的爱国热情和认同感，同时还有一种承担共同历史的责任感。可以说，犹太人具有所有不同民族的特点，他们来自不同的社会，不同的经济环境，有着不同的文化。同时，所有犹太人也意识到做为一个独立的民族，以色列国对他们来说是十分重要的，尽管人们对它的涵义仍然有着各自不同的理解和认识。

主要参考书目

一、英文著作

1. Holy Bible，Thomas Nelson Inc，1982.

2. Judaism，Dan Cohn Sherbok，Calmann & King Ltd，1999.

3. Living Religion，Mary Pat Fisher，Prentice Hall Inc，2000.

4. Religion in the Twenty-first Century，Mary Pat Fisher，C. King Ltd，1999.

5. A History of Jerusalem：One City three Faiths，Karen Armstrong，Happer Perennial，2005.

6. Religion，Myrtle Langley，Dorling Kindersley，2000.

二、中文著作

1. 《圣经》，中国基督教协会 1995 年版。

2. 黄陵渝：《世界犹太教与文化》，中央民族大学出版社 1999 年版。

3. ［英］诺曼·所罗门著，赵晓燕译：《当代学术入门：犹太教》，辽宁教育出版社 1998 年版。

4. 乔乔编译：《破译〈圣经〉》，中国电影出版社 2004 年版。

5. ［英］赫·乔·威尔斯著，吴文藻等译：《世界史纲：生物和人类的简明史》，广西师大出版社 2005 年版。

6. ［美］斯塔夫里阿诺斯著，吴象婴等译：《全球通史：从史前史到 21 世纪》，北京大学出版社 2006 年版。

7. 崔连仲主编：《世界史　古代史》，人民出版社 1983 年版。

8. ［古希腊］希罗多德著，王以铸译：《历史》，商务印书馆 1997 年版。

9. ［英］阿伦·布雷格曼著，杨军译：《以色列史》，东方出版中心 2009 年版。

10. 杨辉：《中东国家通史　巴勒斯坦卷》，商务印书馆 2002 年版。

11. 黄民兴：《中东国家通史　伊拉克卷》，商务印书馆 2002 年版。

12. 王新中、冀开运：《中东国家通史　伊朗卷》，商务印书馆 2002 年版。

13. 潘光主编：《犹太研究在中国三十年回顾：1978—2008》，上海社会科学院出版社 2008 年版。

14. ［美］沙博理编著：《中国古代犹太人》，新世界出版社 2007 年版。

15. ［法］荣振华等著，耿升译：《中国的犹太人》，大象出版社 2005 年版。

16. ［美］弗格森著，李丽书译：《古希腊—罗马文明：社会、思想和文化》，华东师范大学出版社 2012 年版。

17. ［美］雅·布伦诺斯基著，李斯译：《科学进化史》，海南出版社 2005 年版。

18. ［美］亨德里克·房龙著，臧瀚之等编写：《圣经故事》，京华出版社 2003 年版。

19. ［英］凯伦·阿姆斯特朗著，沈清松校订，蔡昌雄译：《神的历史》，海南出版社 2001 年版。

20. ［法］Georges Jean 著，曹锦清、马振聘译：《文字与书写：思想的符号》，上海世纪出版集团 2001 年版。

21. ［美］纳达夫·萨弗兰著，北京大学历史系译：《以色列的历史和概况》，人民出版社 1973 年版。

22. 范雨臣、张零贵：《生活在约旦河西岸》，中国广播电视出版社 2006 年版。

23. ［奥地利］斯蒂芬·茨威格著，舒昌善等译：《昨日的世界：一个欧洲人的回忆》，广西师范大学出版社 2005 年版。

24. ［英］罗素著，何兆武等译：《西方哲学史》，商务印书馆 2010 年版。

25. ［德］马克斯·韦伯著，康乐、简惠美译：《古犹太教》，广西师范大学出版社 2007 年版。

26. ［美］克里斯汀·海耶斯：《旧约全书》导论，耶鲁大学出版社 2011 年版。

27. ［美］尼克松著，刘湖等译：《领袖们》，知识出版社 1985 年版。

28. 张文建：《信仰战胜苦难——犹太教》，世界知识出版社 1998 年版。

29. ［美］希拉里·罗德姆·克林顿著，潘勋等译：《亲历历史——希拉里回忆录》，译林出版社 2003 年版。

30. 孟昭毅、黎跃进主编：《外国神话史诗民间故事鉴赏辞典》，上海辞书出版社 2010 年版。

31. 于晓红编著：《20 世纪十大局部战争》，内蒙古人民出版社 2002 年版。

32. ［荷兰］彼得·李伯庚著，赵复三译：《欧洲文化史》，上海社会科学院出版社 2004 年版。

33. 唐逸主编：《基督教史》，中国社会科学出版社 1993 年版。

后　记

当最后一遍看完文稿，即将发送给出版社之时，我的心情变得复杂起来。心中有梦想即将成为现实的喜悦，有十几年读书写作的感慨，有将要面临读者检验的担忧，但更多的是深深的感激之情。

记得刚退休的时候，我很想重拾英语，做我所喜爱的翻译工作，但苦于手头没有资料。不久，二女儿送给了我一套由美国著名宗教学者主编的英文版《世界宗教》丛书，内容涵盖了世界五大宗教体系。我很高兴，便决定将这套书翻译出来。可当我真正开始工作之时，才知道我的知识是多么贫乏，许多单词、术语从来没有听说过，更不用说翻译了。几十年的工作主要是与机床打交道，很多年都没有好好地看书了，原有的一些历史、文化知识早已变得遥远而模糊不清，只好一切从头来。我到图书馆办了一张借阅卡，从此与书结下了不解之缘，将家务劳动以外几乎所有的时间都用来阅读。

十几年来，在不断读书的过程中，我的知识面逐渐扩展，从最初的世界通史，逐渐到国别史，由历史向更加广泛的哲学、科学、文学、传记、回忆录，以至音乐、建筑等方面延伸。在不断地学习中，我渐渐对社会、对人生有了新的认识和思考。我的心胸不再狭隘，我的视野变得开阔，生活变得充实而快乐。

当《世界宗教》全部翻译完成后，我才知道要想出版几乎是不可能的事，其中有很多无法解决的问题。然而，在翻译的过程中，在我的眼前逐渐展现出一个博大精深的新世界，我对宗教及文化历史问题产生了浓厚的兴趣，于是我决定继续学习，继续深入了解它们到底是怎么一回事。同时，我也很想将自己的学习所得写下来，与更多的人分享人类这一巨大的精神财富。

十几年来的坚持，主要是兴趣所致，此外也希望尽自己一点微薄的力量，为社会传播一些正能量。于是我想用通俗、生动的语言，写一些通俗的读物，使大家对世界有更多的了解。

虽然本人才疏学浅，但经过几年的努力，我还是完成了这本书的写作。初稿写好后，搁置了很长的时间，而后随着知识的积累和认识的深入不断对书稿加以增删，数次修改。现在这本书已经超出了宗教的范围，而成为一本涵盖整个犹太人历史和文化的书籍。直到 2013 年，我终于得到了权威专家的点拨，将书稿做了进一步修改并得到了肯定。

在写作的过程中，我尽量避免简单地罗列事实，而试图揭示出一些更深层次的内容，做到通俗而不低俗，易懂而不肤浅。此外，除了追求文字简炼外，我还力求所叙述的历史事件、人物、思想都做到有据可查，有书可证，不随意杜撰故事或任意渲染情节，所有的引语均注明出处，并逐字核对，使之经得住读者的检验。虽然我这样要求自己的书稿，但恐怕难以做到尽如人意。

在读书的过程中，我也深刻地认识到人类世界的文化是相通的，他山之石，可以攻玉。我深刻地感到犹太人对文化的传承，值得我们很好地借鉴，因为文化的传承靠的是一代一代人持续不断的努力和坚守。

如今，当《犹太人：历史和文化》一书即将出版之际，我首先要感谢两个女儿怡玲和嬿玲的相知相助。她们不仅及时给我买来需要的书籍，更是帮助我解决了电脑使用过程中遇到的各种问题。我也要感谢丈夫汤英才的理解和支持。

我特别要感谢张伟达先生，他仔细地阅读了本书的文稿，提出具体的修改意见，使我受益匪浅。没有张先生的帮助，本书不会以现在这样完整的结构呈现在读者面前。我也要感谢廖百智先生，他认真地审阅了全书，并提出了宝贵的意见，我还要感谢时事出版社雷明薇主任和各位编辑们，感谢他们付出的辛劳以及对我的帮助和指点。

最后，我要感谢所有关心、帮助、鼓励过我的人，谢谢你们！

由于本人学识所限，书中肯定会出现许多错误和不当之处，敬请各位批评指正，本人将不胜感激。

吴德玉

于深圳万科四季花城

2015 年 1 月 26 日